老年健康促进
社区工作手册

中国疾病预防控制中心 ◎ 编　著

主　审　沈洪兵　陈君石

主　编　赖建强　吴　静

副主编　高　欣　殷召雪　张秀娟　司　向

编　者（按姓氏汉语拼音排序）

陈　婷　邓　晓　丁贤彬　董文兰　段蕾蕾

耳玉亮　高　欣　郭　岩　韩　晖　何　矜

侯雅莉　江露沛　贾珊珊　赖建强　李　芳

刘　杨　刘洪臣　吕晓燕　马莉莉　石文惠

司　向　宋隽清　汤后林　汪　林　王安琪

王大华　王静雷　吴　静　徐　健　杨一兵

叶和旭　殷召雪　尹香君　张　晗　张　坚

张晓畅　张晓娜　张秀娟　张彦峰　赵冬冬

朱松梅　朱晓磊

人民卫生出版社
·北京·

图书在版编目（CIP）数据

老年健康促进社区工作手册 / 中国疾病预防控制中心编著 . -- 北京：人民卫生出版社，2024.11.
ISBN 978-7-117-37114-8

Ⅰ. D669.6-62

中国国家版本馆 CIP 数据核字第 2024KY4947 号

人卫智网	**www.ipmph.com**	医学教育、学术、考试、健康，购书智慧智能综合服务平台
人卫官网	**www.pmph.com**	人卫官方资讯发布平台

老年健康促进社区工作手册
Laonian Jiankang Cujin Shequ Gongzuo Shouce

编　　著：中国疾病预防控制中心
出版发行：人民卫生出版社（中继线 010-59780011）
地　　址：北京市朝阳区潘家园南里 19 号
邮　　编：100021
E - mail：pmph @ pmph.com
购书热线：010-59787592　010-59787584　010-65264830
印　　刷：三河市君旺印务有限公司
经　　销：新华书店
开　　本：787×1092　1/16　　印张：20
字　　数：462 千字
版　　次：2024 年 11 月第 1 版
印　　次：2025 年 2 月第 1 次印刷
标准书号：ISBN 978-7-117-37114-8
定　　价：69.00 元

打击盗版举报电话：010-59787491　　E-mail：WQ @ pmph.com
质量问题联系电话：010-59787234　　E-mail：zhiliang @ pmph.com
数字融合服务电话：4001118166　　E-mail：zengzhi @ pmph.com

序

人口老龄化问题正在全球加速蔓延,已经成为世界各国共同面临的严峻挑战。我国是世界上老年人口规模最大的国家,也是世界上老龄化速度最快的国家之一。党中央、国务院高度重视老龄工作,先后出台《中共中央 国务院关于加强新时代老龄工作的意见》《国家积极应对人口老龄化中长期规划》等政策文件,将"老年健康促进行动"纳入《健康中国行动(2019—2030年)》专项行动,积极应对人口老龄化上升为国家战略。

老年健康促进工作是积极应对人口老龄化的重要举措,社区是开展老年健康促进工作的第一线,扮演着至关重要的角色。《老年健康促进社区工作手册》的编撰恰逢其时,旨在指导基层医疗卫生机构的专业人员更好地开展老年健康服务工作,为广大老年群体提供更为科学、全面且充满人文关怀的健康服务。

本手册由中国疾病预防控制中心编著而成,凝聚了众多领域专家学者的智慧与实践经验,内容涵盖老年健康促进的基础理论知识,以及疾病预防、健康教育、心理健康、营养改善、运动健康、失能预防、重点慢性病防控等多方面的实践指引。手册还介绍了国内成熟且成功的老年健康服务项目模式与宝贵经验,为我国老年健康服务实践提供了有益借鉴。

众所周知,老年健康促进工作是一项系统工程,需要政府、社会、家庭以及个人齐心协力、共同努力。本手册不仅仅是医疗卫生工作者的实用工具书,更是社会各界了解并参与老年健康服务的重要资料。编者团队始终坚定不移地秉持以人民为中心的发展理念,高度关注老年人的特殊需求,充分尊重老年人的尊严与权利,着力提升老年健康服务的质量与效率。

衷心期望《老年健康促进社区工作手册》能够成为推动我国老年健康事业蓬勃发展的有力工具,助力广大老年人享有更加健康、幸福且有尊严的晚年生活。同时期待未来能够涌现出更多的研究成果与实践经验,持续丰富和完善老年健康服务的理论与实践体系,为实现健康老龄化、健康中国建设贡献卓越力量。

沈洪兵

2024 年 12 月

　　我国正处于快速的人口老龄化进程中，老年人患病率高、得病种类多、带病时间长等特点突出，老年人总体健康状况不容乐观。约78%的老年人患有一种及以上慢性病，失能、失智老年人及其家庭承受着巨大的健康、精神和经济负担。不少老年人在视力、听力、口腔、营养和心理等方面存在困难，自主生活和社会参与受到妨碍。庞大的老年人群对健康服务的需求日趋强烈，也对老龄健康事业发展提出了更高的要求。

　　党的十八大以来，以习近平同志为核心的党中央坚持以人民为中心，把人民健康放在优先发展的战略地位，树立"大健康、大卫生"理念，大力推进"以治病为中心"向"以人民健康为中心"转变。习近平总书记强调要贯彻落实积极应对人口老龄化国家战略，把积极老龄观、健康老龄化理念融入经济社会发展全过程，加快健全社会保障体系、养老服务体系、健康支撑体系。

　　《"十四五"健康老龄化规划》提出提高老年人主动健康能力、完善身心健康并重的预防保健服务体系等主要任务，为我国健康老龄化工作提供了方向性指引，同时也为老年健康促进工作提出了更高的要求。社区卫生服务中心和站点、乡镇卫生院和村卫生室为广大老年人群提供基本公共卫生服务以及普通常见病和多发病的初级诊治和康复等工作，是老年健康服务的关键力量；加强老年健康服务能力是增加老年健康服务供给、提高老年健康服务质量的前提条件。为提高基层医疗卫生机构老年健康服务能力和服务效能，我们组织了公共卫生、临床医学、心理健康、体育健身等多领域专家共同编写了《老年人健康促进社区工作手册》，以期为基层医疗卫生机构专业人员提供理论支持及实践指导。

　　本手册共分为三篇，第一篇总论，包括人口老龄化与健康老龄化、老年人健康问题和老年健康服务工作三个章节。第二篇为各论，包括十章，分别介绍了老年人营养改善、心理健康促进、口腔健康促进、健身活动、失能预防、认知功能促进、视听功能健康管理、重点慢性病防控、重点传染性疾病防控和老年人跌倒防控的相关理论知识、疾病流行情况及危险因素、评估及筛查方法、防控和干预措施等。第三篇为社区老年人健康服务实践，包括七章，介绍可借鉴的老年人健康服务国内实践项目模式与经验，包括项目介绍、代表性地区案例等，涵盖国家基本公共卫生服务、全民健康生活方式行动、慢性病综合防控示范区、老年心理关爱项目、老年人失能失智预防干预项目、基于社区的预防老年人跌倒健康教育干预项目和社区医养结合项目。本手册为基层医疗卫生服务人员阐述了老年健康促进各方面的理论基础、有关知识技能及应用实践案例，也可作为其他医疗卫生机构、涉老机构相关专业人员的参考用书。

　　参加本手册编写的专家均来自国内权威机构,有着丰富的学识和专业经验,他们以科学、严谨的态度和极大的热忱参与本手册的编写;我们还邀请了同领域专家及一线工作人员对本书提出了建议,在此谨致谢意。

　　由于作者水平所限,本手册难免存在疏漏和错误,恳请各位读者提出宝贵意见。

编委会

2024 年 12 月

目 录

第一篇
总论

第一章
人口老龄化与健康老龄化

第一节　人口老龄化形势

人口老龄化是指老年人口占总人口的比例上升的人口结构变化过程。平均预期寿命延长和妇女综合生育率下降是人口结构逐渐趋于老龄化的根本原因。自 20 世纪 90 年代以来，我国人口发展呈现出年龄中位数不断提高、老年人口数量快速上升的显著趋势。依照联合国 60 岁以上人口占比超过 10% 的标准，我国在 2000 年已正式进入老龄化社会，根据国家统计局颁布的《中华人民共和国 2022 年国民经济和社会发展统计公报》，2022 年我国 60 岁以上老年人口数为 2.8 亿，65 岁以上老年人口数 2.1 亿，过去 15 年来，我国人口中前者所占比重由 2007 年末的 11.6% 上升至 2022 年的 19.8%，后者所占比重由 2007 年末的 8.1% 上升至 2022 年的 14.9%。人口老龄化是我国人口平均预期寿命延长、生活质量提高带来的必然趋势。

总体而言，我国老年人口规模及其占比呈现出先快速增长后缓速增长，最终高位稳定且略有下降的发展态势。人口老龄化已然成为 21 世纪我国的新国情，成为我国现阶段及未来相当长一段时间内社会经济发展所面临的主要挑战。"十四五"时期，全国 60 岁以上老年人口将超过 3 亿，我国将从轻度老龄化进入中度人口老龄化阶段。

第二节　健康老龄化

人口老龄化，意味着预期寿命延长，特别是高龄人口的增长，这往往伴随着健康问题的挑战。据世界卫生组织发布的数据，全球预期寿命从 2000 年的 66.8 岁增加至 2019 年的 73.3 岁，而健康预期寿命从 58.3 岁增加至 63.7 岁。预期寿命的增长速度略快于健康预期寿命的增长速度，也就是说，预期寿命所延长的部分，并不都是健康寿命，也伴随着带病生存年数的小幅增加。因此，健康老龄化是国内外普遍接受的应对人口老龄化的理念，是当前全球特别关注的问题。

一、健康老龄化内涵

1990 年，世界卫生组织首次提出健康老龄化的理念，但其组成、定义和测量方法却一直缺乏共识。2015 年 WHO 在《老龄化与健康全球报告》中进一步指出,健康老龄化可定义为"发展和维护老年健康生活所需的功能发挥的过程"。在这一概念中,功能发挥是指使个体能够按照自身观念和偏好来生活和行动的健康相关因素,由个人的内在能力、环境特征和两者间的相互作用组成,内在能力是决定老年人能做什么的因素之一,对于特定老年人,能否完成某件事情,除了本身的内在能力之外,还取决于其生活环境中的各种资源和障碍。

新的理念认为,健康老龄化并非由机能或健康的某一水平来界定,这是一个每个老年人个体都不同的过程,因为每个个体的轨迹会受到不同经历的影响,随时发生变化。比如,对于失能或失智的老年人,通过提高卫生服务的可获得性或提供更有效的照护服务就能延缓他们的衰退程度,甚至提高功能水平,使老龄化轨迹向更健康的方向发展。

二、健康老龄化评估及状况

目前尚无统一的对于"健康老龄化"的评估指标,各种对健康老龄化的研究均有不同的角度,所遵循的理论原则也不尽相同。目前应用较为广泛的是 Rowe 和 Kahn 提出的理论模型,该模型通过 5 个方面来判断是否实现健康老龄化,即无主要慢性病、无失能、较高的认知功能、较好的躯体功能和积极的社会参与。目前国内关于健康老龄化水平的相关研究较少。2019 年至 2021 年,为评估地区健康老龄化状况,中国疾控中心在中国东部、中部和西部地区各选 2 省,抽取具有 6 省代表性的样本,收集个体健康信息,利用 Rowe and Kahn 模型对 6 省老年人健康老龄化水平进行评估。评估结果显示,6 省老年人健康老龄化水平为15.8%,男、女分别为 20.7% 和 13.7%,其中年轻老人(65～79 岁)和高龄老人(≥ 80 岁)分别为 18.4% 和 4.3%。

三、健康老龄化的影响因素

从健康老龄化水平的评估指标可以看出,影响健康老龄化的因素较多,主要包括个体因素、环境因素和政策因素。

(一)个体因素

个体因素可分为社会人口学因素和行为因素。研究表明,社会人口学因素中年龄、文化程度、经济收入和婚姻状况对健康老龄化有一定影响。年龄越高,健康老龄化水平越低;教育程度越高,实现健康老龄化的可能性就越大;相对于经济收入较低的,那些经济收入较高的老人更容易实现健康老龄化;相对于离婚、丧偶或者从未结婚者来说,那些配偶健在的老人更可能实现健康老龄化。

行为生活方式是个体能否实现健康老龄化的另一重要因素。吸烟、饮酒和不健康膳食等不良生活方式可能会影响到个体健康状况,使其患上认知障碍、心脏病和脑卒中等慢性病或者发生失能,从而影响健康老龄化的实现。但多因素分析表明,实现健康老龄化更为突出的影响因素是体育锻炼,相对于不进行体育锻炼者,那些经常进行体育锻炼者有更大的可能性实现健康老龄化。

(二)环境因素

环境因素包括了家庭环境和社区环境。老年人的家庭居住环境、与配偶和子女的关系等对其健康老龄化有一定影响。老年人与亲属居住能够避免孤独感、释放不良情绪、保持心理健康、增强幸福感,老年人的健康老龄化水平也随之提高。而社会环境中,老年人居住区域周围的社会环境及邻里关系等与其健康老龄化相关。居住地周围的整体环境、生活配套和治安状况对老年人的生活质量也有明显影响,改善社区健身场所和配套设施,为老年人提供切实可用的运动场地,改善外围环境、加装电梯、室内智能化等,均有助于老年人实现健康老龄化。研究发现,某个县区内健康社区占比每增加 10%,其区域内老年人实现健康老龄化的可能性就会增加 20%。

(三)政策因素

健康老龄化的发展目标是鼓励老年人主动参与社会,发挥作用,实现自我价值。因此在健康老龄化的进程中,除了个体和家庭的影响之外,还需要社会和政府的支持与保障。政策、制度支持是老年人能够参与社会的重要保障。因此,各级政府部门要制定并持续改进保障老年人各类权益的制度、条例等。比如,老年人医疗费用的支付能力及其医疗保险的报销比例,与其生活质量密切相关,政府部门应结合我国国情及地域特点持续完善医疗保险、养老保险等体系,减轻并逐步消除老年人的后顾之忧。社区医务工作者应根据老年人的具体情况,制定适合其个体的、可操作性较强的健康计划,并指导实施,家属应督促老人落实相应计划。

第三节 健康老龄化的应对

一、国际上关于促进健康老龄化的策略

为减少可预防的疾病、死亡和残疾带来的负担,促进健康老龄化,国际组织以及部分国家发布了多项行动计划、决议和指南,比如世界卫生组织(WHO)发布的《健康老龄化十年行动的 10 项优先策略》《老龄化与健康全球策略和行动计划》《老年人综合照护(ICOPE):针对老年人内在能力减退的社区干预措施指南》《世界卫生组织降低认知受损和痴呆风险指南》《慢性病防控全球行动计划(2013—2020)》《饮食、身体活动与健康全球战略》以及美国发布的《健康老龄化行动:国家防控策略》等。这些文件提出了一系列针对老年人健康促进以及疾病及其危险因素防控的目标及策略,包括:

1. 加强国家领导、协调能力,促进多部门对老龄化及非传染性疾病预防控制的应对。制定健康老龄化国家行动计划框架,加强基于科学证据的政策发展。

2. 通过以人为本的初级卫生保健服务体系的建立和全民健康的覆盖,使卫生体系适应老年人的需求。加强初级卫生保健机构对老年人功能受损及老年综合征的识别和应对能力,拓展新的内容和干预模式以满足老年人功能维护的需求,开展慢性病防控和老年健康服务,为老年人提供以人为本的整合医疗服务,确保持续的健康服务人员储备和培训。

3. 通过健康促进环境的创建,减少可改变的危险因素和潜在的社会决定因素,增加公众关于生活方式等因素对健康影响的认识,提高公众疾病防控的知识与技能,包括营养干预、低盐低糖饮食、戒烟限酒、疫苗接种、慢性病管理等。

4. 创建健康、安全和关爱老人的环境。创建交通、住房、信息、通信、卫生和社区服务等老年友好社区和城市,发挥老年人群的主观能动性,锻炼老年人满足自身基本需求、进行学习和决策、保持社交活动、建立和保持各种关系和作出贡献的能力,促使老年人融入社区、社会。

5. 建立长期照护系统。长期照护的主要内容是为失能、半失能人群提供生活照料、康复护理、精神慰藉、社会交往和临终关怀等综合性专业化的服务,其目的是满足患有各种疾病或是身体残疾的人群日常生活的需求。长期照护服务还包括对照护者的支持,以保证其照护质量。

6. 提高健康老龄化、非传染性疾病及其危险因素的测量、监测和研究水平等。将老年群体纳入关键统计研究和人群调查,开展健康老龄化评估、需求、影响因素、供给情况等研究。

二、国内促进健康老龄化相关政策

党中央、国务院高度重视新时代老龄工作。习近平总书记指出积极应对人口老龄化,事关国家发展和民生福祉,是实现经济高质量发展、维护国家安全和社会稳定的重要举措,要高度重视并切实做好老龄工作,贯彻落实积极应对人口老龄化国家战略,把积极老龄观、健康老龄化理念融入经济社会发展全过程。中共中央、国务院先后印发《国家积极应对人口老龄化中长期规划》《关于加强新时代老龄工作的意见》,对积极应对人口老龄化作出系统部署,明确新时代老龄工作的发展目标和重点任务。国家卫生健康委等多部门联合印发《关于建立完善老年健康服务体系的指导意见》《"十四五"健康老龄化规划》《关于全面加强老年健康服务工作的通知》等文件,对促进健康老龄化、加强老年健康服务体系建设作出部署,提高老年人健康管理和服务水平。

国家卫生健康委印发《关于开展建设老年友善医疗机构工作的通知》《关于实施进一步便利老年人就医举措的通知》《关于加强老年人居家医疗服务工作的通知》,从老年友善文化、管理、服务、环境等方面方便老年人就医,推出设立老年人快速预检通道、加强老年患者住院管理、引导老年人运用智能技术就医等10项举措,加强老年人居家医疗服务,便利老年人看病就医,提升老年人获得感和满意度。

三、策略措施

如前文所述,健康老龄化是指"发展和维护老年健康生活所需的功能发挥的过程"。所以，基于健康老龄化的新内涵，要促进健康老龄化，就要从两个方面发力：一是要加强卫生和照护服务，增强内在能力，促进并维护个体健康水平；二是要改善环境，促进功能发挥，使机能衰减的个体能够做其认为重要的事情。这就需要加强促进健康老龄化的卫生健康服务体系，构建整合性的养老保障体系，建设关爱老年人的环境，并积极开展监测与评估。具体策略和措施包括以下几个方面：

1. 完善促进健康老龄化的卫生服务体系建设 为积极促进健康老龄化，要积极主动调整、改革当前卫生系统以满足老年人需求，将老年人作为卫生服务的中心。加强医疗卫生服务体系中服务老年人的功能建设，贯彻以老年人为中心的综合性卫生保健服务。加强康复医院、护理院和综合性医院老年病科的建设。推动基层医疗卫生机构积极开展老年人医疗、康复、护理、家庭病床等服务，提高老年人医疗卫生服务的可及性。

2. 构建整合性的养老保障体系 针对老年人及其照护，建立整合性的长期照护体系，努力加强老年人的内在能力；养老保障体系的建设要以老年人的需求而不是服务的构成为导向，同时也要考虑疾病预防和健康干预。

3. 推进适老健康支持性环境建设，营造老年友好社会氛围 创造关爱老年人的卫生基础设施，包括医院和社区卫生服务中心在内的所有服务机构都应该考虑老年人的需求。建设促进老年人社会参与的支持环境，从与老年健康息息相关的各方面入手，优化"住、行、医、养"等环境，营造安全、便利、舒适、无障碍的老年宜居环境体系。

4. 推进老年健康促进与教育工作，提升老年人健康素养 加强老年健康教育，开展老年健身、老年保健、老年疾病防治与康复、科学文化、心理健康、职业技能、家庭理财等内容的教育活动。倡导积极健康的生活方式，提高老年人的健康水平和生活质量。

5. 加强专业人员队伍建设，提高队伍专业化水平 切实加强老年健康服务人员队伍建设，尽快培养一批有爱心、懂技术、会管理的老年人健康服务工作者。加强专业技能培训，大力推进养老护理从业人员职业技能鉴定和认证工作。支持高等院校和职业院校开设相关专业或课程，加快培养老年医学、康复、护理、营养、心理和社会工作等方面的专业人才。

6. 加强老年健康公共卫生服务工作，发展相关技术 做好老年疾病预防工作。做好国家基本公共卫生服务项目中的老年人健康管理服务工作，适当调整老年人健康体检的项目和内容。推广老年痴呆、跌倒、便秘、尿失禁等的适宜防治技术。开展老年常见病、慢性病、口腔疾病等的筛查干预和健康指导，做到老年疾病早发现、早诊断、早治疗，促进老年人功能健康。推动开展老年人心理健康与关怀服务。鼓励老年人积极参与社会活动，促进老年人心理健康。

7. 积极推动医养结合服务，提高社会资源的配置和利用效率 大力发展医养结合服务，健全医疗卫生机构与养老机构合作机制，鼓励多种形式的签约服务、协议合作。推进基层医疗卫生机构和医务人员与居家老人建立签约服务关系，为老年人提供具有连续性的健康管理和医疗服务。提高基层医疗卫生机构为居家老人提供上门服务的能力。鼓励社会力量以多种形式开展医养结合服务。

（殷召雪 赖建强 郭 岩）

参考文献

［1］World Health Organization. World report on ageing and health ［R］. Geneva：WHO Press，2015.

［2］World Health Organization. Decade of healthy ageing：plan of action ［R］. Geneva：WHO Press，2020.

［3］YIN Z，GAO X，ZHANG X，et al. Prevalence and correlates of healthy aging among elderly aged 65 years and over - 6 PLADs，China，2019 ［J］. China CDC Weekly，2021，3（4）：69-73.

［4］World Health Organization. World health statistics 2022：monitoring health for the SDGs，sustainable development goals ［R］. Geneva：World Health Organization，2022.

［5］殷召雪，朱晓磊，高欣，等 . 区域健康老龄化促进指数的构建研究［J］. 中华流行病学杂志，2021，42（12）：2196-2200.

［6］杜鹏，董亭月 . 促进健康老龄化：理念变革与政策创新：对世界卫生组织《关于老龄化与健康的全球报告》的解读［J］. 老龄科学研究，2015，3（12）：3-10.

第二章

老年人健康问题

第一节　衰老

衰老是人类在生命过程中整个机体的形态、结构和生理功能逐渐衰退的现象的总称，是有机体生命过程的自然规律。虽然衰老的过程是单向的，但个体间衰老的速度可以呈现出很大差异。随着居民期望寿命的延长，老年期也变得越来越长，了解衰老的规律有助于改善老年人的生活质量，使老年人更加健康地生活。

一、老年人的生理变化

（一）代谢及人体结构成分的变化

1. 代谢的变化　不同生命阶段基础代谢率不同：婴幼儿基础代谢率最高，随后开始下降，20～60 岁期间的能量消耗较为稳定，60 岁后基础代谢率开始以每年 0.7% 的速度缓慢下降。随着年龄增长，糖代谢功能下降，患糖尿病风险增加；蛋白质分解大于合成，各种蛋白质的质和量均降低；脂肪逐渐增加，但在生命末期会持续下降；肌肉量流失，消耗的能量逐渐变少，基础代谢率下降变得不可逆转。

2. 结构成分的变化　人在出生时水分占整个身体重量的 80%。正常成年男性全身含水量约为体重的 60%，女性约为 50%；到 65 岁时，水分的占比下降，男性为 55%～60%，女性为45%～50%。随着细胞的数量减少和体积萎缩，老年人肌肉、性腺、脾、肾等重量减轻。老年人最明显的改变是肌肉的变化，不仅重量减轻，肌肉的弹性也在降低，力量减弱，肌腱韧带萎缩僵硬。但肌肉的流失速度与锻炼强度和频率密切相关，研究显示久坐男性的肌肉质量每10 年下降 8%，30～80 岁所有久坐个体的肌肉力量比经常运动的同龄个体低 30%～50%。另外，随着新陈代谢减慢，脂肪组织的比例逐渐增加。

老年人皮肤的改变如皱纹的形成，主要由于真皮层新产生的皮肤细胞数量减少、皮肤细胞的正常功能改变以及皮下脂肪减少、胶原蛋白和弹性蛋白的产生减少，导致皮肤弹性和韧性降低。60 岁后，老年人的脂肪分布变化，皮下脂肪往往更多地储存在腹部和臀部，而脸部、手臂和腿部的皮下脂肪会减少，这些部位的皮下脂肪减少并被失去弹性的真皮层所覆盖，导致皮肤变得不平滑。

（二）各系统的变化

1. 血液循环系统 随年龄的增长，血液系统会发生生理性或病理性变化，导致造血干/祖细胞衰老、炎性衰老及免疫衰老等，驱动或参与机体的系统/器官的衰老，并引起多种老年性血液系统疾病，特别是恶性肿瘤。随着年龄增长，动脉内膜增厚、中层胶原纤维增加，大动脉扩张而小动脉管腔变小，发生动脉粥样硬化、血管硬化。心脏增大，心肌细胞纤维化，心肌的兴奋性、自律性、传导性均降低，心瓣膜退行性变和钙化，这些改变会导致冠心病、心律失常等心脏疾患风险明显增加。

2. 呼吸系统 老年人的鼻黏膜及腺体萎缩，鼻腔对气流的过滤和加温功能减退；咽黏膜和淋巴细胞萎缩；支气管黏膜萎缩，弹性组织减少，纤维组织增生；肺泡壁变薄、弹性降低，呼吸肌萎缩，肺弹性回缩力降低。这些改变导致通气功能和防御功能下降。

3. 消化系统 老年人牙龈萎缩、牙齿松动、牙齿数量不断减少；舌和咬肌萎缩、唾液腺分泌减少，下消化道负担加重。胃肠平滑肌萎缩、各种消化酶水平下降，消化及吸收功能下降。胃排空延迟，肠蠕动缓慢无力，易造成便秘。肝、胆、胰功能减退，脂肪肝、胆囊炎、胆石症、糖尿病等风险升高。

4. 泌尿系统 老年人的肾小球数量减少，间质纤维化增加，肾功能衰减，尿素肌酐清除率下降，肾调节酸碱平衡能力下降，肾的内分泌功能减退。输尿管肌层变薄、收缩力降低，膀胱肌肉萎缩，残余尿增多。随年龄增长，排尿反射减弱，控制小便能力降低。男性前列腺增生，前列腺液分泌减少。

5. 神经系统 由于神经细胞不可再生，所以神经系统的老化比其他细胞组织的老化更明显。大脑的老化会导致认知功能下降，主要表现为记忆力、注意力、创造力、想象力和思考速度等减退，老年期痴呆的发病率随年龄的增长而增加。60岁时，大脑皮质神经细胞数减少20%～25%，小脑皮质神经细胞减少25%。老年人脑内多种神经递质的分泌能力下降及表达异常，导致老年人健忘、智力减退、注意力不集中，睡眠不佳、性格改变、动作迟缓等。随着年龄增长，自主神经变性、功能紊乱，导致吸收与排泄、生长发育和繁殖等内脏器官的功能活动失调，老年人的触觉、本体觉、视觉、听觉、嗅觉的敏锐性均下降。

6. 内分泌系统 内分泌系统的调节功能与神经系统相辅相成，共同调节机体的生长发育和各种代谢。随着年龄增长，老年人下丘脑、垂体、甲状腺、甲状旁腺、肾上腺、性腺、胰腺、松果体等功能均下降，激素分泌水平和反馈调节能力都会发生变化。

7. 生殖系统 女性生殖系统的衰老主要是雌、孕激素分泌下降的结果，月经停止、子宫开始萎缩、阴道屏障功能减弱。男性随着年龄的增长，性激素分泌和生育能力降低，精子数量减少。

8. 免疫系统 老年期胸腺退化萎缩，T细胞分化、成熟和功能表达降低，B细胞数量减少，对抗原刺激的应答下降，免疫力减弱，感染和患癌症的风险增高。

9. 运动系统 随着年龄增长，骨质吸收超过骨质形成，钙流失加速，骨密度减低，骨质疏松、脆性增加，关节、软骨滑膜钙化/纤维化，失去弹性，韧带腱膜僵硬。肌细胞水分减少、重量减轻，肌肉、韧带萎缩。

二、老年人的心理变化

老年人的心理状况随着照护依赖的不同、身体状况不同以及生活状态不同表现出很大的个体差异。

老年人容易出现孤独、抑郁、焦虑和恐惧感。孤独是老年人，尤其是丧偶老人要面临的心理问题之一。一些老人还会过分担心自己的身体，不合理地怀疑自己患有严重疾病。进入老年期后，人容易产生猜疑与不满，而且不易接受新鲜事物。此外，随着社会的快速发展及自身角色的转变，老年人容易产生失落感。但是也有很多老年人很乐观、豁达，越来越多的研究显示长寿老人的共同特点是具有良好的心态。

三、行为变化

行为的改变会受到身体状况以及认知、情绪、情感变化的影响。老年人往往出现退缩行为，社会参与减少，社会交往减少。疏离理论认为，由于对死亡的预期，老年人与社会出现了共同后撤，老年人降低了活动水平，减少了社会交往的次数，变得专注于自己的内心生活，同时，社会则让老年人从职业和家庭责任中解脱出来。退休后，多数老年人比退休前有了更多的时间参加休闲活动，在尝试新活动的"蜜月期"过了之后，许多人的休闲兴趣和技能并没有突然得到发展；相反，有意义的休闲兴趣通常都是退休前形成的，只是退休后得以保持和拓展。

第二节　老年人主要疾病

一、老年综合征症状、危险因素及防治策略

老年综合征（geriatric syndrome，GS）是老年人群中常出现的多种疾病或原因造成的由一系列非特异性症状和体征组成的临床问题症候群，对老年人的身心健康有严重影响。

（一）症状

常见的老年综合征症状主要包括跌倒、衰弱、认知障碍、感觉丧失、肌肉减少症、日常生活活动能力下降、疼痛、药物滥用、尿失禁等。

1. 跌倒　跌倒是指突发、不自主的、非故意的体位改变，倒在地上或更低的平面上。跌倒是老年人最常见的问题，即使是身体状况良好的老年人，也容易跌倒。

2. 衰弱　衰弱是一种与年龄相关的渐进的生理性系统衰退，易导致老年人内在能力受损，从而增加一系列不良健康结果的风险。

3. 认知障碍　认知障碍也称认知功能衰退、认知功能缺陷或认知残疾，是由各种原因（从生理性老化到意识障碍）导致的不同程度的认知功能损害的临床综合征，患者会出现以

知觉、注意、记忆、计算、思维、解决问题以及语言等方面能力障碍为主要表现的高级脑功能障碍。

4. 感觉丧失 感觉丧失是指在受到刺激时反应过程中出现困难和异常。常见的感觉障碍包括感觉过敏、感觉倒错、内感性不适、感觉减退,这些均可导致老年人身体受到伤害而不自知。

5. 肌肉减少症 肌肉减少症是指因骨骼肌量持续流失、肌肉强度和功能下降而引起的综合征。其会导致老年人站立困难、步履缓慢、容易跌倒骨折,同时影响器官功能,可能引发心脏和肺衰竭,甚至死亡。

6. 尿失禁 尿失禁是指无意识的尿液排出,常与紧张、用力、体力消耗、打喷嚏或咳嗽相关。可严重影响老年人的生活质量,也是一个常见而易被忽视的问题。

7. 慢性疼痛 慢性疼痛一般被定义为疼痛持续或反复发作 3 个月及以上,并伴有不愉快的感觉和情感上的体验,可伴有现存或潜在的组织伤害。慢性疼痛是老年人最常见的病症之一,导致行动能力减弱、抑郁和焦虑增加,并会破坏家庭和社会关系。

(二)危险因素

1. 社会人口学因素 研究表明高龄、无配偶、疾病种类多等社会人口学因素是老年人健康状况低下的主要原因,也是老年综合征发生的危险因素。

2. 非特异性症状 老年综合征所包含的非特异性症状,包括衰弱、活动能力下降、多重用药、疼痛、自我护理能力低下及谵妄等,可作为危险因素进行预测,对老年综合征有一定预测作用。

3. 自身疾病 老年综合征的发生与老年人自身疾病密切相关。对于伴有多种疾病,尤其是糖尿病、高血压、冠心病、脑梗死等疾病的老年人应积极采取措施预防老年综合征的发生。

4. 社会因素 独居、家庭不和谐等不良的家庭因素,是老年人群痴呆、抑郁发生的重要危险因素。

(三)防治策略

老年综合征在住院老年人中多发,及时发现并实施干预,可预防其不良后果,提升老年人生活质量。由于老年综合征的复杂性和多样性,单一干预措施往往难以满足临床实际需求。目前,临床上多采用"生物 - 心理 - 社会 - 环境 - 工程"医学模式,对老年综合征病人实施管理及干预。

1. 综合评估 老年综合评估是老年医学的一项核心干预措施,包括一般的医学评估及对老年人的躯体功能、精神心理、社会功能、生活质量等方面的评估,以明确老年人在生理状况、功能状况、社会状况、心理状况等多个方面存在的问题,从而制定连续、综合、长期的治疗、照护和随访计划。

2. 多学科干预 侧重干预措施、方案的制定及结局评估等。多学科团队成员主要包含老年病科医师、个案护士、家庭照顾者等,共同商讨制定老年综合征病人的干预措施,并进行干预前后的评估。

（1）以医疗团队为主导的多学科干预：团队成员主要包括康复师、药剂师、营养师、心理医师等，由老年全科医生领导团队成员。全科医生需要评估病人的需求和负担，领导、协调团队成员，跟踪、随访病人，并及时调整治疗方案。

（2）以护理团队为主导的多学科干预：护理人员可通过及时评估和有效支持进行老年综合征的早期识别和预防。以护理团队为主导的多学科干预，有利于充分利用医疗资源，改善和维持老年人日常生活能力，充分体现"以病人为中心"的护理理念。

二、老年人常见慢性病种类、危险因素和防治策略

慢性病具有潜伏期长、病程长、治疗复杂等特点，会导致巨大危害，一旦防治不及时，会造成经济、生命等方面危害。患有多种慢性病的老年人往往会出现身体损害，影响自理能力。我国老年人中常见的慢性病包括高血压、糖尿病、心血脑管疾病、慢性阻塞性肺疾病等。

（一）常见慢性病

1. 高血压

（1）定义：老年高血压是指老年人在没有使用抗高血压药物的情况下，血压持续或非同日 3 次以上收缩压 ≥ 140mmHg 和 / 或舒张压 ≥ 90mmHg。分为原发性高血压和继发性高血压两种。

（2）临床特点：老年高血压患者的临床特点主要包括 4 个方面。第一，单纯收缩性高血压较常见，脉压增大；第二，血压变异性增大，体位性低血压比较常见；第三，血压昼夜节律改变，夜间血压下降幅度过小或者过大，反杓型高血压较多，同时晨起血压上升的幅度过大；第四，靶器官损伤、并发症及合并症比较常见。

2. 糖尿病

（1）定义：老年糖尿病是指老年人由于体内胰岛素分泌不足或胰岛素作用障碍，引起内分泌失调，从而导致物质代谢紊乱，出现高血糖，高血脂，蛋白质、水与电解质紊乱的代谢病。

（2）临床特点：老年糖尿病起病隐匿，仅有一些非特异性症状如乏力、视力模糊、外阴瘙痒、阳痿等，也可能以并发症为首发症状，如高血压、脑血管病、视网膜病变和肾脏病等的表现。易合并严重并发症，以心血管及神经病变、泌尿系统感染、肾病、眼病为常见。

3. 心脑血管疾病

（1）定义：心脑血管疾病是心脏血管和脑血管疾病的统称，泛指由于高脂血症、动脉粥样硬化、高血压等所导致的心脏、大脑及全身组织发生的缺血性或出血性疾病，常见的以脑血管病和缺血性心脏病为主。

（2）临床特点：老年心脑血管病具有"发病率高、死亡率高、致残率高、复发率高、并发症多"的"四高一多"的特点。患者常出现头部胀痛、胸闷、胸痛、心悸、气急等症状，常合并糖

尿病、慢性支气管炎、肺气肿等慢性病。部分患者还会出现反应迟钝、言语不清、肢体活动受限、大小便失禁等状况。以冠心病为例,老年冠心病患者以胸闷、心悸等非特异性症状为主要表现,且心绞痛发作时症状并不明显,故极易被忽视与误诊。病情较为复杂,常伴有高血压、糖尿病等多种疾病。

4. 慢性阻塞性肺疾病

(1)定义:慢性阻塞性肺疾病是一种可以预防和治疗的常见病,在老年群体中为多发性呼吸系统疾病,由暴露于有害颗粒物或气体导致的气道和/或肺泡异常所引起。

(2)临床特点:慢性阻塞性肺疾病的特点是持续存在的气流受限和相应的呼吸系统症状(呼吸困难、咳嗽、咳痰)。老年患者发病后会出现气道受损、肺功能下降,形成呼吸困难,从而造成患者的活动受限。而老年患者长期缺乏活动,会导致患者出现肌肉废用以及肌肉功能衰退的问题。

(二)危险因素

1. 遗传因素 遗传因素是慢性病的一个重要影响因素。研究表明,高血压、糖尿病、脑卒中具有明显的家族聚集性。

2. 自然环境因素 环境因素是大多慢性病发生的重要成因,即慢性病是环境因素中危险因素与基因相互作用的结果。如老年的血压水平与环境中细颗粒物($PM_{2.5}$)的暴露浓度显著相关。

3. 社会因素 社会环境与慢性病之间存在因果关联,如社会经济水平与慢性病的患病呈负相关。而物质条件和社会支持的提升有利于降低老年人慢性病的患病率,提高老年慢性病患者的生活质量。

4. 行为/生活方式 吸烟、过度饮酒、不合理膳食和缺乏体育锻炼等不良的生活方式是造成慢性病的主要危险因素。科学合理的体育锻炼可以在一定程度上降低老年人慢性病的发病率,同时可以提高老年慢性病患者的生活质量。

(三)防治策略

1. 建立老年人健康档案 通过周期性健康体检建立个人健康档案,根据个人健康信息进行健康及疾病的风险评估,制定健康计划并进行健康干预;通过纠正不良生活习惯、控制危险因素等来实现健康计划。

2. 加强老年人健康教育 以社区作为慢性病管理的主要基地,定期开展老年保健咨询活动和老年保健讲座,对老年人进行慢性病防治、健康生活方式等培训。充分利用大众媒介传播手段,倡导"坚持活动,处世乐观,生活规律,营养适中,戒烟少酒,讲究卫生"的健康生活方式。

3. 完善社区卫生服务体系 加强对社区医疗队伍的培训与指导,建立分级医疗及双向转诊制度;在社区卫生服务机构开展老年慢性病的一般门诊及康复、护理等一站式的连续性服务。社区医护人员应指导老年人进行正确的自我评价,选择健康的运动、休闲方式,并组织老年群体活动,从而促进老年人间的交流。

4. 制定常见慢性病防治指南 许多现行的临床指南只体现了医疗功能,慢性病防治指南还应包括预防、保健、康复、健教等方面的功能,因此建立一个全方位的防治指南,在患者与医护人员间架起有效的沟通桥梁是必要的。

三、老年人常见传染病、危险因素和防治策略

随着年龄的增加,老年人生理上表现出新陈代谢放缓、生理机能减退、抵抗力下降等特征,因此更容易感染各种传染病。

(一)常见传染病

1. 流感

(1)定义:流行性感冒,简称流感,是由甲、乙、丙三型流感病毒分别引起的一种急性呼吸道疾病。老年人是流感高危人群之一,并且流感的发病率和病死率随着年龄的增长而持续增加。

(2)临床特点:发热、咳嗽和咳痰是老年流感患者的主要症状,但以中低热为主,少数患者甚至无明显发热。

2. 肺炎球菌性肺炎

(1)定义:由肺炎链球菌所引起的肺实质性炎症,是老年人群的常见传染病之一。

(2)临床特点:起病急、病情危重是老年肺炎的典型特征。初期症状以寒战、高热以及咳嗽等为主。在病情进展后,会逐步出现痰中带血、胸痛以及呼吸困难等一系列表现。如肺炎未得到及时诊治,极易并发肺水肿、败血症以及感染性休克等重症并发症,直接危害患者的生命安全。

3. 带状疱疹

(1)定义:带状疱疹是由初次感染后潜伏在脊髓后根神经节或颅内神经内的水痘 - 带状疱疹病毒再激发引起的常见传染性疾病,是老年人群易患的传染性疾病之一。

(2)临床特点:老年带状疱疹患者具有病情重、病程长、前期症状不典型、易遗留长期慢性疼痛等临床特点。

4. 肺结核

(1)定义:结核病是由结核分枝杆菌引起的慢性传染病,以肺部结核感染最为常见。老年人是肺结核的高发人群。

(2)临床特点:老年肺结核患者可出现咳嗽、咳痰、盗汗、发热以及咯血等症状,此外还会出现乏力、消瘦、胸痛等,且以症状的非典型性为一个重要、显著的特征。

5. 病毒性肝炎

(1)定义:病毒性肝炎是由多种肝炎病毒引起的以肝脏病变为主的一种传染病。病毒性肝炎是老年人的常见病之一。

(2)临床特点:老年患者临床表现在起病时多缓慢或不明显,症状大多逐渐加重,常有精神萎靡、嗜睡、黄疸症状,可有皮肤瘙痒及灰白色大便,恢复期长,易并发其他疾病。

(二)危险因素

1. 自然因素 自然因素包括老年人的生活环境、气候环境等。一方面,其会直接影响疾病的发生,如生活环境脏、乱、差的老人,更容易被传染。另一方面,其会通过影响老年人的免疫功能,导致免疫功能降低,从而使老年人更容易感染疾病。

2. 社会因素 社会因素主要包括老年人的生活水平,还有社会卫生保健事业的预防普及、发展等。这些因素会影响老年人的传染病健康素养水平,从而降低或者增加感染的可能性。

(三)防治策略

1. 加强体育锻炼 体育锻炼和户外活动是增强老年人体质行之有效的办法,老年人每天户外活动时长不应少于 1h,晒太阳、打太极拳、慢步走等均可增强体质。

2. 加强饮食卫生 老年人应养成良好的卫生习惯。让老人养成饭前、便后流水洗手的好习惯,杜绝病从口入。

3. 建立健康档案 老年人应每年进行全面体检并建立健康档案。

4. 及时进行预防接种 根据各季节传染病发病、流行特点,及时有效地进行老年人群预防接种,能有效地控制传染病的发生。

5. 宣传卫生知识 经常向老年人宣传一些卫生知识及各种传染病的早期临床表现,引起老年人对自身健康状态的警觉,能够尽早去卫生机构诊治,做到早发现、早治疗。

第三节 环境与老年人健康

一、自然环境与老年人健康

(一)理化因素与老年人健康

1. 气候与温度影响 气候变化会对自然环境产生一系列负面影响,包括气温升高、海平面上升、冰川融化等,气候变化导致热浪、暴雨、洪水和干旱,还可能增加青藏高原、极地冰川和冻土中致病微生物释放的风险。

老年人是极端高温天气下的脆弱人群,很多老年人患有基础疾病,心血管系统比较脆弱,体温调节功能下降,加之老年人相对不愿意开空调,故在高温环境下,其健康更容易受到威胁。此外,寒冷低温也会造成老年人循环系统和呼吸系统疾病死亡率的增加。

2. 光照与通风 足够的光线对老年人健康具有重要意义。居室光线不足会引起视力及其他视觉器官疾病。老年人多晒太阳一方面能够促进维生素 D 的生成,有助于钙、磷的吸收,对于预防和缓解骨质疏松、骨折都比较有益;另一方面经常户外晒太阳,有助于心情愉悦。

老年人在居室内的时间更长,保持通风有助于改善室内空气质量,能够预防呼吸道传染性疾病和一氧化碳中毒。

（二）环境污染与老年人健康

1. 空气污染 室内空气污染主要来自在家中烹饪取暖使用的煤炭及木柴等的燃烧产物、吸烟以及装饰装修材料散发的有毒有害物质。常见的室外空气污染物主要为细颗粒物（$PM_{2.5}$），可经呼吸道进入肺部和血液，对人体的呼吸系统、心血管系统等造成严重影响，老年人、心血管疾病和呼吸系统疾病患者对其更为敏感。臭氧（O_3）和一些挥发性有机物（volatile organic compound，VOC）对呼吸系统有刺激性，也可对心肺系统造成不良影响。

2. 水和土壤污染 接触污染的水源可能会出现急性或慢性中毒，增加癌症发病率和引发肠道传染性疾病。海水污染会使污染物在海洋生物体内富集，进入海洋食物链，进而影响人类健康。

土壤污染物主要包括重金属、农药和病原体。农作物从土壤中吸收蓄积污染物，通过食物链影响人类健康。土壤中的污染物还可通过迁移进入地表水和地下水，还可通过气体挥发或随尘土飘浮到空气中，最终经多种暴露途径尤其是食物链的传递影响人类健康。

3. 噪声和辐射污染 交通、工业生产、建筑施工、商业及娱乐活动等都可能成为环境噪声污染源。老年人长期暴露在噪声刺激中容易出现听觉障碍、失眠、心肺负担加重、精神障碍等。

随着社会发展，辐射已无处不在。辐射对人体造成危害的大小与人体接受的辐射剂量有关，人们日常生活中可能会接触到的辐射剂量，远远低于对人体有害的剂量。核电站正常运行时，对工作人员和周围居民产生的辐射剂量远远低于国家标准，不会危害人体健康。但老年人因组织和细胞的修复和再生能力下降，辐射对老年人的损害相比其他人更加严重。

二、社会环境与老年人健康

（一）社区

1. 老年友好的居住环境 社区是老年人活动的基本单元，老年人友好社区建设与健康老龄化密切相关，宜居的生活环境能够促进老年人内在功能和社会功能发挥，令老年人心情愉悦，减少跌倒等伤害事件。营造老年人友好的社区环境的措施包括保持居住区整洁、安静、美观，合理分类和处置生活垃圾，增加绿化面积等。对老年人住所应进行适老化改造，老年人居住与活动的建筑物中应该具备电梯、宽敞的门廊和通道、带护栏的高度适宜的楼梯、方便轮椅行驶的斜坡、充分的指示牌、无障碍厕所和配有舒适座椅的休息区等，并确保辅助设备的可获得性。

2. 出行便利 提升健康服务、餐饮服务、休闲娱乐场所等可及性有助于老年人身心健康。居民区周围的设计应使老年人可以方便地从家到达商店、医疗卫生服务机构、运动、教育等多类场所。道路设计应便于老年人出行，如设置醒目的人行横道、保证过街天桥和地下通道的可及性、红绿灯留出足够的穿行时间等。

3. 卫生服务可及性 对于老年人而言，拥有定点的、易获得的卫生服务非常重要。基层医疗卫生服务机构与老年人住所之间应该交通便利，并可为出行不便的老人提供上门医疗或远程医疗服务。各地应建立健全的老年人健康信息档案,实现社区卫生服务网络化,保证老年人获得及时、高质量的健康服务。社区应对老年人开展健康教育,包括健康知识、技能和当地卫生保健服务资源的宣传。

(二)社会支持与老年健康

1. 尊重与包容老年人 尊重和包容老年人,能够促进老年人身心健康,使其更好地适应现代社会。首先,我们应该尊重老年人的生活经验,赏识他们的智慧,给予他们足够的情绪价值。其次,我们应该包容老年人的生活习惯和方式。我们应该尊重他们的选择,帮助他们适应现代社会的变化。此外,政府应为老年人提供更多的文娱活动场所,分享和交流老年人喜爱的历史故事和艺术作品等。

2. 加强老年人经济保障及财产安全 确保老年人有一定的财富,不仅有利于身心健康,还可以增加其在社会参与、学习和工作等方面的决策力。首先,政府应健全社会保障体系,以确保老年人能够享受基本养老金、医疗保险等社会保障福利。其次,加强老年人的金融教育,通过开设金融知识讲座、发放宣传资料等方式进行常见金融产品和风险的普及,避免老年人被欺诈和受到不当投资的影响导致财产损失。最后,家庭成员应关心老年人的经济状况,提供必要的支持和帮助,尤其是在老年人需要帮助时,家庭成员应给予及时的支持和协助。

3. 增加老年人的社会参与 老年人在社会参与中可以获得社会支持并保持良好的健康状态。鼓励老年人和家人一起参与社会活动,为老年人提供免费或低消费的交流平台,为老年人创造志愿者活动的机会,积极发挥老年人主观能动性。社区还应提供适合不同年龄和不同兴趣爱好者的公共设施,便于老年人融入其他年龄群体,实现不同代际、文化和团体的交融。

4. 促进老年人共享信息化发展成果 当前互联网、大数据、人工智能等信息技术快速发展,对于一部分不会上网、不会使用智能手机的老年人来说,信息化给他们在出行、就医、社交等方面带来了困扰。为使老年人在信息化发展中有更多获得感、幸福感、安全感,一方面要保留老年人熟悉的传统服务方式,另一方面要提供智能化适老产品和服务。在购物、出行、就医、办事、文娱等各类日常生活场景中,保留人工窗口等老年人熟悉的传统服务方式。基于老年人需求,推出老年人友好的媒体及智能终端,使其具备大字体、大音量、内容朗读、操作提示、语音辅助等功能,促进智能技术有效推广应用。开展老年人智能技术教育,帮助老年人提高运用智能技术的能力和水平,同时帮助老年人学习防诈骗知识。

（尹香君　高　欣　刘　杨）

参考文献

[1] 杨月欣,葛可佑. 中国营养科学全书[M].北京:人民卫生出版社,2019.

［2］国家心血管病中心 . 中国心血管健康与疾病报告 2022［M］. 北京：中国协和医科大学出版社，2023.

［3］倪进东 . 老年卫生学［M］. 北京：科学出版社，2018.

［4］林盛杰，刘德海，向文洲，等 . 石莼提取物应用护肤品功效研究［J］. 广东化工，2016，43（14）：28，29-30.

［5］靳凤艳，薛华，孙亮，等 . 血液衰老：定义与范畴［J］. 中国科学：生命科学，2023，53（6）：789-807.

［6］琚慧，唐玲 . 老年综合征研究进展［J］. 护理研究，2020，34（12）：2160-2165.

［7］刘淼，何耀，吴蕾，等 . 老年综合征的定义、评估工具及应用［J］. 中华保健医学杂志，2015，17（6）：513-515.

［8］刘长虎，胡松，毛拥军，等 . 老年人衰弱的研究进展［J］. 中国全科医学，2017，20（16）：2025-2033.

［9］徐薇，吕渊，庞国防，等 . 老年综合征和慢性疼痛综述［J］. 中国老年保健医学，2021，19（3）：5-7，11.

［10］曹伯旭，林夏清，吴莹，等 . 慢性疼痛分类目录和定义［J］. 中国疼痛医学杂志，2021，27（1）：2-8.

［11］白雪，李杨静，余游川，等 . 老年综合评估在老年综合征筛查及危险因素分析中的应用效果［J］. 新疆医科大学学报，2023，46（1）：139-144.

［12］王辉，赵付，英姜岳 . 全科医生主导的多学科团队服务模式管理老年人共病的实践与思考［J］. 中华全科医师杂志，2019，18（8）：798-800.

［13］王丽敏，陈志华，张梅，等 . 中国老年人群慢性病患病状况和疾病负担研究［J］. 中华流行病学杂志，2019，40（3）：277-283.

［14］苏泽强，陶丽丽，高艳，等 . 我国老年人慢性非传染性疾病防控研究进展［J］. 实用预防医学，2020，27（1）：124-129.

［15］中国老年医学学会高血压分会 . 中国老年高血压管理指南 2023［J］. 中华高血压杂志，2023，31（6）：508-538.

［16］《中国老年型糖尿病临床指南》编写组 . 中国老年 2 型糖尿病防治临床指南（2022 年版）［J］. 中国糖尿病杂志，2022，30（1）：2-51.

［17］张灵，杨苟，蒋水平，等 . 老年慢性阻塞性肺疾病诊断与治疗新进展［J］. 中华肺部疾病杂志，2023，16（2）：285-289.

［18］王辉，王楠，柳光斌，等 . 慢性疾病防治研究进展［J］. 中国城乡企业卫生，2021，36（9）：30-32.

［19］卢建荣 . 老年慢性病患者健康管理的研究进展［J］. 中国城乡企业卫生，2022，37（4）：39-41.

［20］钟雪锋，李毅，方保民，等 . 老年人流行性感冒的临床特征分析［J］. 中国临床医生杂志，2021，49（4）：452-455.

［21］刘锁红，迟戈夫，冯金章 . 肺炎链球菌性疾病防治的研究进展［J］. 中国医药科学，2022，12（20）：42-45.

［22］杨翠红，刘辉，张颖 . 老年肺炎患者临床诊断中检验 CRP、血沉以及 D-D 水平的研究［J］. 安徽医专学报，2023，22（3）：88-89，93.

［23］吴淑恬，吴闽枫，黄建华，等 . 老年带状疱疹特殊临床表现及防治［J］. 老年医学与保健，2021，27（3）：661-664.

［24］皇甫蓓蓓，豆梅琴，陈秀英，等 . 老年肺结核患者治疗的研究进展［J］. 中国当代医药，2022，29（36）：27-30，35.

［25］李春杨，戴明佳，汪莉萍，等 . 老年病毒性肝炎临床特点及防治措施［J］. 中国老年学杂志，2018，

38(2):380-382.

［26］尹金瑜,宋利,汪好婕,等. 国内外传染病健康素养的研究进展及思考[J]. 全科护理,2023,21(2):167-170.

［27］LÓPEZ-OTÍN C,BLASCO M A,PARTRIDGE L,et al. Hallmarks of aging:an expanding universe[J]. Cell,2023,186(2):243-278.

［28］SOL J,OBIS È,MOTA-MARTORELL N,et al. Plasma acylcarnitines and gut-derived aromatic amino acids as sex-specific hub metabolites of the human aging metabolome[J]. Aging Cell,2023,22(6):e13821.

［29］BELLE M D,PIGGINS H D. Circadian regulation of mouse suprachiasmaticnuclei neuronal states shapes responses to orexin[J].Eur J Neurosci,2017,45(5):723-732.

［30］WANG Y,DONG C,HAN Y,et al. Immunosenescence,aging and successful aging[J]. Front Immunol,2022,13:942796.

［31］CHEN T,DREDZE M,WEINER J P,et al. Identifying vulnerable older adult populations by contextualizing geriatric syndrome information in clinical notes of electronic health records[J]. J Am Med Inform Assoc,2019,26(8):787-795.

［32］CARLSON C,MEREL S E,YUKAWA M. Geriatric syndromes and geriatric assessment for the generalist[J]. Med Clin North Am,2015,99(2):263-279.

第三章
老年健康服务工作

2021年12月31日,国家卫生健康委、全国老龄办、国家中医药局联合发布《关于全面加强老年健康服务工作的通知》。进一步规范老年健康服务工作是认真贯彻党中央、国务院决策部署,推进健康中国战略和积极应对人口老龄化国家战略,逐步满足老年人健康服务需求的具体措施。

第一节　组织架构

一、机构与职责

(一)行政部门职责

1. 强化健康教育,提高老年人主动健康能力

(1)拓展老年健康教育内容:在全社会开展人口老龄化国情教育,树立积极老龄观。引导老年人将"维护机体功能,保持自主生活能力"作为健康目标,树立"自己是健康第一责任人"的意识,强化"家庭是健康第一道关口"的观念,促进老年人及其家人践行健康生活方式。普及营养膳食、运动健身、心理健康、疾病预防、合理用药、康复护理、生命教育、应急救助等老年健康知识,宣传维护感官功能、运动功能和认知功能的预防措施,不断提高老年人健康核心信息知晓率和健康素养水平。广泛开展关爱失智老年人的社会宣传与公共教育活动,提升公众的失智预防和失智照护水平。普及智能技术知识和技能,提升老年人对健康信息的获取、识别和使用能力。加强对老年健康政策、服务和产品的科普宣传。此项工作由卫生健康委、教育部、体育总局、中医药局按职责分工负责。

(2)形成多元化的老年健康教育服务供给格局:支持各类教育机构将老年健康教育纳入课程内容。鼓励医学院校、医疗卫生机构等开辟老年健康教育专属阵地,面向老年人及其家属和照护者开设养生保健、照护技能培训等课程。依托全国开放大学、老年教育机构、社区教育机构、老年协会、城乡社区党群服务中心、基层医疗卫生机构、文化体育场馆等,提高城乡老年健康教育服务覆盖率。此项工作由卫生健康委、教育部、体育总局、中医药局按职责分工负责。

(3)创新老年健康教育服务提供方式:组织开展全国老年健康宣传周、世界阿尔茨海默病日等主题宣传活动。录制科普视频,建设开放共享的国家级数字化老年健康教育科普资源库。充分利用传统媒体、短视频、微信公众号、微博、移动客户端等多种方式和媒体媒介，传播老年健康相关知识，宣传老年健康达人典型案例。鼓励各地探索可行模式，充分发挥老年人在老年健康教育中的示范引领作用，增强健康教育效果。此项工作由卫生健康委、教育部、广电总局、体育总局、中医药局按职责分工负责。

2. 完善身心健康并重的老年人预防保健服务体系

（1）提高基本公共卫生服务促进老年人健康的能力：建立综合、连续、动态的老年人健康管理档案，鼓励各地整合老年人健康体检信息，优化老年人健康体检项目，提升健康评估和健康指导能力。推动地方积极开展老年健康与医养结合服务。将失能、高龄、残疾、计划生育特殊家庭等的老年人作为家庭医生签约服务重点人群，拓展签约服务内涵，提高服务质量。到 2025 年，65 岁及以上老年人城乡社区规范化健康管理服务率达到 65% 以上，65 岁及以上老年人中医药健康管理率达到 75% 以上。此项工作由国家卫生健康委和国家中医药管理局按职责分工负责。

（2）完善老年人预防保健服务体系：依托疾病预防控制机构和各级各类医疗卫生机构，健全三级预防体系，构建慢性病综合防治服务体系。加强老年人群高血压、糖尿病、冠心病等重点慢性病以及阿尔茨海默病、帕金森病等神经退行性疾病的早期筛查、干预、分类管理和健康指导。推动老年人高发恶性肿瘤早期筛查，加强癌症早诊早治。实施老年口腔健康行动，开展口腔健康知识宣传和老年口腔健康公益活动。实施老年营养改善行动，制定老年人营养健康状况评价指南，指导各地制定养老助餐机构营养健康相关标准，设立老年人营养风险筛查试点。鼓励各地开展老年人视觉、听觉、骨骼健康管理服务。开展失能（智）预防与干预工作，减少、延缓老年人失能（智）发生。实施老年痴呆防治行动，制定《国家应对老年痴呆行动计划》，推动老年人认知功能筛查干预试点工作，建立老年痴呆早筛查、早诊断、早干预的综合防控机制。建立老年人突发公共卫生事件应急处置机制，加强老年艾滋病、结核病等重大传染病防控。加快无障碍环境建设和住宅适老化改造。推动在老年人集中场所安装自动体外除颤仪（AED）的进程。此项工作由国家卫生健康委、住房和城乡建设部、国家中医药管理局按职责分工负责。

（3）开展老年人心理关爱服务：完善精神障碍类疾病早期预防及干预机制，扩大老年人心理关爱行动覆盖范围，针对抑郁、焦虑等老年人常见精神障碍和心理行为问题，开展心理健康状况评估、早期识别和随访管理，为老年人，特别是有特殊困难的老年人，提供心理辅导、情绪纾解、悲伤抚慰等心理关怀服务。鼓励设置心理学相关学科专业的院校、心理咨询机构等开通老年人心理援助热线，为老年人提供心理健康服务。加强全国社会心理服务体系建设试点地区的基层社会心理服务平台建设，提升老年人心理健康服务能力，完善老年人心理健康服务网络。此项工作由卫生健康委和教育部按职责分工负责。

（4）推进体卫融合：加强城乡社区、医养结合机构健身设施建设，提高适老化程度。研究推广适合老年人的体育健身休闲项目、方式和方法，发布老年人体育健身活动指南。将运动干预纳入老年人慢性病防控与康复方案。充分发挥各级老年人体育协会的作用，指导老年人科学健身，组织开展适合老年人的赛事活动。此项工作由体育总局、卫生健康委、住房和城乡建设部按职责分工负责。

3.以连续性服务为重点,提升老年医疗服务水平

(1)增强老年疾病诊治能力:在医疗机构推广多学科诊疗模式,加强老年综合征管理,对住院老年患者积极开展营养不良、跌倒、肺栓塞、误吸和坠床等高风险筛查,在二级及以上综合性医院、康复医院、优抚医院、护理院、医养结合机构开展老年综合评估服务,推动老年医疗服务从单病种模式向多病共治模式转变。强化基层医疗卫生机构老年人常见病、多发病和慢性病诊治能力,为老年人提供综合、连续、协同、规范的基本医疗服务。推进老年医学专科联盟建设,通过专科共建、教育培训协同合作、科研和项目协作、中医与西医协作等多种方式,提升老年医疗服务能力和管理水平。此项工作由国家卫生健康委和国家中医药管理局按职责分工负责。

(2)加强康复和护理服务:充分发挥康复医疗在老年健康服务中的作用,为老年患者提供早期、系统、专业、连续的康复医疗服务,促进老年患者功能恢复。鼓励各地以基层医疗卫生机构为依托,积极开展社区和居家康复医疗服务。增强中医药康复服务能力,到2025年,三级中医医院设置康复(医学)科的比例达到85%以上。推广康复医师、康复治疗师、康复辅具配置人员团队协作模式。建立覆盖老年人群疾病急性期、慢性期、康复期、长期照护期、生命终末期的护理服务体系,完善以机构为支撑、社区为依托、居家为基础的老年护理服务网络。鼓励有条件的基层医疗卫生机构为老年患者提供居家护理、日间护理服务。此项工作由卫生健康委和中医药局按职责分工负责。

(3)发展安宁疗护服务:稳步扩大安宁疗护试点,完善安宁疗护多学科服务模式,提高临终患者生命质量。根据医疗卫生机构的功能和定位,推动相应医疗卫生机构合理开设安宁疗护病区或床位,按照"充分知情、自愿选择"原则,为疾病终末期患者提供疼痛及其他症状控制、舒适照护等服务,为患者及家属提供心理支持和人文关怀。发展社区和居家安宁疗护服务。建立医院、基层医疗卫生机构和家庭相衔接的安宁疗护工作机制和转诊流程。建立健全安宁疗护服务涉及的止痛、麻醉等药物配备和监管制度。此项工作由卫生健康委负责。

(4)创新连续性服务模式:鼓励康复护理机构、安宁疗护机构纳入医联体网格管理,建立畅通合理的转诊机制,为网格内老年人提供疾病预防、诊断、治疗、康复、护理等一体化、连续性医疗服务。加大居家医疗服务支持力度,鼓励有条件的医院和基层医疗卫生机构为有医疗服务需求且行动不便的高龄或失能老年人、患有慢性病、处于疾病康复期或终末期、出院后仍需医疗服务的老年患者提供家庭病床、上门巡诊等居家医疗服务,健全居家医疗服务的风险防控机制,完善价格等相关政策。鼓励医疗卫生机构应用互联网等信息技术拓展医疗、护理、康复等服务空间和内容。此项工作由国家卫生健康委、国家医保局、国家中医药管理局按职责分工负责。

4.健全居家、社区、机构相协调的失能老年人照护服务体系

(1)支持居家(社区)照护服务。支持社区、机构为失能老年人家庭提供家庭照护者培训和"喘息"服务,组织协调志愿者对居家失能老年人开展照护服务。鼓励社会参与,利用社区配套用房或闲置用房开办护理站,为失能老年人提供居家健康服务。鼓励社区卫生服务中心与相关机构合作,增加照护功能,为居家老年人提供短期照护、临时照护等服务。此项工作由国家卫生健康委负责。

（2）促进机构照护服务发展。在有条件的社区卫生服务中心、乡镇卫生院等基层医疗卫生机构增设护理床位或护理单元。支持医养结合机构开展失能老年人照护服务工作。支持具备服务能力和相应资质的机构将照护服务向社区和家庭延伸，辐射居家失能老年人。推进照护机构老年痴呆患者照护专区和社区老年痴呆患者照护点建设，满足老年痴呆患者照护服务需求。此项工作由卫生健康委负责。

5. 深入推进医养结合发展

（1）增加医养结合服务供给：以需求为导向，合理规划、建设和改建医养结合机构。支持规模较大的养老机构设置医疗卫生机构，并按规定纳入医保定点范围。激发市场活力，引导社会资本举办医养结合机构，推动建设一批百姓住得起、质量有保证的集团化、连锁化医养结合机构。鼓励医疗资源富余的基层医疗卫生机构利用现有资源开展医养结合服务。此项工作由国家卫生健康委、国家医保局按职责分工负责。

（2）提升医养结合服务质量：健全医养结合标准规范体系。提升医养结合信息化水平，发展面向居家、社区和机构的智慧医养结合服务，开展老龄健康医养结合远程协同服务试点，为老年人提供优质高效的远程医疗服务。持续开展医养结合机构服务质量提升行动，推动医养结合机构开展医疗卫生服务和养老服务的规范化。在全国开展医养结合示范省、示范县（市、区）和示范机构创建活动。提升医养结合机构传染病防控能力，保障老年人生命安全和身体健康。此项工作由国家卫生健康委、工业和信息化部、市场监管总局、国家中医药管理局按职责分工负责。

6. 发展老年人中医药健康服务

（1）提升老年人中医药健康管理水平：进一步发挥中医药健康管理在基本公共卫生服务项目实施中的独特优势，积极推进面向老年人的中医药健康管理服务项目，发挥中医药在老年预防保健、综合施治、老年康复、安宁疗护方面的独特作用。鼓励中医医师积极参与家庭医生签约服务，为老年人提供个性化中医药服务。不断丰富老年人中医健康指导的内容，加强老年人养生保健行为干预和健康指导。此项工作由国家卫生健康委、国家中医药管理局按职责分工负责。

（2）加强中医药健康养老服务能力建设：加快二级及以上中医医院老年医学科建设，加强中医药健康养老服务能力、人才培养能力、技术推广能力建设，提升老年人常见病、多发病的中医药服务能力和水平。加强各省级中医治未病中心的老年人中医药健康服务能力建设，制定相关标准规范，培训推广中医适宜技术，提升中医药特色服务能力。此部分内容由国家卫生健康委、国家中医药管理局按职责分工负责。

（3）加大中医药健康养生、养老文化宣传：积极宣传适宜老年人的中医养生保健知识、技术和方法，推动优质中医药服务进社区、进农村和进家庭。积极开展中医健康体检、健康评估、健康干预以及药膳食疗科普等活动，推广太极拳、八段锦、五禽戏等中医传统运动项目，培养树立健康科学的生活方式和理念。此项工作由国家卫生健康委、广电总局、体育总局、国家中医药管理局按职责分工负责。

7. 加强老年健康服务机构建设

（1）加强老年医疗卫生机构建设：支持国家老年医学中心发展，布局若干区域老年医疗中心,加强国家老年疾病临床医学研究中心建设,打造老年健康促进、诊疗、科研高地。通过新建、改扩建、转型发展,加强老年医院、康复医院、护理院(中心、站)以及优抚医院建设,鼓励公共医疗资源丰富的地区将部分公立医疗机构转型为康复、护理机构。提高基层医疗卫生机构的康复、护理床位占比。支持农村地区接续性医疗卫生机构建设,支持农村医疗卫生机构利用空置的编制床位开设康复、护理、安宁疗护床位。在城市社区建设以老年人为主要服务对象的护理站,为行动不便的失能、残疾、高龄、长期患病老年人提供上门医疗护理服务。支持社会力量参与社区护理站建设。加快安宁疗护机构标准化、规范化建设。开展老年健康服务机构(科室)规范化建设。此项工作由国家卫生健康委、科技部、退役军人事务部、国家中医药管理局按职责分工负责。

(2)加强医疗卫生机构老年医学科建设:推动老年医学科临床专科能力建设。推动二级及以上综合性医院设立老年医学科,"十四五"期末,二级及以上综合性医院设立老年医学科的比例达到60%以上。启动老年医学科建设试点工作,遴选一批老年医学科建设试点医院,发挥示范带动作用,推动医疗卫生机构老年医学科高质量发展。此项工作由国家卫生健康委、国家中医药管理局按职责分工负责。

(3)建设老年友善医疗机构:加强老年友善医疗机构建设,从文化、管理、服务、环境等方面推进医疗卫生机构全面落实老年人医疗服务适老政策,切实解决老年人在运用智能技术就医方面遇到的困难,为老年人提供友善服务。到2025年,85%以上的综合性医院、康复医院、护理院和基层医疗卫生机构成为老年友善医疗机构。此项工作由国家卫生健康委、国家中医药管理局按职责分工负责。

8.提升老年健康服务能力

(1)加强老年医学及相关学科专业建设:支持开办医学专业的院校和医疗卫生机构加强老年医学及相关学科专业建设,在人才引进、科研经费、教学经费等方面给予政策倾斜。引导普通高校、职业院校(含技工学校)、开放大学开设老年医学、药学、老年护理、康复、心理、安宁疗护等相关专业和课程,开展覆盖中、专、本、硕、博各阶段的学历教育,扩大招生规模。在公共卫生、临床医学、中医药等专业中开展老年医学内容的学习,加强老年健康相关复合型人才培养。此项工作由教育部、国家卫生健康委、国家中医药管理局按职责分工负责。

(2)加大老年健康专业人才培训力度:在内科和全科住院医师规范化培训中强化老年医学学科内容,继续推进老年医学专科医师规范化培训。组织开展全国老年健康专业人才培训,加强对老年医学科、安宁疗护科和医养结合机构卫生健康专业人才的培训,加强老年护理专业护士的培训,提升高水平老年医学专业人才在老年健康队伍中的比例。到2025年,培训老年医学科医师人数不低于2万人,培训老年护理专业护士人数不低于1万人,每名老年医学科医护人员、安宁疗护试点地区从事安宁疗护服务的医护人员至少接受一次专业培训。普遍加强临床医务人员的老年医学知识和技能培训,提升临床医务人员为老服务能力。实施老年医学领军人才支持项目,加强老年健康高层次人才培养。加强院校与医疗卫生机构人才培养培训合作,遴选一批国家级和省级老年健康人才培训基地。此项工作由国家卫生健康委、教育部、国家中医药管理局按职责分工负责。

(3)强化老年健康照护队伍建设:增加从事老年护理工作的医疗护理员数量,加大培训力度,开展职业技能培训和就业指导服务,培训一批老年健康领域的医疗护理员,充实老年健康特别是长期照护服务队伍。健全老年健康相关职业人才评价制度,完善以技术技能价值激励为导向的薪酬分配体系。加快培养服务于老年健康的社会工作者、志愿者队伍,通过入户、社区活动等形式为老年人提供便利可及、针对性强的健康服务。此项工作由国家卫生健康委、人力资源和社会保障部、国家中医药管理局按职责分工负责。

9. 促进健康老龄化的科技和产业发展

(1)加强老年健康科学研究:加强衰老机制的基础性研究,加强老年慢性病和共病诊疗技术、老年康复护理技术、老年功能维护技术等应用性研究,提升老年重大疾病防治水平。加强适宜技术研发推广,定期发布老年健康适宜技术产品目录,发展老年神经、睡眠等监测与干预相关技术及产品,发展适宜居家、社区应用的老年健康促进评估、诊断、监测技术与产品。支持老年健康技术研发基地和科研应用转化平台建设。此项工作由科技部、工业和信息化部、国家卫生健康委、国家中医药管理局按职责分工负责。

(2)推动老龄健康产业可持续发展:推动老年健康与养老、养生、文化、旅游、体育、教育等多业态深度融合发展,大力推动老年健康领域新产业、新业态、新商业模式发展。支持新兴材料、人工智能、虚拟现实技术等在老年健康领域的深度集成应用与推广。支持医疗卫生机构、企业、科研院所加强医工协同发展,研发老年人医疗辅助、家庭照护、安防监控、残障辅助、情感陪护、康复辅具等智能产品和可穿戴设备,提升产品的适老化水平,推进老年产品市场提质扩容。发展健康管理与服务、健康检测与监测等智慧健康养老服务。建立健全相关标准,规范老年用品和养老服务市场。加大监管力度,切实维护老年人权益。此项工作由科技部、工业和信息化部、国家卫生健康委、市场监管总局、国家中医药管理局、中国残联按职责分工负责。

(3)强化信息化支撑:建立老年健康数据的收集和发布机制。充分运用互联网、物联网、大数据等信息技术手段,创新服务模式,提升老年健康智能化服务质量和效率。依托国家全民健康信息平台,完善全国老龄健康信息管理系统,整合各类老年健康相关数据,实现信息共享,为服务老年人提供信息化支撑。此项工作由国家卫生健康委、工业和信息化部、国家中医药管理局按职责分工负责。

(二)老年医疗卫生机构

发展国家老年医学中心,布局若干区域老年医疗中心,加强国家老年疾病临床医学研究中心建设,打造老年健康促进、诊疗、科研高地。通过新建改扩建、转型发展,加强老年医院、康复医院、护理院(中心、站)以及优抚医院建设,鼓励公共医疗资源丰富的地区将部分公立医疗机构转型为康复、护理机构。提高基层医疗卫生机构的康复、护理床位占比。支持农村地区接续性医疗卫生机构建设,支持农村医疗卫生机构利用空置的编制床位开设康复、护理、安宁疗护床位。在城市社区建设以老年人为主要服务对象的护理站,为行动不便的失能、残疾、高龄、长期患病老年人提供上门医疗护理服务。支持社会力量参与社区护理站建设。

1. 疾病预防控制机构 负责国家、辖区老年健康服务工作的技术管理与指导。主要职责包括以下几方面。

（1）协助卫生行政部门制订老年健康服务规划和工作计划，为制定和发展政策提供技术支持。

（2）负责执行国家、辖区老年健康服务规划和方案，制订本机构老年健康服务工作的年度计划和实施方案，指导实施老年健康干预策略与措施。

（3）组织并开展老年健康相关的监测和流行病学调查，分析预测老年相关疾病流行形势、疾病负担、危险因素流行和发展趋势，提出相关对策。

（4）组织开展老年相关疾病的健康促进活动。

（5）承担老年健康有关技术规范、指南、标准的制定及推广应用。

（6）负责下级疾控机构、基层医疗卫生机构和医院老年健康相关工作的技术指导和培训。

（7）承担老年健康服务工作的业务信息管理和防控效果的考核评价。

（8）开展老年健康相关的科学研究，推动学术交流和国际合作。

各级疾控机构的职责各有侧重。国家级单位重点负责全国老年健康相关监测、干预等的组织和实施；汇总分析相关信息，评估全国老年健康相关疾病和危险因素的流行情况和变化趋势、防控能力与应对、防控效果等；发布国家老年健康综合评估报告；开展政策和策略研究，为国家制定相关政策提供技术支持；研究制定技术规范、指南和适宜技术，并进行推广；开展全国领域老年健康相关科学研究和国际合作。

省级和地市级单位重点负责辖区老年健康监测数据收集汇总，发布综合评估报告，为辖区相关政策的制定提供技术支持；组织辖区老年健康疾病及相关危险因素的干预控制工作，开展常规督导和评估；结合辖区特点开展科学研究，推广技术规范和技术指南；培训辖区老年健康服务队伍，提高老年健康监测和干预工作的质量。

县区级单位重点负责完成上级下达的老年相关疾病防控任务，负责辖区内老年相关疾病防控具体工作的管理和落实；收集汇总辖区老年健康相关监测数据，完成综合评估报告；组织实施健康促进项目；制订辖区老年相关疾病干预的工作计划；指导基层医疗卫生机构实施老年相关疾病防控工作，并考核评估防控效果。

2. 基层医疗卫生机构 基层医疗卫生机构包括城市社区卫生服务中心和服务站、农村乡镇卫生院和村卫生室。主要职责包括以下几方面。

（1）承担辖区老年高风险人群发现、登记、指导和管理工作。

（2）承担高血压和糖尿病等慢性病老年患者的建档、定期干预指导和随访管理工作。

（3）承担辖区老年人群慢性病及其所致并发症和残疾的康复工作，提供康复指导、随访、治疗、护理等服务。

（4）开展辖区老年健康促进工作，开设健康课堂，组织健康日宣传活动。

（5）建立老年居民健康档案，并根据其主要健康问题和服务提供情况填写相应记录。

（6）承担国家、辖区老年相关疾病监测任务。

（7）与上级医院建立双向转诊机制。

（8）城市社区卫生服务中心和农村乡镇卫生院承担对社区卫生服务站和村卫生室老年健康服务的指导和管理工作。

3. 医院 医院包括城市二级以上医院和县区级综合性医院、老年医院、康复医院、护理院(中心、站)以及优抚医院等。负责执行国家、辖区老年健康相关规划和方案要求的工作。主要职责包括以下几方面。

(1)承担老年患者诊断、治疗、康复和护理等工作。

(2)对老年病例进行登记和报告。

(3)开展老年健康有关的健康咨询、健康教育和知识宣传,包括院内板报和宣传画张贴、宣传日活动、健康课堂、诊疗过程中的咨询教育等。

(4)承担对辖区基层医疗卫生机构的技术指导和培训。

(5)与基层医疗卫生机构建立双向转诊机制。

二、人员与能力

各级卫生行政部门和各级各类老年健康服务相关机构应该根据《"十四五"健康老龄化规划》和《关于全面加强老年健康服务工作的通知》等有关文件精神,结合我国基本医疗卫生制度建设要求,内设老年健康服务相应职能和业务部门,到2025年,二级及以上综合性医院设立老年医学科的比例达到60%以上;综合性医院、康复医院、护理院和基层医疗卫生机构中老年友善医疗卫生机构占比达到85%以上;三级中医医院设置康复(医学)科的比例达到85%以上。按照职责设置岗位,配备足够人员从事老年健康服务工作。

老年健康服务专业技术人员应当具备履行岗位职责的相应专业资质和执业资格,并经过县级以上业务主管部门组织的专业技术和业务培训。加强内科、全科专业住院医师的老年医学知识与技能培训。组织实施老年医学紧缺人才培训项目。支持退休、转岗的护士从事失能老年人护理指导、培训和服务等工作。开展医疗护理员职业技能培训和就业指导服务,充实长期照护服务队伍。

三、工作任务

(一)加强老年人健康教育

在城乡社区加强老年健康知识宣传和教育,利用多种方式和媒体媒介,面向老年人及其照护者广泛传播营养膳食、运动健身、心理健康、伤害预防、疾病预防、合理用药、康复护理、生命教育、消防安全和中医养生保健等科普知识。组织实施老年人健康素养促进项目,有针对性地加强健康教育,提升老年人健康素养。利用老年健康宣传周、敬老月、重阳节、世界阿尔茨海默病日等契机,积极宣传《老年健康核心信息》《预防老年跌倒核心信息》《失能预防核心信息》《阿尔茨海默病预防与干预核心信息》等老年健康科学知识和老年健康服务政策。将老年健康教育融入临床诊疗工作,鼓励各地将其纳入医疗机构绩效考核内容。

(二)落实老年人基本公共卫生服务

落实国家基本公共卫生服务老年人健康管理项目,提供生活方式和健康状况评估、体格检查、辅助检查和健康指导服务,到2025年,65岁及以上老年人城乡社区规范健康管理服务率达到65%以上。利用多种渠道动态更新和完善老年人健康档案内容,包括个人基本信息、健康体检信息、重点人群健康管理记录和其他医疗卫生服务记录,推动健康档案的务实应用。各地结合实际开展老年健康与医养结合服务项目,重点为失能老年人提供健康评估和健康服务,为居家老年人提供医养结合服务,有条件的地方要逐步扩大服务覆盖范围。

(三)加强老年人功能维护

加强老年人群重点慢性病的早期筛查、干预及分类指导,积极开展阿尔茨海默病、帕金森病等神经退行性疾病的早期筛查和健康指导,提高公众对老年痴呆防治知识的知晓率。鼓励有条件的地方开展老年人认知功能筛查,及早识别轻度认知障碍,预防和减少老年痴呆发生。组织开展老年人失能(失智)预防与干预试点工作,鼓励有条件的省(区、市)组织开展省级试点工作,减少老年人失能(失智)发生。加强老年人伤害预防,减少伤害事件发生。鼓励有条件的地方开展老年人视、听等感觉能力评估筛查,维护老年人内在功能。组织开展老年口腔健康行动,将普及口腔健康知识和防治口腔疾病相结合,降低老年人口腔疾病发生率。组织实施老年营养改善行动,改善老年人营养状况。

(四)开展老年人心理健康服务

重视老年人心理健康,针对抑郁、焦虑等常见精神障碍和心理行为问题,开展心理健康状况评估和随访管理,为老年人,特别是有特殊困难的老年人提供心理辅导、情绪纾解、悲伤抚慰等心理关怀服务。总结推广老年心理关爱项目经验,各省(区、市)要组织实施省级项目。到2025年,老年心理关爱项目点覆盖全国所有县(市、区)。

(五)做好老年人家庭医生签约服务

加强家庭医生签约服务宣传推广,为老年人提供基本医疗卫生、健康管理、健康教育与咨询、预约和转诊、用药指导、中医"治未病"等服务。提高失能、高龄、残疾等特殊困难老年人家庭医生签约覆盖率,到2025年不低于80%。进一步强化服务履约,采取更加灵活的签约周期,方便老年人接受签约服务。家庭医生要定期主动联系签约老年人,了解健康状况,提供针对性的健康指导,切实提高签约老年人的获得感和满意度。

(六)提高老年医疗多病共治能力

加强国家老年医学中心和国家老年区域医疗中心设置与管理,鼓励建设省级老年区域医疗中心。加强综合性医院老年医学科建设,到2025年,二级及以上综合性医院设立老年医学科的比例达到60%以上。医疗机构要积极开展老年综合评估、老年综合征诊治和多学科诊疗,对住院老年患者积极开展跌倒、肺栓塞、误吸和坠床等高风险筛查,提高多病共治能力。鼓励各地争取资源加强基层医疗卫生机构老年健康服务科室建设,充分发挥大型医院的帮扶带动作用,借助医疗联合体等形式,帮助和指导基层医疗卫生机构开展老年健康服务,惠及更多老年人。

(七)加强老年人居家医疗服务

贯彻落实《关于加强老年人居家医疗服务工作的通知》要求,增加居家医疗卫生服务供给,重点对居家行动不便的高龄或失能老年人、患有慢性病、处于疾病康复期或终末期、出院后仍需医疗服务的老年患者提供诊疗服务、医疗护理、康复治疗、药学服务、安宁疗护。扩大医疗机构提供家庭病床、上门巡诊等居家医疗服务的范围,鼓励医联体提供居家医疗服务,按规定报销相关医疗费用,按成本收取上门服务费。

(八)加强老年人用药保障

完善社区用药相关制度,保证老年慢性病、常见病药品配备,方便老年人就近取药,提高老年人常见病用药可及性。鼓励医疗机构开设药学门诊,发展居家社区药学服务和"互联网 + 药学服务",为长期用药老年人提供用药信息和药学咨询服务,开展个性化的合理用药宣教指导。落实慢性病长期处方制度的有关要求,为患有多种疾病的老年患者提供"一站式"长期处方服务,减少老年患者往返医院次数,解决多科室就医取药问题。鼓励医疗机构开展老年人用药监测,并将结果运用到老年人日常健康管理之中,提高老年人安全用药、合理用药水平。

(九)加强老年友善医疗服务

贯彻落实《关于开展建设老年友善医疗机构工作的通知》和《关于实施进一步便利老年人就医举措的通知》要求,从文化、管理、服务、环境等方面,加快老年友善医疗机构建设,方便老年人看病就医;不断优化医疗服务流程,改善老年人就医体验。全面落实老年人医疗服务优待政策,完善诊间、电话、自助机、网络、现场预约等多种预约挂号方式,保留一定比例的现场号源。医疗机构内的各种标识要醒目、简明、易懂、大小适当,要对公共设施进行适老化改造,配备必要且符合国家无障碍设计标准的无障碍设施。鼓励医疗机构设立志愿者服务岗,明确导诊、陪诊服务人员,提供轮椅、平车等设施设备。到 2025 年,85% 以上的综合性医院、康复医院、护理院和基层医疗卫生机构成为老年友善医疗机构。

(十)大力发展老年护理、康复服务

贯彻落实《关于加强老年护理服务工作的通知》和《关于加快推进康复医疗工作发展的意见》要求,鼓励医疗资源丰富地区的部分一级、二级医院转型为护理院、康复医院等,加强接续性医疗机构建设,畅通双向转诊通道。通过新建、改扩建、转型发展,鼓励多方筹资建基于社区、连锁化的康复中心和护理中心。鼓励有条件的基层医疗卫生机构根据需要设置和增加提供老年护理、康复服务的床位。鼓励有条件的地区和医疗机构开展"互联网 + 护理服务"。鼓励二级及以上综合性医院提供康复医疗服务。通过为老年患者提供早期、系统、专业、连续的康复医疗服务,促进老年患者功能恢复。

（十一）加强失能老年人健康照护服务

完善从专业机构到社区、居家的失能老年人健康照护服务模式。鼓励建设以失能老年人为主要服务对象的护理院（中心）。鼓励二级及以下医院、基层医疗卫生机构与护理站建立签约合作关系，共同为居家失能老年人提供健康照护服务。面向居家失能老年人照护者开展照护技能培训，提高家庭照护者的照护能力和水平。借助信息化手段，对失能低收入老年人的医疗保障、健康照护等情况以及因病返贫风险进行动态监测，维护失能低收入老年人身心健康。

（十二）加快发展安宁疗护服务

推动医疗机构根据自身功能和定位，开设安宁疗护病区或床位，开展安宁疗护服务。推动有条件的地方积极开展社区和居家安宁疗护服务，探索建立机构、社区和居家安宁疗护相结合的工作机制。建立完善安宁疗护多学科服务模式，为疾病终末期患者提供疼痛及其他症状控制、舒适照护等服务，为患者及其家属提供心理支持和人文关怀。加强对公众的宣传教育，推动安宁疗护理念得到社会广泛认可和接受。

（十三）加强老年中医药健康服务

二级及以上中医医院要设置"治未病"科室，鼓励开设老年医学科，增加老年病床数量，开展老年常见病、慢性病防治和康复护理。提高康复、护理、安宁疗护等医疗机构的中医药服务能力，推广使用中医药综合治疗。到2025年，三级中医医院设置康复科比例达到85%。积极发挥城乡社区基层医疗卫生机构为老年人提供优质规范中医药服务的作用，推进社区和居家中医药健康服务，促进优质中医药资源向社区、家庭延伸，到2025年，65岁及以上老年人中医药健康管理率达到75%以上。鼓励中医医师加入老年医学科工作团队和家庭医生签约团队。积极开展中医药膳食疗科普等活动，推广中医传统运动项目，加强中医药健康养生养老文化宣传。

（十四）做好老年人传染病防控

医疗卫生机构要按照传染病防控部署，及时为老年人接种相关疫苗。有条件的地方做好流感、肺炎等疫苗接种，减少老年人罹患相关疾病风险。在疫苗接种工作中，对独居、高龄、行动不便或失能等特殊老年人，要给予重点关注，提供周到服务。加强老年人结核病防治工作，做好老年结核病患者的定点救治。积极开展老年人艾滋病预防知识宣传教育，有条件的地区提供艾滋病检测服务。建立老年人突发公共卫生事件应急处置机制和预案，在突发传染病等重大公共卫生事件中，充分考虑老年人特点，保障老年人应急物资和医疗卫生服务供给。

第二节　老年健康监测与调查

一、老年健康监测

(一)基本概念

老年健康监测指辖区内建立由当地政府主导、卫生行政部门指导、疾控机构牵头,医院、基层医疗卫生机构、专业防治机构、养老机构和相关机构等共同参加的老年人群健康监测系统,通过定期、长期、连续、系统地收集当地 60 岁及以上老年人群疾病患病(尤其是高发和特发疾病)、危险因素流行、风险评估、健康干预、心理健康、死亡统计等相关信息,动态掌握和评估辖区内老年人群疾病流行现状和变化趋势,为地区卫生健康事业发展提供科学性和常态化技术支撑。对老年人群开展健康监测是社会发展和推动下,依托国家、省、市、县(区)四级疾病预防控制体系建立的公共卫生监测,在国家或省级层面建立的老年健康监测系统应具有国家或省级代表性。

(二)老年健康监测指标

老年人群健康监测主要包括行为危险因素、发病、患病、失能、生活质量、健康素养、死因监测等。

行为危险因素监测包括询问调查、身体测量和实验室检测等方面,主要包括血压、血糖、血脂、饮食、体力活动、饮酒和烟草使用等危险因素,以及超重肥胖、高血压、糖尿病、血脂异常等健康状况。

发病监测是针对包括高血压、糖尿病、肿瘤、慢阻肺等主要慢性病及并发症,以及帕金森病、骨质疏松症、骨关节炎、肠梗阻疾病、牙周疾病等高发或特发疾病在内的发病情况分析。

患病监测是针对包括高血压、糖尿病、肿瘤、慢阻肺等主要慢性病及并发症,以及帕金森病、骨质疏松症、骨关节炎、老年消化性溃疡、胃食管反流病、牙周疾病等高发或特发疾病在内的患病情况分析。

失能监测主要对老年人生理特征、疾病状态、跌倒、认知能力、心理因素、居家环境、药物因素、社会参与、游戏锻炼等失能危险因素分析和评估,以及老年人身体基本活动能力、日常生活能力等相互影响。

生活质量监测主要指从个人因素和社会学因素角度,对老年人的日常行为、饮食行为、文化素养、兴趣爱好、生活环境、社区文化等分析和评估。

健康素养监测包括基本知识和理念素养、健康生活方式与行为素养、基本技能素养,分析和评估老年人获取、理解和处理健康信息和服务的能力。电子健康素养是从电子资源中寻求、查找、理解和评估健康信息并将获得的知识应用于解决健康问题的能力,老年人电子健康素养与家庭关怀度、信息自我效能等相关。

死因监测的登记对象是辖区内所有死亡的老年人群个案信息,由各级各类医疗卫生机构中具有执业医师资格的专业人员负责填报死亡医学证明书。

二、老年健康调查

(一)基本概念

老年健康调查指在某一地区或区域内,根据调查目的,通过不同的流行病学研究方法开展的,针对 60 岁及以上老年人群某一种或多种疾病流行状况的专题调查。老年健康调查由疾控、医院、高校或其他科研机构等具备流行病学调查研究能力的机构牵头或承担,作为掌握当地老年人群健康状况的途径之一,与老年健康监测有机贯通、相互协同。老年健康调查要有计划性、预见性,调查数据应具有地区或区域代表性。

(二)老年健康调查方法

在定性定量有机结合的原则下,老年健康调查方法包括描述性研究、分析性研究、实验性研究和理论性研究。其中,描述性研究如横断面研究、个案调查、生态学研究等,用来描述疾病和健康的分布状况;分析性研究如病例对照研究、队列研究,挖掘影响疾病或健康的关键因素;实验性研究如临床试验、现场试验,通过比较对照组的情况,判断干预措施的效果;理论性研究是通过数学公式表达病因、宿主和环境之间构成的疾病流行规律等。

定量研究的基本步骤:研究者根据研究问题进行文献探讨,形成研究假设;根据研究假设进行研究设计,确定具有因果关系的各种变量;通过概率抽样的方式选择样本,使用经过检测的标准化工具和程序采集数据;对数据进行分析,建立不同变量之间的相关关系,必要时使用实验干预手段对控制组和实验组进行对比,进而检验研究者既有的理论假设。

定性研究包括参与观察、个人深入访谈和专题小组讨论。参与观察是指研究者参与到研究对象的生活中,观察、收集和记录研究对象在社区中日常生活的信息。个人深入访谈是指一个访谈者与一个被访者面对面地进行交谈。专题小组讨论是指将一组人聚集在一起,就某一特定的问题进行深入的讨论。定性研究的关键在于方法必须是严格和系统的、分析重点在原始资料以及分析是动态过程。

老年健康调查可结合当地社区卫生工作,具体调查形式分为线下和线上调查,包括访问调查、电话调查、网络调查、信函调查等。

三、主要的老年健康监测和调查

(一)国家老年期重点疾病和干预项目

阿尔茨海默病(AD)和帕金森病(PD)是老年期常见的两种神经退行性疾病,中晚期病人多、致残率高,已成为加重家庭生活负担和消耗医疗资源的"黑洞"。2015 年启动的国家老年期重点疾病预防和干预项目是国家重大公共卫生专项。项目由疾控系统在全国组织协调，联合医院神经科专业医生，以基层医疗卫生机构为平台，旨在提高民众对 AD、PD 的知晓水平和基层医疗卫生机构的防控能力，了解老年人群患病率、失能失智状况及长期照料需求，探索建立 AD、PD 的筛查、转诊、确诊、患者居家 - 社区管理合作模式。目前国家老年期重点疾病预防和干预项目已在全国完成三轮 12 个省份的调查。

（二）健康素养监测

从 2012 年起，我国每年开展健康素养监测工作，调查中国公民健康素养、基本健康知识和理念、健康生活方式与行为、基本技能等内容。2015 年增加了精神卫生（抑郁焦虑、老年痴呆等）、慢性病防治（高血压、糖尿病）等内容。国家基本公共卫生服务项目、健康素养促进行动项目（2017 年划入国家基本公共卫生服务项目）是提升老年人健康素养、普及健康素养基本知识和技能的重要举措。

（三）中国骨质疏松症流行病学调查

骨质疏松症是中年人最常见的一种全身性骨骼疾病，中老年女性骨质疏松问题尤为严重。骨质疏松症是可防可治的慢性病，主要特征是骨矿物质含量低下、骨结构破坏、骨强度降低和易发生骨折。2018 年，首次开展了中国居民骨质疏松症流行病学调查。以此次调查获得的中国人峰值骨量数据为基准，按照国际骨质疏松症诊断的金标准，即骨密度降低程度达到或超过同性别、同种族健康成人的骨峰值均值 2.5 个标准差时，可诊断骨质疏松症。我国低骨量人群庞大，是骨质疏松症的高危人群。居民对骨质疏松症认知普遍不足，骨密度检测率亟待提高。

四、老年健康信息收集与利用

（一）老年健康信息来源

有条件地区可建立老年健康监测系统、开展老年健康调查，通过监测和调查产生的地区、个人、机构等基础信息和健康信息，是老年健康信息来源之一。同时，卫生、民政、统计、药监等当地行政部门的资料，包括临床诊疗信息、医保保险、养老服务、食品药品等相关资料，也是老年健康信息来源之一。

不同地区的老年人群健康监测和调查产生相应的健康信息和数据，辖区内的老年人群健康信息和数据由当地开展监测和调查后获取，辖区外的老年人群健康信息和数据按照国家有关数据管理条文共享获取。

（二）老年健康信息分析与利用

从各种途径、渠道获取的老年人群健康信息应依据国家有关法律法规，采用严格、安全措施妥善管理，才能进行相关分析利用。老年人群健康监测和调查过程中的资料报告、收集、管理、分析、解释、反馈等环节均属于对信息和数据的分析与利用,在此基础上,应进一步将获得的信息和数据用于制定公共卫生活动计划,执行和评价公共卫生活动,推动公共卫生实践。合理分析利用信息和数据,掌握本地区和区域老年人群健康状态,有助于当地政府、行政部门制定符合经济发展需求的适宜的政策措施。

第三节　老年健康干预和管理

一、社区干预的内容

(一)健康教育

社区健康教育,指以改变人们不良卫生习惯,建立科学、文明、健康的生活方式,提高社区居民自我保健意识和自我保健技能为中心内容的卫生宣传教育。

1. 社区健康教育的目标人群　一般人群、高危人群、重点保健人群、病人及其家属。

(1)高危人群:是存在明显健康危险因素的人群,危险因素相关疾病的发生概率明显高于其他人群,包括高危家庭成员、具有明显的危险因素的人群。

(2)重点保健人群:是指由于各种原因需要在社区得到重点保护的老年人群。

(3)病人及其家属:患有各种疾病的病人包括常见病病人、慢性非传染性疾病病人、需急救的病人及他们的家属等。

2. 社区健康教育的主要内容与形式

(1)调研和分析社区健康状况,了解社区老年人群的常见健康问题及其危险因素,为开展健康教育提供依据。

(2)确定社区健康教育目标,依据本地区上级健康教育规划和计划要求,研究适合本地社区的健康教育内容和方法,制定社区健康教育方案。

(3)组织实施社区健康教育,利用不同方式和渠道普及健康知识,提高社区老年人群健康知识水平,办好社区健康教育橱窗、宣传栏和健康讲座等。

(4)针对社区不同人群,特别是慢性病患者、残疾人、高龄老人等重点人群,结合社区卫生服务,组织实施多种形式的健康教育活动。

(5)开展社区疾病预防控制的健康教育与健康促进活动,针对社区主要危险因素,对个体和群体进行综合干预。

(6)利用社区工作群、微信、电话等渠道,对社区老年人群进行健康生活指导,引导社区居民建立科学、文明、健康的生活方式。

(7)对社区健康教育与健康促进效果进行评价,不断改进和创新社区健康教育工作模式,把健康教育普及到社区各个角落。

(8)指导社区内学校、医院、企业、公共场所的健康教育活动。

(9)由社区领导牵头,动员辖区各行业、各单位、社区群众团体等共同参与,组成社区健康教育网络,统一管理,相互协作,发挥各自优势,携手做好健康教育工作。

(10)动员群众参与,激发社区老年人群追求健康的主动性和合作精神,不断提高社区健康水平。

3. 常用的社区健康教育方法

(1)语言教育方法

1)口头教育:通过面对面谈话,传达信息,交流情感,进行行为指导,是入户家访的基本形式。

2)健康咨询:以现场答疑的形式,由有经验的相关专业人员承担。

3)专题讲座:由专业人员就某一专题进行专业、系统、有针对性的讲课,是社区常用的一种群体教育方法。

4)小组座谈:由健康教育者组织,组员讨论,互帮互学,特别适用于技能训练和行为改变,如戒烟支持小组、家庭营养培训班等。

(2)文字教育方法

1)卫生标语:使用方便、易于记忆的横幅标语来营造学习气氛。

2)卫生传单:针对社区某个中心任务一事一议,广泛散发。

3)卫生小册子:由专业人员编写,内容知识性、针对性强,便于保存,可反复使用。

4)折纸:制作精美、图文并茂,适用于低文化水平及空闲时间少的人群阅读使用。

5)卫生报刊:定期发行、信息量大,是广大老年人群学习卫生保健的健康之友。

6)卫生墙报:可以是设在街头、单位等显眼处的黑板报,制作简单、易更新内容,能起到宣传鼓动和普及知识的作用。

7)卫生专栏:图片、文字为主,设在社区居民主要的活动区,有较强的吸引力和教育性。

8)卫生宣传画:是文字与形象艺术的结合,以其绘画、图片、设计编排艺术及鲜明的色彩深受居民的喜爱。

(3)形象化教育:常用照片、标本、模型、演示等。其特点是直观性强、真实性强、使老年人身临其境,强化教育。例如,展示平衡膳食宝塔、吸烟的健康危害的模型和图片标本,可提高老年人践行合理膳食、戒烟等健康生活方式的意识。

(4)音视频教育:包括广播、电视、电影,以及投影、幻灯、录音带、录像带等,此类健康教育内容传播迅速、群众喜闻乐见且乐于接受,是社区教育的有效渠道。

(二)社区生活方式干预

1. 膳食营养干预 通过调查了解社区老年人群的食物消费水平,并将其营养素的摄入量与膳食营养素参考摄入量(DRIs)进行比较,评价膳食结构是否合理,营养是否平衡等,寻找社区人群存在的营养问题,进而提出改善措施。

通过多种途径,了解社区老年居民的饮食行为,向辖区人群宣传合理膳食知识,让居民了解营养知识和饮食技巧,养成良好的饮食习惯,增强自我保健意识。利用控油壶、限盐勺等工具,指导社区居民掌握日常饮食低油少盐技巧。组织社区居民小组活动,交流饮食与健康知识,共同讨论什么是合理饮食,什么是不合理饮食。组织社区老年人群小组活动交流健康食品制作和选购技巧。组织开展社区健康饮食厨艺展示比赛、烹饪比赛等活动。

组织开展针对特定人群的专业营养咨询,通过专业人员的咨询提供个性化的饮食指导和建议,帮助社区老年人群制订科学的饮食计划,实现健康饮食的目标。

2. 运动干预 邀请专家授课指导,普及适合老年人群的群众运动,使居民掌握有氧运动种类、益处,包括运动形式、强度、频率和持续时间等基本常识。通过社区居民的健康档案,筛出不同人群,制定不同的运动干预依据和运动处方。

发动社区工作者以身作则,带动家人及社区老年人群一起进行适宜运动,并长期坚持,为社区居民树立榜样。组织开展社区健身活动,如健身操、太极拳、健步走等活动;调动居民参与的积极性,提供必要运动设施和场所,如购置乒乓球台、羽毛球拍等;发放各种健康支持工具,如血压计、体重计等。指导社区老年人群合理利用社区健身器材,并进行运动强度的自测。提醒慢性病患者在专业医生的指导下参加运动。

3. 戒烟限酒干预 倡导公共场所禁止吸烟,室内所有区域全面禁烟,主要建筑物入口处、电梯、公厕等区域设置明显的禁烟标识。社区内有专人负责控烟工作,设置控烟监督员、巡查员,及时发现、有效劝阻吸烟行为,及时督查各禁烟场所室内区域,禁烟区域不得放置烟灰缸,禁烟区域内地面无烟蒂。

结合公共场所控烟工作要求,开展多种形式的控烟宣传教育(如展板、宣传栏、海报、折页、标语、主题活动等),宣传吸烟的健康危害及戒烟相关知识。

提供戒烟服务,邀请社区老年吸烟者及其家属观看烟草危害宣传视频,并向其发放宣传资料,增强其戒烟的主动性。向吸烟者详细阐述烟草产品的危害性及吸烟与各类疾病之间的联系,提升吸烟者的认知度和紧迫感,为消除吸烟者的紧张情绪,可借助成功戒烟案例和已有研究报道,向吸烟者阐明早戒烟的好处。以天为单位叮嘱家属进行监督,并通过各种转移注意力的方式帮助吸烟者渡过难关;及时与吸烟者分享戒烟的成果和喜悦,通过科学数据让吸烟者感受到戒烟过程中取得的成效;了解吸烟者的诉求,评估吸烟者在戒烟过程中的戒烟意愿,并重复向吸烟者讲解烟草的危害及戒烟的好处。

倡导社区老年人群理性饮酒,利用社区宣传栏、微信群等渠道,向社区居民普及过量饮酒的健康危害,以及对家庭、社会可能造成的酒驾、暴力犯罪等负面影响。

4. 心理干预 在对社区老年人群进行的例行健康体检中,有针对性地进行心理活动的评估,尤其是对老年人进行认知功能、焦虑抑郁状况等的评估,以早期发现抑郁症、老年期痴呆等。

通过举办科普讲座、开展咨询活动、发放科普宣传读物、制作宣传展板等形式,对老人积极开展心理咨询及健康宣教,进行健康生活方式的指导,并对老人进行手指操教学,提升认知和情感刺激,在促进日常活动的同时改善老人的认知能力;有条件的社区可以通过专业化和个性化的医养康护服务,为老人带来医养结合养老模式的人文关怀。

对于心理评估结果中的低风险老人,街道应积极开展主题小组活动、科普教育等干预活动,改善和促进老年人的心理健康状况。对于存在高认知障碍风险及抑郁状态的老年人,要定期进行入户随访,指导其家人掌握相关心理干预措施,并及时提供关爱和帮助。

（三）其他

1. 社区健康支持性环境改造（健康社区建设）

（1）基本内容：区域环境整洁卫生，符合国家相关标准要求。相关设施有全民健康生活方式行动标识。倡导公共场所禁止吸烟，室内所有区域全面禁烟，主要建筑物入口处、电梯、公厕等区域有明显的禁烟标识，区域内无烟草广告和促销。社区工作者中至少有 1 名为健康生活方式指导员。

（2）组织管理：社区主要领导统筹健康促进工作，有专人落实实施，有年度工作计划和总结。行政管理部门公开承诺建设健康社区，发放或张贴倡议书，宣传发动居民家庭积极参与健康社区建设。制定社区居民健康促进的规章制度和相关措施，落实公共场所禁烟要求，促进居民养成健康的生活方式。创建健康加油站 / 健康小屋、健康步道、健康家庭等支持性环境，提高利用率。与区域内行政管理部门党建、文化建设工作紧密结合，共建共享，形成合力。

（3）环境建设：环境卫生基础设施基本完善，垃圾日产日清，推行垃圾分类收集，无杂物堆积。楼道等公共区域照明良好，通畅防滑，楼梯扶手坚固，倡导多使用楼梯上下楼。有固定的宣传栏、橱窗等健康教育窗口，宣传内容定期更换，每年 4～6 期。有固定的健康教育场所，配有视频播放设备，提供 5 种以上可供群众免费取阅的健康宣传资料，配有血压计、身高体重计、腰围尺、壁挂体质量指数（BMI）尺、膳食宝塔挂图等设施，以及控油限盐等健康支持工具。室内或室外设置健身活动场所，活动设施 3 种以上，设备定期维护，有安全提示和使用指南，免费向居民开放。区域内设置健康步道或健康加油站 / 健康小屋。

对社区内高龄、失能、残障老人进行全面摸底，根据老年人的改造意愿、实际需求、居家环境等特点，积极打造连续贯通、安全便捷、健康舒适的无障碍社区居住环境，包括支持既有住宅加装电梯，向老年人提供或倡导使用防滑垫、一字扶手、洗浴椅、护栏、拐杖等措施。

（4）活动开展：每年开展 3 次以上居民广泛参与的健康生活方式活动，如减盐减油减糖、健康口腔、健康体重、健康骨骼知识竞赛、低盐少油健康烹饪比赛、减重比赛、健走比赛、健骨操比赛等。每年为居民发放 3 种以上健康生活方式宣传材料或工具，并进行健康支持工具使用技巧培训，每年至少培训 1 次。每年开展 4 次以上健康生活方式相关知识讲座，内容包括：减盐减油减糖、健康口腔、健康体重、健康骨骼、安全急救、戒烟限酒、心理平衡、传染病预防、慢性病防治等，每次参加人数不少于 30 人。在世界无烟日、全民健康生活方式日、全国高血压日、联合国糖尿病日、全国爱牙日、世界骨质疏松日、世界脑卒中日、老年健康宣传周等主题宣传日组织宣传活动，每年至少 4 次。持续开展健康家庭创建活动，健康社团至少 3 个，每月至少开展 1 次活动。成立不少于 2 个慢性病自我管理小组，规范开展活动。招募并培训健康生活方式指导员，每年至少 5 人，规范开展宣传和指导工作，发挥带头作用。

2. 社区医疗资源利用

（1）向社区老年人群提供便利的、及时的基本医疗服务，包括常规体检、疫苗等。

（2）结合医疗保健服务，开展健康教育活动，将健康教育融于医疗保健各项服务之中，贯穿于社区医护人员的日常医疗保健活动之中,伴随家庭出诊、家庭病床、门诊咨询等服务,以口头指导、咨询、健康教育处方等方法开展健康教育活动。

(3)以社区慢性病管理为载体,开展社区慢性病综合干预,充分利用社区的医疗资源,在社会各部门的参与下,针对不同目标人群,在不同场所开展慢性非传染性疾病的综合防治和健康促进活动,通过改变生活方式和生活环境,使个体和社区增强控制各种健康危险因素的能力,创造有利于健康的社区环境,预防疾病,提高健康水平和生活质量。

二、常见健康干预方法

(一)健康干预形式

1. 个体干预 指以个体作为干预对象的健康干预,所干预的健康危险因素可以是单一危险因素,如对个体血压的干预,也可以是综合危险因素,如对老年人个体心脑血管疾病危险因素的综合干预。

2. 群体干预 指以群体为干预对象的健康干预,如社区老年人群运动干预防跌倒,就是对老年人群体的干预措施。

3. 药物干预 临床干预主要指对特定病人个体或群体在临床上采取的以控制疾病进展和并发症出现为目的的干预措施,包括对病人实施的药物干预。药物干预指以药物为手段,以降低疾病的风险和防止病情进展为目的的干预措施,药物干预既可以是针对病人群体的临床干预,也可以是对特殊群体的预防性干预措施,如采用小剂量他汀类药物对心脑血管高危人群的干预。

4. 非药物干预 是指不涉及药物治疗的疾病干预方式,包括生活行为方式调整、心理调适、患者自我管理教育等方面。

(二)健康干预流程

首先,要收集整理社区老年人群面临的全部健康问题,按重要性和紧急性排序;针对突出问题制定健康干预总体方案,拟定健康干预的总目标和原则,并进一步细化为各项细致的干预措施。然后,按照健康干预方案制订具体实施计划,逐项梳理,明确健康干预期间的每一阶段应该实施的具体干预措施,干预的内容和要求分别是什么,甚至可细化到干预时的话术、活动现场布置等。其后,按照计划逐条执行,社区组织动员居民参与,组织开展集体干预活动或个性化干预,如更新社区健康宣传栏,组织开展科普宣传活动、健康讲座、健康咨询活动,发放健康工具、资料,开展个性化健康指导等;执行计划过程中应该注意记录干预的过程和主要内容,建立档案,收集干预对象相关数据和评价、对干预措施的依从度,及时分析干预过程出现的问题及解决办法,发现干预对象健康状态恶化,要及时报告,以便及时寻求专家、机构和人员帮助并采取相应措施。最后,比较干预前后社区居民的健康状况和行为习惯变化,评价健康干预的效果,总结经验,完成社区健康干预工作总结。具体流程见图3-1。

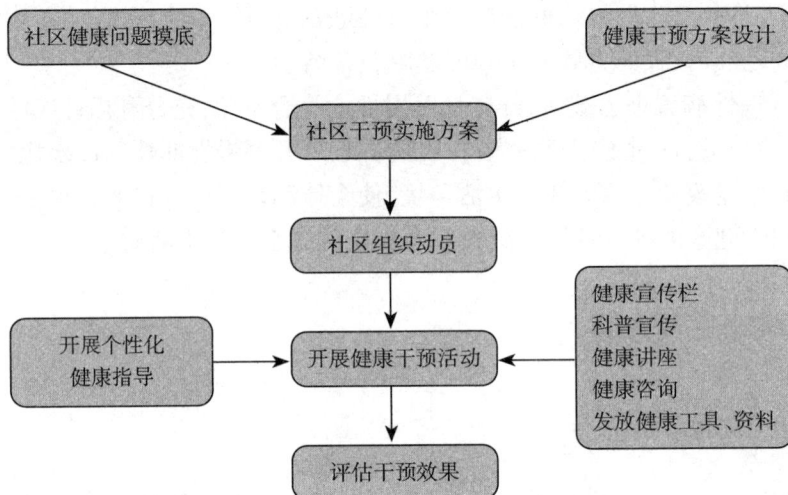

图 3-1　社区老年人健康干预流程图

三、老年健康管理相关服务

1. 老年人健康管理服务　老年人健康管理服务是国家基本公共卫生服务的重要内容之一,早在 2009 年时即被划入项目,主要服务内容包括每年为老年人提供 1 次健康管理服务,包括生活方式和健康状况评估、体格检查、辅助检查和健康指导。

(1)生活方式和健康状况评估:通过问诊及老年人健康状态自评了解其基本健康状况、体育锻炼、饮食、吸烟、饮酒、慢性疾病常见症状、既往所患疾病、治疗及目前用药和生活自理能力等情况。

(2)体格检查:包括体温、脉搏、呼吸、血压、身高、体重、腰围、皮肤、浅表淋巴结、肺部、心脏、腹部等常规体格检查,并对口腔、视力、听力和运动功能等进行粗测判断。

(3)辅助检查:包括血常规、尿常规、肝功能(血清谷草转氨酶、血清谷丙转氨酶和总胆红素)、肾功能(血清肌酐和血尿素)、空腹血糖、血脂(总胆固醇、甘油三酯、低密度脂蛋白胆固醇、高密度脂蛋白胆固醇)、心电图和腹部 B 超(肝胆胰脾)检查。

(4)健康指导:告知评价结果并进行相应健康指导,指导内容主要包括以下几方面。①对发现已确诊的原发性高血压和 2 型糖尿病等患者同时开展相应的慢性病患者健康管理;②对患有其他疾病(非高血压或糖尿病)的,应及时治疗或转诊;③对发现有异常的老年人,建议定期复查或向上级医疗机构转诊;④进行健康生活方式以及疫苗接种、骨质疏松预防、防跌倒措施、意外伤害预防和自救、认知和情感等指导;⑤告知或预约下一次健康管理服务的时间。

2. 老年健康与医养结合服务　医养结合是我国积极应对人口老龄化的重要措施之一,也是对传统养老方式的创新发展,更是未来健康养老的新方向,为积极推进医疗与养老服务相结合,提升老年健康服务能力。2019 年,老年健康与医养结合服务被纳入国家基本公共卫生服务,主要服务内容包括:①为 65 岁及以上老年人提供医养结合服务。基层医疗卫生机构结合历次老年人健康体检结果,每年对辖区内 65 岁及以上居家养老的老年人进行两次医养结合服务,内容包含血压测量、末梢血血糖检测、康复指导、护理技能指导、保健咨询、营养改善指导 6 个方面。对高龄、失能、行动不便的老年人上门进行服务。②为 65 岁以上失能老年人提供健康评估与健康服务。基层医疗卫生机构从老年人能力(具体包括日常生活活动能力、精神状态与社会参与能力、感知觉与沟通能力)和老年综合征罹患等维度,每年对辖区内提出申请的 65 岁及以上失能老年人上门进行健康评估,并对符合条件的失能老年人及照护者每年提供至少 1 次的健康服务工作,健康服务的具体内容包括康复护理指导、心理支持等。同时,基层医疗卫生机构将开展健康评估与健康服务的失能老年人信息录入信息系统,做好数据信息的及时更新、上报等工作。

3. 老年健康管理与中医药健康管理服务 国家基本公共卫生项目之——中医药健康管理服务中专门提供了服务于老年健康管理的老年人中医药健康管理服务,并制定了老年人中医药健康管理服务记录表,供各地规范开展工作时参考使用。主要服务内容是每年为 65 岁及以上老年人提供 1 次中医药健康管理服务,内容包括中医体质辨识和中医药保健指导。中医体质辨识是按照老年人中医药健康管理服务记录表前 33 项问题采集信息,根据体质判定标准进行体质辨识,并将辨识结果告知服务对象。根据不同体质从情志调摄、饮食调养、起居调摄、运动保健、穴位保健等方面进行相应的中医药保健指导。

(司 向 朱晓磊 杨一兵)

参考文献

[1] 中共中央,国务院.中共中央 国务院印发《国家积极应对人口老龄化中长期规划》[EB/OL].(2019-11-21)[2023-10-10]. https://www.gov.cn/zhengce/2019-11/21/content_5454347.htm.

[2] 中共中央,国务院.中共中央 国务院关于加强新时代老龄工作的意见[EB/OL].(2021-11-18)[2023-10-10]. https://www.gov.cn/gongbao/content/2021/content_5659511.htm?eqid=b9a376850006cc1c000000066462dd68.

[3] 国家卫生健康委,教育部,科技部,等.关于印发"十四五"健康老龄化规划的通知[EB/OL].(2022-2-7)[2023-10-15]. https://www.gov.cn/gongbao/content/2022/content_5692863.htm.

[4] 国家卫生健康委,全国老龄办,国家中医药局.关于全面加强老年健康服务工作的通知[EB/OL].(2022-1-17)[2023-10-15]. http://www.nhc.gov.cn/lljks/tggg/202201/e379815c740247d3be81d6b371cf6545.shtml.

[5] 卫生部疾病预防控制局.全国慢性病预防控制工作规范(试行)[S/OL].(2011-3-3)[2023-10-15]. https://www.gov.cn/gzdt/att/att/site1/20110413/00123fb9bce70f0f334701.pdf.

[6] 胡宇帆,陈璐,邓悦,等.老年慢性病病人电子健康素养现状及影响因素[J].护理研究,2023,37(19):3442-3447.

[7] 宋雷鸣,汪宁.定量与定性:人类学与流行病学合作的维度之一[J].中华流行病学杂志,2015,36(10):1176-1180.

［8］周建波,孙业桓,郝加虎.定性研究及其数据分析简介［J］.疾病控制杂志,2007,11(5):520-523.

［9］陈坤,焦登鳌,卢琳,等.流行病学信函调查方法的评价［J］.中华流行病学杂志,1989,10(1):47-50.

［10］李英华,吴敬,李长宁.我国健康素养研究与实践［J］.首都公共卫生,2023,17(2):65-70.

［11］陈芝君,马建,唐娜,等.中国帕金森病疾病负担变化趋势分析及预测［J］.中国慢性病与控制,2022,30(9):649-654.

［12］朱洁云,高敏,宋秋韵,等.中国老年人骨质疏松症患病率的 Meta 分析［J］.中国全科医学,2022,25(3):346-353.

［13］刘殿荣,谭纪萍,郭雨禾,等.高龄与低龄老人失能影响因素及其防治重点［J］.中华内科杂志,2014,53(10):772-777.

［14］李真真,汤哲.老年人失能的流行病学研究进展［J］.中华流行病学杂志,2016,37(7):1047-1050.

［15］徽晓菲,李英华,李莉,等.2021 年我国 15～24 岁人群健康素养水平及其影响因素［J］.中国健康教育,2023,39(1):3-6,11.

［16］FRE´ROT M,LEFEBVRE A,AHO S,et al. What is epidemiology? Changing definitions of epidemiology 1978-2017［J］. PLoS ONE ,2018,13(12):e0208442.

［17］FRERICHS R R. Epidemiologic surveillance in developing countries［J］. Annu Rev Public Health,1991,12:257-280.

［18］NORMAN C D,SKINNER H A. eHealth literacy:essential skills for consumer health in a networked world［J］. J Med Internet Res,2006,8(2):e9.

［19］全民健康生活方式行动国家行动办公室.全民健康生活方式行动健康支持性环境建设指导方案(2019 年修订)［EB/OL］.(2022-10-27)［2013-10-15］. https://www.chinacdc.cn/jiankang121/gzdt/202210/t20221027_261825.html.

［20］国家卫生健康委.新划入基本公共卫生服务相关工作规范(2019 年版)［EB/OL］.(2019-8-30)［2013-10-15］. https://www.gov.cn/zhengce/zhengceku/2019-11/15/5452431/files/ec64f143a5964641a864ad799cc5c8b0.docx.

［21］魏荃,米光明.社区健康教育与健康促进手册［M］.北京:化学工业出版社,2005.

第二篇
各论

第四章

老年人营养改善

营养与老年人的身心功能、慢性疾病危险因素的控制密切相关,营养改善是老年人健康的基础。然而,目前在基层医疗卫生服务中有关营养的内容十分欠缺;面向广大老年人群的膳食指导、营养改善服务能力亟待提高。本章从营养学基础、老年人营养不良、老年人的营养指导三个方面介绍了基本概念、知识和实用方法;以期让广大基层医疗卫生服务人员能够树立正确的营养学理念,掌握基层服务技能,开展老年人营养改善工作。

第一节　营养学基础

本节介绍了能量、宏量营养素、微量营养素、主要食物的营养特点、饮食安全以及一些特殊类型的食品,是进行膳食指导、营养管理所需的基础知识。

一、能量与营养素

(一)能量

人体能量的三大主要来源是碳水化合物、脂肪和蛋白质。能量长期摄入不足会导致生长发育迟缓、消瘦、活力消失,甚至死亡;长期摄入过剩,将导致超重、肥胖及相关的慢性病如糖尿病、血脂异常、心脑血管病等。常用的能量单位是千焦(kJ)和千卡(kcal);换算关系为 1kcal=4.184kJ。每 1g 碳水化合物、脂肪、蛋白质在体内氧化产生的能量分别约为 16.781kJ(4.0kcal)、37.56kJ(9.0kcal)、16.747kJ(4.0kcal)。

与中年人相比,老年人的能量需要随年龄而减低。《中国居民膳食营养素参考摄入量(2023 版)》中建议低强度身体活动水平老年人的能量需要量分别为,男性 65～74 岁 1 900kcal/d,男性 ≥ 75 岁 1 800kcal/d,女性 65～74 岁 1 550kcal/d,女性 ≥ 75 岁 1 500kcal/d。

(二)宏量营养素

1. 蛋白质　蛋白质是生命的物质基础,其基本单位是氨基酸。构成人体蛋白质的氨基酸有 21 种,其中的 9 种氨基酸人体不能合成或合成速度不能满足机体需要,必须由食物提供,称为必需氨基酸,包括异亮氨酸、亮氨酸、赖氨酸、甲硫氨酸、苯丙氨酸、苏氨酸、色氨酸、缬氨酸和组氨酸。

蛋白质约占体重的 16%。蛋白质的更新包括合成和分解两部分。人体每日更新其总量的 1%～2%。老年人体内蛋白质分解代谢大于合成代谢,合成能力降低,加之对蛋白质的吸收和利用率低,需要摄入较为丰富和优质的蛋白质来补充组织蛋白质的消耗。《中国居民膳食营养素参考摄入量(2023 版)》中提高了能够满足人群中 97%～98% 个体需要蛋白质的推荐摄入量(RNI),老年男性为 72g/d,女性为 62g/d,与 2013 年版相比,男女的推荐量均提高了 7g/d。

2. 脂类 包括脂肪、磷脂和固醇等。脂肪是人体能量的主要来源。磷脂是生物膜脂质双层的基本骨架。胆固醇富含于脑和神经系统,也是合成维生素 D_3、胆汁酸、固醇类激素的前体。

脂肪又称甘油三酯,由 1 分子甘油和 3 分子脂肪酸组成。脂肪酸(fatty acid)是构成甘油三酯、磷脂的重要成分。根据碳链上有无双键和双键数目,脂肪酸分为饱和脂肪酸和不饱和脂肪酸,后者包括单不饱和脂肪酸和多不饱和脂肪酸两类。根据不饱和脂肪酸碳链上第一个双键的部位将其分为 n-3、n-6、n-9 脂肪酸。亚油酸(n-6)和 α-亚麻酸(n-3)是人体不能自身合成,必须依赖食物提供的脂肪酸,称为必需脂肪酸。《中国居民膳食营养素参考摄入量(2023 版)》中推荐亚油酸、α-亚麻酸的摄入量分别为膳食能量的 4% 和 0.6%。

类脂包括磷脂、固醇及其酯。磷脂按其构成分为两类,一类是磷酸甘油酯,如卵磷脂、脑磷脂,是脑和神经组织的结构脂;另一类是鞘磷脂。固醇包括动物体内的胆固醇和植物体内的植物固醇(又称植物甾醇),两者区别在于侧链成分不同。胆固醇是体内合成维生素 D_3 及胆汁酸的前体,还可以转变成多种激素,包括影响蛋白质、糖和脂类代谢的皮质醇,与水和电解质体内代谢有关的醛固酮,以及性激素睾酮和雌二醇。由于人体胆固醇的 70%～80% 由自身合成,且目前膳食胆固醇摄入量水平与发生心血管疾病的关系并不确定,所以,目前并没有为基本健康的老年人推荐膳食胆固醇摄入量的上限,但对于心脑血管病患者及高危人群,仍建议控制摄入胆固醇含量高的食物。植物甾醇,建议每日摄入量为 0.8g,植物甾醇酯的建议每日摄入量为 1.3g,有利于降低膳食中胆固醇对血脂代谢的不良影响。

3. 碳水化合物 也称糖类,由碳、氢、氧三种元素组成。按照聚合度(DP)将碳水化合物分为三类:糖、寡糖和多糖。糖包括单糖和双糖。最常见的单糖是葡萄糖和果糖,重要的双糖是蔗糖、麦芽糖和乳糖。寡糖亦称低聚糖,包括 3～9 个单糖分子,几种有重要功能的寡糖是异麦芽低聚糖、海藻糖、低聚果糖、低聚甘露糖、大豆低聚糖等。多糖为 DP ≥ 10 的碳水化合物,是细胞骨架类物质(如植物的纤维素和动物几丁聚糖等),也是重要的能量储存形式(如淀粉和糖原等)。膳食纤维是碳水化合物的重要组成部分,包括了上千个不消化的化合物,如部分寡糖和非淀粉多糖等。

老年人对碳水化合物的代谢能力降低,糖耐量下降,易发生高糖血症。在手术创伤、感染时,糖利用障碍,无氧酵解增加,乳酸积聚,易出现代谢性酸中毒。老年人肠内营养时,碳水化合物中单糖的比例应 < 10%,以避免高比例单糖及低聚糖过量吸收所造成的高血糖和高渗透压所引起的不良反应。

（三）微量营养素

1. 常量元素　是指人体内含量大于 0.01% 体重的矿物质,包括钙、磷、钾、钠、镁、氯、硫等,是人体组成的必需元素,几乎遍布身体各个部位,发挥多种多样的生理功能。

2. 微量元素　是人体中存在数量极少,甚至仅有痕量的化学元素。主要分为三类。

（1）人体必需的微量元素:碘（I）、铁（Fe）、锌（Zn）、硒（Se）、铜（Cu）、钼（Mo）、铬（Cr）、钴（Co）。

（2）人体可能必需的微量元素:锰（Mn）、硅（Si）、镍（Ni）、硼（B）、钒（V）。

（3）具有潜在毒性,但在低剂量时,对人体可能具有必需功能的微量元素:氟（F）、铅（Pb）、镉（Cd）、汞（Hg）、砷（As）、铝（Al）、锂（Li）、锡（Sn）。

3. 脂溶性维生素　可溶于脂肪和脂溶剂、不溶于水的维生素,包括维生素 A、D、E、K。需要随脂肪经淋巴系统吸收,不能从尿排出,可在体内有较大储备。即使膳食缺乏此类维生素,机体短期内也不容易缺乏。但长期过量摄入可造成大量蓄积而引起中毒。

4. 水溶性维生素　溶于水,不溶于脂肪及脂溶剂的维生素,包括 B 族维生素和维生素 C。在满足机体需要后,多余的由尿排出,在体内储存量少,膳食中缺乏此类维生素时,会较快出现缺乏症状。参与各种酶系统和机体代谢,特别是能量代谢。

二、食物营养与安全

（一）植物性食物的营养

1. 谷类、薯类及杂豆类　谷类食物主要有大米、小麦、玉米、小米、燕麦及高粱等,薯类有马铃薯、甘薯、木薯等;杂豆类有豌豆、蚕豆、绿豆、红豆和花豆等。谷类、薯类及杂豆类是膳食碳水化合物、蛋白质和一些矿物质及 B 族维生素的重要来源。

2. 蔬菜、水果类　蔬菜水果富含人体所必需维生素、矿物质和膳食纤维。此外,由于蔬菜水果中含有各种有机酸、芳香物质和色素等成分,使其具有良好感官性质,对增进食欲、促进消化、丰富食品多样性具有重要意义。

3. 坚果类　坚果又称壳果,富含各种矿物质和 B 族维生素。坚果可分树坚果和种子两类,前者如核桃、榛子、松子等,后者如花生、葵花子、西瓜子等。按照脂肪含量的不同,坚果可以分为油脂类坚果和淀粉类坚果。前者富含油脂,如核桃、花生等;后者淀粉含量高而脂肪很少,如栗子、莲子等。

（二）动物性食物的营养

1. 畜、禽、水产品　畜肉、禽肉和水产类食品是人类膳食构成的重要组成部分。该类食品能供给人体动物性蛋白质、脂肪、矿物质和维生素,食用价值较高。特别是一些深海鱼类脂肪酸含长链多不饱和脂肪酸,其中含量较高的有二十碳五烯酸（EPA）和二十二碳六烯酸（DHA）,对控制心血管疾病危险因素具有重要意义。

2. 奶及奶制品　鲜奶和以其为原料进行发酵、分离得到的奶制品是营养成分齐全、组成比例适宜、易消化吸收、营养价值高的天然食品,适合婴幼儿、病人和老年人等人群。奶类主要提供优质蛋白质、维生素 A、维生素 B_2 和钙。

3. 蛋类及其制品 蛋主要指鸡、鸭、鹅等禽类的蛋。蛋类制成的蛋制品有皮蛋、咸蛋、糟蛋等。蛋类的营养价值较高,是优质蛋白质,碳水化合物含量较低,维生素含量丰富,种类较为齐全。蛋类所含的脂肪、维生素和矿物质主要在蛋黄中。

(三)饮食安全禁忌要注意

1. 忌冷食、冷饮 老年人消化功能下降,如果经常吃冷饮、冷食,可引起胃黏膜血管收缩,胃液分泌减少,导致胃肠道不适、食欲下降和消化不良。

2. 食品忌陈 食物长期放置容易被霉菌污染,引发食源性疾病。

3. 忌口味太重 老年人舌部的味蕾部分萎缩退化,味觉神经也比较迟钝、胃口欠佳,喜欢吃些浓汤厚味来刺激食欲,但这对控制慢性疾病十分不利;食物宜清淡,忌咸忌腻。

4. 饮食忌硬 老年人牙齿大多数已动摇或脱落,咀嚼困难,因此食物宜煮烂、做软,以利消化吸收。

5. 忌过食 老年人吃得太多,食物在胃中停留的时间太长,会引起消化不良,也会使横膈的活动受阻,引起呼吸困难,增加心脏负担,可能出现心绞痛之类的症状;还会加重肝脏和胰脏的负担。

三、特殊食品

(一)食品营养强化

1. 营养强化剂 指为了增加食品的营养成分(价值)而加入到食品中的天然或人工合成的营养素。

2. 食品营养强化的目的

(1)弥补食品在正常加工、储存时造成的营养素损失。

(2)在一定的地域范围内,有较大数量的人群出现某些营养素摄入水平低或缺乏,通过强化可以改善人群因为摄入水平低或缺乏导致的不良影响。

(3)某些人群由于饮食习惯和 / 或其他原因可能出现某些营养素摄入量水平低或缺乏,通过强化可以改善其摄入水平低或缺乏导致的不良影响。

(4)补充和调整特殊膳食用食品中营养素和 / 或其他营养成分的含量。

(二)特殊医学用途配方食品

是指为满足进食受限、消化吸收障碍、代谢紊乱或者特定疾病状态人群对营养素或者膳食的特殊需要,专门加工配制而成的配方食品。当目标人群无法进食普通膳食或无法用日常膳食满足其营养需求时,特殊医学用途配方食品可以起到营养支持作用。该类产品必须在医生或临床营养师指导下,单独食用或与其他食品配合食用。

（三）保健食品

《保健食品注册管理办法（试行）》中对于保健食品的定义：保健食品是指声称具有特定保健功能或者以补充维生素、矿物质为目的的食品，即适宜于特定人群食用，具有调节机体功能，不以治疗疾病为目的，并且对人体不产生任何急性、亚急性或者慢性危害的食品。

第二节　老年人营养不良

本节介绍了老年人营养不良相关基本概念，老年人营养不良筛查、评估常用方法，与老年人营养不良相关的常见病症。

一、基本概念

1. 营养不良　由于能量、蛋白质及其他营养素摄入不足或过剩造成的组织、形体和功能改变及相应的临床表现。营养不足通常指蛋白质 - 能量营养不良，指能量或蛋白质摄入不足或吸收障碍者，造成特异性的营养缺乏症状。但在相当部分文献中，营养不良仅表示营养不足，而不包括营养过剩。

2. 原发性营养不良（不足型）　由于食物蛋白质、能量和 / 或各种营养素的摄入量不能满足身体的生理需要而引起的营养不良。

3. 继发性营养不良（不足型）　因其他原发性疾病造成的能量、蛋白质及其他营养素不能满足身体需要而引起的营养不良。

4. 营养不良风险　现有的或潜在的因素导致出现营养不良结果的概率及其强度。

二、常见老年营养不良相关疾病

（一）营养缺乏相关疾病

营养缺乏病是机体长期严重缺乏一种或数种营养素而出现的各种相应临床表现的疾病。常见的营养缺乏病有蛋白质 - 能量营养不良，维生素 D、钙缺乏相关的骨质疏松、佝偻病，维生素 A 缺乏导致的夜盲症、维生素 B_1 缺乏相关的脚气病，铁、叶酸、维生素 B_{12} 缺乏相关的贫血等也是老年人群中容易出现的状况。

（二）贫血

贫血是一种症状，一般指单位容积血液中红细胞数、血红蛋白含量及红细胞比积低于正常值，其中以血红蛋白含量低于正常值作为最主要的判断指标。老年人贫血率较高，特别是 80 岁及以上的高龄老年人，贫血率超过 15 %。老年人贫血的主要原因有：①骨髓造血功能随年龄增长逐渐衰退;②胃壁细胞萎缩,胃酸和内因子分泌不足造成维生素 B_{12} 吸收障碍,加之食欲降低、胃酸减少、进食少或偏食造成维生素 B_{12} 及铁的摄入不足;③睾丸素分泌不足,红细胞生成素分泌减少,在老年男性中更为明显;④免疫器官及其活性都趋向衰退,血清 IgM 水平下降,自身免疫活性细胞对机体正常组织失去自我识别能力,易发生自身免疫性溶血性贫血;⑤易患痔疮、肛裂,易发生消化道癌肿,造成慢性失血。老年人贫血以缺铁性贫血最为常见。老年人重度贫血,约半数由恶性肿瘤引起,必须引起充分注意。

患有贫血的老年人,会出现皮肤黏膜苍白、头晕、眼花、耳鸣、乏力、心慌、气促等症状;应首先要到医院查明原因,对症下药。此外,还可以用饮食调养,在膳食中注意供给足够的造血原料,如铁、维生素 C、B 族维生素和蛋白质等。

(三)老年消瘦

老年消瘦(geriatric emaciation)是指老年人因饮食不足、过度劳累、吸收功能下降以及疾病等因素所导致的营养物质摄入量小于消耗量或分解代谢大于合成代谢的状况。目前多用体重指数(BMI)来判断;对于 60~79 岁的老年人,BMI $< 20.0kg/m^2$;对于 ≥ 80 岁的老年人,BMI $< 22.0kg/m^2$,可以判断为消瘦或体重过低营养不良。引起老年消瘦的因素是多方面的,可归纳为生理功能减退、不合理饮食、疾病、药物、精神、社会等因素。此外,老年人及其照护者对营养与健康知识的掌握和态度也有很大影响。

(四)肥胖

肥胖是能量摄入大于机体需要,导致体内脂肪堆积过多和 / 或分布异常、体重异常增加,进而引发多种慢性疾病发生发展的营养不良相关疾病。对于 60~79 岁的老年人,可用体重指数(BMI)判断是否肥胖,BMI $\geq 28.0kg/m^2$ 时判断为肥胖。但对 80 岁及以上的高龄老年人,由于身高缩减较大,目前对是否用 BMI 进行判断还不确定。另外,人体衰老过程伴随着身体成分的变化,肌肉数量逐渐减少,脂肪量不断增加,且在体内的分布也发生变化,内脏脂肪和肌肉内脂肪含量增加,皮下脂肪含量减少,对健康的负面效应更为明显。

(五)肌少症

肌少症(sarcopenia),也被称为肌肉衰减症,是一组以全身肌量减少和 / 或肌强度下降或肌肉生理功能减退为特征,与增龄相关的进行性的综合征。随年龄增长,机体出现广泛的、进行性的骨骼肌质量减少,同时伴有肌力下降和 / 或身体功能的减退,这种与年龄相关的肌肉组织退化并产生不适的临床症状被称为原发性肌少症。老年原发性肌少症起病隐匿,但却会引起机体功能障碍,增加老年人跌倒、失能和死亡风险,严重影响老年人的生活质量和健康。老年原发性肌少症的发生发展与多种因素相关,机制复杂多样,包括增龄相关运动能力下降、神经 - 肌肉功能衰退、蛋白质摄入与合成减少、脂肪组织增加与慢性炎症反应、细胞凋亡、骨骼肌线粒体功能紊乱等。

三、老年人营养不良风险筛查与评估

营养不良筛查是对人体营养状况进行简单、快速判断的过程。选用的筛查工具不仅应该简单快速，易于使用，还应具有准确、可靠的特性。

1994 年，Guigoz、Vallas 和 Garry 提出了专门针对老年人的营养不良筛查和评价方法，即包含 18 项目内容的微量营养评定（mini nutrition assessment，MNA），它由人体测量、整体评价、饮食问卷和主观评定 4 部分组成。我国学者参考 MNA 评定方法，研制了用于社区生活老年人的营养不良风险筛查、评估方法。国家卫生计生委于 2017 年 8 月发布了卫生行业标准 WS/T 552—2017《老年人营养不良风险评估》。该标准包括筛查和评估两部分。评估标准不仅可以发现营养低下型营养不良，也可以发现营养过剩型营养不良，更全面。

2018 年 9 月发布的营养不良评定（诊断）共识（Global Leadership Initiative on Malnutrition，GLIM），旨在达成临床诊断营养不良的全球性共识，并希望在疾病国际分类（ICD-11）修订过程中与世界卫生组织分享 GLIM 标准。此标准将营养不良作为疾病，对指导世界各地的临床诊断和医疗保险有重大意义。

GLIM 评定包括 2 个部分：①应用任何一种经过所在国临床有效性验证的筛查工具进行营养不良风险筛查；②对筛查阳性者，应用 GLIM 标准进行营养不良诊断，其包含 3 项表型指标（非自主性身体重量减轻、低 BMI、肌肉质量减少）和 2 项病因学指标（食物摄入减少或消化吸收障碍、疾病负担或炎症）（表 4-1）。

表 4-1　GLIM 标准

	指标	标准
表型标准	非自主体质量减轻	6 个月内体质量减少 > 5% 或者 6 个月及以上体质量减少 > 10%
	低 BMI	70 岁以下 BMI < $20kg/m^2$ 或者 70 岁及以上 BMI < $22kg/m^2$（亚洲人群：70 岁以下 BMI < $18.5kg/m^2$ 或者 70 岁及以上 BMI < $20kg/m^2$）
	肌肉质量减少	人体成分分析提示肌肉质量减少
病因学标准	食物摄入减少或消化吸收障碍	摄入量 ≤ 50% 能量需求超过 1 周或者任何摄入量减少超过 2 周，或者存在任何影响消化吸收的慢性胃肠状况
	疾病负担或炎症	急性疾病或创伤，或慢性疾病如恶性肿瘤、慢性阻塞性肺疾病、充血性心力衰竭、慢性肾衰竭或任何伴随慢性或者复发性炎症的慢性疾病

诊断营养不良至少需要符合上述 1 项表型诊断标准和 1 项病因学诊断标准。再根据 3 个表型指标对营养不良的严重程度进行分级（表 4-2）。其中，营养风险是指因营养有关因素对病人临床结局产生不利影响的风险。

表 4-2　GLIM 营养不良分级

营养不良分级	表型标准		
	非自主体质量减轻	低 BMI	肌肉质量减少
1 级中度营养不良（至少符合 1 个标准）	6 个月内体质量减少 5%～10%，或者 6 个月及以上体质量减少 10%～20%	70 岁以下 BMI < 20kg/m², 或者 70 岁及以上 BMI < 22kg/m²	轻到中度减少
2 级重度营养不良（至少符合 1 个标准）	6 个月内体质量减少 > 10%，或者 6 个月及以上体质量减少 > 20%	70 岁以下 BMI < 18.5kg/m², 或者 70 岁及以上 BMI < 20kg/m²	重度减少

第三节　老年人的营养指导

营养指导对维护老年人的健康具有重要意义。本节重点介绍了《中国老年人膳食指南（2022）》、老年人肌肉衰减症的营养支持，以及高血压、糖尿病、血脂异常老年人患者的营养管理。此外，针对高龄老年人日益增多的状况，介绍了有吞咽困难问题老年人的营养管理。

一、《老年人膳食指南（2022）》

老年人膳食指南是进行老年人健康管理的基础性技术文件；其在一般人群膳食指南的基础上，考虑到老年人特殊的营养需要和饮食特点而增加了相应的膳食指导建议。旨在帮助老年人更好地适应身体机能的改变，努力做到合理膳食、均衡营养，预防和延缓疾病的发生和发展，延长健康寿命，提高生命质量，促进实现成功老龄化。

（一）一般老年人膳食指南

随年龄增加，老年人多个器官的代谢能力出现不同程度的衰退，如消化吸收能力下降、心脑功能衰退、视觉和听觉及味觉等感官反应迟钝和肌肉衰减等。这些变化会影响老年人摄取、消化食物和吸收营养物质的能力，使他们容易出现蛋白质、微量营养素摄入不足，消瘦、贫血等问题，身体的抵抗能力降低，罹患疾病的风险增加。

在一般成年人平衡膳食的基础上，应为老年人提供更加丰富多样的食物，特别是易于消化吸收、利用，且富含蛋白质的动物性食物和大豆类制品。老年人应积极主动参与家庭和社会活动，积极与人交流；尽可能多与家人或朋友一起进餐，享受食物美味，体验快乐生活。老年人仍应积极进行身体活动，特别是参加户外活动，更多地接受阳光、呼吸新鲜空气，促进体内维生素 D 合成，延缓骨质疏松和肌肉衰减的进程。需要关注老年人的体重变化，定期测量；用 BMI 评判，适宜范围在 20.0～26.9kg/m²。不要求偏胖的老年人快速降低体重，而是应维持在一个比较稳定的范围内。在没有主动采取措施减重的情况下出现体重明显下降时,要主动去医疗卫生机构咨询医生或营养师。老年人应定期到正规的医疗机构进行体检,做营养状况测评,并以此为依据,合理选择食物,预防营养缺乏,主动健康,快乐生活。

(二)高龄老年人膳食指南

高龄老年人是指 80 岁及以上的老年人。

高龄、衰弱老年人往往存在进食受限,味觉、嗅觉、消化吸收能力降低,营养摄入不足等情况。因此需要营养密度高、品种多样的食物,多吃鱼、畜禽肉、蛋类、奶制品及大豆类等营养价值和生物利用率高的食物,同时配以适量的蔬菜和水果。精细烹制,口感丰富美味,食物质地细软,适应老年人的咀嚼、吞咽能力。根据具体情况,采取多种措施鼓励进食,减少不必要的食物限制。体重丢失是营养不良和老年人健康状况恶化的征兆,增加患病、衰弱和失能的风险。老年人要经常监测体重,对于体重过轻(如 $BMI < 22.0kg/m^2$)或近期体重明显下降的老年人,应进行医学营养评估,及早查明原因,从膳食上采取措施进行干预;膳食摄入不足目标量 80%,应在医生和临床营养师指导下适时合理补充营养。高龄、衰弱老年人需要坚持身体和益智活动,动则有益,维护身心健康,延缓身体功能的衰退。

二、老年肌肉衰减症的营养支持

肌少症是与增龄相关的进行性骨骼肌量减少、伴有肌肉力量和／或肌肉功能减退的综合征,会引起衰弱,增加老年人跌倒、失能、生活质量下降、增加死亡风险等不良的结局。可增加老年人罹患关节炎、骨质疏松症、糖尿病、心脏病等疾病的危险,带来高额的医疗花费和较重的经济负担。运动和营养治疗是防治肌少症的有效手段。

肌少症的营养支持治疗主要包括以下几方面。

(1)摄入足够的能量,推荐为 25～35kcal/(kg·d);保持体重稳定,避免体重过重或过低。

(2)要有充足的蛋白质摄入,摄入量与肌肉的质量与力量成正比。蛋白质摄入量在 1.0～1.5g/(kg·d),其中优质蛋白质占比不低于 50%,并应该均匀分配在一日三餐中。亮氨酸等支链氨基酸能够更好地促进蛋白质合成,主要来源是牛奶等乳制品、各种肉类、鸡蛋、黄豆等食物。

(3)维生素 D 具有增加肌肉蛋白合成和减少跌倒风险的作用。在阳光下日均活动半小时以上有助于提高体内活性维生素 D 的水平,延缓肌肉衰减。为使血清 25- 羟基维生素 D,即 25-(OH)D 水平达到 75nmol/L(30ng/L)以上,每日可补充维生素 D_3 800IU,这有助于维持肌肉健康。

(4)在控制总能量的前提下,增加深海鱼类、海产品的摄入。

(5)增加新鲜蔬菜、水果等食物的摄入。

三、主要代谢性疾病老年患者的营养管理

（一）高血压

除了在医生的指导下规律服用药物控制血压外,老年高血压患者平日规律饮食,有利于更好地控制血压,提高生活质量。在营养管理上主要做好如下几点。

（1）控制总能量摄入:食量有度,体重保持在正常范围内,且基本稳定。尽量不吃糖果、点心、饼干、甜饮料、肥肉、油炸食品等高能量食品。对于同时伴有肥胖的老年高血压患者,可以适当减少主食和油脂的摄入量。

（2）限制高钠食物:每日用盐量不超过 5g。少吃、不吃咸肉、咸菜、咸蛋、腊肠、腊肉等腌制食品。

（3）适量补充蛋白质:蛋白质有助于维持血管弹性。对于膳食蛋白质摄入不足的老年人,应增加动物性食物、大豆类食物的摄入。

（4）保证钙、镁摄入:钙元素与血管的收缩舒张有关,且有利尿和降压的作用。每日膳食中钙的摄入保持在约 800mg;镁的摄入有助于外周血管扩张,降低血管压力。含钙高的食物有牛奶、虾皮、鱼类、芝麻酱、紫菜、海蜇等;富含镁的食物有菠菜、香菇、豆制品、蘑菇、香蕉等。

（5）不宜过饱:过饱会增加血管舒张调节负担,引起血压波动过大。每餐吃七八分饱即可,以早、午餐为主,晚餐食量应减少。

（二）糖尿病

一般情况下,每次进食食物都会引发体内糖代谢过程,使血糖水平出现一定幅度的波动。老年糖尿病患者的血糖代谢调节能力更弱,因此,饮食上需要更加注意以下几点。

（1）坚持食物多样,定时适量,规律进餐。

（2）主食粗细搭配,全谷物类食物占到主食的一半,副食荤素搭配。

（3）每日 3 次正餐中都有绿叶蔬菜。每次进餐先吃一些蔬菜,增加饱腹感,有利于控制主食摄入量,减缓血糖升高速度。

（4）保证摄入一定量的动物性食物,首选鱼虾等水产品;如果有肾脏方面的问题,减少豆制品摄入。

（5）食用奶制品,选择鲜奶、奶酪或标明低血糖生成指数的配方奶粉等奶制品。

（6）不吃油炸、油腻食品,糕点等含糖、脂肪高的食物。

（7）不建议喝烫的粥,应等温热后再少量喝;喝粥选择喝杂粮粥,尽量避免血糖的快速升高。

（8）坚持进行规律、低强度运动。

（9）加强监测血糖水平和相关症状,注意避免血糖大幅波动和低血糖的发生。

（三）血脂异常

血脂异常会增加老年人发生心脑血管疾病的风险。日常饮食与血脂异常密切相关,营

养管理主要在如下方面。

（1）膳食脂肪能量占总能量的比例应不高于30%，每日烹调用油量不超过25g。少吃煎炸类食物。

（2）每天摄入的胆固醇量不超过300mg。可以吃鸡蛋，但要少吃动物内脏。

（3）多吃富含 n-3 多不饱和脂肪酸的深海鱼类食物（三文鱼、鲱鱼、鲑鱼等）。

（4）烹调用油尽量选用植物油，基本不用猪油、羊油、牛油等畜禽类动物油脂。

（5）尽量选择瘦的畜禽肉类食物。

（6）多吃全谷物、蔬菜等富含膳食纤维的食物。

（7）减少食用精制糖含量高的食物。

（四）骨质疏松

骨质疏松对绝经后妇女和高龄老年人的健康影响很大。饮食和运动与骨质疏松的发生发展密切相关，营养管理原则如下。

（1）摄入富含钙的食物，如每天摄入牛奶300mL 或者是相当量的奶制品，大豆类制品，油菜等深绿色叶菜。

（2）适量增加富含优质蛋白质类食物，如三文鱼、沙丁鱼、贝壳类、鸡蛋、畜禽肉等。

（3）控制盐的摄入，每天少于 5g。

（4）积极参加户外运动，平均每日阳光下活动 15～30 分钟；可适当补充维生素 D_3。

（5）摄入充足的微量元素，同时补充钙、锌和铜等微量营养素。

（6）戒烟、限酒，避免过量饮用咖啡以及碳酸饮料。

四、有吞咽障碍问题老年人的营养支持

（一）基本概念

1. 吞咽障碍 由于下颌、双唇、舌、软腭、咽喉、食管等器官结构和／或功能受损，不能安全有效地把食物输送到胃内的过程。

2. 吞咽障碍食品 通过加工，包括但不限于粉碎或添加增稠剂、胶凝剂等食物质构调整剂后制作而成的符合吞咽障碍人群／患者经口进食要求的一类食品。

3. 食物质构 通过力学和触觉（可能还包括视觉和听觉）的方法所能感知的食物流变学特性的综合感觉。

（二）吞咽障碍的膳食营养管理目标

以吞咽障碍人群／患者为中心，组建由医护人员、家属／照护者和吞咽障碍人群／患者共同参与的管理小组，为吞咽障碍人群／患者提供充足的营养，减少管饲依赖，较早实现经口进食，改善临床结局。

（三）吞咽障碍食品质构调整及食品分级

1. 吞咽障碍食品质构调整原则

（1）稀的增稠：在液体中加入质构调整剂，增加液体的黏度，降低其在口咽部和食管中流动的速度。

（2）硬的变软：将较硬的食物搅拌粉碎，应有内聚性，易于形成食团，并有变形能力，使其顺滑地通过口腔和咽部。

（3）避免异相夹杂：避免把固体和液体混合在一起，以及容易液固分相的食物。

2. 吞咽障碍食品分级

根据《吞咽障碍膳食营养管理中国专家共识（2019版）》，吞咽障碍食品可分为吞咽障碍液体食物和吞咽障碍固体食物。

（1）液体食品分为3个级别，即：1级-低稠型，倾斜勺子容易从勺子中以线条状流出，适用于轻度吞咽障碍患者；2级-中稠型，使用汤匙舀起并倾斜，可从勺子中以点滴状流出，适用于开始治疗性经口进食的患者；3级-高稠型，使用汤匙舀起后倾斜勺子呈团块状，也不会马上流下，适用于重度吞咽障碍患者。

（2）固体食品分为3个级别，即：4级-细泥型，添加食品功能调整剂经过搅拌机搅拌后的各种均质糊状食物，适用于不需咀嚼能力，但需具有运送食物能力，可经口进食者；5级-细馅型，加入食品功能调整剂搅拌后制成的食品，如三分粥、五分粥和各种软食，适用于舌与上下腭能压碎食物，可通过舌运送食物者；6级-软食型，以软食和流食的食品为主，如全粥、软饭及搅拌制成的硬度较高的食品适用于存在误吸风险的吞咽功能及咀嚼功能下降者。

（四）喂养管理

应用《吞咽障碍膳食营养管理中国专家共识（2019版）》中的方法进行吞咽障碍严重程度的评估，选择不同分级的吞咽障碍食品。喂养过程中注意以下原则。

1. 在意识清醒状态下进食。

2. 取坐位或半坐卧位进食，进餐时应把食物放在口中最能感受食物的位置。

3. 采用适宜的一口量进食；控制进食速度，前一口吞咽完成后再进食下一口，避免二次食物重叠入口的现象。

4. 有义齿的患者，进食时应戴上义齿进食。

5. 有认知障碍的，可适当给予其口令提示。

6. 若出现呛咳，应停止进食。

7. 保持口腔清洁。餐后保持坐位或半坐卧位30min以上。

8. 能量和蛋白质的供给目标及方式：保证充足的能量和蛋白质供给。能量105kJ/kg（25kcal/kg）体重～146kJ/kg（35kcal/kg）体重，对于重症或病情不稳的患者，可适当减少能量至标准能量的80%左右；蛋白质1.0～1.5g/kg体重，如伴有慢性肾脏病1～2期（肾小球滤过率≥60mL/min·1.73m²）为0.8～1.0g/kg体重，3～5期（肾小球滤过率<60mL/min·1.73m²）为

0.6～0.8g/kg 体重。当机体处于应激、创伤或感染状态时,可增加蛋白质摄入量。其他营养素的摄入量应达到中国居民膳食营养参考摄入量的要求。

（张晓娜　贾珊珊　张　坚）

参考文献

［1］ 中国发展研究基金会.中国老年人营养与健康报告［M］.北京:中国发展出版社,2016:94-102.

［2］ 中国营养学会.中国居民膳食营养素参考摄入量(2016 版)［M］.北京:人民卫生出版社,2023:90-422.

［3］ 中国营养学会.中国居民膳食指南(2022 版)［M］.北京:人民卫生出版社,2022:3-138,264-272.

［4］ 中华人民共和国卫生部.食品营养强化剂使用标准:GB 14880—2012［S/OL］.(2012-03-15)［2024-04-01］.http://www.nhc.gov.cn/ewebeditor/uploadfile/2013/06/20130605103746593.pdf.

［5］ 中华人民共和国国家卫生和计划生育委员会.特殊医学用途配方食品通则:GB 29922—2013［S/OL］.(2013-12-26)［2024-04-01］.http://www.nhc.gov.cn/ewebeditorfile/2015/04/20150414114624848.pdf.

［6］ 中华人民共和国国家卫生和计划生育委员会.食品安全国家标准 保健食品:GB 16740—2014［S/OL］.(2014-12-24)［2024-04-01］.https://www.nssi.org.cn/cssn/js/pdfjs/web/preview.jsp?a100=GB%2016740-2014.

［7］ 中华人民共和国国家卫生和计划生育委员会.营养名词术语:WS/T 476—2015［S/OL］.(2015-12-29)［2024-04-01］.http://www.nhc.gov.cn/ewebeditor/uploadfile/2016/01/20160111095000730.pdf.

［8］ 孙建琴,黄承钰,莫宝庆,等.老年营养学［M］.上海:复旦大学出版社,2012.

［9］ 于普林.老年医学［M］北京:人民卫生出版社,2019.

［10］ 中华人民共和国国家卫生和计划生育委员会.老年人营养不良风险评估:WS/T 552—2017［S/OL］.(2017-08-01)［2024-04-01］.http://www.nhc.gov.cn/ewebeditorfile/2017/08/20170811093418434.pdf.

［11］ 杨剑,蒋朱明,于康,等.GLIM 营养不良评定(诊断)标准共识(2018)的探讨和分析［J］.中华临床营养杂志,2019,27(1):1-5.

［12］ 中华人民共和国卫生部.人群健康监测人体测量方法:WS/T 424—2013［S/OL］.(2013-04-18)［2024-04-01］.http://www.nhc.gov.cn/ewebeditor/uploadfile/2013/08/20130808141055922.pdf.

［13］ 国家市场监督管理总局,国家标准化管理委员会.用于技术设计的人体测量基础项目:GB/T 5703—2023[S/OL].(2023-05-23)[2024-04-01].https://openstd.samr.gov.cn/bzgk/gb/std_list?p.p1=0&p.p90=circulation_date&p.p91=desc&p.p2=GB/T%205703–2023.

［14］ 中国营养学会老年营养分会.肌肉衰减综合征营养与运动干预中国专家共识(节录)［J］.营养学报,2015,37(4):320-324.

［15］ 中华人民共和国国家卫生和计划生育委员会.高血压患者膳食指导:WS/T 430—2013［S/OL］.(2013-04-18)［2024-04-01］.http://www.nhc.gov.cn/ewebeditorfile/2013/08/20130808140048992.pdf.

［16］ 中华人民共和国国家卫生和计划生育委员会.成人糖尿病患者膳食指导:WS/T 429—2013［S/

OL]. (2013-04-18)[2024-04-01]. https://www.nssi.org.cn/cssn/js/pdfjs/web/preview.jsp?a100=WS/T%20429-2013.

[17] 中国血脂管理指南修订联合专家委员会. 中国血脂管理指南(2023年)[J]. 中国循环杂志, 2023, 38(3): 237-271.

[18] 王培霞, 张勤, 周石仙, 等. 骨质疏松症营养干预研究进展[J]. 中国骨质疏松杂志, 2023, 29(3): 409-412, 443.

[19] 中国吞咽障碍膳食营养管理专家共识组. 吞咽障碍膳食营养管理中国专家共识(2019版)[J]. 中华物理医学与康复杂志, 2019, 41(12): 881-888.

第五章

心理健康促进

进入老年阶段,个体可能无法适应社会角色、生活环境、生活方式的变化,进而出现焦虑、抑郁、孤独等消极情绪或者因此产生与常态脱轨的适应性心理障碍,而且空巢、独居、患慢性病、失能导致生活不能自理等因素也会对老年群体产生显著的负向心理刺激,甚至会导致心理疾病。

心理健康是老年人生活质量的重要组成部分,已成为近年来社会关注的热点之一。2019 年 6 月 24 日,国务院印发《关于实施健康中国行动的意见》(国发〔2019〕13 号),明确提出实施心理健康促进行动以及老年健康促进行动,以期通过心理健康教育、咨询、治疗、危机干预等方式,引导老年人通过科学合理的方法将压力释放,正确认识和应对精神障碍与心理健康问题,同时健全老年健康服务体系,实现健康老龄化。

第一节　老年人心理健康概述

一、心理健康定义

(一)心理健康的一般定义

1948 年,世界卫生组织(WHO)在其《宣言》中指出:健康不仅仅是没有疾病和虚弱的现象,而是一种个体在身体上、心理上、社会上完全安好的状态。1989 年,世界卫生组织修改了健康的定义,把健康定义为"健康包括躯体健康、心理健康、社会适应良好、道德健康"。

美国心理学家马斯洛 1951 年提出了判定心理健康与否的十条标准:①具有充分的适应能力;②充分了解自己并对自己的能力有适当的估计;③制定的生活目标切合实际;④与现实环境保持接触;⑤保持人格的完整与和谐;⑥具有从经验中学习的能力;⑦能适应良好的人际关系;⑧具有适当的情绪发泄方式(渠道)并能控制情绪发作;⑨能做有限度的个性发挥;⑩能在不违背社会规范的前提下恰当地满足个人基本要求。

(二)老年人的心理健康

从发展心理学视角,老年心理健康可以从以下三个维度进行理解:①认知发展的健康,即认知功能良好,这不是简单指会计算、反应速度快,还包括对客观事物的判断符合逻辑、符合现实;②情绪功能的健康,即有较多的积极情绪和较少的消极情绪,并且有良好的情绪调节策略;③社会功能的健康,从个体自身角度来讲,指他和周围人的关系正常,能与人为善,和睦相处,履行社会规范的基本要求。2022 年 11 月,国家卫生健康委员会发布《中国健康老年人标准》,其中老年人心理健康衡量指标包括认知功能、焦虑、抑郁、生活满意度和健康素养五大维度。

二、老年人心理健康现状

(一)抑郁

抑郁症是以情绪抑郁为主要表现的一种精神疾病,主要表现为长时间情绪低落。老年期抑郁主要表现为老年人情感障碍,严重者为老年抑郁症。后者有 9 种核心症状,分别为心情沮丧、睡眠障碍、对活动缺乏兴趣和爱好、感到惭愧和没有价值、疲乏、无法集中注意力和做出决定、厌食或体重降低、精神运动兴奋或延迟,以及自杀倾向。近 2 周每天都有上述症状中的 5 种及以上,就可以诊断为老年抑郁症。

在老年群体中,抑郁是最为普遍的心理健康问题之一。中国健康与养老追踪调查(CHARLS)数据显示,60 岁及以上人群中有 33.1% 存在高抑郁风险,高龄、女性、农业户口、低教育水平人群抑郁风险较高。根据 2020 年第七次全国人口普查数据估算,我国具有高抑郁风险的老年人口规模高达 9 185.33 万人。老年人抑郁症的易感因素有以下几点:保护性因素的逐渐丧失,如传统孝观念淡化、家庭支持减弱;老化带来的健康状态的丧失和社会地位的改变;畏惧死亡;丧偶;等等。

(二)焦虑

焦虑症是以持续性紧张、担心、恐惧或发作性惊恐为特征的情绪障碍,伴有植物神经系统症状和运动不安等行为特征。具体表现为:患者主观感受到恐惧、害怕灾难降临;在行为方面,出现小动作增多、容易坐立不安、易激惹;躯体方面,常有心悸、胸闷、口干、易出汗、腹痛等不适症状。老年焦虑症识别率低,不易察觉,往往发展为其他严重精神疾病。

《中国国民心理健康发展报告(2017—2018)》指出,2002 年的研究显示有 11.51% 的老年人有焦虑症状,2006 年的研究显示有 20.93% 的老年人存在焦虑症状,而 2010 年的一项研究发现,有 22.02% 的老年人有焦虑症状。老年焦虑症漏、误诊时有发生,部分老年患者强调躯体主诉而否认有心理问题,约 4%~10% 的老年人存在焦虑障碍,有焦虑症状但未达到诊断标准的约有 15%~20%。

老年人可能存在的焦虑和担心主要表现在以下几个方面:躯体健康(疾病、听觉或视觉减退)、认知障碍、社会经济地位改变(如退休、独居等)。社会工作者、临床医生需要意识到老年人可能会用"担心""苦恼"等词语代替焦虑的心理症状如恐惧、焦虑等,同时,老年人会更多地强调躯体症状而不是心理症状。老年人中焦虑和抑郁的共病很常见,有研究显示,在老年人中广泛性焦虑障碍患者 60% 伴有重性抑郁,17% 伴有轻性抑郁,将近 40% 的恐怖症患者伴有抑郁。

(三)孤独

老年孤独是指老年人在社会交往中没有得到满足从而产生的消极主观情感。孤独感是预测老年期抑郁、自杀的风险因素。中国老年社会追踪调查数据(2014)显示,有孤独感的老年人占比 24.78%,其中,高龄、女性、农村、失能的老年人更容易产生这一感受。另一项针对安徽老年人的调查发现,农村老年人的孤独率高达 78.1%。

社会资源和社交能力的衰退限制了老年人的社会活动,使老年人更加依赖于家庭功能,而今天中国的家庭结构正在经历着巨大的转变。2013 年,全国老龄办在《中国老龄事业发展报告》中披露,我国空巢老年人数量突破 1 亿人,其中失独家庭约 100 万个,且正以每年 7.6 万个的速度持续增加,这些空巢或失独老年人更易生活在孤独、压抑、心事无处诉说的状态中。

(四)自杀

自杀是重要的全球公共卫生和社会问题,中国是世界上老年人自杀率第三高的国家,65 岁以上年龄组是中国自杀率最高的群体,达到每 10 万人 44.3~200 例。从中国卫生统计年鉴可以看到,自杀是导致人口死亡的一个重要原因,而中国老年人的自杀率在所有年龄组中是最高的。一项元分析发现,中国老年人群中,具有自杀意念的占比 2.2%~21.5%,养老机构老年人中,自杀意念在 5.6%~53.5%,女性、高龄、农村老年人的自杀比例更高。据北京回龙观医院 / 北京心理危机研究与干预中心和其他单位的研究所披露的数据,中国每年至少有 10 万 55 岁以上的老年人自杀死亡,占自杀人群的 36%。在自杀死亡的老年人中,95% 的老年人有不同程度的心理障碍,其中大部分患有明显的精神抑郁。老年人健康的丧失、角色的丧失、地位的丧失、价值的丧失等"个体性丧失"和养老支持的丧失和孝道文化的丧失等"社会性丧失"成为老年人自杀的根本原因。

第二节　老年人心理健康影响因素

一、个体因素

(一)客观因素

1. 年龄　随着年龄增加,老年群体身体机能逐渐老化,会减少老年人社会活动并增加其日常活动困难,对其心理产生明显的消极影响。

2. 躯体疾病　2019 年发布的《健康中国行动(2019—2030 年)》显示,我国有 1.8 亿老年人患有慢性病,患有一种及以上慢性病的老年人占比高达 75%,我国约半数老年人患有两种及以上慢性疾病。躯体疾病可以直接影响老年心理健康,心血管疾患作为老年人常见的慢性病,研究发现有超过 1/3 的人在患有心血管疾病或经历心血管事件后存在心理压力。呼吸系统疾患中慢性病占据了很大一部分,有调查研究表明,呼吸困难症状越重,焦虑抑郁的发生率越高。有多项调查研究显示糖尿病患者的焦虑抑郁发生率偏高,其中老年糖尿病患者焦虑抑郁的发生率为 30% 左右。睡眠问题会对老年人的精神状态造成不良的影响,使他们产生焦虑情绪,从而对他们的心理健康产生不利的影响。同时,躯体疾病也会降低老年人的日常生活能力,从而降低老年人活动范围,减少与外界接触和交流互动机会,使老年人容易出现孤独、焦虑等心理状态,引发心理问题。

3. 社会经济地位 指个人或群体在社会中所处的位置,反映了不同人群的社会阶层和地位,是收入水平、教育程度、职业状况、财富及居住地区等指标的总体反映,也是衡量和预测人们行为的一种重要方法和手段。研究发现受教育水平较高、经济状况较好的老年人心理健康水平更高,这可能是因为社会经济地位高的老年人生活方式、营养保障等方面均较好。

(二)主观因素

1. 老化态度 即人们对变老过程及年老的体验和评价,包括随增龄出现的身体变化、心理和社会功能变化带来的积极或消极感受。积极的老化态度能够提高主观幸福感,减少焦虑和抑郁,是老年人心理健康的重要预测变量。

2. 主观年龄 即个体对自身年龄的主观感受,反映心理活力水平。可以从觉知的年龄、行为表现上的年龄、身体的年龄以及活动兴趣的年龄来评价。大量研究发现,主观年龄对老年人的心理健康有着重要影响,年轻的主观年龄(感觉自己比实际年龄小)和幸福感、生活满意度、积极情绪高度正相关。当主观年龄较小时,老年人会认为自己更有自我控制力,能够更好地面对挑战,抵抗认知老化,从而减少抑郁等消极症状。

3. 主观社会支持 即个体对自身被外界支持程度的主观感受与评价。缓冲器理论认为,领悟社会支持是个体感知到自身社会支持获得水平的总和,能产生一种与正性情绪相关的保护机制,减少个体的负性情绪及不良心理反应,促进老年人认知功能,缓解抑郁,增强心理健康。

4. 生活方式 指日常生活中不同分类标准下的方方面面,包括劳动方式、消费方式和精神娱乐等。健康的生活方式如不吸烟、不饮酒、适度运动等对老年人心理健康、认知功能等有促进作用。社会参与是老年人生活方式的重要体现,通过参与社会活动,老年人可以拓展社会网络、获取社会支持、减轻生活压力、缓解孤独感,以及提高生活满意度。同时,社会参与有利于老年人发挥才干,实现自我价值,获得自我满足感、成就感和生命意义感,从而增进他们的身心健康。与此同时,生活方式变化对老年人也有重要影响。在突发公共卫生事件期间,生活方式变为居家不出,这种变化严重损害老年人身心健康。

二、环境因素

根据社会生态系统理论,个体存在于由多个系统嵌套而成的环状结构中,影响老年心理健康的社会环境可以分为家庭和照料环境、社区环境（包括邻里、朋友）和社会环境，同时，随着社会经济发展，养老服务行业也逐渐发展，照料环境已经成为重要一环。

（一）家庭和照料环境

居家养老是我国老年人选择的主要养老形式之一，家庭关系是老年群体的核心关系，和谐的家庭关系能够有效促进老年人心理健康。研究发现配偶关系、子女数量与支持都与老年人心理健康存在显著相关。失婚、丧子（尤其是失独）无疑是使老年人最受冲击的负性生活事件，极易导致老年人焦虑、抑郁等心理异常及睡眠、饮食等生理障碍。

随着人口老龄化的加剧，全球面临日益增长的老年照料需求，照料者主要是指对老年人的直接照料人，含家庭成员和非家庭成员。居家养老环境中，存在由家庭成员提供的（非正式）老年照料和由市场提供的（正式）照料。研究发现，主要照料者月收入、日照护时间、照护年限会影响到半失能老年人心理健康。帮助特点、照料提供者与接受者之间的关系、照料提供者的特点、照料接受者的特点和情境变量等是影响照料接受者负面反应的重要变量。因此，人-境匹配是重要原则，针对不同老年人需求，家庭照料也要进行适当调整。除居家养老外，机构养老也日渐成为众多老年人选择安享晚年的重要养老方式。老年人从家庭进入养老机构，往往会因为环境变化和生活方式改变而产生心理不适和孤独感，容易产生心理问题。研究发现，养老机构的生活照料环境越好，老年人的心理健康状况就越好，作用效果高于个体客观变量的影响。

（二）社区环境

社区环境是塑造老年人日常健康生活方式，为老年人提供社会交往活动的重要场所，良好的空间品质对户外公共空间使用效率、老年人的行为选择乃至身心健康都起着至关重要的作用。研究表明，增加社区环境中基础人居服务设施，有助于加强老年人对社区环境的信念控制能力，达到鼓励老年人开展户外活动、促进老年人心理健康的目的；休闲娱乐设施的分布密度和数量对老年人体力活动甚至是抑郁症状都有显著影响；社区养老服务数量、社区设施等居住环境的改善也能较好提升老年人心理健康水平。除客观环境外，社区软性环境如朋友关系、邻里支持等对老年心理健康也有显著促进作用。

（三）社会环境

年龄歧视是老龄化进程中一个严重的社会问题，世界卫生组织指出，在全球范围内，每2个人中就有1个人对老年人存在年龄歧视。年龄歧视包含认知（如刻板印象）、情感（如偏见）和行为（如歧视）三个方面。敌意的年龄歧视表现为对老年人的忽视、评判和虐待等，导致焦虑、抑郁增加；善意的年龄歧视表现为对老年人的过度保护、家长式作风、提供老年人不想要的帮助等，可能强化老年人无能的信念，同样也会降低老年人心理健康水平，甚至增加死亡风险。

第三节 老年人心理健康评估

一、老年人心理健康评估内容

根据 T/BFSPW 001—2023《老年人心理健康评估规范》的建议,老年心理健康评估内容主要包括心理健康状态评估和心理健康受损风险评估两个方面。

心理健康状态评估包括认知健康状态、情绪健康状态和社会健康状态的评估。其中认知健康是指老年人的主客观认知功能状态良好,其健康状态可从主观评估(ascertain dementia 8-item informant questionnaire,AD8 量表)和客观评估(画钟测验)两维度进行评估;情绪健康是指老年人有较好的生活满意度和积极的情绪体验,其健康状态可从积极体验(生活满意度)和消极体验(焦虑、抑郁情绪)两维度进行评估;社会健康是指老年人对社会和人际关系有积极的态度和体验,同样其健康状态可从积极体验(人际信任感、感恩意识)和消极体验(孤独感)两维度进行评估。

老年人心理健康受损风险是指影响老年人心理健康的积极因素减少且或消极因素增多的情况。其中积极因素包括必要的社会支持和社会参与;消极因素包括一年内的负性生活事件。老年人心理健康具体评估内容见表 5-1。

表 5-1 老年人心理健康评估内容和指标体系

评估内容	评估维度		评估工具
心理健康状态评估	认知健康	主观评估	AD8 量表
		客观评估	画钟测验
	情绪健康	积极体验	生活满意度
		消极体验	焦虑情绪
			抑郁情绪
	社会健康	积极体验	人际信任感
			感恩意识
		消极体验	孤独感
心理健康受损风险评估		积极因素	社会支持
			社会参与
		消极因素	负性生活事件

二、老年人心理健康评估工具

基于表 5-1 的评估框架和内容,下面逐项介绍具体评估工具和评估方法。读者可以根据现实需要,选择其中一项或几项进行评估,条件允许的话,可以对老人进行全面的心理健康评估。

(一)认知健康

参照第九章认知评估部分。

(二)情绪健康

老年人情绪健康状态的评估主要通过积极体验和消极体验两维度进行,其中积极体验的评估使用生活满意度量表,消极体验的评估使用焦虑情绪量表和抑郁情绪量表。

1. 生活满意度量表

(1)量表简介:生活满意度量表(Satisfaction With Life Scale,SWLS),1985 年由 Diener 等人编制完成,用于测量主观幸福感中生活满意度水平。SWLS 所测量的生活满意程度,是人们主观上对自己生活质量所进行的一个整体评估,不同于具体某一方面的满意程度(Diener,1985)。

对于中文版 SWLS,只见到正式发表的繁体中文版,该版本由 Mantak Yuen 翻译完成,并在之后的研究中得到了具体应用(Wang,2009)。

(2)量表题目:生活满意度量表的题目见表 5-2。指导语为"用 1~7 表明您对下列五个句子所描述情况的态度,在选择的数字上画"√",1 为非常不同意,2 为不同意,3 为有点不同意,4 为中立,5 为有点同意,6 为同意,7 为非常同意"。

表 5-2　生活满意度量表(SWLS)

项目	非常不同意	不同意	有点不同意	中立	有点同意	同意	非常同意
1. 我的生活在大多数方面都接近于我的理想	1	2	3	4	5	6	7
2. 我的生活条件很好	1	2	3	4	5	6	7
3. 我对我的生活很满意	1	2	3	4	5	6	7
4. 到现在为止,我已经得到了在生活中我想要得到的重要东西	1	2	3	4	5	6	7
5. 如果我能再活一次,我基本上不会作任何改变	1	2	3	4	5	6	7

(3)量表评分:SWLS 五个项目全部为正向题,1~7 计分,1 为非常不同意,2 为不同意,3 为有点不同意,4 为中立,5 为有点同意,6 为同意,7 为非常同意,量表总分介于 5~35 之间。得分在 5~9 之间代表对生活极不满意,10~14 之间为不满意,15~19 之间为有点不满意,

20 为中立,21～25 之间为有点满意,26～30 之间为满意,31～35 之间为非常满意(Pavot, 1993)。

2. 老年焦虑量表

(1)量表简介:老年焦虑量表(Geriatric Anxiety Inventory,GAI)是由澳大利亚昆士兰大学心理学院的 Nancy A. Pachana 等人编制,于 2007 年制定出英文版量表,该量表适用于测量老年人常见的焦虑症状的严重程度,可用于区分有无焦虑障碍以及有无符合精神疾病诊断与统计手册Ⅳ(DSM-Ⅳ)诊断标准的广泛性焦虑障碍。国内学者王大华和唐丹等人于 2013 年制定了老年焦虑量表中文版(Geriatric Anxiety Inventory-Chinese Version,GAI-CV),在北京采集了 1 047 位老人数据,得到该中文版克龙巴赫 α 系数为 0.94,与焦虑自评量表(SAS)的关联效度(r=0.520,P=0.018),与贝克焦虑量表(BAI)的关联效度(r=0.560,$P < 0.001$)均良好。

(2)量表题目:老年焦虑量表的题目见表 5-3。

表 5-3　老年焦虑量表(GAI)

指标	您近一周内是否出现下面的情况	是	中立	否
焦虑	1. 我总是在担忧	2 分	1 分	0 分
	2. 一点儿小事也会给我很大烦恼	2 分	1 分	0 分
	3. 我觉得自己是爱担忧的人	2 分	1 分	0 分
	4. 我经常感到紧张	2 分	1 分	0 分
	5. 我的想法经常让我很焦虑	2 分	1 分	0 分
	得分:			

(3)量表评分:共有 5 个项目,反应值在 0～2 之间,"是"计 2 分,"中立"计 1 分,"否"计 0 分,总分为 0～10 分,分数越高,说明焦虑症状越严重,无反向计分题。GAI 得分为 0 分,表明无焦虑感;GAI 得分为 1～5 分,表明有轻度焦虑;GAI 得分为 6～10 分,表明有重度焦虑。

3. 流调中心抑郁自评量表

(1)量表简介:流行病调查中心抑郁自评量表(The Center for Epidemiologic Studies Depression Scale,CES-D Scale),1977 年由美国学者 Radloff 开发,用于测量一般人群的抑郁水平,强调情绪情感成分,尤其是抑郁情绪。

何津等(2013)修订了量表中文版(CESD-9),该量表信效度良好,内部一致性信度为 0.85～0.88,其中老年为 0.88,重测信度为 0.49($P < 0.001$),各条目与总分相关均大于 0.5。该量表成为我国"2020 年国民心理健康状况调查" 中关于抑郁症状的筛查量表,2014 年中国老年社会追踪调查(CLASS)也采用了 CESD-9。

(2)量表题目:CESD-9 的题目见表 5-4。指导语为:"下面是一些你可能有过的感受和行为,请根据您的实际情况,指出上周内各种感受和行为出现的频率。

表 5-4　流调中心抑郁自评量表（CESD-9）

指标	在过去一周,出现下列情况的频率	没有	有时	经常
抑郁	1. 您觉得自己心情很好吗	2分	1分	0分
	2. 您觉得孤单吗	0分	1分	2分
	3. 您觉得心里很难过吗	0分	1分	2分
	4. 您觉得自己的日子过得很不错吗	2分	1分	0分
	5. 您觉得不想吃东西吗	0分	1分	2分
	6. 您睡眠不好吗	0分	1分	2分
	7. 您觉得自己不中用了吗	0分	1分	2分
	8. 您觉得自己没事可做吗	0分	1分	2分
	9. 您觉得生活中有很多乐趣(有意思的事情)吗	2分	1分	0分
	得分:			

（3）量表评分:CESD-9 量表通过 9 个项目,0~2 级评分方式评估被试一周内抑郁症状出现的频率,其中第 1、4、9 题为反向计分题,项目反应值为 0 没有、1 有时候、2 经常。得分区间在 0~18 之间,得分越高代表抑郁水平越高,总分 0~7 分代表无抑郁问题,8~11 分代表轻度抑郁倾向,12~18 分代表重度抑郁倾向。

（三）社会健康

老年人社会健康状态的评估主要通过积极体验和消极体验两维度进行,其中积极体验使用人际信任感评估工具和感恩意识量表,消极体验的评估使用孤独感量表。

1. 人际信任感

（1）量表简介:社会信任是社会心态的重要内容,陆杰华和韦晓丹（2023）基于中国老年人口的实际特点,将老年人社会信任定义为老年群体在普遍意义上对于社会上大多数人的信任。"同不同意这个社会上绝大多数人都是可以信任的?"该问题是国际和国内学术界测量个体社会信任水平的最为普遍的方法。

《老年人心理健康评估规范》应用的是社会信任问卷中的一般信任部分。一般信任的调查,运用国际上通用的题项"社会上大多数人:A. 都可以信任;B. 要非常小心提防"来测量,要求受访者评定对以上观点的同意程度。

（2）量表题目:人际信任感评估工具的题目见表 5-5。

表 5-5　人际信任感评估工具

指标	您是否同意以下陈述	是	中立	否
人际信任感	1. 社会上大多数人是可以信任的	2分	1分	0分
	2. 社会上大多数人是要非常小心提防的	0分	1分	2分
	得分:			

（3）量表评分：共有 2 个项目，反应值在 0～2 之间，"是"计 2 分，"中立"计 1 分，"否"计 0 分，总分为 0～4 分，第一题为正向计分，第二题为反向计分，分数越高，说明人际信任感越好。人际信任感量表得分＞2 分，表明受试者人际信任感良好；人际信任感量表得分为 2 分，表明受试者人际信任感一般；人际信任感量表得分＜2 分，表明受试者人际信任感较差。

2. 感恩意识量表

（1）量表简介：感恩定义为个体认识到他人善行或从他人善行中获益后产生的一种积极情绪，本标准采用的是 McCullough 等人（2002）编制的感恩问卷（the Gratitude Questionnaire-6，GQ-6）。GQ-6 用以测量感恩情绪体验的强度、频度、广度和密度上的差异。感恩强度是指，一个有感恩倾向的人，如果经历了一个积极的事件，会比没有感恩倾向的人体验到更强烈的感恩情绪；感恩频率是指，一个有感恩倾向的人每天可能会有多次感恩体验，甚至最简单的恩惠或礼貌行为也可能会引起其感恩体验；感恩广度是指，一个人在给定的时间里体验到感恩的人生境遇的数量，具有感恩倾向的人可能会对他们的家庭、工作、健康、生活本身以及其他各种好处感到感恩；感恩密度是指，个体在得到某个积极结果时，想要感恩的对象数量。比如，当获得一份好工作，问及感到感恩的人时，一个有感恩倾向的人可能会列出许多人，包括父母、朋友、家人和导师等。

国内学者魏昶和吴慧婷（2011）修订了中文版感恩量表，是目前为止我国应用最为广泛的感恩测量量表、题项内容较易理解，GQ-6 已被证实在中国群体中具有良好的信效度。此外，也有研究将 GQ-6 感恩量表施测于老年人，克龙巴赫 α 系数为 0.87，结果发现感恩与成功老化呈显著正相关。

（2）量表题目：感恩意识量表的题目见表 5-6。指导语"以下是你对生活中人、事、物的情感深浅的体验，请选择最符合自己情况的选项"。

表 5-6 感恩问卷（GQ-6）

您是否同意以下陈述	非常不同意	相当不同意	有些不同意	有些同意	相当同意	非常同意
1. 生命中我觉得有太多需要感谢的人	1	2	3	4	5	6
2. 如果我要列出我觉得要感谢的，那将会很长的一串	1	2	3	4	5	6
3. 当我环顾这个世界时，我看不出多少需要感谢的人或事	6	5	4	3	2	1
4. 我要感谢各种各样的人	1	2	3	4	5	6
5. 随着年龄的增长，我发现自己更会感谢对我成长有影响的人和事	1	2	3	4	5	6
6. 要我说出要感谢什么人或什么事要花很多时间才想得出来	6	5	4	3	2	1
得分：						

（3）量表评分：感恩问卷共 6 个项目，其中项目 3 和 6 为反向计分题，采用 6 点计分的方式，"非常不同意—非常同意"分别对应"1～6"分，分数越高表示感恩倾向越强。

3. 孤独感量表

（1）量表简介：UCLA 孤独感量表（the UCLA Loneliness Scale，UCLA），1978 年由 Russell 等人编制完成，用于测量孤独感。Russell 共编制、改编了三版 UCLA，且衍生出了数量不等的多个简版。

三个条目的 UCLA 是由第二版中 3 个题目改编而成，原始施测人群为中老年人。该量表的克龙巴赫 α 系数为 0.72，且与第二版 UCLA 相关为 0.82，与抑郁、压力相关量表呈显著正相关。我们采用中国老年社会追踪调查（China Longitudinal Aging Social Survey，CLASS）2014 年数据（$N=8\ 356$）分总样本、农村样本和城镇样本分析了 UCLA-3 量表的信度指标。三类样本的克龙巴赫 α 系数分别为 0.823、0.821 和 0.821；Guttman 分半系数分别为 0.722、0.715 和 0.731，作为仅有三个项目的量表，其表现出良好的内部一致性。对 30 位老年人间隔一周的重测信度为 0.763。

（2）量表题目：孤独感量表的题目见表 5-7。

表 5-7 孤独感量表（UCLA-3）

指标	在过去一周,出现下列情况的频率	没有	有时	经常
孤独感	1. 过去一周您觉得自己没人陪伴吗	0 分	1 分	2 分
	2. 过去一周您觉得自己被别人忽略了吗	0 分	1 分	2 分
	3. 过去一周您觉得自己被别人孤立了吗	0 分	1 分	2 分
	得分：			

（3）量表评分：UCLA-3 包括三个项目，采取 0～2 计分，0 表示"没有"，1 表示"有时"，2 表示"经常"，量表总分为 0～6 分，均为正向计分，得分越高表示孤独感越强。UCLA 得分为 0 分，表明受试者无孤独感；UCLA 得分为 1～2 分，表明受试者有轻度孤独感；UCLA 得分为 3～6 分，表明受试者有强烈孤独感。

（四）心理健康受损风险

老年人心理健康受损风险从是否存在影响心理健康的积极和消极因素进行评估。其中积极因素包括必要的社会支持和社会参与，消极因素包括一年内的负性生活事件。如果积极因素缺乏或消极因素增多，则心理健康受损风险升高。除了单独在下面每个维度对老人心理健康受损风险进行评估之外，还可以将三个维度的风险得分相加得到评估对象的总体风险水平。分数越高表明心理健康受损的可能性越大。总分大于等于 5 分，预示受损风险很高；总分在 0～1 分，说明风险较低；总分在 2～4 分，说明有一定风险。

1. 社会支持

（1）量表简介：改编自 6 条目的社会网络量表（Lubben Social Network Scale，LSNS-6）。

LSNS-6包含从家庭和朋友获得的支持程度,它衡量了一个人的社交网络的规模、亲近程度和接触频率。

(2)量表题目:采用单题询问"最近一个月您得到过几位家人或亲友的帮助?(例如物质帮助、情感帮助、实际帮助等)",选项设为"没有""1 位""2 位及以上"。

(3)量表评分:选择"没有"意味着社会支持缺失明显,选择"1 位"说明社会支持水平较低,选择"2 位及以上"说明社会支持良好。从心理健康风险角度来判断,三个选项依次预示着高、中、低风险。在该规范中,三个选项分别计风险得分为 4 分、2 分、0 分。

2. 社会参与

(1)量表简介:是指老年人通过所扮演的社会角色与他人进行人际交往和资源交换的过程。研究表明,老年人社会参与和心理健康水平成正比,一方面参与社会活动可以累积认知储备进而维持或改善老年人认知功能,减少认知功能损伤;另一方面社会参与有助于维持老年人社交和情感支持的网络,并保护个人的认知能力。

参考中国健康与养老追踪调查(China Health and Retirement Longitudinal Study,CHARLS)、中国老年社会追踪调查(China Longitudinal Aging Social Survey,CLASS)数据,结合作者团队研究经验编制而成。该量表涵盖了老年人在日常相关场所中可能从事的社会活动,若所参与活动未包含,可在"其他"一项中具体填写。

(2)量表题目:社会参与评估工具的题目见表 5-8。

表 5-8　社会参与评估工具

风险指标	在最近一个月里,您是否参加过下列活动
社会参与	1. 从事有收入的工作
	2. 参与政治团体的活动(例如政策宣传、党建或民主党派的活动)
	3. 为社会或社区的管理献言献策或参与投票
	4. 参与社区或社会组织的志愿服务
	5. 参加慈善活动(捐款,捐物)
	6. 给亲戚、朋友或邻居帮忙做事
	7. 为亲友或邻居消解烦心事
	8. 与亲友或邻居聚会
	9. 与他人一同旅行或郊游
	10. 参加学习类活动(例如参观博物馆、参加老年大学等)
	11. 参加休闲娱乐类活动(例如广场舞、棋牌、运动、摄影等)
	12. 其他
	风险得分:

（3）量表评分："其他"按照活动形式数量计分。在最近一个月里,参加过社会活动0项,计风险分数为1分,即受试者缺少社会参与,因此心理健康有一定程度受损风险;参加过社会活动1项及以上,计风险分数为0分,即受试者社会参与正常,心理健康受损风险很低。

3. 负性生活事件

（1）量表简介:生活事件是指任何促使日常生活方式发生变化的经历和体验。老年人的生活事件主要包括社会丧失、疾病事件、社会角色变化及日常生活模式的转变等4种类型。生活事件分为正性和负性,当负性生活事件发生时,老年人往往在短期内难以适应,并因此引发多种心理问题。

借鉴CLASS2014的数据调查表,纳入其中9项负性生活事件,即:本人重病、自然灾害、配偶去世、子女去世、其他亲友去世、财务损失、家人重病、与亲友起冲突和意外事故。此外,考虑到独居和失能作为影响老年人心理健康的重大负性生活事件,因此将二者加入负性生活事件列表,最终共计11项负性生活事件。将每项事件的赋值为0和1(0 = 未经历,1 = 经历过),但根据相关研究将影响重大的事件赋值为2分,这些事件包括"与亲友起冲突""子女去世"及"本人重病"。

（2）量表题目:负性生活事件评估工具的题目见表5-9。

表 5-9　负性生活事件评估工具

	最近一年您的生活中是否发生以下事件	是否发生	事件风险系数
负性生活事件	1. 本人重病（重病:指危及生命的疾病）	0 否　1 是	2
	2. 独居	0 否　1 是	1
	3. 失能	0 否　1 是	1
	4. 家人重病（重病:指危及生命的疾病）	0 否　1 是	1
	5. 意外事故	0 否　1 是	1
	6. 配偶去世	0 否　1 是	1
	7. 子女去世	0 否　1 是	2
	8. 其他亲友去世	0 否　1 是	1
	9. 与亲友起冲突	0 否　1 是	2
	10. 财物损失	0 否　1 是	1
	11. 自然灾害	0 否　1 是	1
	风险得分:		
	注:风险得分 = 选择"是"的事件风险系数之和		

（3）量表评分:将经历过的各项事件风险系数加总得到负性生活事件风险得分。当该量表风险得分为0分,表明受试者因消极因素带来的受损风险很低;当得分为1～2分,表明受损风险较高;当得分≥3分,表明受损风险很高。

三、老年人自杀风险的评估

1. 观察和询问 最直接的评估方式,就是对老人的观察和当面询问。王华丽(2015)推荐以下三个方面线索进行观察。

(1)直接说"我要了结自己"或者"我有时候真想结束一切"。

(2)间接说"我会很久都不在这儿"或者"我已经厌倦了这一切"或者"没了我你会过得好些"或者"这些日子我太麻烦人了"。

(3)观察了解是否出现下列行为,如:过去曾经自杀过;买了危险性工具;储藏药物;出人意料地留遗嘱或修改遗嘱;突然开始筹划葬礼安排;突然把贵重物品送人;突然对宗教或宗教敬拜仪式不感兴趣;完全不在意自己;开始不做家务;长期情绪焦灼动荡或抑郁,却突然变得平稳、平和;身边有熟悉的人自杀。

2. 贝克自杀意念量表

(1)量表简介:1979 年,Beck 根据临床经验和理论研究编制了用来量化和评估自杀意念的问卷。贝克自杀意念问卷最初由北京回龙观医院北京心理危机研究与干预中心进行了翻译、回译和修订,形成 Beck 自杀意念量表中文版(BSI-CV),量表共 19 个条目,三级评分(0~2 分),评估个体对生命和死亡的想法及自杀意念的严重程度,得分越高,自杀意念越强。每个问题询问两个时间段:最近一周及既往最消沉、最抑郁或自杀倾向最严重的时候(即最严重时),前 5 项为筛选项:仅在第 4(主动自杀念头)或 5 项(被动自杀念头)的答案为"弱"或"中等强度"时候(即不为 0),不论是最近 1 周还是最严重时,继续问接下来的第 6~19 项,否则结束本次量表调查。

(2)量表题目:自杀意念评估工具的题目见表 5-10。

表 5-10　贝克自杀意念量表

1. 您希望活下去的程度如何?			
最近一周	中等到强烈	弱	没有活着的欲望
最消沉、最忧郁的时候	中等到强烈	弱	没有活着的欲望
2. 您希望死去的程度如何?			
最近一周	没有死去的欲望	弱	中等到强烈
最消沉、最忧郁的时候	没有死去的欲望	弱	中等到强烈
3. 您要活下去的理由胜过您要死去的理由吗?			
最近一周	要活下去胜过要死去	二者相当	要死去胜过要活下来
最消沉、最忧郁的时候	要活下去胜过要死去	二者相当	要死去胜过要活下来
4. 您主动尝试自杀的愿望程度如何?			
最近一周	没有	弱	中等到强烈
最消沉、最忧郁的时候	没有	弱	中等到强烈

5. 您希望外力结束自己的生命,即有"被动自杀愿望"的程度如何?(如:希望一直睡下去不再醒来、意外死去等)

最近一周	没有	弱	中等到强烈
最消沉、最忧郁的时候	没有	弱	中等到强烈

6. 您的这种自杀想法持续存在多长时间?

最近一周	短暂、一闪即逝	较长时间	持续或几乎是持续的	无自杀想法
最消沉、最忧郁的时候	短暂、一闪即逝	较长时间	持续或几乎是持续的	无自杀想法

7. 您的这种自杀想法出现的频度如何?

最近一周	极少、偶尔	有时	经常或持续	无自杀想法
最消沉、最忧郁的时候	极少、偶尔	有时	经常或持续	无自杀想法

8. 您对自杀持什么态度?

最近一周	排斥	矛盾或无所谓	接受
最消沉、最忧郁的时候	排斥	矛盾或无所谓	接受

9. 您觉得自己控制自杀的想法,不把它变成行动的能力如何?

最近一周	能控制	不知道能否控制	不能控制
最消沉、最忧郁的时候	能控制	不知道能否控制	不能控制

10. 如果出现自杀想法,某些顾虑(如顾及家人、死亡不可逆转等)在多大程度上能阻止您自杀?

最近一周	能阻止自杀	能减少自杀的危险	无顾虑或无影响
最消沉、最忧郁的时候	能阻止自杀	能减少自杀的危险	无顾虑或无影响

11. 当您想自杀时,主要是为了什么?

最近一周	控制形式、寻求关注、报复	逃避、减轻痛苦、解决问题	前两种情况均有	无自杀想法
最消沉、最忧郁的时候	控制形式、寻求关注、报复	逃避、减轻痛苦、解决问题	前两种情况均有	无自杀想法

12. 您想过结束自己生命的方法了吗?

最近一周	没想过	想过,但没制出具体细节	制定出具体细节或计划得很周详
最消沉、最忧郁的时候	没想过	想过,但没制出具体细节	制定出具体细节或计划得很周详

13. 您把自杀想法落实的条件或机会如何？				
最近一周	没有现成的方法、没有机会	需要时间或精力准备自杀工具	有现成的方法和机会或预计将来有方法和机会	无自杀想法
最消沉、最忧郁的时候	没有现成的方法、没有机会	需要时间或精力准备自杀工具	有现成的方法和机会或预计将来有方法和机会	无自杀想法

14. 您相信自己有能力并且有勇气去自杀吗？			
最近一周	没有勇气、太软弱、害怕、没有能力	不确信自己有无能力、勇气	确定自己有能力、有勇气
最消沉、最忧郁的时候	没有勇气、太软弱、害怕、没有能力	不确信自己有无能力、勇气	确定自己有能力、有勇气

15. 您预计某一时间您确实会尝试自杀吗？		
最近一周	不会	不确定	会
最消沉、最忧郁的时候	不会	不确定	会

16. 为了自杀，您的准备行动完成得怎样？		
最近一周	没有准备	部分完成（如，开始收集药片）	全部完成（如，有药片、刀片）
最消沉、最忧郁的时候	没有准备	部分完成（如，开始收集药片）	全部完成（如，有药片、刀片）

17. 您已着手写自杀遗言了吗？		
最近一周	没有考虑	仅仅考虑、开始但未写完	写完
最消沉、最忧郁的时候	没有考虑	仅仅考虑、开始但未写完	写完

18. 您是否因为预计要结束自己的生命而抓紧处理一些事情？ 如买保险或准备遗嘱。		
最近一周	没有	考虑过或做了一些安排	有肯定的计划或安排完毕
最消沉、最忧郁的时候	没有	考虑过或做了一些安排	有肯定的计划或安排完毕

19. 您是否让人知道自己的自杀想法？			
最近一周	坦率主动说出想法	不主动说出	试图欺骗、隐瞒	无自杀想法
最消沉、最忧郁的时候	坦率主动说出想法	不主动说出	试图欺骗、隐瞒	无自杀想法

（3）量表评分：所有来访者都首先完成前5个题，如果第4和第5个项目的选择答案都是"没有"，那么则视为没有自杀意念，结束此问卷，量表总分为前5项之和；如果第4或者第5个项目任意1个选择答案是"弱"或者"中等到强烈"，那么就认定为有自杀意念，需要继续完成后面的14个项目。对后14个项目修订时，为了方便评估，对个别项目（如6、7、11、13和19）的答案增加1个"无自杀想法"的选项，其对应得分为"0"。分别计算最近一周和最严重时候得分。自杀意念的强度是根据量表1～5项的均值所得，分数越高，自杀意念的强

度越大。自杀危险是依据量表的 6～19 项来评估有自杀意念的被试真正实施自杀的可能性的大小,得分总和越高,自杀危险性越大。

第四节 老年人心理健康促进

一、个人心理健康促进方法

"主动健康"强调健康关口前移,关切个体独立性和能动性,重视个体行为的积极持续参与。这不仅是应对老龄化的重要手段,更是全年龄段人群需要树立的健康理念。毕生发展理念强调,老年人并不是发展的停滞阶段,对于外界信息并不是处于被动接受的状态,他们仍然具备学习发展的需求与能力,并表现出自主性、主动性和可塑性。因此,老年人可以尝试从以下几点主动建立有益身心健康的生活方式。

(一)学习新事物

在现代社会,科学技术的变化日新月异,老年人必须接受继续教育,终身学习,帮助自己与科学技术的发展保持同步,提升自我管理等能力,保持身心健康,与社会形成良好的互动,从而提升生活品质。不断学习新事物是一种对抗衰老、预防痴呆的有效方式。老年人的认知功能可以通过训练加以改善,训练还可引发脑容量和脑激活水平的变化,这称为认知可塑性和神经可塑性。

学习对老年人的心理发展具有增强、消解、拓展和激活等多方面的功能,有助于调适退休生活、感知幸福体验、塑造学习品质、弥补人生缺憾、完善性格观念、实现自我价值。老年人在参与学习活动后,可以培养享受学习生活及美好生活的能力,提升老年人的自我价值认同,使得心情愉悦、知识拓展、能力提升、观念更新,彰显老年人发展的可能性。比如,研究发现会两种语言的老人,出现认知功能损伤的概率比较低。

学习包括正式学习、不完全正式学习和非正式学习。正式学习是专门教育机构提供的,由小学到大学组织的,为获得文凭的学历教育;不完全正式学习是非系统组织的,面向各年龄段有需求的群体,为提高技能或能力的非学历教育;非正式学习发生在日常环境中,不由任何机构或组织提供,是通过个人探索获得知识、技能或态度的活动。现阶段,老年人在学习新事物过程中涵盖上述三种类型。上海、江苏、北京均相继开展老年学历教育,面向老年人开展的高等学历继续教育,通过适老化的人才培养方案,最终颁发学历证书。其余老年大学、老年学习平台主要涉及不完全正式学习。这类学习机构尚不能完全满足我国老年人群,大部分学习发生在日常生活中,老年人以开放性心态接受生活中的新事物、新知识,学习方式相对自由,如代际交流、同辈沟通、媒介传播等,同样能够提升心理健康水平。

(二)恰当处理情绪

在老年期,由于生理、社会交往和社会角色地位以及心理机能均发生了变化,老年人在情绪、情感方面往往会出现一些问题,如负性情绪逐渐增多、情绪体验比较深刻持久,情绪表达方式较为内敛等。老年人想要学会恰当处理情绪,可以从以下三方面进行尝试。

1. 要接纳自己的情绪 正性和负性情绪都有存在的意义,当遇到负性情绪时候可以先试着接纳,一定程度的负性情绪如焦虑、抑郁是对当前事物、生活的一种正常反应。老年人应该保持积极的态度,相信未来会变得更好,并把烦恼和困难视为机遇来面对,而不是阻碍自身成长的绊脚石。此外,老年人应该关注自己的优点和长处,这样有利于提高自我价值感和自信心,从而帮助老年人更好地调节情绪。

2. 选择恰当的宣泄方式 有意识地调适、疏解、释放持续性的负面情绪,可以保持愉悦的情绪体验与健康的行为,避免或缓解不当情绪与行为带来的痛苦、焦虑和抑郁等情绪反应。适量的运动有利于老年人抗击抑郁和焦虑等心理问题,老年人可以选择适合自己的运动项目,如快走、瑜伽、太极拳等,既可以放松身心,又能使身体受益。书写、绘画、园艺等艺术疗法同样适用,通过书写、绘画、与大自然接触,老年人可以很好地抒发情绪。

3. 掌握一些急性情绪发作的应对技术 当情绪激动时,老年人可以通过一些简单的心理技术进行自我缓解,如安全岛技术、正念呼吸法、腹式呼吸法、冥想、蝴蝶拥抱等。

以"蝴蝶拥抱"为例,它是一种操作简单的自我情绪安抚方法。"蝴蝶拥抱"又称蝴蝶拍,是源于眼动脱敏再加工疗法(EMDR)的一种稳定化技术,能增加我们的安全感和积极感受。双手慢慢轻拍自己的双肩对身体进行双侧刺激促进信息加工,激活副交感神经,使情绪稳定,获得安全愉悦感。具体步骤如下。

(1)找一个舒适安稳的地方坐下,背后有所依靠,双腿打开与肩同宽,脚掌自然稳定地踩在地面上。

(2)双手交叉抱住双臂,就像在拥抱自己一样,闭上双眼,调整呼吸。

(3)将手想象成蝴蝶的翅膀,缓慢地、有节奏地轮流轻拍自己的臂膀,左1下、右1下为一轮。4～6轮为一组。

(4)脑中尽量想象一些正性的画面(使你感到愉快放松、有安全感或是被关爱的景象),如果偶尔出现负性体验,停止想象,回到正性体验中来。

(5)如果你感觉好受一点,可接着重复这样的动作直至身心平静。如果每做一次,你发现情况都变得更加糟糕,或者出现更为消极负面的事情,那就放弃它。

4. 学会积极求助 当老年人感觉无法靠自身力量调节的时候,应及时向亲友、专业社工、咨询师求助。积极求助是一种正向的生活态度,老年阶段有很多需求、痛苦无法被他人感知,需要老年人通过积极求助的方式,寻求社会支持。积极求助不仅能够帮助他们解决问题,还能让他们更好地适应社会,保持心理健康。然而,生活中很多老年人不习惯或不善于向他人寻求帮助,这可能是因为担心自己给他人留下无能印象或者给别人添麻烦,也可能是因为缺乏一定的社交和求助方法。为了帮助老人学习积极求助,家庭成员和社区工作者可以在以下方面多做尝试。

(1)鼓励老年人保持自信:让他们相信自己有能力解决问题,但也要承认在某些情况下寻求帮助是很正常的,向他人求助并非丢失自主权或无能的表现,是生活中常见的、正常的行为。

（2）保持耐心和理解：老年人可能因为自尊心或其他原因而不愿意寻求帮助，因此在引导他们寻求帮助时，要保持耐心和理解。

（3）建立良好的人际关系：鼓励老年人多与他人交流，建立良好的人际关系，这样在需要帮助时，他们更容易找到可以求助的人。

（4）提供信息和资源：为老年人提供可以寻求帮助的途径和资源，如社区服务、家庭支持、朋友和邻居等。

（5）教会老年人使用新技术：现代科技为寻求帮助提供了便利，教会老年人使用手机、电脑等设备，以便他们能更方便地寻求帮助。

（6）倡导老年人积极参与社会活动：鼓励老年人参与社区活动、兴趣小组等，这样他们可以结识更多的人，提高在需要帮助时获得支持的可能性。

（三）加强社会联结

社会联结指个体在社会网络中发生资源交换和流动的人际关系系统，常见的社会联结类型有四种：多样化的社会联结（由家人、朋友和邻居等广泛组织的社会网络组成）；以家庭为中心的社会联结（没有朋友或朋友较少的情况下，以与家人的联结为主）；以朋友为中心的社会联结（与朋友的联结较为密切而与家人的联结较少）和受限制的社会联结（参与的活动较少并与他人的联结较少）。基于此，加强社会联结，保持社会关系首先要提升老年人和配偶、子女等的联结水平，多与家人进行交流、互动；其次，提升和朋友的联结水平，与旧友保持联系，结交新朋友，培养兴趣爱好，拓展交友渠道；再次，积极参与社区、社会组织开展的各类活动，保持社会联结。其中，兴趣爱好的培养具有重要意义，有兴趣爱好的老年人心理健康水平显著高于无兴趣爱好者。通过兴趣爱好活动，老年人可以参与兴趣小组、结交同兴趣的好友，还可以定期投入到感兴趣的专注性活动。

老年人加强社会联结的行为也包括参与服务活动，志愿服务是一种给予他人帮助的行为，包括双方或多方互动。研究发现，老年志愿服务能够提升老年人的心理健康，缓解孤独、焦虑等负性情绪，有效消解社会对老年人的刻板印象，降低老年人的死亡率，对增加人口预期寿命，促进年龄友好社会建设有深远意义。

二、社区心理健康促进策略

（一）心理健康知识和理念传播

心理健康知识和理念的传播包括两个方面。

（1）知识和方法：社区工作人员要传递科学的老年心理健康知识。老化具有一般趋势，也存在个体内差异和个体间差异。例如，认知老化是指个体进入老年期后认知功能的衰退过程。各种认知功能随增龄的老化程度与模式不同，其衰退的过程也有所不同，例如工作记忆和加工速度衰退开始较早且衰退速度较快，而语言能力则较晚开始衰退且速度较慢。同样年龄的老人，有的表现出健康老龄化，各类认知功能普遍保持在良好的功能状态；更多的老人表现出不同程度的衰退;还有少数会出现阿尔茨海默病等情况,需要早发现早治疗。

(2)态度:应对衰老和心理问题需要拥有科学的心态,不盲目乐观也不消极悲观,老年是人生发展的正常阶段,接受衰老转变的同时也要以积极的心态看待老年。积极心理学理论重要推动者、哈佛大学心理学系终身教授埃伦·兰格博士于1979年做了一项具有里程碑意义的"逆时针"试验。在这个试验中,兰格博士将16名八十多岁的老年人带到一个被改造为20年前(1959年)场景的旧修道院里,让这些老年人像当年一样在那里生活一周。结果显示,这些老年人的视力、听力、记忆力都有了明显提高,其步态、体力和握力也都有了明显改善。"衰老是一种被灌输的概念",当老年人以更客观和主动的心态面对衰老时,心理健康水平将得到一定的提升。

同时,心理健康知识和理念的传播对象要涵盖全年龄段。首先,一般情况下老年人需要照料者,照料者的知识、方法和态度能够影响老年人的心理健康。其次,从年轻到年老需要一个适应过程,提前让其他年龄段的人群了解老年阶段相关知识,不仅能够促进他们未来的健康老龄化,也能推进老年友好型社会建设。

(二)提升老年心理健康素养

当前,我国老年人群心理健康素养普遍不高,导致老年人无法第一时间感知心理亚健康状态,不能很好地获取心理健康相关信息,及时采取积极的应对方式管理自身及他人的心理健康。此外,由于老年人还存在对"心理咨询/辅导"的偏见和对"心理疾病"的病耻感,这直接影响其寻求心理帮助的意愿,以致可能错过心理疾病预防的最佳干预时机。

提升老年人心理健康素养可以从以下方面入手。

(1)开展专题性活动、讲座和科普专栏,内容主要涉及常见心理问题或心理疾病的症状、预防和康复的方法。

(2)普及心理求助途径,重点强调心理干预层级差异性,心理咨询师在社会心理服务体系中,是服务于没有心理障碍的健康人群,从事家庭、婚姻、职业和学习等一般性、非心理障碍性问题的处理,通过咨询来帮助来访者解决业已存在的心理问题。而心理治疗师虽然具有心理咨询师相同的社会责任,但其主要职能是为出现心理障碍的患者进行心理治疗和心理干预。当老年人需要陪伴、沟通、交流或者求助信息时,可以拨打心理支持热线;当老年人有一定情绪困扰时,可以寻找专业社工或者心理咨询师;当老年人有心理障碍如抑郁症、焦虑症等,需要去医院寻找心理治疗师。

(3)利用数字信息,扩大老年心理素养普及范围。社区工作者可以针对老年人心理健康素养开发系列平台,整合各类信息如科普视频、自我调节方法等,通过便捷性操作提供网络查询、预约、评估、心理支持等服务。

(三)营造老年友好社区环境

生态系统理论指出个体成长存在于一个同心的嵌套结构模型中,模型分为微观系统、中观系统、外部系统、宏观系统和时间维度,强调个体与环境的交互作用。基于生态系统理论,社区环境受制于社会文化和政策理念,并直接或间接与老年人发生联系,由此可见,老年友好社区建设对老年健康与发展有着重要作用。

2005年,世界卫生组织在全球22个国家的33个城市启动老年友好城市项目,首次提出了"老年友好城市(age-friendly city)",并在许多政府政策文件中使用了术语"老年友好社区(age-friendly community)"。2007年,世界卫生组织在《全球老年友好城市:指南》中确定"老年友好社区"指的是,通过提供健康护理、社会参与和安全服务来提高老年人生活质量,并鼓励实现积极老龄化的社区;确定了老年友好社区的八个主题(户外空间与建筑、交通、住房、社会参与、尊重与社会包容、社区参与和就业、交流与信息、社区支持与卫生健康服务),涉及老年人生活的物理环境和社会环境。社区工作者可以从家庭住宅、社区环境和政策三方面进行建设。家庭住宅方面,要考虑老年人代际同住的需求,倡导复式公寓或老少户住宅,家居环境中进行适老化改造。社区环境方面,要建构适合老年人的活动场所,提供体育运动和社会交往环境。在政策和服务方面,要给家庭照料者提供支持,包括工具性支持如照料技能培训等,情感性支持如同辈小组、喘息服务等。

(四)拓展老人社会参与渠道

社会参与是积极老龄化三大支柱之一,与健康、保障一样,反映老年人生活质量。积极社会参与对老年人本身及其家庭、社会都有重要意义,能够促进我国老龄事业发展。老年人社会参与,是指老年人在社会互动过程中,通过参与经济劳动、政治活动、志愿活动、家庭照料活动等以满足自身需求、实现自身价值的行为。

社区工作人员可以从观念、环境、教育和项目四个方面拓展老年社会参与渠道。①倡导积极老龄化理念:在社区内部通过媒体宣传、讲座等方式科普积极老龄观,重点宣传积极老龄个案,增强同辈引导效果。②建设适老化社会参与环境:参与环境的适老化不足,会阻碍部分有意愿、有机会但行动能力不足的老年人参与经济社会的发展,因此老年友好社区建设对社会参与同样重要。③老年教育是增强老年人社会参与能力的重要方式:社区可以开展针对性培训和讲座,为社会参与赋能。④设计适合老年人的参与项目:支持老年人开展文体娱乐、精神慰藉、互帮互助等活动。

(五)开展"心理健康"主题的社区活动

社区心理健康活动种类丰富,可以分为科普讲座、文娱活动和心理团体活动。老年心理健康素养是影响老年人心理健康的重要因素,可以邀请专业人员定期普及知识、方法和技术;文娱活动是老年阶段普及性最广的活动形式,除趣味性和安全性外,社区工作者可以从社交性、自主性和参与感三方面进行深度设计,让老年人在文娱活动中体验到更多的社会交往、自主选择和高参与度,从而更有效促进心理健康水平;社区工作者还可以结合心理体检结果,开展一系列同质小组,如针对失独老年人群设计"哀伤是爱"等主题小组,由专业社工或心理咨询师带领进行心理团体活动。

(王大华　叶和旭　侯雅莉)

参考文献

［1］国家统计局.国务院第七次全国人口普查领导小组办公室.第七次全国人口普查公报（第五号）［EB/OL］.（2021-05-11）［2023-06-30］.https：//www.gov.cn/xinwen/2021-05/11/content_5605787.htm.

［2］国务院.国务院关于实施健康中国行动的意见（国发〔2019〕13号）［EB/OL］.（2019-07-15）［2023-07-27］.https：//www.gov.cn/zhengce/content/2019-07/15/content_5409492.htm.

［3］国家卫生健康委员会.中国老年人健康标准：WS/T 802—2022［S/OL］.（2022-09-28）［2023-07-27］.http：//www.nhc.gov.cn/wjw/lnjk/202211/89cb032e5a4a4b5499dfa9f0d23243ff/files/c6416279328942ed99cd7e44254d08ec.pdf.

［4］北京大学中国健康与养老追踪调查项目组.中国健康与养老报告［R/OL］.（2019-05-20）［2023-07-27］.https：//charls.pku.edu.cn/zhongguojiankangyuyanglaobaogao.pdf.

［5］傅小兰,张侃,陈雪峰,等.心理健康蓝皮书：中国国民心理健康发展报告（2017～2018）［M］.北京：社会科学文献出版社,2019.

［6］吴玉韶,党俊武.中国老龄事业发展报告（2013）［M］.北京：社会科学文献出版社,2013.

［7］中华人民共和国国家统计局.中国卫生统计年鉴（2012）［EB/OL］.（2013-08-08）［2023-07-27］.http：//www.nhc.gov.cn/htmlfiles/zwgkzt/ptjnj/year2012/index2012.html.

［8］王大华,肖红蕊,祝赫.老年人心理健康服务模式探讨：社区层面的实践与解析［J］.老龄科学研究,2014,2（12）：59-65.

［9］ALONSO DEBRECZENI F,BAILEY P E. A systematic review and meta-analysis of subjective age and the association with cognition,subjective well-being,and depression［J］. J Gerontol B Psychol Sci Soc Sci,2021,76（3）：471-482.

［10］邬沧萍,彭青云.重新诠释"积极老龄化"的科学内涵［J］.中国社会工作,2018（17）：28-29.

［11］张佳安.社区能力建设视角下老年友好社区建设的路径［J］.西北师大学报（社会科学版）,2021,58（6）：107-119.

［12］谢立黎,王飞.第十四章 老年社会参与［M］//杜鹏 主编.中国老龄化社会20年：成就·挑战与展望（中国老年学和老年医学学会.新时代积极应对人口老龄化发展报告）.北京：人民出版社,2021：332-355.

［13］何津,陈祉妍,郭菲,等.流调中心抑郁量表中文简版的编制［J］.中华行为医学与脑科学杂志,2013,22（12）：1133-1136.

［14］孙鹃娟,蒋炜康.负性生活事件与中国老年人的心理健康状况：兼论社会网络、应对方式的调节作用［J］.人口研究,2020,44（2）：73-86.

［15］王华丽.老年心理辅导师实务培训［M］.北京：中国社会出版社,2015：133-134.

［16］RUSSELL D W. UCLA Loneliness Scale（Version 3）：Reliability,validity,and factor structure［J］. J Pers Assess,1996,66（1）：20-40.

［17］YAN Y,XIN T,WANG D,et al. Application of the geriatric anxiety inventory-Chinese version（GAI-CV）to older people in Beijing communities［J］. Int Psychogeriatr,2014,26（3）：517-523.

第六章

口腔健康促进

老年人的口腔健康问题十分复杂,其口腔疾病不仅患病率高,而且与全身性疾病的关系更为密切,对全身的影响更大,直接关系到老年人的生活与生命质量及生存状态。全社会应行动起来,调动一切积极因素,全方位关注老年人口腔健康,重点关注老年人常见口腔疾病的防治,开拓创新,全面提高我国老年人口腔健康水平。

第一节 中国老年人口腔流行病学概况

一、中国老年人口腔健康概况

(一)整体情况

口腔健康是全身健康的重要组成部分,健康的口腔可以使人们享受美食乐趣、尽情倾诉交流、绽放微笑增强自信,同时还能避免和减少因"病灶感染"导致各种全身系统性疾病。与其他年龄组相比,老年人的口腔疾病谱更广,口腔健康问题更复杂,与全身健康状态关系更密切,口腔卫生服务需求更大。因此,减少各类口腔疾病的发生,不仅可以避免口腔疾患对老年人的影响,还能增强老年人的整体健康,缓解家庭和社会压力,促进整个社会可持续和谐发展。

(二)中国老年人口腔健康习惯及口腔就医习惯

老年人的口腔健康习惯受多方面因素长期影响而形成,这些因素主要有认知水平、饮食结构、是否吸烟喝酒、全身是否有其他慢性疾病及精神压力等。事实上,我国老年人对口腔健康的日常维护普遍存在一些错误认知,如没有掌握正确刷牙及牙线使用的方法、每日刷牙次数不足、对含氟牙膏认知不足等,口腔健康意识薄弱,有待提高。刷牙是最基础的口腔保健方法,可机械去除食物残渣、软垢和细菌,预防口腔疾病。但第四次全国口腔健康流行病学调查结果显示,大部分老年人达不到最基本的刷牙要求。

认知对老年人因口腔疾病就医有很大影响,如"牙疼不是病""老年人掉牙很正常"等错误认知在老年人中普遍存在。由于这些错误认知,当出现牙疼等问题时,多数老年人会选择忍耐或自行服药处理,口腔疾病的就医观念及行为落后。我国老年人是否接受口腔治疗受收入水平、受教育程度、卫生服务可及性和保险范围等因素影响,与我国目前经济和生活的发展程度相比,老年人因口腔疾病就医的认知和理念仍存在较大提升空间。

（三）中国老年人口腔健康流行病学区域性特点

2015 年开展的第四次全国口腔健康流行病学调查检查了 35～44 岁、55～64 岁和 65～74 岁 3 个年龄组成年人的患龋状况,发现成年人龋患率都在 60% 以上,绝大多数中年人口内都有未得到治疗的龋齿,65～74 岁年龄组的龋均高达 13.33。北京、广州、深圳的老年人龋病发病率均低于全国数据,一线城市的老年人龋均也都低于全国数据,说明这些城市开展了较好的龋病预防工作,同时可以看到一线城市的龋病充填率显著高于全国平均水平。在较为富裕的华南地区内,浙江省和江苏省老年居民的龋病患病率和龋失补牙(decayed/missing/filled tooth,DMFT)/龋失补指数(DFR)都低于全国平均水平。浙江的龋补充填率低于北京、上海和深圳,略高于广州,但显著高于全国平均水平。与一线城市相比,这些地区相关卫生部门没有为口腔健康提供足够的公共服务,如江苏省口腔医生与人口的比例为 1∶19 980,远低于 WHO 的标准(1∶5 000),医疗资源相对不足,但明显好于全国其他区域。

在龋病发生率上,地区性差异较大,这可能与当地经济状况有一定关系。在龋补充填率上地区性差异明显,则可能与不同地区口腔卫生资源分布不均有关。总体来说,经济条件越好的地区,其居民龋病的治疗情况就越好。

二、中国老年人常见口腔疾病特点及防治原则

（一）老年人龋病

1. 龋病的定义　龋病俗称虫牙、蛀牙,是细菌性疾病,可以继发牙髓炎和根尖周炎,甚至能引起牙槽骨和颌骨炎症。如不及时治疗,病变继续发展,形成龋洞,终至牙冠完全破坏消失,其发展的最终结果是牙齿丧失。龋病特点是发病率高、分布广。是口腔主要的常见病,也是人类最普遍的疾病之一,世界卫生组织已将其与肿瘤和心血管疾病并列为人类三大重点防治疾病。

2. 流行病学　人群中龋病的发生率随着年龄增长而增加,老年人龋病发病率高,且逐年增加,我国在世界上属于龋病发病率较高的国家。虽然龋病程度仍较高,但和过去相比有所降低,位居亚洲地区中等水平。同时,龋病治疗率虽优于大部分发展中国家,但较世界先进国家有较大的差距,仍处于一个较低的水平。此外,根面龋的发生率低于总体龋坏发生率,但治疗率极低。

3. 影响因素

（1）性别因素:老年人龋病发生存在一定性别差异,无论是整体龋坏情况还是根面龋情况,老年女性患龋率和龋均略高于男性,但女性总体龋坏充填率要高于男性。

（2）区域因素:老年人龋病发生和地区(城乡)有关,农村和经济较不发达地区老年人患龋率增加速度高于城市和经济发达地区,但目前城乡老年人和各地区总体患龋率接近,农村老年人根面龋发生率高于城市,南方地区根面龋发生率高于北方地区。部分地区因牙齿拔除较多,根面患龋率反而较低。农村老年人的龋病治疗率远低于城市老年人。地区的经济

水平和医疗水平对老年人龋病治疗率影响较大。

（3）全身因素：患有系统性疾病的老年人，龋病发生率更高。

（4）其他因素：影响老年人龋病情况的其他因素主要有家庭收入状况、教育水平和口腔卫生保健行为。

4. 防治原则　终止病变的进展，恢复牙齿的外形和生理功能，保持牙髓的正常活力。这是治疗任何类型龋病都应遵守的共同原则，也是龋病治疗的最终目的。浅龋可以用化学疗法、再矿化疗法等保守疗法来治疗；中龋和深龋应将龋坏组织清理干净后，使用合适的充填材料修复缺损。

龋病的预防可以从以下几个方面入手。

（1）清除牙菌斑：牙菌斑是龋病的罪魁祸首，它是口腔中黏附于牙面、质地软、不能被水冲去的细菌性团块，一般情况下肉眼看不见，用菌斑显示剂可以让它原形毕露，通过日常正确刷牙可以清除，倘若牙菌斑没有及时清除，就会被矿化成为牙石，就需要通过口腔医生专业的洁治才能被清除了。因此，龋病的预防，需要养成良好的口腔卫生习惯，使用含氟牙膏，早晚刷牙（成人用水平颤动拂刷法），每次不少于 2min；做到一人一刷一口杯；使用牙线和牙间隙刷清洁牙齿邻面间隙；饭后漱口；科学食糖，少喝碳酸饮料；晚上睡前刷牙后不再进食。

（2）局部用氟：在专业的口腔医疗机构中，医生通过局部用氟来帮助预防龋病，因为氟化物能增强牙齿表层牙釉质的抵抗力，并抑制口腔中引起龋齿的细菌生长。

（3）定期检查：定期进行口腔检查，若发现龋病，应及早治疗，从而终止龋损的进展，保护牙髓，恢复牙齿形态、功能、美观，维护与邻近组织的正常生理解剖关系。

（二）老年人牙周病

老年人常见的牙周疾病包括牙龈疾病、牙周炎及其伴发疾病。其中牙龈疾病包括慢性龈炎、龈乳头炎、药物性牙龈增生、反映全身系统性疾病的牙龈病等。

1. 牙龈疾病

（1）慢性龈炎：慢性龈炎在老年人群中发病较少。如果老年人口腔卫生维护不到位，会导致食物残渣堆积，形成菌斑和牙石，刺激牙龈，导致龈炎。患者就诊时大多自述刷牙或进食时牙龈出血。临床检查可见牙龈红肿松软脆弱，龈边缘变厚，龈乳头圆钝，口腔内可存在不良修复体。

（2）龈乳头炎：大多由机械性、化学性刺激损伤牙龈引起。常见牙签、鱼刺等尖锐物的刺伤，牙间隙的食物嵌塞，牙齿邻面的龋坏，活动义齿部件损坏等的刺伤等，患者多因进食时及进食后自觉牙齿及牙龈胀痛和冷热刺激痛就诊，临床检查可见个别龈乳头红肿，探诊易出血。

（3）药物性牙龈增生：长期服用抗癫痫类药物（如苯妥英钠）、免疫抑制剂（如环孢菌素）、钙通道阻滞剂类降压药（如硝苯地平、维拉帕米）等的老年患者牙龈易增生，多因牙龈肿胀影响进食、说话、美观而就诊，临床检查可见牙龈乳头球状增生突出于牙龈表面，严重者可覆盖部分或全部牙面，质地较韧，无痛，不易出血，易合并牙龈炎症。

（4）反映全身系统性疾病的牙龈病：在临床上，一些全身系统性疾病可在牙龈组织上有相关表现,如白血病、肝硬化、肾功能衰竭和糖尿病等。白血病患者多表现为全口牙龈水肿发白,外形不规则,易出血且不易止住;肝硬化患者表现为口臭及牙龈出血;肾功能衰竭者可见口腔黏膜及牙龈出血倾向;糖尿病患者多伴有严重的牙周炎或牙龈炎。

（5）食物嵌塞:随着年龄的增加,由于牙龈退缩、龈乳头消失、牙槽骨吸收,加上牙齿咬合面磨耗、牙尖低平、对颌牙或邻牙松动缺失或牙体缺损,或口内存在不良修复体等因素,从而容易发生食物嵌塞。而且,很多老年患者牙齿会向唇颊侧扇形散开,牙间隙增大,容易形成水平性食物嵌塞孔。此外,老年人群使用牙签的比例较高,也是引起牙龈退缩、食物嵌塞的不利因素。

2. 牙周炎　牙周炎在老年人群中最为常见,病程长、病情重。其发病原因包括局部刺激因素及全身因素,同前所述。

患者通常因牙缝变宽,牙龈出血,进食时牙齿咬合不适,牙齿松动等原因就诊。临床检查可见全口牙龈明显红肿,探之易出血,严重者伴脓液溢出,深牙周袋形成,牙齿松动移位,牙间隙增大,重者可见前牙呈扇形散开,还可出现牙根暴露所致的牙本质敏感和根面龋坏,急性牙周脓肿,逆行性牙髓炎等,X线片可见全口牙槽骨水平性或垂直性吸收。

3. 牙周脓肿　急性牙周脓肿多见于机体抵抗力下降或患有严重全身疾病的老年人。如重度牙周炎患者合并糖尿病时,咬合创伤、牙根劈裂、深牙周袋内脓液引流不畅可引起急性牙周脓肿。临床可见个别牙龈半球状突起,牙龈红肿光亮,患者自觉牙齿有松动感,剧烈疼痛,全口牙龈龈沟有脓液溢出,可伴有全身症状,如发热、局部淋巴结肿大。急性牙周脓肿转为慢性后可见患牙牙龈处有瘘孔形成,伴脓液溢出,此时疼痛减轻。

4. 牙周牙髓联合病变　逆行性牙髓炎,其感染来源于患牙牙周病所致的深牙周袋。袋内的细菌及毒素通过根尖孔或侧、副根管逆行进入牙髓,引起根部牙髓的慢性炎症,患者多因牙齿明显龋坏就诊,可探及深牙周袋,探诊出血,伴或不伴有脓液溢出,常伴牙齿松动。急性发作的根尖周炎形成脓肿时,少数脓液可通过龈沟排出形成深牙周袋,随着根尖周病变的发展,牙周袋长期未愈而引发牙周病变,出现牙周炎相应症状。此外,牙周病变较重时,亦可通过牙根表面龋坏造成牙髓感染,导致患者出现牙髓炎症状。

5. 老年人牙周病的防治原则　首先去除刺激因素,戒除不良习惯,再进行完善的龈上洁治、龈下刮治、根面平整等牙周基础治疗,辅以口腔局部用药;经过基础治疗无明显好转的患者,建议行牙周手术治疗,同时辅以药物治疗,如3%双氧水冲洗、口服抗生素、牙周袋内局部使用盐酸米诺环素等。其次,去除咬合创伤,包括调整咬合,松动牙夹板固定。建议拔除不能保留的患牙,消除局部刺激因素,避免炎症继续发展,牙槽骨的继续吸收。在牙周疾病得到基本控制后,恰当合理地修复牙齿缺失,建立起平衡的功能性咬合关系。最后,强调口腔卫生的维护,嘱咐患者定期复查。急性期主要以止痛、防止感染扩散及脓液引流为主。若脓液尚未形成,可以去除牙龈组织处局部大块牙石,冲洗牙周袋,局部用药;若触诊有波动感,可切开引流,彻底清创。待急性症状缓解后进行系统的牙周治疗。在出现牙周牙髓联合病变时,积极治疗牙周病,同时进行彻底的根管治疗;当患牙无保留价值时,可拔除患牙。身体可耐受的老年患者可行牙周手术治疗以阻止疾病发展。近年,光动力疗法和激光应用于口腔治疗逐渐增多,光动力疗法辅助治疗牙周牙髓联合病变能有效控制并改善自觉症状、临床症状和牙周炎症。盐酸米诺环素软膏和半导体激光联合应用可明显提高牙周牙髓联合病变的治疗效果。

（三）老年人口腔黏膜疾病

老年人因全身器官功能减退及抵抗力下降,加之口腔黏膜增龄性变化及唾液分泌减少,口腔黏膜病高发,除部分单独由局部因素所致的口腔黏膜病损外,多为局部和全身因素综合作用所致。老年人常见的口腔黏膜病包括口腔溃疡、口腔扁平苔藓、口腔黏膜白斑、灼口综合征及与义齿有关的口腔黏膜病损。

1. 老年人口腔黏膜病特点

（1）复发性口腔溃疡和创伤性溃疡最为常见:复发性溃疡多发生在颊黏膜及舌边缘,圆形或椭圆形,表面有黄白色假膜覆盖,周边红肿,发作时疼痛明显,影响言语和进食。而创伤性溃疡多与口腔内残根、残冠锐利边缘刺激或义齿边缘刺激有关,会引起疼痛。久治不愈的口腔溃疡要警惕癌变风险。

（2）部分口腔黏膜病是全身性疾病的口腔表现:如缺铁性贫血则容易出现口腔黏膜烧灼感、口腔扁平苔藓和萎缩性舌炎;溃疡性结肠炎等消化系统疾病可导致复发性口腔溃疡、唇炎、口角炎和扁平苔藓等。

（3）口腔黏膜感觉异常多见:如口干症和灼口综合征,多数由全身性疾病或用药引起唾液分泌减少所导致。另外,老年女性易患灼口综合征,表现为舌烧灼样疼痛,晨轻晚重,可伴烦躁、抑郁症状。

2. 防治原则　口腔黏膜不同病症出现的病因和临床表现不同,防治原则有以下几点。

（1）提高全身及口腔健康意识,定期口腔检查,保持口腔卫生,消除刺激因素。如戒除烟酒,磨改残根锐尖,拆除不良修复体等。

（2）早发现、早治疗,首先治疗全身基础病,保持营养均衡,加强心理疏导,缓解精神压力。

（3）局部涂布或注射药物治疗,可辅助全身用药,中西医结合,缓解疼痛,促进愈合。

（四）老年人口腔颌面部肿瘤

老年人较年轻人更易罹患肿瘤,其中恶性肿瘤更为常见。根据世界卫生组织和国际癌症研究署公布的《2020 年癌症数据报告》,2020 年我国有 3 002 899 人死于恶性肿瘤,约占全球恶性肿瘤死亡人数的 30%。口腔癌的发病率在口腔颌面部恶性肿瘤中居第一位,在头颈部恶性肿瘤中居第二位。由于地域、种族以及饮食习惯等关系,中国人口腔颌面部恶性肿瘤的发病率要高于部分发达国家,发病率约为 5/10 万,且每年都在上升。

中国老年人口腔颌面部肿瘤的高发年龄主要在 60～70 岁。其中良性肿瘤约占 40%,主要以腺源性和口腔黏膜上皮源性良性肿瘤多见。老年人口腔黏膜上皮源性良性肿瘤约占口腔颌面部肿瘤的 30%,其中牙龈瘤、血管瘤和乳头状瘤占比较高。老年人腺源性良性肿瘤以多形性腺瘤多见,女性多于男性,多发生于腮腺,其次为上腭和下颌下腺,很少见于舌下腺。

老年人口腔颌面部恶性肿瘤约占全部恶性肿瘤病的 3%～5%,主要以口腔黏膜上皮源性和腺上皮及腺源性恶性肿瘤为主,也有其他来源的恶性肿瘤,如恶性黑色素瘤、骨肉瘤等。在老年人口腔颌面部恶性肿瘤中,口腔黏膜上皮源性恶性肿瘤占比在70%左右,以口腔癌为主,而鳞状细胞癌在口腔癌中的占比最高,可达90%,主要发生在口腔黏膜上皮(包括舌、颊、唇和牙槽黏膜),男性多于女性。鳞状细胞癌的5年生存率仅为50%~70%,因此恶性程度较高,其发病因素与人乳头瘤病毒感染有关,还与部分人群的生活习惯(如喜食烫物、吸烟和嚼槟榔等)有一定的关系。

(五)老年人牙齿缺失

老年人牙齿缺失是一种常见的口腔健康问题。相比其他年龄段,老年人的牙齿缺失风险往往较高,可能是由于唾液腺功能减弱、口腔自洁能力下降,以及骨质流失加速,从而引起牙齿的松动甚至脱落。此外,由于年龄的增长,老年人的牙齿常常出现严重磨耗、松动或楔状缺损等问题。同时,牙龈萎缩和牙缝增宽,容易导致食物嵌塞,进一步加重牙周疾病。

老年患者口腔情况复杂,牙齿缺失后有固定义齿、可摘局部义齿、全口义齿、种植义齿等多种修复方式。

固定义齿和种植义齿相对于活动的可摘局部义齿和全口义齿,可以提供更好的稳定性和舒适度,在条件允许的情况下,建议选择前两种修复方式。但固定修复与种植修复时间长,操作复杂,老年患者全身情况复杂,耐受性差,此时推荐选择可摘义齿修复。

随着社会的发展,进行老年修复时不仅需要考虑功能因素,还需要越来越多地关注发音和美观的需求,对老年患者的修复设计应该进行综合考虑和分析。此外,老年人的适应能力、学习能力和口腔自洁能力相对较弱,因此在老年修复中应尽量减少治疗时间,增加复诊次数,并关注老年患者的健康教育。

(六)全身系统疾病在口腔的表现

口腔作为全身的一部分,老年人常见的全身性疾病如心脑血管疾病、糖尿病、呼吸系统疾病与口腔常见病关联紧密。口腔疾病会间接或直接地导致全身疾病,同时一些全身性疾病也会导致和加速口腔疾病的发展。

糖尿病是常见的内分泌代谢疾病,其急、慢性并发症累及多个器官。近年来,在牙周专科就诊的糖尿病患者人数不断上升,糖尿病患者常在临床中表现出严重且广泛的牙龈红肿、反复发生的急性脓肿、骨吸收严重的牙周炎且对常规牙周治疗反应欠佳、创面愈合延迟,牙周组织炎症较重,龈缘红肿呈肉芽状增生。长期的糖尿病会造成整体免疫力降低,使得口腔局部组织的抵抗力下降,从而加重口腔疾病。

艾滋病患者因为全身免疫功能的降低,容易发生口腔内的机会性感染,包括真菌、病毒、细菌等。患者口腔内常出现线性牙龈红斑、坏死性溃疡性龈炎、坏死性溃疡性牙周炎等病损。

某些血液疾病表现为口腔黏膜苍白、口腔溃疡,口腔溃疡不容易愈合、牙齿松动、牙龈红肿、牙龈苍白,口腔黏膜出血严重。

第二节 老年人口腔健康影响因素

口腔健康相关生活质量（oral health related quality of life，OHRQoL）是反映口腔疾病及其防治对病人的生理机能、心理功能及社会功能等方面影响的综合评估指标。为提高老年人口腔保健意识，为完善医院口腔健康管理流程和健康宣教工作提供理论依据，本文将介绍老年人口腔健康相关的影响因素。

一、个体因素

（一）身体因素

1. 年龄 1980 年，联合国确定 60 岁为人口进入老年阶段的分界线。随着年龄的不断增长，人体生理性衰老、各器官功能逐渐减退，各种口腔疾病，如牙龈退缩和根面龋，牙列缺损和缺失，口腔黏膜疾病和口腔癌，牙磨耗和楔状缺损等均呈上升趋势，口腔健康受到很大的影响。

2. 全身系统疾病 老年人全身性疾病对口腔健康的影响同样不可忽视。如常见的老年痴呆症患病群体，其龋病率在全球大部分地区可达 5%～7%。一项关于中老年痴呆症患者和普通老人口腔健康状况调查结果显示，尽管刷牙频率相同，但痴呆症患者自理能力有限，口腔清洁能力差，因此患龋率更高，口腔卫生状况更差。

新加坡一项针对老年精神病患者的研究显示，精神疾病患者具有较高的龋病发病率，因为精神疾病、脑卒中等引起认知障碍的疾病会进一步导致老年人身体的机能障碍。对于这部分存在机能障碍的老人，以下因素和龋病的发展息息相关：系统性疾病的严重程度、无急性症状的慢性龋坏、对口腔疾病缺乏认识、生活习惯、口腔自我保健能力、就诊意识、自身经济原因、系统用药后效果以及患者家属的口腔健康意识等。

老年人全身性疾病对口腔健康影响显著，因此，针对全身疾病进行预防、护理和治疗，能减少口腔疾病的发生。

（二）行为因素

1. 生活方式 我国地大物博，版图辽阔，各地风俗文化千差万别。研究表明，老年人口腔健康状况与日常生活习惯、口腔健康意识和饮食偏好息息相关。饮酒、从未接受过口腔检查、新鲜蔬菜进食频率小于 2 次 /d 和观看电视节目大于 1.5h/d 这 4 个因素亦增大了老年人牙齿缺失的风险。可见，规律的生活作息，健康的饮食，减少烟酒摄入，加强体育锻炼，有利于老年人口腔健康。

2. 诊疗意识 正确的诊疗意识对口腔疾病的预防和治疗来说必不可少。然而受传统观念、思想文化水平及经济状况的影响，我国老年人普遍缺乏正确的诊疗意识。大部分老年人忽视口腔常规检查的重要性，缺少口腔健康基本常识，对"看牙"存在恐惧感和陌生感，甚至有抵触情绪。"牙疼不是病""忍一忍就好了""太麻烦,怕花钱"等错误观念往往是患者错过最佳治疗时期的原因。老年人不良就医行为习惯导致口腔内既往不良修复体,对其口腔健康同样可以造成威胁。大部分老年人牙齿松动、脱落时会选择佩戴活动假牙。活动假牙是通过金属装置将假牙固定在其他天然牙和黏膜的义齿,患者可以自行摘戴。但是相比于天然牙,活动假牙更容易藏污纳垢,滋生细菌。致炎细胞因子还会进入血液循环,作用于全身,成为心脏病、高血压等多种疾病的致病隐患。如果假牙长期清洁不当,附着在假牙上的细菌就会越来越多,不仅会引发牙周炎、义齿性口炎等问题,还会影响咀嚼功能,造成老年人食欲欠佳。

3. 口腔保健意识 口腔健康需要良好的口腔清洁习惯和定期维护治疗,我国大部分老年人缺乏口腔健康保健意识,对龋病、牙周病等常见口腔疾病了解甚微,甚至普遍存在刷牙错误、不使用牙线等不良习惯。保持口腔健康对老年人全身健康和幸福大有裨益,因此关注老年口腔健康,就是关爱老年人"齿"间幸福。

二、社会环境因素

1. 社会经济状况 社会经济状况对口腔的影响比较明显。据《中国口腔健康发展报告(2022)》,在我国除上海以外的一线城市中,老年人患龋率均低于全国平均水平,同时根面龋充填率也高于全国水平。不难看出,在经济水平相对较高的城市,口腔健康宣教工作进展更顺利,口腔诊疗水平及医疗条件更好,老年人的口腔保健意识更强,中老年市民口腔状况相对较好。

2. 家庭因素 家庭对口腔保健至关重要。随着年龄的增长,老年人的社交娱乐活动逐渐减少,家庭其他成员是老年人接收外界信息的重要渠道。作为儿女,我们要利用老人对孩子的信任感,营造重视口腔健康的家庭氛围,及时留意老人口腔出现的不适症状,劝说并陪伴老人去医院定期就诊。

3. 基层医疗保健工作 社区的宣传科普,定期义诊等基层医疗保健工作更是与老年人的口腔健康息息相关。老年人行动不便,活动范围有限,社区通常是其生活的主要场所,因此社区定期更换口腔健康宣传栏,举办口腔健康科普小讲座,定期邀请口腔医生进行社区义诊等都是维护老年人口腔健康的重要举措。

第三节　老年人口腔健康评估

一、老年人龋病自测自检

龋病常常表现为色、形、质的变化。因此,当老年人发现以下症状时,建议及时至专业机构进行进一步检查。

1. 色泽变化 牙齿表面出现白垩色、棕黄色或黑褐色斑块,在牙齿的窝沟处有时表现为浸墨样改变。

2. 外形改变 牙体组织破坏,崩解,形成龋洞,即牙齿表面有黑褐色的窝洞。

3. 质地改变 自觉龋洞及附近牙齿结构变软,且堆积食物残渣,碎屑。

4. 感觉变化 患牙有时出现冷热刺激敏感,饮食时食物嵌塞或嵌入龋洞时疼痛。

二、老年人牙周病自测自检

如果老年人在生活中出现了如下的情况,则表明可能罹患了牙周炎,需要到专业口腔医疗机构进行详细检查。

1. 早起口腔里有血腥味,表明牙龈有自发性出血的情况。

2. 刷牙时刷毛上有血迹,漱口有血,或咬食物时食物上有血迹,表明牙龈有炎症。

3. 正常牙龈呈现粉红色,表面有很多小的凹陷,边缘菲薄且紧贴牙面,质地坚韧,无刺激性出血。照镜子看,如果有牙龈红肿肥大,表面光泽度高,一碰就出血的情况,首先需要排除血液性疾病,若无异常则很可能有牙龈炎或牙周炎。

4. 有口臭则可能有牙周炎:需要排除龋齿、冠周炎、胃肠道疾病、上呼吸道感染、鼻炎鼻窦炎等疾病。

5. 时常感觉牙根发痒,牙龈发胀、肿痛不适,这些症状是局部炎症刺激所致,表明可能有牙周袋。

6. 牙龈退缩明显,牙缝增大,出现明显食物嵌塞,表明可能有牙周炎。

7. 若从未或很少有定期洗牙、使用牙线和冲牙器等口腔卫生维护习惯者,需要警惕患牙周炎的风险。

8. 牙齿出现无诱因的明显移位,尤其前牙向唇侧扇形散开移位者,需要警惕患牙周炎的风险。

9. 牙齿有不同程度的松动,牙根暴露或者牙龈红肿、有溢脓、咀嚼无力等,说明已经发展到较为严重的牙周炎。

10. 牙齿自行脱落,表明此时已经发展到非常严重的牙周炎。此时若不及时治疗,则全口牙齿可能都难以保留。

需要注意的是,所有上述自测自检的方法,都是帮助老年人日常生活中自我监测,排除疾病风险的辅助方法,不能作为疾病诊断的标准,若要明确诊断,还是需要到专业的口腔医疗机构寻求口腔专科检查,若确诊牙周病,则需要配合医生进行牙周序列治疗,同时做好自我口腔卫生维护,定期复查。

三、老年人口腔黏膜疾病自测自检

主要根据临床表现、结合病史进行辨认,有些需要肝肾功等血液检查、病理活检和实验室细菌、真菌培养等方法,有些需要其他医学上的特殊方法才能确诊。下面介绍几种常见疾病的自查自检方法,以便于早发现早治疗。

1. 复发性口腔溃疡(RAU) 口腔黏膜发生圆形或椭圆形溃疡,具有"红、黄、凹、痛"的特点,红是指溃疡周边发生炎症反应,充血红肿;黄是溃疡表面往往有溃烂面,呈淡黄色假膜覆盖;凹指溃疡表面黏膜溃烂,形成凹陷的结构;痛是溃疡发作时疼痛明显,影响言语和进食。复发性溃疡可单发或多发,一般7~14d可自愈,自愈后不留瘢痕,但可周期性反复发作。患者一般自己照镜子或通过口镜等工具牵拉口角查看疼痛部位即可发现,容易辨认。需要注意的是多种系统性疾病、焦虑和压力及药物都与RAU发生有关。另外,老年人如果有大而深、病程长的溃疡,应提高警惕,及时就诊以排除癌性溃疡。

2. 口腔扁平苔藓(OLP) OLP表现有多样性,不同型的口腔扁平苔藓其临床表现和症状不同。网状型一般在颊黏膜两侧呈白色网状或树枝状斑纹,也可在牙龈或唇部,一般无症状,丘疹型由小的白色丘疹组成,而斑块型常发生在吸烟者的舌背和颊部,稍高于黏膜表面。萎缩型常见于舌背,是因舌乳头萎缩,上皮变薄发红,周围白纹环绕,有烧灼感,进食时疼痛;溃疡型主要以糜烂和溃疡为主,表面有白色假膜;水泡型则在网状白纹的病损区出现大小不等的水泡。根据这些特点,自己检查口腔黏膜也不难发现。有少数伴有皮肤扁平苔藓,多在皮肤伸侧,呈红色扁平丘疹,成片或融合成斑,边界清楚,有瘙痒感,容易辨认。OLP病因不明,现认为可能与免疫、感染等有关。尽管癌变率低于1%,但属于癌前状态,需要定期复查。

3. 口腔白斑病(OLK) 及其他白色斑样病损 老年人口腔白色斑纹或斑片状病损较常见,其中口腔白斑病是最常见的癌前病变。发病率0.4%~0.7%,口角区多见,可能与吸烟、咀嚼槟榔、口腔念珠菌感染、口腔不良修复体刺激等因素有关。有均质型和非均质型,多无疼痛等症状,有些则有粗糙感。均质型表现为斑块状或皱纸状白色斑片,表面平整,边界清楚,好发于牙龈和舌。非均质型有些表现为白色颗粒状突起,颗粒间黏膜充血,有些则表现为疣状白斑,表面呈毛刺状或绒毛状。非均质型的癌变风险更高。诊断OLK需要先排除其他定义明确的口腔黏膜白色斑块性疾病,然后去除可能的刺激因素,再观察2~4周,如病损无消退,则需病理活检明确诊断。

口腔黏膜白色斑片状病损还包括白色角化病、白色水肿、颊白线。口腔黏膜白色角化病常表现为边界不清的浅白色或白色斑块,表面光滑、柔软,主要与吸烟、残根残冠及不良修复体刺激有关,尤其是长期吸烟造成口腔黏膜广泛角化,又称为尼古丁性口炎,常发生在腭部和双颊。白色水肿表现为双颊黏膜透明、弥漫、乳白或灰白色、面纱样无症状的黏膜改变,无恶变倾向。颊白线是双颊黏膜上连续的白色线条,与牙齿咬合面对应,从口角延续到磨牙区,无症状,也无须治疗。

4. 灼口综合征(BMS) 这是以口腔黏膜灼烧痛为主要表现,不伴有其他疾病的病损,多发生于更年期女性,病因多与精神和神经因素、内分泌改变、局部刺激因素和全身状况、心理压力等有关。患者有疼痛、麻木、粗糙、干燥、发痒、异物感等各种不适,主要发生在舌前2/3区,常在下午或夜间疼痛加重。抑郁和焦虑患者BMS发病率增高,其他如糖尿病、甲状腺功能减退等因素也可引发BMS。一般结合病史、年龄、表现和检查可自检判断。

四、老年人口腔颌面部肿瘤自测自检

老年人容易罹患各种口腔颌面部肿瘤,部分肿瘤的生存期短,转移快,预后不良,对患者后期生活质量有较大的影响。为了早发现、早诊断、早治疗,老年人群可以针对口腔颌面部肿瘤的一些特点进行自检自测,包括口腔黏膜的颜色、难愈性口腔溃疡、口腔颌面部疼痛、口腔颌面部包块、功能障碍等异常情况。下面分别简单介绍,供社区工作人员参考、学习,及时帮助老年人进行口腔颌面部肿瘤的自检自测。

1. 口腔黏膜颜色的改变　如果发现口腔黏膜有明显的颜色改变,例如发红或者发白,则要引起注意,可能为口腔白斑或者红斑。口腔黏膜红斑或白斑均是癌前病变的一个表现,如果长时间不处理,会进展成癌症。

2. 口腔黏膜溃疡　如果发现口腔内有溃疡,并且长时间不愈合(一般两周以上不愈合),就要特别关注,尤其是当溃烂部分周围存在尖锐的残根、残冠或是不良修复体时尤应注意。常规的复发性口腔溃疡两周左右就可自行愈合,而癌性溃疡一般长时间不愈合。口腔癌引起的局部溃疡有其典型的临床表现——呈现菜花样,如果有此类现象,须及时就医,早期活检。

3. 口腔颌面部疼痛　如果口腔里有异常疼痛,并伴随溃烂、肿块等,则需要引起注意,部分肿瘤可侵犯神经,造成特别大疼痛。如果临床可以排除由口腔常见疾病引起的疼痛,则需要考虑是否由颌面部肿瘤引起。

4. 口腔颌面部包块　虽然一般情况下是良性肿瘤,但是有少部分的情况是恶性肿瘤,要进行鉴别诊断,因此如果发现包块,无论是否有其他伴发症状,都要提高警惕,尽早检查。常见的如腮腺部位的肿瘤,常表现为腮腺区域的肿胀或者包块。

5. 其他异常情况　例如不明原因的牙齿松动,张口困难、异常出血等局部功能障碍情况。此时需老年人高度警惕,颌面部恶性肿瘤易侵犯周围解剖结构而引起局部功能障碍,例如侵犯周围颌骨可能造成周围牙齿松动,侵犯咬肌时可能导致张口困难,侵犯舌肌时可导致舌体运动受限、语言不清。因此,对于无法确定病因的异常情况,可考虑是否为颌面部肿瘤导致。

综上所述,颌面部肿瘤发生时,会导致颌面部组织颜色、形态的改变,并可伴随相应的口腔功能障碍,老年人群可根据相应的特点进行自检自测,发现异常尽早就医。但须注意的是,多数老年人缺乏对正常口腔颌面部解剖结构的认识,也会有部分老年人将正常的结构误认为是异常情况的现象。此外,老年口腔颌面部肿瘤患者常常伴有全身多种慢性疾病,普遍对疾病的反应性下降,使得肿瘤症状表现不明显,肿瘤的早期症状往往没有得到足够的重视,严重干扰对肿瘤的早期诊断,延误治疗。因此,建议老年患者提高对口腔癌的警惕性,加强自我保健与正确的判断能力,实现"早发现、早诊断、早治疗"的目标。

五、老年人牙齿缺失修复自测自检

多数老年人已行多次口腔治疗,使得口腔情况复杂,存在与其他修复患者不同的情况。此外老年患者常存在增龄性变化,在评估口腔健康时须考虑增龄性因素。

其中临床口腔检查的关注点如下。

(1)牙体:是否存在重度磨耗、残冠残根及楔状缺损等牙体缺损。

（2）牙列：剩余牙数目是否≥20颗，牙列拥挤或间隙过大。

（3）咬合关系：咬合垂直距离降低、面下1/3高度降低、咬合紊乱。

（4）牙周：牙龈退缩、临床牙冠增长、牙槽骨吸收及牙松动等方面。

（5）腺体：唾液分泌减少，口腔自洁能力减弱。

（6）黏膜：可能伴口腔黏膜病变、黏膜感觉异常。

（7）颞下颌关节：疼痛、弹响、下颌运动异常及是否发生退行性病变。

（8）修复体：口腔修复体固位、支持功能及咀嚼功能是否改变。

第四节　老年人口腔健康促进

口腔健康促进是健康促进的分支，是指"为改善环境使之适合于保护口腔健康或使行为有利于口腔健康所采取的各种行政干预、经济支持和组织保证等措施"。口腔健康促进是为提高大众口腔健康管理能力而提供的广泛的社会和环境干预，通过消除危险因素、防治口腔疾病，从而维护口腔健康，提高生活质量。口腔健康在于创造有利于口腔健康的支持性环境，改变大众的知、信、行以实现人群的口腔健康。

在口腔疾病预防中，一级预防是针对病因的预防措施，是疾病发生前的预防，如口腔自我保健、口腔健康教育、刷牙漱口、控制菌斑等。二级预防是针对疾病早期的预防措施，即在疾病发生前期做到早期诊断和治疗，如早期龋病充填，牙龈炎治疗等。三级预防是针对疾病处于中后期时的预防措施，通过有效的治疗措施，防止病情进展和恶化，预防并发症和后遗症，尽量恢复或保留口腔功能，如牙列缺损和缺失的修复。社区和家庭应在口腔疾病的一级预防中发挥重要作用。

一、开展社区口腔健康活动

以社区为单位，广泛开展和推进规范化、科学化的针对老年人的口腔健康活动，可以有效提高老年人口腔健康意识，普及老年人群口腔保健知识，引导老年人树立正确的口腔健康观念，养成科学的口腔健康习惯，从而提高口腔健康水平及生活质量。

1. 开展社区口腔健康教育　口腔健康教育是维护老年人口腔健康的有效手段之一。在社区开展相关的口腔健康教育工作，可以采取个别交流、科普讲座等传统的形式，也可以组织有主题的现场活动，组织社区老年人群参加。目前，随着网络信息技术的发展，微信公众号、手机App等在信息传播中的优势逐渐体现，尤其是网络直播在其中起到了重要的推动作用。在口腔健康教育过程中，专业人员可通过发布相关的文字或视频信息的方式，将必要的口腔保健知识或疾病预防要点传播给目标人群，也便于行动不便的老人接收、学习相关的知识。

2. 提升基层卫生服务机构老年口腔健康服务能力　加强基层老年人口腔疾病防治网络的建设，在社区卫生服务中心和乡镇卫生院设置口腔疾病防治科室，建立老年居民口腔健康档案、开展口腔健康教育和口腔疾病预防干预，使基本口腔卫生服务在社区老年人群中普及。增加口腔专业人员的数量,以便为有特殊就诊需求的老年群体提供上门口腔健康诊疗服务。

3. 开展老年口腔健康公益行动 社区可通过组织公益募集、慈善捐赠等形式向老年人赠送老年口腔健康护理包,促进牙线、间隙刷、义齿清洁剂等口腔健康护理工具在老年人群中的使用,改善老年人群口腔卫生情况,促进口腔健康。也可增加社区口腔医疗和保健项目的服务数量,为社区有特殊需求的老年人,例如残障老人、行动不便老人等提供口腔健康服务。

4. 开展社区口腔卫生服务 社区口腔卫生服务是社区卫生服务的一个组成部分,是以社区人群健康状况的改善与提高为目标,以社区的社会经济和文化为背景,从社区的实际需要与可能出发,依托社区卫生服务体系,并以社区群体预防保健为主要手段,为社区居民提供最基本的口腔卫生保健服务。

社区负责人应及时监测社区内老年人口腔疾病发病状况,可培训专业人员有针对性地了解老年人口腔健康基本状况,建立老年人口腔健康档案,指导社区中的口腔卫生措施,实时统计口腔保健需求;培养专业人员,专门负责口腔健康相关问题,指导老年人进行口腔疾病自我预防和自我保健,消除旧观念;推广符合标准的口腔保健用品,防止老年人上当受骗,必要时还可为行动不便的老人提供上门义诊的服务;提供定期基本口腔保健及口腔康复的服务,通过社区口腔保健增强老年群体的口腔保健意识,纠正老年人已经养成的不良的口腔卫生习惯和行为生活方式。各部门协作,社会广泛参与,合理配置和充分利用现有的口腔卫生资源,争取做到低成本、广覆盖、高效益,从而达到预防口腔疾病、促进口腔健康的目的,方便群众。

二、家庭口腔保健措施

家庭中的每个成员都在家庭口腔保健中扮演重要角色,年轻成员有责任和义务重视和监督老年人改变不良口腔习惯,营造良好的家庭口腔健康氛围,督促帮助老年人的日常口腔保健,定期陪伴老人到医院进行口腔健康保健。

1. 养成有益口腔健康的生活方式 从老年人的饮食习惯,日常爱好,作息方式等方面入手,许多老人存在一些陈年陋习,因此尽量采用引导规劝等较温和易理解的手段,社区方面采取充分利用社区宣传栏,印制宣传手册,设置口腔问题咨询处等方法,建议老年人少吃高糖高黏性食物,少吃酸性含量高的食物,戒除烟酒,多运动多锻炼,提高自身免疫力。

2. 预防为主 老年人多存在行动不便,口腔卫生保持困难,张口度差等问题,对后期口腔治疗造成了一定的困难。正是由于这种特点,所以我们应从日常做起,预防为主,防微杜渐。预防可以从疾病发展的任何阶段介入,即预防贯穿于疾病前、疾病过程中和疾病发生后的全过程。

3. 学会科学的牙齿清洁及护理方法

(1)刷牙方法:每天至少刷牙两次,早晚各一次。建议每次进食后进行口腔卫生清洁。

目前应用较为广泛的为巴斯刷牙法(Bass method of tooth brushing,亦称龈沟刷牙法或水平颤动法)及竖转动法(Rolling 法)。

1）巴氏（Bass）刷牙法：适用于所有人群。

a. 将刷头放于牙颈部，毛束与牙面成 45 度角，毛端向着根尖方向，轻轻加压，使毛束末端一部分进入龈沟，一部分在沟外并进入邻面。

b. 牙刷在原位作近、远中方向水平颤动 4～5 次，颤动时牙刷移动仅约 1mm，这样可将龈缘附近及邻面的菌斑揉碎并从牙面除去。

c. 刷上、下颌前牙的舌面时，可将牙刷头竖起，以刷头的前部接触近龈缘处的牙面，作上下的颤动。依次移动牙刷到邻近的牙齿，直至所有牙齿完成清理。

2）竖转动法（Rolling 法）：更适用于牙龈退缩者。

a. 刷毛先与牙齿长轴平行，毛端指向龈缘，然后加压扭转牙刷，使刷毛与牙齿长轴成 45 度角。

b. 转动牙刷，使刷毛由龈缘刷向咬合面方向，即刷上牙时刷毛顺着牙间隙向下刷，刷下牙时从下往上刷。

c. 每个部位转刷 5～6 次，然后移动牙刷位置。

（2）牙线和牙间隙刷的使用：一般的刷牙方法只能清除颊舌面及咬合面的菌斑，而牙齿邻面常遗留菌斑，因此牙线牙签及牙间隙刷等邻面清洁措施是十分必要的。在使用牙线时，取一段长约 15～20cm 的牙线，用双手的示指和拇指将线圈绷紧，两指间相距 1.0～1.5cm；也可两端并拢打结，形成一个线圈。将牙线轻轻地从邻面通过两牙之间的接触点。如接触点较紧不易通过时，可做颊、舌向拉锯式动作，即可通过。将牙线紧贴一侧牙面的颈部，并呈 C 形包绕牙面，使牙线与牙面接触面积较大。牙线紧贴牙面并进入龈缘以下，由龈沟向咬合面方向移动，以"刮除"牙面上的菌斑，每个邻面重复 3～4 次。随即将牙线包绕该牙间隙中的另一侧牙面，重复之前的步骤。

在牙周治疗后牙间乳头退缩或牙间隙增大的情况下，可用牙签或牙间隙刷清理邻面及根分叉贯通区遗留的菌斑。值得注意的是，不建议牙龈无退缩者使用牙签，防止损伤牙齿周围软组织。

（3）漱口和含氟治疗：漱口能够清洁口腔内的残留物和杀灭细菌。选用无酒精漱口水，用适量的漱口水进行漱口，约 30 秒钟，然后吐出即可。此外，含氟产品对于预防蛀牙也很重要。使用含氟牙膏刷牙，每天两次，以增加牙齿的防蛀保护。

（4）健康饮食：营养丰富的饮食对于口腔健康至关重要。老年人常常伴有钙质流失、消化吸收功能减弱和口腔自洁能力减弱等问题，因此建议摄入富含钙质、维生素和纤维的食物，如牛奶、豆类、水果和蔬菜。减少食用含糖和酸性的食物和饮料，如糖果、碳酸饮料和果汁，以降低蛀牙和牙齿敏感的风险。

三、定期口腔检查与治疗

老年人定期口腔检查对于维护口腔健康至关重要，应该定期由口腔医生进行口腔检查，通常建议每半年一次。通过定期的口腔检查，老年人可以及早发现和治疗口腔问题，维护良好的口腔健康，以提高生活质量。口腔检查的内容主要包括以下几方面。

（1）口腔健康评估：牙体、牙龈、口腔黏膜和舌苔等口腔整体健康。

（2）口腔癌筛查：口腔医生通过口腔黏膜检查、淋巴触诊及影像检查等方式，可早期发现口腔癌症迹象，以达到早期治疗的效果。

（3）牙周支持治疗：口腔医生会根据情况进行牙周治疗，通过龈上洁治或龈下刮治清除牙菌斑和牙结石。同时根据检查的结果和个人情况，提供口腔健康的建议和指导。

（4）修复和治疗计划：如果口腔检查发现有牙齿损坏或牙齿缺失等口腔问题，口腔医生可根据患者的情况及医院制定相应的治疗计划。可摘义齿应在每次饭后刷洗干净，夜间取下假牙，经过清洗后放置清水中保存，避免使用热水。

四、提升老年人口腔健康素养

老年人因受"老掉牙"等传统观念影响，口腔保健意识较为淡薄，而且老年人多伴有全身系统性疾病，往往认为维持心肺肾脏器比保护口腔健康"更重要"，不重视口腔护理，忽视口腔疾病的早期预防和治疗，加之口腔卫生资源分配不均衡，导致老年人口腔疾病通常严重且复杂，口腔医生的保健知识、态度、认知都影响老年人口腔卫生服务的获取。

要提升老年人口腔健康素养要从以下几方面入手。

1. 开展老年人口腔健康教育 采取集中宣传和日常宣传相结合，建立针对老年人的口腔健康教育体系，提高老年人的口腔健康意识，普及口腔健康知识，倡导有效刷牙、正确使用牙间隙刷和牙线、饭后刷牙等口腔保健常识，引导老年人树立正确的口腔健康观念，养成科学的口腔健康习惯。

2. 采取适当有效手段改善老年人口腔健康状况 社区可发挥主观能动和便民服务优势，了解老年人口腔健康状况、需求和要求，探索推广口腔疾病防治的适宜技术，由社区卫生服务中心和乡镇卫生院开展口腔疾病筛查和基础治疗，为老年人提供适当的上门口腔诊疗服务，在解决老年人口腔问题的同时提供人文关怀和口腔科普宣传，使老年人充分认识到口腔健康与全身健康的关系，引导老年人口腔疾病患者积极就诊。

3. 建立老年人特别是重点人群的口腔健康档案，制定口腔疾病防治规划 通过举办针对老年人的口腔卫生讲座，为老年人宣讲和解读慢病防治国家战略和口腔疾病防治要求及指南，让老年人了解我国基层口腔卫生保障体系和社区层面公共口腔卫生政策措施，明白医保相关政策和口腔就医途径、医疗费用报销程序，主动融入国家口腔健康发展战略中，全面推进全民口腔健康。

五、增加老年人口腔诊疗渠道，提升老年人就医便利性

充分发挥口腔专科医院和综合医院口腔科、民营口腔医疗机构以及疾病预防控制等专科机构的作用，开展口腔疾病防治技术指导和技术培训，为老年人提供规范的口腔健康服务。

开设老年口腔科或在口腔科中开设老年口腔诊疗专区，培训遴选有经验的医护人员，为老年人提供针对性诊疗服务。

相关口腔医疗机构可通过减免挂号费和诊疗费、为有需要的老年人免费提供口腔护理包等优惠活动给予老年人实惠,增加其就诊积极性。

增加义诊和口腔卫生宣教等公益活动、设立口腔健康服务站、社区口腔医疗中心等机构,定期为老年人提供基本口腔疾病诊疗和卫生保健等服务。

可借助移动口腔诊疗车进行口腔科普宣传、口腔健康检查、简单口腔治疗等服务,定期开进乡村、社区、福利机构、养老机构等,帮助老年人深入了解口腔健康知识,关注口腔保健,及时治疗口腔疾病,为老年人口腔健康保驾护航。

六、正确选择老年人口腔护理及保健用具

随着时代的发展,各种口腔清洁方式和用具层出不穷,那么居家老年人如何正确选择口腔清洁方式和口腔用品呢?

首先刷牙是必不可少的口腔清洁步骤。刷牙是去除菌斑、软垢和食物残渣,保持口腔清洁的重要口腔保健方法。刷牙的目的在于清除牙面和牙间隙的菌斑、软垢和食物残屑,减少口腔细菌和其他有害物质,减少菌斑的堆积,防止牙石的形成,具体的刷牙方法请见上文。

漱口是利用液体含漱、带走口内遗留食物残渣的常用清洁方式。一般用清水含漱即可,餐后漱口可去除口腔内大部分的食物残渣和软垢,应注意,漱口不能代替刷牙,使用含某些药物的漱口液虽能抑制菌斑的生长,但不能替代刷牙对菌斑的机械性清洗作用,只能作为辅助刷牙、加强口腔护理的手段。

使用牙线是清理"牙缝"的重要方式,这是因为牙间隙容易滞留菌斑和软垢,刷牙时刷毛难以进入邻间隙或不能完全伸入牙间隙,需要采取其他措施清除邻面菌斑。牙间隙的常用清洁方法包括牙线、牙签、牙间隙刷、口腔冲洗等。

咀嚼无糖口香糖也对口腔健康有益,其可以辅助清除菌斑和食物残渣,还可以通过增加唾液的分泌、减少菌斑堆积形成、抑制细菌酵解产酸等,达到防龋的作用。

为了保证口腔清洁的效率,除了需要选择正确的刷牙方式,还需要选择合适的刷牙工具。

牙刷是刷牙的工具,随着科技的进步,市面上的牙刷大致分为手动牙刷和电动牙刷。手动牙刷与电动牙刷都能达到良好的清洁效果,但电动牙刷清洁力更强,按摩牙龈效果更好,有稳定的刷牙力度,但只要刷牙方式得当,手动牙刷也能达到良好的清洁效果。牙刷的刷头应光滑,无锐边、无毛刺,刷毛的排列形式各有不同,刷毛材料多为尼龙丝,一般分为硬毛、中软毛、软毛和超软毛。刷毛太硬可能损伤牙面和牙龈,超软毛的牙刷容易进入龈缘下和牙间隙,但清除效果不佳;中软刷毛柔韧易弯,并能进入龈缘以下和牙间隙清除菌斑。刷柄应有适当的长度和宽度,还要符合人体工学特点,便于握持,不易滑脱。刷牙后,用清水多次清洗牙刷,并将刷毛上的水分甩干,置于通风处充分干燥,牙刷刷头的平均寿命为2~3个月。

牙膏的主要作用是辅助刷牙,可增强牙的摩擦力,帮助去除食物残屑、软垢和菌斑,有助于减轻口腔异味,使口气清新。我国牙膏大致可分为普通牙膏和功效牙膏两大类。牙膏的基本成分包括摩擦剂、洁净剂、保湿剂、胶黏剂、芳香剂、甜味剂、防腐剂、色素和水。如果加入其他有效成分,如氟化物、抗菌药物和抗牙本质敏感等的化学物质,则分别具有防龋、减少

菌斑、抑制牙石形成和抗敏感等作用。

牙线是由多股平行排列的尼龙丝组成,也可用细丝或涤纶线制成。有含蜡或不含蜡的,也有含香料或含氟牙线。如果手指执线不便,可用持线柄固定牙线,方便牙线使用,成品的有持线柄的牙线又称叉式牙线,牙线与持线柄在一个平面或与持线柄垂直。

牙签有木质牙签、塑料签、橡胶牙签等。木质牙签要有足够的硬度和韧性,避免折断;表面要光滑,没有毛刺,以免刺伤牙龈。塑料牙签则根据牙间隙和龈乳头的解剖形态,成匕首形尖端;橡胶牙签的尖端在塑料牙签的外面包裹一层有弹性的橡胶,避免刺伤牙龈。

老年人的牙龈通常会有增龄性或病理性的萎缩,暴露在口腔中的牙骨质矿化程度低,抗龋、抗摩擦、自洁力比较差,因此老年人应该使用水平颤动拂刷法,选择硬度适中偏软的保健牙刷,特别是牙龈退缩和牙根外露的老年人,应根据牙齿间隙大小,选择不同直径的牙间隙刷,以保证清洁效率和清洁质量。

由于老年人牙齿结构的特点,每餐饭后都建议进行口腔清洁,一般先漱口,将大部分的食物残渣清理后再进行刷牙。此外,建议饮食习惯偏酸性的老年人餐后待口腔微环境中和后再刷牙,一般是半小时后进行。

（马莉莉　刘洪臣　汪　林）

参考文献

［1］刘洪臣,王左敏.中国口腔健康发展报告（2022）［M］.北京:社会科学文献出版社,2023.

［2］李传洁,刘洪臣.老年人食物嵌塞的防治重点:论老年人口腔健康标准之食物嵌塞［J］.中华老年口腔医学杂志,2020,18（5）:297-299,303.

［3］秦玲,邱海燕,郑向前,等.506名老年患者口腔卫生状况调查及分析［J］.中华老年口腔医学杂志,2017,15（6）:338-340,348.

［4］刘洪臣.老年人口腔健康的10项指标［J］.中华老年口腔医学杂志,2019,17（1）:24.

［5］郑晔.中老年人牙周病与糖尿病的相关关系［J］.全科口腔医学电子杂志,2018,5（15）:10-11.

［6］杨佩佩.老年人如何进行口腔保健［J］.家庭医学,2023（11）:17.

［7］孔欣,陆小慧,林梅.浅谈老年人常见口腔疾病及口腔保健［J］.科技展望,2016,26（28）:269.

［8］李炯,李午丽,蒋勇,等.牙周基础治疗及维护治疗对老年人慢性牙周炎的疗效［J］.中国临床保健杂志,2018,21（5）:665-667.

［9］刘洪臣.危害老年人口腔健康的主要黏膜病［J］.中华老年口腔医学杂志,2013,11（6）:365-368.

［10］ELAD S,ZADIK Y,CATON J G,et al. Oral mucosal changes associated with primary diseases in other body systems［J］. Periodontol 2000,2019,80（1）:28-48.

［11］陈谦明,曾昕.案析口腔黏膜病学［M］.北京:人民卫生出版社,2014.

［12］高岩.口腔组织病理学［M］.8版.北京:人民卫生出版社,2020.

［13］张志愿.口腔颌面外科学［M］.8版.北京:人民卫生出版社,2020.

［14］刘宗超,李哲轩,张阳,等.2020全球癌症统计报告解读［J］.肿瘤综合治疗电子杂志,2021,7

（2）：1-13.

［15］李芮,王琦,刘海霞,等．2015—2019年我国城市居民恶性肿瘤死亡情况分析［J］．中国医院统计,2022,29（1）：14-17.

［16］傅锦业,吴春晓,张陈平,等．2003—2012年上海地区口腔恶性肿瘤发病状况与时间趋势分析［J］．中国口腔颌面外科杂志,2017,15（2）：171-175.

［17］何倩,周扬,骆传月,等．2014—2018年某口腔专科医院住院患者疾病构成分析［J］．中国医院统计,2020,27（1）：51-54.

［18］黄丽萍,徐璇丽,涂文勇．330例口腔颌面部恶性肿瘤的回顾性分析［J］．中国中西医结合耳鼻咽喉科杂志,2021,29（2）：132-135,140.

［19］中华口腔医学会口腔修复学专业委员会．老年患者口腔修复指南［J］．中华口腔医学杂志,2022,57（2）：122-127.

［20］刘洪臣,王燕一,赵彦平．230例老年人牙折修复的临床分析［J］．口腔颌面修复学杂志,2000,1（3）：154-155.

［21］PETERSEN P E,YAMAMOTO T. Improving the oral health of older people：the approach of the WHO Global Oral Health Programme［J］. Community Dent Oral Epidemiol,2005,33（2）：81-92.

［22］陈艳玫,刘子锋,李贤德,等．2015—2050年中国人口老龄化趋势与老年人口预测［J］．中国社会医学杂志,2018,35（5）：480-483.

［23］毛盼,朱杉杉．老年住院病人口腔健康相关生活质量现状及影响因素［J］．护理研究,2022,36（23）：4292-4295.

［24］孟焕新．牙周病学［M］.5版.北京：人民卫生出版社,2021.

［25］冯希平．口腔预防医学［M］.7版.北京：人民卫生出版社,2021.

［26］周学东．牙体牙髓病学［M］.5版.北京：人民卫生出版社,2020.

［27］赵铱民．口腔修复学［M］.8版.北京：人民卫生出版社,2021.

［28］陈谦明．口腔黏膜病学［M］.5版.北京：人民卫生出版社,2020.

［29］张海芳,朱胤旻．口腔健康宣教对社区老年居民口腔健康的影响［J］．全科口腔医学电子杂志,2018,5（31）：35,38.

［30］王劼琼．社区老年人口腔健康现状及影响因素研究［D］．十堰：湖北医药学院,2020.

［31］TANAKA T,TAKAHASHI K,HIRANO H,et al. Oral frailty as a risk factor for physical frailty and mortality in community-dwelling elderly［J］. J Gerontol A Biol Sci Med Sci,2018,73（12）：1661-1667.

［32］CHOI J H,KANG J H,KOH S B,et al. Development of an oral and maxillofacial frailty index：a preliminary study［J］. J Oral Rehabil,2020,47（2）：187-195.

［33］NOMURA Y,ISHII Y,CHIBA Y,et al. Structure and validity of questionnaire for oral frail screening［J］. Healthcare（Basel）,2021,9（1）：45.

［34］SATAKE S,SENDA K,HONG Y J,et al. Validity of the Kihon Checklist for assessing frailty status［J］. Geriatr Gerontol Int,2016,16（6）：709-715.

［35］潘琦,戴付敏,潘卫宇,等．老年人口腔衰弱的研究进展［J］．中国全科医学,2022,25（36）：4582-4587.

［36］李刚．中国居民口腔健康指南［J］．广东牙病防治,2010,18（1）：4-10.

［37］GIL-MONTOYA J A,DE MELLO A L,BARRIOS R,et al. Oral health in the elderly patient and its impact on general well-being：a nonsystematic review［J］. Clin Interv Aging,2015,10：461-467.

［38］PARTIDA M N. Geriatric prosthodontic care［J］. Dent Clin North Am,2014,58（1）：103-112.

第七章

健身活动

健身活动对老年人身心健康有一定促进作用。老年人不仅要注意饮食健康,而且应多参加健身活动。健身活动有利于延缓人体肌肉质量的流失,有利于增强心肺功能,改善血液循环系统、呼吸系统、消化系统的机能状况,有利于提高抗病能力,增强有机体的适应能力。健身活动能改善神经系统的调节功能,提高神经系统对人体活动时错综复杂变化的判断能力,并及时做出协调、准确、迅速的反应,使人体适应内外环境的变化、保持肌体生命活动的正常进行。同时,健身活动对心理也有益处,健身活动具有调节人体紧张情绪的作用,能改善心理状态。健身活动可以陶冶情操,保持健康的心态,充分发挥个体的积极性、创造性和主动性,从而提高自信心和价值观,使个性在融洽的氛围中获得健康、和谐的发展。

本章从老年人健身活动基础理论出发,对老年人健身活动影响因素知识进行了梳理,介绍了老年人健身活动评估工具,围绕老人运动健康促进策略基本理念、个人运动健康促进技术以及社区运动健康促进策略等展开系统阐述,总结体育锻炼对老年人健康的重要性与益处,并推荐了一些促进老年人健康的健身方案。

第一节　老年人健身活动概述

一、健身活动定义

(一)一般定义

健身活动是指通过运动改善个人的身体素质和健康水平。健身活动的方式可以是多种多样的,包括有氧运动、力量训练、柔韧性训练和平衡训练等不同形式的运动。这些活动可以在健身房、运动场地、户外场所或居家进行。健身活动常被定义为身体活动,但从广义上来说,健身活动是身体活动的一部分,身体活动是指任何由骨骼肌收缩引起的导致能量消耗的运动,其包括职业性、交通性、家务性和娱乐性运动,在日常生活中可以出现多种形式的身体活动,如上下楼梯、搬运东西、骑自行车、做家务等,都属于身体活动,健身活动是以强身健体和休闲娱乐为主要需求从而进行的一系列身体活动。

(二)老年人健身活动要素

1. 正确的健身活动认知　首先,老年人需要意识到健身活动对于保持身体健康和提高生活质量的重要性。他们应该理解健身活动的益处,并认识到保持身体的健康是自我的责任。有这样的认识,他们才更有动力去坚持健身活动。其次,老年人需要对健身活动的概念有正确的认识,健身活动主要通过适宜的负荷、不同的方式,进行机体功能性的锻炼与维持。老年人经常将干家务当作健身活动,这是混淆了健身活动与身体活动的概念,长此以往,只会加剧老年人患病的风险,而达不到健身活动的效果。

2. 多样化的健身活动项目 健身活动的方式是多种多样的,老年人可以参与的主要运动项目有跑步、快走、太极拳、踢毽子等。但是不同的运动项目存在不同的风险,老年人应在选择运动项目时充分考虑自己的身体能力和限制。根据自己的体力水平、灵活性和平衡性等,选择适合的运动强度。如果有关节疼痛或其他身体限制,可以选择低强度的运动项目或在专业教练的指导下进行运动。选择一项自己感兴趣和喜爱的运动项目是非常重要的。当老年人真正享受运动时,更容易坚持下去并获得长期的健康益处。

3. 适宜的健身活动强度 参与健身活动能够促进中老年人的身心健康,除了要长期坚持健身以外,对于每天健身的时间、强度、负荷安排,都需要一定的科学性,才能达到健身的效果,反之,则会引起健身的损失风险。随着年龄的增长,老年人的运动器官和身体机能都会开始下降,对于许多老年人来说,高强度的健身活动是不可行的,进行可持续且安全的健身活动才是至关重要的。在进行健身活动的时候,一定要根据自身的情况来健身,要保证在避免运动过量带来伤害的前提下进行相应的健身活动,这样才能达到健身活动的效果和目的。根据《中国人群身体活动指南(2021)》的建议,老年人每周推荐进行 150~300min 中等强度或 75~150min 高强度有氧活动,或者等量的中等强度和高强度有氧活动组合;每周至少进行 2d 肌肉力量练习;保持日常身体活动,并增加活动量;要坚持平衡能力、灵活性和柔韧性练习;如果身体不允许每周进行 150min 中等强度身体活动,应尽可能地增加各种力所能及的身体活动。

4. 完善的健身活动环境 大多数老年人都会选择在社区公园空间进行健身活动,因此合理的场地组织、空间布局和设施配套才能满足老年人健身活动的需求。适宜老年人健身活动的空间环境可以增加其户外锻炼的次数,在优美舒适的空间进行健身活动有助于降低精神压力,提高健身活动的健康价值。老年人在社区公园等环境中进行健身活动,可以形成有规律的公共接触,促进老年人群体间交往沟通,丰富老年人的生活,吸引老年人不断融入当今的社会中,提高健身活动的社会价值。

二、老年人健身活动现状

(一)老年人进行身体活动的益处

凡是能够引起骨骼肌收缩并消耗能量的行为都可以称之为身体活动,身体活动常见的类型有四种,分别是家务性身体活动、职业性身体活动、交通性身体活动、休闲型身体活动。研究人员通常按照运动强度的高低,将身体活动分为轻度身体活动、中度身体活动、剧烈身体活动。

随着年龄的增长，老年人的肌肉力量和心肺耐力会发生下降，继而导致运动障碍和一系列心血管疾病等慢性疾病，在久坐不动的老年人中，这些疾病的发生风险会更高，身体活动是改善衰老状态的重要方式与手段。身体活动可以通过增加老年人的基础代谢，调节食欲，达到预防或改善肥胖的目的；身体活动有助于维持老年人的认知功能，控制腿部肌肉的外周运动神经元数量，从整体上改善老年人的平衡和协调性，以降低老年人跌倒的风险；身体活动可以通过产生内啡肽和单胺类物质，或者降低皮质醇水平，改善情绪状况，减少老年人抑郁或焦虑的状况。

尽管身体活动在健康老龄化中起到了十分关键的作用，但多数老年人仍旧缺乏维持健康所需的身体活动量。根据相关研究，年龄、婚姻特征对我国老年人身体活动达标的影响程度较大，而户籍、地域特征的影响程度较小。老年人身体活动情况存在着明显的年龄、性别、教育以及户籍的群体分化。低龄、男性、教育程度高、农村老年人身体活动达标的可能性显著高于高龄、女性、教育程度低、城市老年群体，并且这种差异会随着年龄的增加有所扩大。

（二）老年人健身活动状况

《2020 年全民健身活动状况调查公报》显示老年人参加的运动项目主要是健步走，占比41.6%，其他依次为跑步（14.7%）、广场舞（8.0%）、骑自行车（3.8%）和羽毛球（3.1%）等。老年男性参加乒乓球和登山的比例较高，老年女性参加广场舞和健身操的比例较高。由此可以看出，老年人在健身活动项目的选择上更趋向于节奏舒缓、强度较小、随意性大、富有趣味的健身活动项目。老年人在进行健身活动时喜欢群体性活动，如广场舞、乒乓球。群体性活动保证了健身活动的长期性，也促进了老年人之间的情感交流。老年人受到消费观念的影响，在选择健身活动场地方面更趋向于免费、离家近的公园或住宅空地，配置相应的健身活动设施能促进老年人进行健身活动。

第二节　老年人健身活动影响因素

一、个体客观因素

（一）年龄

年龄是影响老年人健身活动的主要客观因素之一。随着年龄的增长，老年人的身体机能和代谢功能水平都会逐渐下降，如肌肉和骨骼的减少、心血管功能的减退等，这些都会影响老年人的身体健康，使老年人更容易受到疾病的侵袭。因此，老年人需要根据自己的身体状况选择适合自己的健身活动，同时也需要注意自己的身体反应，避免过量运动。

（二）健康状况

老年人健身活动的另一个重要影响因素是健康状况。老年人可能会患有多种慢性病，如高血压、糖尿病、心脏病等，这些慢性病会限制老年人的身体活动能力，因此需要根据个体的慢性病种类和病情程度来选择适合自己的健身活动。同时，老年人也需要注意健身活动的强度和时间，以避免出现过度疲劳和损伤等问题。

（三）经济状况

老年人经济状况也是影响其健身活动的客观因素之一。很多老年人收入较低，部分老年人还需要分摊子女的生活费用和医疗费用等，这导致他们可能无法负担高昂的健身费用。对于这一部分因经济状况而使得健身活动受限的老年人来说，则可以选择简单、低成本的健身活动，如散步、太极、瑜伽等，这些活动既可以帮助老年人锻炼和促进身体健康，同时又不会增加他们的经济负担。

综上所述，老年人健身活动的个体客观影响因素是多方面的，需要根据老年人的年龄、健康状况和经济状况来制定适合个体的健身计划，从而有效促进老年人身体健康、提高老年人生活质量。

二、个体主观因素

（一）生活方式

老年人的生活方式对健身活动的影响十分显著。长期的不良生活习惯，如不合理的饮食习惯、缺乏锻炼、过度饮酒、吸烟等都会增加老年人患病风险，从而直接或间接影响其健身活动的进行及效果。因此，老年人需要积极调整生活方式，保持健康的饮食和适当的锻炼，戒烟限酒等。

（二）老龄化态度

老年人的老龄化态度也会影响他们的健身活动参与度。研究显示，消极的老龄化态度与观念会使得老年人失去参与健身活动的积极性。相反，如果老年人能够秉持积极的老龄化态度，健身活动参与的积极性也会显著提高，从而促使其坚持参与健身活动，并不断保持与促进身体健康、提高生活质量。

（三）主观年龄

主观年龄是个体自我感知到的年龄，与实足年龄（即按时序排列的通常意义上的年龄）相对。老年人的主观年龄与是否参加健身活动也存在相关关系。如果老年人的主观认知中年龄较大，就会使其对自身的身体衰老和健康水平较为悲观，并失去参与健身活动的信心和动力。相反，如果老年人主观年龄较年轻，那么他们对于促进身体健康和改善身体机能水平也就较为积极，从而也会更加积极地参加健身活动。

（四）心理健康

老年人的心理健康状态也会影响他们的健身活动参与度。如果老年人心理健康状况不佳，并时常出现情绪低落、消沉等情况，那么他们参与健身活动的兴趣也会显著降低。相反，如果老年人心理健康状况良好，情绪积极向上，那么他们参与健身活动的兴趣和积极性也会增强。

综上所述，老年人健身活动的个体主观影响因素是多方面的，需要从生活方式、老龄化态度、主观年龄、心理等方面考虑，以制定适合个体的健身计划，从而有效促进老年人身体健康、提高老年人生活质量。

三、社会环境因素

（一）家庭对老年人健身活动的积极影响

家庭对老年人健身活动的影响是多维度的。

1. 提供支持和鼓励 家庭成员是老年人的主要支持者。一方面，家庭成员可以提供情感上的支持和鼓励，让老年人感到有较高的动力和积极性去参与健身活动；另一方面，家人可以陪伴老年人一起去健身房，切实帮助老年人保持参与健身运动的兴趣。

2. 提供便利条件 家庭可以为老年人提供便利条件，让老年人参与健身活动更加方便快捷。例如，为老年人购买适合的居家或户外健身设备和健身器材，为老年人设计打造专门的家用健身空间等。

3. 提供健康饮食 家庭可以为老年人提供健康饮食，为老年人健身提供保障。

4. 增加家庭互动 家庭可以为老年人提供更多的家庭互动，让老年人在健身活动中感受到亲情的温暖，保持更为良好的心理健康状态。例如，家庭可以组织一些集体健身活动，让老年人和家人一起参与，增加家庭成员的互动和联系，维持老年人健身活动的长久积极性。

（二）社区对老年人健身活动的积极影响

社区可以从以下 4 个方面提高老年人健身活动的参与度。

1. 提供场所和器材 社区可以为老年人提供免费或低价的健身场所和器材，让老年人参与健身活动更加便利。

2. 组织健身活动 社区可以成立老年人健身团队或组织老年人健身活动，让老年人在健身的同时结交更多朋友，以增强社交纽带的方式促进老年人健身活动参与的持久性。

3. 提供健康知识 社区可以为老年人提供健康知识科普宣教，让老年人更加深入地认识到健身活动对身体健康的重要性。例如，为老年人组织健康知识讲座、提供义务健康体检等。

4. 美化社区环境 社区可以从多方面多角度去提高老年人的生活质量，增强老年人对社区的归属感和认同感，关爱老年人的身心健康，让老年人更加乐于参与健身活动。

（三）健身设施和服务的可用性

健身设施和服务的可用性是指老年人是否能方便地到达健身场所,以及健身场所是否提供适合老年人的设施和服务,该社会环境因素也会影响老年人的健身活动参与度。如果老年人所在的社区及附近没有适合老年人的健身场所,或健身场所缺乏老年人所需的健身设施和服务,老年人参与健身活动的意愿和积极性也会受到限制。

（四）社会文化因素

老年人的文化背景、价值观和社会认知都会影响他们参与健身活动的意愿。比如,一些老年人对于健身活动的了解和认识不足,认为健身活动的项目内容较少且不适合老年人的年龄段。另外,一些文化背景较为保守的老年人可能对健身场所的氛围和其他参与者的性别要求较高,这都会影响他们的健身活动参与意愿。

（五）安全因素

老年人的安全问题是影响其健身活动参与意愿的一个重要因素,包括场所的安全、器械使用的安全和健身指导人员的安全知识与防卫能力等。老年人所在的健身场所安全性差、健身器械有安全隐患,或是健身指导人员没有接受专业的安全培训和急救培训,这些都会影响老年人参与健身活动的意愿。

第三节　老年人健身活动评估

一、健身活动类型

健身活动其基本要素包括频率、强度、时间和活动类型。对于老年人群来说,科学的健身活动将带来诸多益处:降低全因死亡率、心血管疾病死亡率,降低高血压、位点特异性肿瘤、2 型糖尿病发病率,改善心理健康(焦虑和抑郁症状减少)、认知健康和睡眠等。此外,健身活动有助于老年人预防跌倒和跌倒相关损伤以及功能性能力的衰退,建议所有老年人定期进行健身活动。

此外,若要有针对性地提升老年人身体素质,可采取相应的健身活动方式。

（1）提升心肺功能,应以步行或健步走为主,也可依兴趣及能力从事有氧舞蹈、骑自行车、游泳等。

（2）强化肌肉,可采取自身体重负荷(原地站立蹲伸、原地踏步、仰卧抬腿等)、非机械式的抗阻力方式(弹力带/绳、哑铃、杠铃等)以及机械式阻力方式(肩肘屈伸机、下肢摆动阻力机等)。

（3）提升柔韧度,应采取主动式的静态伸展,避免被动的方式,例如自行将体前屈动作达到最大范围,也可利用毛巾或弹力带等辅助工具协助训练。注意伸展动作时应保持正常呼吸,避免憋气。

(4)提升协调性,可采取太极、平衡性步行(如倒退、以脚跟或脚趾步行)等活动方式。

二、健身活动量

健身活动量定义为活动强度和活动时长的乘积。对健身活动量的评估涉及频率、强度、时间三个基本参数。通过对健身活动量的评估,可以有效地指导健身活动,降低伤病的发生率,提升体质健康。通常情况下,健身活动量有总健身活动量和净健身活动量两种。其中净健身活动量不包括人体处于安静状态时的能量消耗量,一般采用净健身活动量来表示健身活动量的大小。对健身活动量进行评估的方法可分为客观评估法和主观评估法两类。主观法主要为问卷调查法。客观法是利用特定仪器、设备或试剂对健身活动进行测量的方法。包括以下几类:①采用气体分析仪器评估,如气体分析法;②采用化学试剂评估,如双标水法;③采用运动传感器评估,如计步器、加速度计、心率计;④直接测热法,如代谢舱法等。

目前,认为问卷调查法所使用的健身活动量表是评估健身活动量较为经济可行的方式。除国际通用的健身活动量表,即国际身体活动问卷,在老年人群的基础上发展出了一系列特异性的量表。①耶鲁活动问卷(Yale physical activity scale,YPAS):由耶鲁大学慢性病研究中心针对美国健康老年人开发的访谈式身体活动测量工具,包括工作、庭院劳动、健身活动、照顾活动、娱乐活动 5 个维度共 36 个条目,评估时间大约为 20min。②修订版贝克问卷(modified Beck questionnaire,MBQ):包括体育活动、娱乐活动、日常家务活动 3 个维度 18 个条目,老年人大约需要 30min 完成问卷。老年人 MBQ 已在社区老年人和老年慢性病患者中有所应用。③ Zutphen 身体活动问卷(Zutphen physical activity questionnaire,ZPAQ):问卷内容只针对老年人空闲时间的身体活动,包括花费在步行、自行车、园艺、运动及兴趣爱好等活动的时间,共 16 个条目,没有明确指出对老年人的回忆时间。此问卷目前主要用于社区老年人群。④老年人身体活动量表(physical activity scale for the elderly,PASE):此问卷针对美国社区老年人群制定,包括休闲性、家务性和职业性身体活动 3 个维度。此问卷简单易行,可采用电话访谈和电子邮件调查等形式收集资料,评估时间约 5min。⑤社区老年人健康活动模型计划问卷(community healthy activities model program for seniors,CHAMPS):问卷内容包括休闲散步、水中运动、伸展活动等从轻度健身活动到较高强度的不同健身活动共 41 个条目。该问卷采用电话或面对面访谈的形式收集资料,评估时间平均在 10～15min。

世界卫生组织对 65 岁及以上老年人健身活动量的建议有以下几点:①老年人每周进行至少 150min 中等强度有氧健身活动,或每周进行至少 75min 的高强度有氧健身活动或中等和高强度两种活动相当量的组合;②有氧活动应该每次至少持续 10min;③为获得更多的健康效益,老年人应增加有氧活动量,达到每周 300min 中等强度或每周 150min 高强度有氧活动,或中等和高强度两种活动相当量的组合;④活动能力较差的老年人每周至少应有 3d 进行提高平衡能力和预防跌倒的活动;⑤每周至少应有 2d 进行大肌群参与的强壮肌肉活动;⑥因健康状况不能达到所建议的健身活动水平的老人,应在能力和条件允许的情况下积极进行健身活动。目前健身活动未达到以上"建议"水平的老年人,应设定逐渐增加健身活动的目标,先从增加中等强度健身活动的持续时间和频度开始,之后再考虑增加高强度健身活动,以减少骨骼肌肉系统损伤的风险。

1. 运动活动量监控 对于运动活动量的即时监控指标或方法包含:最大心率(maximal heart rate,HRmax)和主观体力感觉程度(rating of perceived exertion,RPE)量表等。延时监控可通过骨骼肌力量测试、神经系统和感觉机能测试、生物电评价和生化指标测试。

(1)HRmax:其计算公式为 HRmax=220-年龄(岁),单位为"次/分钟"。对于老年人来讲一般推荐在进行有氧运动时将心率保持在60%HRmax~70%HRmax。

(2)RPE 量表:又称为主观体力感觉程度量表,是目前个体进行判断的是否能够适应当前运动负荷的重要指标。其等级自6至20,共15个等级,对应的自我感觉从根本不费力至尽最大能力,共9个自我感觉。具体测定方法是受试者在运动过程中观察主观体力感觉等级表,在运动过程中随运动负荷的增加在主观体力感觉等级表上指出自我感觉等级,此外相应的等级乘10,即为受试者完成该负荷运动的心率。对于老年人来讲RPE 量表对应的等级应该为9~12,而对应的自我感觉应该为很轻松和轻松。

表 7-1 主观体力感觉程度量表

RPE	自我对于当前运动强度的评价	对应参考心率
6	安静,不费力	静息心率
7	极其轻松	70
8		80
9	很轻松	90
10	轻松	100
11		110
12	有点吃力	120
13		130
14		140
15	吃力	150
16	非常吃力	160
17		170
18		180
19	极其吃力	190
20	尽最大努力	200

其余指标的测试原理则是通过前一日的运动是否导致机体出现运动性疲劳来判断该健身活动活动量是否适合。

（1）通过肌力评价：常见的为骨骼力量测试。肌肉力量下降是肌肉疲劳的显著特征，也是判断运动性疲劳的重要指标。一般情况下，如果运动后肌肉力量明显下降，且不能及时恢复，可视为肌肉疲劳。以上肢活动为主的运动具体测试方法是握力测试。具体方法为首先在运动前连续测定若干次肌肉力量，计算平均值，待运动结束后，再进行同样方式的力量测定，如果肌肉感觉机能力量平均值低于运动前水平，则表明健身活动量较大。

（2）利用感觉机能评价：机体出现疲劳时，膝跳反射的敏感性降低，引起膝跳反射所需的叩击力量增加。若引起膝跳反射的最小叩击力量（一般以锤子下落角度表示，角度越大，表明所需叩击力量越大）较运动前增加，则表明健身活动量较大。

（3）利用生物电评价：心肌疲劳可引起心电图出现异常变化。常表现为 ST 段异常，T 波下降或倒置等现象，也能证明健身活动量较大。

2.健身活动活动量推荐 不管进行何种健身活动方式，在运动开始时应该从小负荷开始，在增加负荷的幅度上也应该注意。而且还要时刻关注心率的变化来监控运动负荷是否恰当。由于个体的差异，需要寻找适合自己的运动强度，并在运动之前要进行科学的运动评估。

对于老年人的运动建议包含以下几点。

（1）运动应该选择有氧加抗阻结合的形式。

（2）每周应该进行至少 5d 的中等强度身体活动，或者 3d 的较大强度的身体活动，或者 3～5d 中等强度与较大强度结合。中等强度运动时间每天累计 30～60min，且每次至少 10min。而较大运动强度每周累计 75～100min。

（3）力量型运动应该每周至少进行 2d，在进行力量型运动时，所使用的负荷（如举的重量、拉的阻力等）应该控制在自己最大力量的 60%～70%。如一个人深蹲时的最大力量为 100kg，那么他在进行力量型运动时，所使用的重量应该在 60～70kg。

（4）此外还建议每周进行 2～3d 的柔韧性练习和平衡性练习。

第四节　老年人运动健康促进

一、老年人运动促进健康策略基本理念

（一）主动健康

世界卫生组织将健康定义为"身体、精神和社会完全健康的状态，而不仅仅是没有疾病或虚弱"。健康是人的一种状态、一种品质，也是一种能力，它包括生理健康、心理健康和良好的社会适应能力。而主动健康是指积极主动维持全人健康状态的一种理念、模式、体系。从狭义上讲，主动健康是指个人为主动获得持续的健康能力、拥有健康完美的生活品质和良好的社会适应能力，以营养、运动等主要干预手段，通过主动发现、科学评估、积极调整、健康促进等措施积极应对健康风险状态的能力。

主动健康是一种通过主动给机体施加可控制的刺激,提高机体的微观复杂性,促进机体的多种适应性,进而达到提高机体功能或逆转疾病的目的。它强调通过对个体全生命周期行为系统展开长期、持续、动态的跟踪,对自身状态、演化方向和程度展开识别和评估,以对生活方式各要素的选择为主要内容,充分发挥老年人群的主观能动性,综合运用各种医学手段,对人体行为展开可控的主动干预,促使人体产生自组织适应性变化,从而达到提高机能、消除疾病、维持人体处于健康状态的目标。

(二)健身运动在不同阶段对于健康的促进价值

1. 疾病预防 促进老年健康从疾病预防开始,适当的锻炼能预防疾病。对于一些老年性疾病,如心血管疾病、糖尿病、关节炎、原发性骨质疏松症等,可以通过健身运动来预防,从而延缓衰老。

疾病是遗传、环境、营养、运动、生活方式等多种因素共同作用所导致的。由于疾病的多发性,其防治手段也应多样化。生命在于运动,老年人更需要适当做运动,以预防老年疾病,而且这种运动不是单纯的有氧运动,它是一种很复杂的综合性运动。在选择运动时,必须结合老年人的生理特征和身体情况,科学合理地制定一套适合老年人的健身方案,使健身方案对老年人健康有针对性。

2. 疾病治疗 运动可以促进疾病的治疗,包括糖尿病、关节炎等。

患有糖尿病的人,每日最少坚持 30min 的中度锻炼,每日最少行走 1km;每周进行 5 次阻力训练;把有氧运动和力量锻炼结合起来。关节炎是一种严重危害人类健康的慢性疾病。平时应多做一些运动,如打太极拳、散步、做瑜伽等。定期运动能缓解关节酸痛、强直等症状,增强人体免疫功能;提高关节的柔韧性,缓解关节的疼痛等。

3. 康复 随着我国人口老龄化进程的加快,老年人群的疾病谱也在不断变化,许多老年人患有慢性病、功能性疾病,怎样才能在控制疾病的前提下,有效地改善患者的生活质量?其中一个不错的办法就是运动康复。

所谓的运动康复就是针对不同的疾病,采取相应的运动功能锻炼及辅助治疗的方法。康复训练作为一种重要的康复手段,在提高老年人生活质量和延缓身体功能衰退方面起到了积极的作用。康复训练是一种综合性的锻炼系统,可以帮助老年人保持和改善身体的运动功能。通过适应性的康复锻炼,老年人可以增强肌肉力量、灵活性和平衡感,降低关节疼痛和骨质疏松风险。其次,康复训练可以改善老年人的心肺功能。随着年龄的增长,老年人的心肺功能逐渐衰退,加上长期的不运动习惯,使得他们容易出现气短、乏力等问题。通过康复训练,老年人可以逐渐增加运动量,提高心肺功能,增强耐力,并缓解相应的症状。康复训练还可以通过合理的有氧运动让老年人达到心脏的适当负荷,从而增强心脏功能。除了对老年人身体功能的改善,康复训练还可以促进老年人社交活动。康复训练通常以集体形式进行,康复训练的活动可以提供一个良好的交流平台,老年人可以相互鼓励、互动,增强对生活的热情。社交活动对老年人的心理健康非常重要,可以提升生活幸福感和自我肯定感。

二、个人运动健康促进技术

(一)运动能力测试与评价

对于老年人的运动能力,我们主要通过握力、坐位体前屈、30 秒坐站、闭眼单脚站立、坐位体前屈以及 2 分钟原地高抬腿这几个测试进行评价。

1. 平衡能力　闭眼单脚站立测试是一个简单但有效和可靠的选项用来评估老年人的静态平衡。闭眼单脚站立测试的结果测量值提供了受试者的跌倒风险、日常生活活动能力和下背痛风险的重要信息。

1)设备:秒表。

2)测试前的流程:①向受试者介绍测试目的及流程;②让受试者确定惯用腿,如无法自行确定可以采用踢球的方法来确定;③让受试者预先测试演示步骤。

3)测试方法与评价:受试者赤脚站立,双手叉腰。眼睛水平目视正前方墙壁上的点,随后闭眼。受试者将非惯用脚从地板上抬起(靠近但不接触站立脚的脚踝)。当受试者从地板上抬起非惯用脚时,测试开始(图 7-1)。

执行两次试验,并记录最佳表现,即维持时间最长的时长。注意事项:①测试前,受试者站稳后方可进行测试。②在测试过程中受试者不能睁眼,测试人员若发现受试者眼睛睁开时应立即结束测试。③测试过程中,测试人员要注意保护受试者,防止摔倒。④测试开始后两秒钟内支撑脚落在地面上,重新开始测试。通过表 7-2、表 7-3 对应相应年龄段的标准数据比较得到个体得分。

图 7-1　闭眼单脚站立测试

表 7-2　男性老年人闭眼单脚站立评分表　　　　　　　　单位:s

分值	60～64 岁	65～69 岁	70～74 岁	75～79 岁
10 分	< 3	< 2	< 2	< 1
30 分	3	2	2	1
50 分	4	3	3	2
55 分	5	4	4	3
60 分	6	5	5	4
65 分	7	6	6	5
70 分	8	7	7	6

分值	60～64 岁	65～69 岁	70～74 岁	75～79 岁
75分	9～10	8～9	8	7
80分	11～13	10～11	9～10	8～9
85分	14～17	12～15	11～13	10～12
90分	18～21	16～18	14～16	13～14
95分	22～29	19～25	17～22	15～19
100分	≥ 30	≥ 26	≥ 23	≥ 20

资料来源:《国民体质测定标准(2023 年修订)》。

表 7-3　女性老年人闭眼单脚站立评分表　　　　　　　　单位:s

分值	60～64 岁	65～69 岁	70～74 岁	75～79 岁
10分	< 3	< 3	< 3	< 2
30分	3	3	3	2
50分	4	4	4	3
55分	5	5	5	4
60分	6	6	6	5
65分	7	7	7	6
70分	8	8	8	7
75分	9～10	9	9	8
80分	11～12	10～11	10	9
85分	13～16	12～14	11～12	10～11
90分	17～20	15～17	13～15	12～14
95分	21～28	18～23	16～20	15～18

资料来源:《国民体质测定标准(2023 年修订)》。

2. 肌肉力量

(1)握力评估

1)设备:握力计。

2)测试前的流程:解释该评估目的之后,说明并演示正确姿势。受试者用优势手握住上下握柄,另一只手转动握距调整轮,调到适宜的用力握距。

3)测试方法与评价:测试时,受试者身体直立,两脚自然分开,与肩同宽,两臂斜下垂,掌心向内,用最大力紧握上下握柄(图 7-2)。连续测试两次,握力测试值以千克为单位,精确到小数点后 1 位。注意事项:①测试时,受试者不得摇摆手臂、下蹲或将握柄接触身体。②如果受试者不能确定优势手,左、右手可各测试两次,记录最大数值。③第一次测试完成后,要松开握力计的上下握柄,显示屏再次显示"0.0kg"时,进行第二次测试。执行两次试验,并记录最佳表现即维持时间最长的时长。个体得分标准参考表 7-4 和表 7-5。

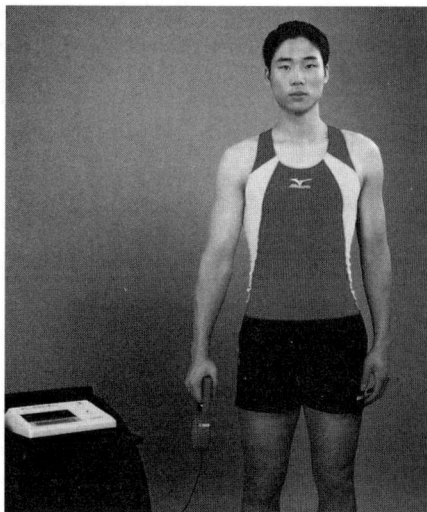

图 7-2　握力测试

表 7-4　男性老年人握力评分表　　　　　单位:kg

分值	60～64 岁	65～69 岁	70～74 岁	75～79 岁
10 分	＜ 22.8	＜ 20.8	＜ 18.3	＜ 16.0
30 分	22.8～24.5	20.8～22.5	18.3～20.0	16.0～17.5
50 分	24.6～29.1	22.6～27.2	20.1～24.5	17.6～21.9
55 分	29.2～31.8	27.3～30.0	24.6～27.2	22.0～24.6
60 分	31.9～33.9	30.1～32.1	27.3～29.3	24.7～26.7
65 分	34.0～35.8	32.2～34.0	29.4～31.2	26.8～28.6
70 分	35.9～37.6	34.1～35.9	31.3～33.0	28.7～30.5
75 分	37.7～39.5	36.0～37.8	33.1～35.0	30.6～32.4
80 分	39.6～41.6	37.9～39.9	35.1～37.1	32.5～34.6
85 分	41.7～44.3	40.0～42.7	37.2～39.9	34.7～37.5
90 分	44.4～46.1	42.8～44.5	40.0～41.8	37.6～39.4
95 分	46.2～48.9	44.6～47.3	41.9～44.6	39.5～42.3
100 分	≥ 49.0	≥ 47.4	≥ 44.7	≥ 42.4

资料来源:《国民体质测定标准(2023 年修订)》。

表 7-5　女性老年人握力评分表　　　　　　　　　　　单位:kg

分值	60～64 岁	65～69 岁	70～74 岁	75～79 岁
10 分	< 14.5	< 13.4	< 12.2	< 11.5
30 分	14.5～15.5	13.4～14.5	12.2～13.3	11.5～12.5
50 分	15.6～18.5	14.6～17.6	13.4～16.3	12.6～15.6
55 分	18.6～20.3	17.7～19.4	16.4～18.1	15.7～17.4
60 分	20.4～21.7	19.5～20.8	18.2～19.5	17.5～18.8
65 分	21.8～22.9	20.9～22.0	19.6～20.7	18.9～20.0
70 分	23.0～24.0	22.1～23.2	20.8～21.9	20.1～21.2
75 分	24.1～25.3	23.3～24.4	22.0～23.2	21.3～22.5
80 分	25.4～26.7	24.5～25.9	23.3～24.6	22.6～24.1
85 分	26.8～28.6	26.0～27.8	24.7～26.6	24.2～26.2
90 分	28.7～30.0	27.9～29.2	26.7～28.0	26.3～27.7
95 分	30.1～32.1	29.3～31.3	28.1～30.3	27.8～30.2
100 分	≥ 32.2	≥ 31.4	≥ 30.4	≥ 30.3

资料来源:《国民体质测定标准(2023 年修订)》。

(2)30 秒坐站评估:该评估通过进行坐下和站起重复动作评估下肢的肌肉耐力。该评估仅适合以正确形式进行深蹲的个体。可用于有效测量受试者下肢肌肉耐力的相对改善程度。虽然该评估模拟了大多数人每天进行的主要动作,但它可能不适合那些身体虚弱或下肢虚弱无力的受试者,或者具有平衡问题和骨科问题(特别是膝盖)的受试者。目的是评估下肢的肌肉耐力。

1)设备:秒表、方箱一个或凳子一张(43cm 高)。

2)测试前的步骤:解释 30 秒坐站评估评估目的之后,说明并演示正确动作。受试者端坐在测试方箱上,双臂交叉放于胸前,背部保持挺直状态,测试开始后,受试者快速站起呈完全直立状态后再坐回方箱上(图 7-3)。在尝试测试之前,鼓励受试者练习此动作。

3)测试方案和评价:做好准备后,受试者开始进行测试。仅对完整的重复动作计数。注意事项:①测试前让受试者先热身,然后进行几次坐站动作。②测试中,受试者不得手撑方箱面,坐下时背部应挺直,起立时膝关节须站直。③受试者在测试过程中,如感到头晕、胸闷、呼吸困难、身体疼痛等难以坚持的情况或其他身体不适,测试人员应停止测试,妥善处理。④为保证测试的安全性,测试时方箱应靠墙放置,测试人员在受试者侧后方保护受试者。⑤应鼓励受试者在保证安全的情况下,尽可能快速坐站。个体得分标准参考表 7-6 和表 7-7。

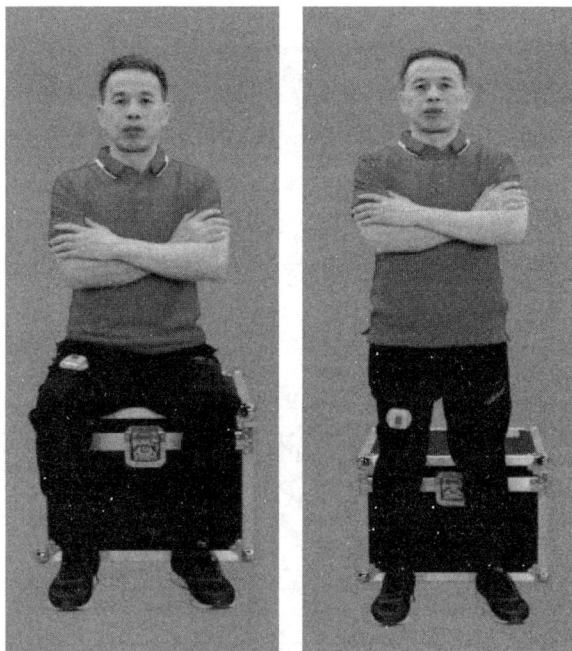

图 7-3　30 秒坐站测试

表 7-6　男性老年人 30 秒坐站评分表　　　　　　　　　　单位:次

分值	60～64 岁	65～69 岁	70～74 岁	75～79 岁
10 分	＜ 6	＜ 6	＜ 5	＜ 5
30 分	6	6	5	5
50 分	7	7	6	6
55 分	8	8	7	7
60 分	9	9	8	8
65 分	10	10	9	9
70 分	11	11	10	10
75 分	12	12	11	11
80 分	13	13	12	12
85 分	14～15	14	13	13
90 分	16	15～16	14～15	14
95 分	17～18	17～18	16～17	15～16
100 分	≥ 19	≥ 19	≥ 18	≥ 17

资料来源:《国民体质测定标准(2023 年修订)》。

表 7-7　女性老年人 30 秒坐站评分表　　　　　　　　　　　　　单位:次

分值	60～64 岁	65～69 岁	70～74 岁	75～79 岁
10 分	＜ 6	＜ 5	＜ 5	＜ 4
30 分	6	5	5	4
50 分	7	6	6	5
55 分	8	7	7	6
60 分	9	8	8	7
65 分	10	9	9	8
70 分	11	10	10	9
75 分	12	11	11	10
80 分	13	12	12	11
85 分	14～15	13～14	13	12
90 分	16	15	14	13～14
95 分	17～18	16～17	15～16	15
100 分	≥ 19	≥ 18	≥ 17	≥ 16

资料来源:《国民体质测定标准(2023 年修订)》。

3. 柔韧性

1)设备:坐位体前屈测试仪。

2)测试前的步骤:解释坐位体前屈评估目的之后,说明并演示正确动作。受试者赤足,面向仪器坐在座板上,双腿向前伸直,脚跟并拢,全脚掌蹬在测试仪的挡板上,脚尖自然分开。测试人员调整导轨高度使受试者脚尖平齐游标下缘,绑好腿绑带。

3)测试方案和评价:测试时,受试者双手并拢,掌心向下平伸,膝关节伸直,躯干前屈,用双手中指指尖推动游标平滑前进,直到不能推动为止(图 7-4)。连续测试两次,记录其最佳

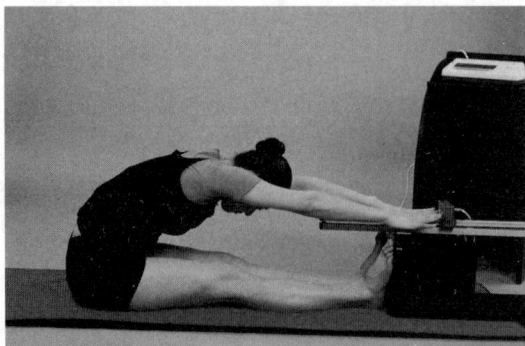

图 7-4　坐位体前屈测试

成绩。坐位体前屈测试值以厘米为单位,精确到小数点后 1 位。注意事项:①测试前,受试者应做好准备活动(特别注意关节韧带的拉伸)。②测试时,受试者双臂不能突然向前猛推游标,不能用单手前推,膝关节不能弯曲,全脚掌蹬在挡板上。③每次测试前,测试人员要将游标复位(推到导轨近端位置)。个人得分和对应年龄段见表 7-8、表 7-9。

表 7-8　男性老年人坐位体前屈评分表　　　　　　　　　　　单位:cm

分值	60～64 岁	65～69 岁	70～74 岁	75～79 岁
10 分	< −14.0	< −14.9	< −15.9	< −16.9
30 分	−14.0～−11.6	−14.9～−12.5	−15.9～−13.5	−16.9～−14.5
50 分	−11.5～−5.8	−12.4～−6.7	−13.4～−7.8	−14.4～−8.7
55 分	−5.7～−2.8	−6.6～−3.7	−7.7～−4.8	−8.6～−5.7
60 分	−2.7～−0.6	−3.6～−1.5	−4.7～−2.5	−5.6～3.4
65 分	−0.5～1.4	−1.4～0.5	−2.4～−0.5	−3.3～−1.5
70 分	1.5～3.3	0.6～2.4	−0.4～1.4	−1.4～0.4
75 分	3.4～5.3	2.5～4.4	1.5～3.4	0.5～2.4
80 分	5.4～7.6	4.5～6.7	3.5～5.7	2.5～4.7
85 分	7.7～10.6	6.8～9.7	5.8～8.7	4.8～7.7
90 分	10.7～12.8	9.8～11.9	8.8～10.9	7.8～9.9
95 分	12.9～16.3	12.0～15.4	11.0～14.4	10.0～13.5
100 分	≥ 16.4	≥ 15.5	≥ 14.5	≥ 13.6

资料来源:《国民体质测定标准(2023 年修订)》。

表 7-9　女性老年人坐位体前屈评分表　　　　　　　　　　　单位:cm

分值	60～64 岁	65～69 岁	70～74 岁	75～79 岁
10 分	< −8.3	< −9.3	< −10.9	< −12.7
30 分	−8.3～−5.9	−9.3～−6.9	−10.9～−8.5	−12.7～−10.3
50 分	−5.8～−0.2	−6.8～−1.1	−8.4～−2.7	−10.2～−4.6
55 分	−0.1～2.8	−1.0～1.9	−2.6～0.3	−4.5～−1.6
60 分	2.9～5.1	2.0～4.2	0.4～2.6	−1.5～0.7
65 分	5.2～7.1	4.3～6.2	2.7～4.6	0.8～2.7

分值	60～64 岁	65～69 岁	70～74 岁	75～79 岁
70 分	7.2～9.0	6.3～8.1	4.7～6.5	2.8～4.5
75 分	9.1～11.0	8.2～10.1	6.6～8.5	4.6～6.5
80 分	11.1～13.2	10.2～12.4	8.6～10.7	6.6～8.8
85 分	13.3～16.2	12.5～15.4	10.8～13.8	8.9～11.8
90 分	16.3～18.4	15.5～17.6	13.9～16.0	11.9～14.0
95 分	18.5～22.0	17.7～21.2	16.1～19.5	14.1～17.5
100 分	≥ 22.1	≥ 21.3	≥ 19.6	≥ 17.6

资料来源:《国民体质测定标准(2023 年修订)》。

4. 心肺能力　对于心肺适能的评估,推荐使用 2min 原地高抬腿。

1)设备:秒表。

2)测试前的步骤:解释 2 分钟原地高抬腿评估目的之后,说明并演示正确动作。受试者高抬腿抬高角度约 80°(膝盖抬高的高度与受试者同侧髂棘和髌骨垂直距离的中点高度相当)(图 7-5)。

3)测试方案和评价:测试开始后,受试者在原地尽量快速地进行持续 2 分钟的左右腿交替高抬腿。原地高抬腿测量值以次为单位。注意事项:①测试前测试人员应详细讲解动作要领,并带领受试者进行适当的练习,使受试者提前感受膝盖抬高的高度。②测试前受试者

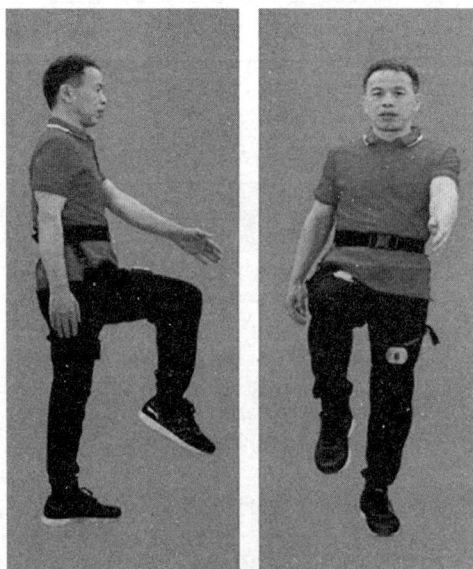

图 7-5　2 分钟原地高抬腿测试

须进行适当的热身活动(如拉伸肌肉以增加关节活动度等)。③测试过程中,测试人员要在旁保护,以防受试者失去平衡摔倒。④受试者在测试过程中不能弯腰和支撑腿弯曲。⑤受试者出现同侧单腿连续抬起情况时,应停止本次测试,休息后重测。⑥如出现头晕、目眩、胸闷、恶心等不良反应,应立即停止测试。通过表 7-10、表 7-11 对应相应年龄段的标准数据比较得到个体得分。

表 7-10　男性老年人 2 分钟原地高抬腿评分表　　　　　单位:次

分值	60~64 岁	65~69 岁	70~74 岁	75~79 岁
10 分	< 24	< 23	< 21	< 19
30 分	24~25	23~24	21~22	19~20
50 分	26~32	25~31	23~29	21~26
55 分	33~37	32~36	30~33	27~30
60 分	38~41	37~40	34~37	31~34
65 分	42~46	41~44	38~41	35~37
70 分	47~50	45~48	42~45	38~41
75 分	51~55	49~53	46~49	42~45
80 分	56~61	54~59	50~55	46~51
85 分	62~70	60~68	56~64	52~59
90 分	71~77	69~75	65~71	60~66
95 分	78~88	76~87	72~83	67~78
100 分	≥ 89	≥ 88	≥ 84	≥ 79

资料来源:《国民体质测定标准(2023 年修订)》。

表 7-11　女性老年人 2 分钟原地高抬腿评分表　　　　　单位:次

分值	60~64 岁	65~69 岁	70~74 岁	75~79 岁
10 分	< 24	< 23	< 21	< 19
30 分	24~25	23~24	21~22	19~20
50 分	26~32	25~31	23~29	21~26
55 分	33~37	32~36	30~33	27~30
60 分	38~41	37~40	34~37	31~34
65 分	42~46	41~44	38~41	35~37
70 分	47~50	45~48	42~45	38~41

续表

分值	60～64 岁	65～69 岁	70～74 岁	75～79 岁
75 分	51～55	49～53	46～49	42～45
80 分	56～61	54～59	50～55	46～51
85 分	62～70	60～68	56～64	52～59
90 分	71～77	69～75	65～71	60～66
95 分	78～88	76～87	72～83	67～78
100 分	≥ 89	≥ 88	≥ 84	≥ 79

资料来源:《国民体质测定标准(2023 年修订)》。

(二)健身活动原则

1. 安全性原则　安全性原则是指在健身活动过程中,要尽量不发生或尽量避免发生运动伤害事故,保证自身安全是参加体育健身活动的首要原则。

2. 全面发展原则　全面发展原则是指个体在安排训练方案时,应该兼顾各个方面的身体素质训练,要使身体的各个部分都参与运动,既要进行抗阻训练,也要进行有氧运动,从而保证全面发展。

3. 循序渐进原则　循序渐进原则是指在训练过程中,要科学合理地增加运动负荷,这样才能使身体素质不断得到训练,不断得到提升,从而得到最好的训练效果。

4. 个体化原则　个体化原则是指运动计划的安排应该根据个体实际情况及其运动爱好进行安排,制定符合个体情况的运动计划。

(三)体育健身活动方案要素

健身活动方案的要素可以总结为 FITT-VP,Frequency 代表运动频率,Intensity 代表运动强度,Time 代表运动时间,Type 代表运动类型,Volume 代表运动量,Progression 代表进阶。个体在安排健身活动方案时可以根据这些要素进行合理规划,从而有计划地开始并坚持运动训练。

(四)一次体育健身活动的内容与安排

一次健身活动的内容与安排可以根据参与者的喜好和目标来定制,以下是一个常见的运动内容与安排示例。

1. 热身阶段　进行低强度有氧运动,如跑步、快走或骑自行车,持续约 5～10min 以及进行相关的关节活动和拉伸运动,激活身体,预防受伤。

2. 主要锻炼阶段　选择一项主要运动项目,如篮球、足球、羽毛球、网球、游泳等,进行训练。

3. 冷却和放松　结束主要锻炼后,进行短暂的有氧活动,如慢跑、伸展等,以帮助身体恢复;进行全身拉伸,以舒缓肌肉紧张和减少恢复期不适。

具体的活动计划可以根据场地、参与者的需求、目标以及计划的安排进行调整。

(五)不同健身活动方案推荐

根据老年人进行健身活动的目的不同,其健身活动的方案也有所不同,以下是提高不同身体素质的建议。

1. 有氧耐力

(1)任何不对骨施加过多压力的有氧或耐力活动方式。

(2)老年人每周应该至少进行150min的中等强度的身体活动,或者每周进行75min的较大强度(RPE15或18)有氧身体活动,以获取健康益处。

(3)老年人的体力可能会逐渐下降,但每次运动应至少持续10min,每周的运动最好分散在3d或以上。

(4)通过将该方案延长至每周300min的中等强度运动(RPE5或6),或每周较大强度的(RPE7或8)有氧运动150min,可获得更大的健康益处。

有氧耐力活动举例:散步,跳舞,游泳,水中有氧运动,慢跑,有氧运动课,骑自行车(固定或在路上),一些园艺活动,例如耙草和推草机,网球,打高尔夫球(无推车)。

2. 肌肉力量

(1)渐进式力量训练计划,负重或负重健身操。

(2)当使用抗阻训练来增强肌肉力量时,每次锻炼1组(如果有能力可以每次2～3组),每组8～12次重复动作。

(3)每周至少2组中等至较大强度的肌肉力量训练,(8～12RM,1RM代表训练过程中能够完成训练规定动作的最大重量负荷,8～12RM代表此时的重量负荷能够完成8至12次训练规定动作,即选择的负荷应是能完成规定训练动作8至12次的重量)。

肌肉力量锻炼举例:使用运动带、举重机、手持式重物、健美操锻炼(克服自重)进行的锻炼,园艺活动(挖掘、提起和搬动)、搬运杂货,部分瑜伽运动和太极拳运动。

3. 柔韧性活动

(1)通过持续拉伸主要肌群来维持或增加柔韧性的活动。

(2)每周至少2次柔韧性活动。

(3)建议通过此类运动来维持关节正常活动幅度,以维持日常活动,通常可以与有氧运动或肌肉抗阻活动的热身或整理运动结合在一起。

柔韧性活动举例:颈部拉伸,肩部拉伸,肩和上臂抬高,上身拉伸,胸部拉伸,背部拉伸,踝关节拉伸,腿后部拉伸,大腿拉伸,臀部拉伸,下背部拉伸,小腿拉伸。

4. 有跌倒风险和/或行动不便的老年人平衡活动

(1)当训练计划包括每周90min的平衡训练和中等强度的肌肉强化活动,以及每周大约1h的中等强度的步行时,该训练计划的参与者的摔倒人数有所减少。

(2)有跌倒风险的老年人应该每周进行3d或更多天的平衡训练,并通过减少跌倒的训练计划进行标准化锻炼。

（3）通过逐渐减少支撑面积、扰动重心的动态运动以及向维持姿势的肌群施加压力，来循序渐进地增加动作难度。

老年人平衡活动举例：倒退步行，侧向走，脚跟走，脚趾走和由坐姿到站立的起身动作。从练习时握住稳定的支撑物（如家具）到没有支撑物进行练习，练习的难度可能会增加。太极拳锻炼也可能有助于预防跌倒。

三、社区运动健康促进策略

（一）科学健身知识和健身理念传播

在健康中国、体卫融合的大背景下，全民健身这一理念逐渐深入人心，进行健身活动已经成为人们的日常活动之一。健身不仅丰富了人们的业余生活，更促进了人们的身体健康。由此可见，科学健身是运动促进全民健康发展的重要驱动力。丰富多彩的系列健身活动通过多渠道传播科学健身理念，广泛开展科学健身指导服务，大力倡导人们树立和践行科学健身理念，以满足人们不同的科学健身指导需求，促使人们主动学习健身知识，了解并掌握科学健身知识和健身理念，从而能够自主地进行科学健身活动，以达到运动促进健康的目的。

1. 开展丰富多彩的健身活动　在社区公共场所，如社区活动中心、大型购物中心等，举办健身活动的展示和推广活动。通过现场展示、体验活动、小型比赛等形式，吸引居民参与，同时向他们传达科学健身知识。

2. 多渠道传播科学健身理念　在社区内设立专门的健身教育平台，为居民提供科学健身知识的学习和交流渠道，例如专业健身教练、营养师等通过讲座、培训班、座谈会等形式向人们传授相关知识；定期在社区内举办公益健身知识普及活动，邀请专业人士现场讲解科学健身知识，在现场进行示范和实践。同时，提供宣传资料和相关阅读材料，供居民参考和学习；通过社交媒体和网络平台，定期发布科学健身知识和技巧的文章、视频等内容，提供给人们学习和参考。

3. 提供个性化健身指导　可以通过健身 App、在线咨询等形式，提供定制化的健身指导服务。根据不同人群的需求和健康状况，设计合适的健身计划和饮食建议。

（二）营造运动健康促进社区环境

社区体育具有强身健体、娱乐身心、扩大社交、提高幸福感等作用，已成为全民健身事业的重要组成部分。因此，人们在社区内可以随时随地进行健身活动，通过健身活动强健体魄、愉悦心情。

1. 增设各类运动设施以及运动活动场所　在社区内增设各类运动设施，包括篮球场、足球场、健身器材等，以满足不同年龄、不同爱好的居民的需求。设施应该安全可靠、维护及时，鼓励居民进行户外运动。同时，在社区内建立专门用于举办运动活动的场所，如运动中心、大型广场等，这些场所可作为居民举办集体健身活动、比赛、表演等的基地，有利于增加居民参与运动的机会。

2. 建立健身组织和社区合作　社区与健身组织、健身俱乐部等广泛建立合作关系,通过共同推进,为社区体育提供更全面的服务和支持。同时,社区应定期组织各类健身活动,如健步走、团队运动、舞蹈等,建立老年人体育健身俱乐部,定期组织集体活动、比赛等。活动形式应灵活多样,可以根据不同居民的喜好和需求,满足大家的健身活动需求。

3. 设立奖励机制　鼓励社区居民积极参与健身活动,可以设立奖励机制,例如颁发健身活动勋章、颁发奖状等,以此鼓励和肯定居民的积极参与。同时加强宣传推广力度,通过社交媒体、社区广播、宣传栏等渠道,定期宣传社区健身活动的信息,提醒居民关注、参与健身活动。

营造良好的社区运动环境是推动社区居民积极参与健身活动的重要举措。一个积极健康的社区环境,能够促进居民积极参与健身活动,提高居民的健康水平,增强社区凝聚力和活力。

（三）老年人社区体育健身文化建设

近年来,我国人口老龄化的程度持续加深。积极应对人口老龄化,是建设健康中国的重要一环。老年人社会体育健身文化建设是全民健身中不可或缺的重要组成部分,随着老年人口的增加和健康意识的提高,老年人社会体育健身文化建设变得越来越重要,做好老年体育工作,对造福老年人群体,提升老年人的获得感、幸福感、成就感具有重大意义。

1. 健康教育和培训　定期举办健康教育讲座,邀请专业人士对老年人进行健康知识的普及和培训,例如讲解饮食健康、疾病预防和管理、药物使用等。提供健康咨询和健康检查服务。

2. 定期评估和改进　定期评估老年人对社区健身文化的参与情况和反馈意见,根据实际情况进行改进和调整。保持与老年人的沟通和交流,不断提升服务质量和健身文化建设水平。提供丰富多样的健身活动:组织适合老年人参与的体育活动,例如太极拳、广场舞、健身操等,以及户外活动如徒步、远足等。活动内容应结合老年人的身体状况和兴趣爱好设置,丰富多样,满足不同老年人的需求。

3. 多渠道宣传推广　通过媒体广告、社区宣传、社交媒体等多样化方式,宣传老年人参与社会体育健身活动的重要性和益处,吸引更多老年人参与到健身活动中来。

（张彦峰　江露沛　何　羚）

参考文献

［1］王厚雷.城市社区老年人户外体力活动建成环境研究［D］.南京:南京师范大学,2018:45-49.

［2］李紫薇,赵晶,董晶晶,等.城市公园体育健身功能更新探索:以北京市海淀区为例［J］.中国园林,2023,39（4）:59-64.

［3］欧阳一非,何梦洁,张丽敏,等.中国四省55岁及以上人群身体活动时间与认知功能状况的关系

［J］.卫生研究,2021,50(1):2-7.

［4］郭凯林,王世强,李丹,等.我国老年人身体活动及其影响因素的历时变化:基于 CHARLS 2011 年和 2018 年数据的分析[J].武汉体育学院学报,2022,56(7):68-75.

［5］郭彬,李佳豫,张锐.后疫情时期"在线健身"助力健康老龄化何以可能与何以可为:基于全国老年人体育健身展示活动的个案研究[C]//中国体育科学学会.第八届中国体育博士高层论坛论文汇编.北京:北京大学人口研究所,2022:250-251.

［6］廖立宏,付洋洋,郭舜,等.吉林省老年人体育健身活动现状与变化特点[J].科技资讯,2022,20(14):206-209.

［7］刘晓慧,王旭光.天津市老年人体育健身参与状况及对策研究:基于2020年全民健身活动状况天津地区调查结果[C]//中国体育科学学会.第十二届全国体育科学大会论文摘要汇编:专题报告(体质与健康分会).天津:天津体育学院,2022:80-82.

［8］黄天明.基于老年人活动特征的社区室外健身场地可达性研究[D].北京:北京建筑大学,2021:49-56.

［9］王肖,王剑.老年人健身活动与认知老化的关系[J].当代体育科技,2019,9(13):208,210.

［10］唐丽娜.社会性别视角下的老年人健身活动研究:以广西民族大学为例[J].学理论,2018,66(7):89-90.

［11］毕宏宇.大庆市老年人参与体育健身活动现状调查[J].当代体育科技,2018,8(17):159-160.

［12］钱宏颖,黄运体.城市老年人健身活动现状及影响因素的调查研究[C]//中国体育科学学会.2015第十届全国体育科学大会论文摘要汇编(三).杭州:浙江大学体艺部,2015:203-205.

［13］吴超.影响老年人进行体育健身活动因素的分析[J].科技视界,2014(32):144,172.

［14］孙建刚,刘阳,任波,等.身体活动客观测量方法的比较与选择[J].体育科研,2021,42(1):69-76.

［15］石潇洋,万巧琴,纪文文,等.老年人群身体活动量表及应用进展[J].中国老年学杂志,2020,40(13):2896-2900.

［16］颜芬.中国传统体育养生与西方现代体育健身的比较研究[D].武汉:武汉体育学院,2020:4-17.

［17］李博文,徐瑞,夏忆汝,等.普通成年人运动干预健康效应 Meta 分析的研究现状[J].体育与科学,2022,43(4):88-98.

［18］周伟良.中华民族传统体育高级教程[M].北京:高等教育出版社,2003:137-138.

［19］王瑞元,苏全生.运动生理学[M].北京:人民教育出版社,2011.

［20］董宏,王锴,王家宏.主动健康理念下我国体卫融合发展瓶颈与战略选择[J].体育科学,2023,43(1):3-14.

［21］FRIED L P,TANGEN C M,WALSTON J,et al. Frailty in older adults:evidence for a phenotype［J］.J Gerontol A Biol Sci Med Sci,2001,56(3):M146-156.

［22］潘锋.促进老年健康从疾病预防开始[J].中国医药导报,2022,19(24):1-4.

［23］凌晓凤.运动康复治疗在老年高血压中应用的研究[J].中西医结合心血管病电子杂志,2018,6(30):27-28.

［24］唐韶慨,耿元文,林琴琴,等.环状 RNA、慢性代谢性疾病及运动干预研究进展[J].中国运动医学杂志,2023,42(3):236-247.

［25］卢诗卉,曹可强.健康中国背景下我国运动健康社区治理研究[J].沈阳体育学院学报,2022,41

（6）:14-20.

［26］ JUNGREITMAYR S,VENEK V,RING-DIMITRIOU S. Regional differences in self-reported health, physical activity and physical fitness of urban senior citizens in Austria［J］. Healthcare（Basel）, 2023,11（10）:345-348.

［27］ ALBRECHT B M,STALLING I,RECKE C,et al. Associations between older adults' physical fitness level and their engagement in different types of physical activity:cross-sectional results from the OUTDOOR ACTIVE study［J］. BMJ Open,2023,13（3）:130.

［28］ FURTADO G E,VAZ C,BOVOLINI A,et al. The impact of physical activity levels and functional fitness status on the quality of life perceived by older adults living in rural and urban areas:the Portuguese inland case［J］. Healthcare,2022,10（7）:1266.

［29］ BAXTER J,WELSH H,GRAYER J. Mindfulness-based interventions for cancer-related pain and depression:a narrative review of current evidence and future potential［J］. Curr Opin Support Palliat Care,2019,13（2）:81-87.

［30］ NI X,CHAN R J,YATES P,et al. The effects of Tai Chi on quality of life of cancer survivors:a systematic review and meta-analysis［J］. Support Care Cancer,2019,27（10）:3701-3716.

［31］ YIN J,YUE C,SONG Z,et al. The comparative effects of Tai Chi versus non-mindful exercise on measures of anxiety,depression and general mental health:a systematic review and meta-analysis［J］. J Affect Disord,2023,337:202-214.

［32］ HUANG C Y,MAYER P K,WU M Y,et al. The effect of Tai Chi in elderly individuals with sarcopenia and frailty:a systematic review and meta-analysis of randomized controlled trials［J］. Ageing Res Rev,2022,82:101747.

［33］ OH B,BUTOW P N,MULLAN B A,et al. Effect of medical Qigong on cognitive function,quality of life,and a biomarker of inflammation in cancer patients:a randomized controlled trial［J］. Support Care Cancer,2012,20（6）:1235-1242.

［34］ MUELLER J,WEINIG J,NIEDERER D,et al. Resistance,motor control and mindfulness-based exercises are effective for treating chronic non-specific neck pain:a systematic review with meta-analysis and dose-response meta-regression［J］. J Orthop Sports Phys Ther,2023,53（8）:420-459.

第八章

失能预防

随着我国老龄化进程加速,失能老年人的数量将持续增加。老年人失能给个人、家庭和社会都会造成沉重的负担,预防和干预老年失能是目前迫切需要解决的问题。造成老年失能的原因有多种,通过消除或减少危险因素、开展健康生活方式等相关干预活动可减少或延缓失能的发生。

第一节　失能概述

一、定义

(一)关于能力的定义

世界卫生组织 2020 年发布的《健康老龄化十年:基线报告》将能力分为功能能力和固有能力。

功能能力包括个人的内在能力、个人生活的环境以及人们如何与环境互动。包括:

(1)满足基本需求的能力,确保生活水平(例如能够负担得起充足的饮食、衣服、合适的住房和医疗保健以及包括药物在内的长期护理服务)。

(2)学习、成长和决策能力(为了加强个人的自主性、尊严、正直、自由和独立)。

(3)移动能力(用于完成日常任务和参与活动)。

(4)建立和维护关系的能力(与孩子和家人、亲密伴侣、邻居等)。

(5)对社会作出贡献的能力(例如帮助朋友、指导年轻人、照顾家庭成员、志愿服务、开展文化活动和工作)。

固有能力包括个体可驱动的所有的生理和心理能力,以下为一个人几项重要的固有能力:①运动能力(身体运动);②感官能力(如视觉和听觉);③活力(精力和平衡);④认知;⑤心理能力。

(二)失能的定义

2021 年 WHO 在国际功能、残疾和健康分类(ICF)中从 3 个层面定义失能。

(1)失能是直接由疾病创伤或其他需要专业医疗人员提供医疗服务的健康状况造成的个人日常生活活动能力下降。

（2）失能不再单纯是个人问题，而是一种残疾的社会模式，应该把老年人失能看作为一种个体不能完整融入社会的社会性问题。

（3）失能是对损伤、活动受限和社会参与受限的一个总括性术语，即具有某种健康状况的个体与个人因素和环境因素之间相互作用的消极方面。

（三）老年人失能相关概念

1. 失能老年人 指因年迈虚弱、残疾、生病、智障等而不能独立完成穿衣吃饭、洗澡、上厕所、室内运动、购物等任何一项活动的老年人（即失去日常生活自理能力的老年人）。

2. 老年人失能预防 通过消除或减少危险因素，预防或延缓老年人出现功能受损、活动受限及社会参与受限情况的措施。

二、老年人失能流行情况

（一）全球老年人失能流行情况

世界卫生组织汇总了 2015—2017 年 30 个国家老年人功能相关的具有国家代表性的横断面调查，结果显示分别有 81.3% 和 74.9% 的老年人具有较高或足够的功能能力和固有能力，严重丧失功能能力的老年人所占比例为 4%，严重丧失固有能力的老年人所占比例为9.8%。在 60 岁及以上且固有能力和功能能力处于严重和中度丧失状态的人中，80 岁及以上老年人的占比是 60～70 岁老年人占比的两倍。

（二）我国老年人失能流行情况

第四次城乡老年人生活状况抽样调查显示，2015 年我国失能和部分失能老年人约有4 000 万，占老年人口的 18.3%。中国疾控中心 2015 年老年期重点疾病预防和干预项目对六省 2 万余名社区老年人进行的调查显示，社区老年人的基础性日常生活能力（如进食、穿衣、洗澡）失能率为 2.1%，而工具性日常生活能力（如出行、洗衣、做饭）的失能率则高达 19.8%。

三、失能防控工作进展

（一）国际号召及技术支持

联合国大会宣布 2021—2030 年为"联合国健康老龄化行动十年"，旨在通过以下四个领域的集体行动减少健康不平等现象、改善老年人及其家庭和社区的生活：改变我们对年龄和老龄化的想法、感觉和行为；确保社区为老年人提供有助于其能力发挥的环境；提供以人为本并满足老年人需求的综合护理和初级保健服务；为有需要的老年人提供长期护理。WHO发布了《老年人整合照护（ICOPE）：针对老年人内在能力减退的社区干预措施指南》，在管理老年人内在能力减退问题方面，提出了改善骨骼肌肉功能、维持感官能力、促进心理健康、管理尿失禁、预防跌倒、向照护人员提供支持等建议。

（二）国内政策发展及实践

2019 年《健康中国行动（2019—2030 年）》的老年健康促进行动提出：到 2022 年和 2030 年，65～74 岁老年人失能发生率有所下降。2021 年《关于全面加强老年健康服务工作的通知》提出：加强老年人功能维护。组织开展老年人失能（失智）预防与干预试点工作，鼓励有条件的省（区、市）组织开展省级试点工作，减少老年人失能（失智）发生。2022 年，《"十四五"健康老龄化规划》提出：到 2025 年，65～74 岁老年人失能发生率有所下降。开展失能（智）预防与干预工作，减少、延缓老年人失能（智）发生。

2019 年，国家卫生健康委印发《老年失能预防核心信息》，提示提高老年人健康素养、改善营养状况、改善骨骼肌肉功能、进行预防接种、预防跌倒、关注心理健康等有助于降低老年人失能发生率。2020 年 10 月，国家卫生健康委老龄司印发《关于开展老年人失能（失智）预防干预试点工作的通知》，在试点地区对一般老年人和失能失智高危老年人开展干预工作。

第二节　失能影响因素

一、生理因素

（一）年龄

随着年龄的增长，老年人身体机能受衰老和退行性疾病的影响不断增加，各项器官、组织的功能不断下降，活动能力普遍降低。高龄老人失能风险高于较低年龄的老人，研究显示，70 岁以上年龄组的老年人失能风险是 60～69 岁年龄组的 1.86 倍，80 岁及以上年龄组的老年人的失能风险是 60～69 岁年龄组的 6.2 倍，85 岁以上年龄组的老年人失能风险是 60～64 岁年龄组的 43.4 倍。

（二）性别

失能的发生在性别差异方面尚无一致性的结论。既往研究发现女性老年人的失能比例要高于男性，原因可能为女性的预期寿命较男性长，高龄老年人群中女性占比较高，且男女在性格、职业、体育锻炼上存在一定的差异。也有分析在控制了年龄等因素后，未发现失能率的性别差异。

（三）疾病相关因素

1. 慢性病　失能是很多功能退行性改变及慢性病的结局，老年人合并慢性病种类越多，失能风险越高。十大与失能相关的健康问题包括听力损失、后背和颈部疼痛、慢性阻塞性肺部疾病、单向抑郁障碍、跌倒、糖尿病、阿尔茨海默病和其他老年痴呆症、屈光不正、骨关节炎和白内障。研究发现，患慢性病老年人的失能风险是没有患慢性病老年人的 1.43 倍，而患有三种及以上慢性病的老年人失能率是没有患慢性病老年人的 2.47 倍。老年人失能与抑郁程度有关,随着抑郁程度的加深,老年人的失能率呈上升趋势,重度抑郁老年人的失能率是没有抑郁老年人的 4.69 倍。

2. 跌倒　跌倒是老年人最常见的伤害原因之一,严重影响老年人生活质量。一方面,跌倒后的老年人站立、行走能力弱,完成日常活动的难度增大。另一方面,跌倒后的老年人容易出现跌倒恐惧,通过限制活动来避免跌倒风险,限制活动又导致身体功能衰退,肌肉含量及肌力下降,进一步增加了日常生活能力下降的风险。

二、生活方式因素

拥有良好的生活方式,如参加体育锻炼、合理膳食、不吸烟、不喝酒的老年人,其健康状况往往较好、失能风险低。经常锻炼有助于老年人延缓衰老、强健体魄、增强抵抗力及提升身体机能、维持肌肉含量。优质蛋白质、新鲜蔬果等可以保证老年人获取较高的营养;不吸烟、不喝酒降低了由于吸烟、喝酒引发相关疾病的风险,在一定程度上对老年人健康起到保护作用。积极参与社交活动有助于老年人健康状况改善,有利于改善老年人失能程度。

三、社会因素

(一)社会人口学因素

老年人失能受婚姻状况、城乡差异、受教育水平及经济状况等因素影响。有配偶陪伴对老年人的健康有明显的促进作用,有配偶陪伴的老年人,在情感及生活方面能够与配偶相互照顾、相互支持,有助于排除孤独感和负性情绪,促进身心健康。相比有配偶的老年人,丧偶老年人更易产生孤独感、焦虑、抑郁等负性情绪,从而影响其心理及生理健康,通常日常生活能力更差。由于经济和医疗等资源分布的不平衡性,目前农村老年人总体失能风险高于城市老年人。教育水平与老年人失能的发生风险呈负相关,受教育程度越高的老年人的自我健康意识越高,接受防病与保健知识的途径也更多,生活方式也更加健康,发生失能的风险越低。与高收入人群相比,低收入人群的失能率显著增加。

(二)居住状况

居住模式是失能的相关因素,关于独居对失能的影响,研究人员尚未获得一致结论。虽然有研究表明有配偶的老年人失能风险较低,但也有研究显示独居者的失能风险较低,推测原因可能为独居者缺少家庭中其他成员的照顾,需要有更强的独立性,会更加注重自身的健康状况,能积极参与到社会活动中,有利于保持其日常生活能力。

不良居住环境也会对老年人失能的发生造成影响,居住环境昏暗、不整洁、缺乏适老化设施是导致老年人跌倒的主要危险因素之一,跌倒高发将增加失能的风险。此外,不良居住环境也不利于身心健康和居家康复。

（三）医疗服务状况

定期体检和接受医疗健康信息的老年人失能的发生率低,使用一种或多种医疗服务的人群比不使用任何服务的人群,工具性日常生活能力失能风险降低 55%～77%,基础性日常生活能力失能发生率降低 54%～81%,合并工具性日常生活能力和基础性日常生活能力失能发生风险降低 59%～89%。这样的研究结果表明,定期进行体检对于维护老年人的自理能力具有显著的积极作用,患重病时得到及时救治对降低老年人失能程度具有积极作用。

（四）社会支持

社会支持水平的高低与日常生活能力状况密切相关,较高的社会支持水平有利于缓解人们身体和精神上的压力,有利于健康和生活质量的提高。照顾者良好的照顾能力和心理状态可以改善失能老年人的健康状况、生活质量。更多的子女关爱和良好的邻里关系均有益于老年人身心健康。

第三节　失能的评估

老年人的能力评估工作有重要的意义。一是能够为老年人失能防控干预提供基础信息,要开展老年人失能防控工作,前提是需要了解老年人当前的身体功能状况,针对不同功能状况的老年人采取不同的干预方法。二是为大健康工作相关资源配置提供信息,通过对区域老年人群的能力评估,能够了解当地不同功能状况老年人群的比例、分布等,有助于老年人健康促进服务有效资源配置。

一、失能评估工具

随着失能问题的日益严重以及相关研究的增多,对于老年人进行能力评估、失能评估的工具也日益增多,下面介绍几种常用的失能评估量表/工具。

（一）世界卫生组织失能评定量表

该量表可评估一般人群和特殊人群的健康和失能状态。并且便于使用和获得,不受专利权限制,已超过 30 种语言版本。该量表分为 36 个问题的完整版、12 个问题的缩略版及12+24 项的复合版本,了解被调查者近 30 天中 6 个生活领域所遇到的功能障碍。36 题版和 12 题版分为调查者询问、自我评估、家属评估三种形式,12+24 项的复合版只能由经过培训的评估者面谈完成。12 项版本的自我测试量表,可以通过每项评分"无"1 分,"轻度"2分、"中等"3 分,"严重"4 分和"极重"5 分累加,量表总分为各条目得分之和(表 8-1),将满分为 12～60 分的量表总分转换为满分为 0～100 分的标准得分,0～4 分为无失能,5～24 分为轻度失能,25~49 分为中度失能,50~95 分为重度失能,96~100 分为极重度失能。问题 H1~H3 评定的是被调查者遇到的各种困难对他们生活的影响程度,供评估者参考,不计入总分。其他版本量表及复杂打分法可访问世界卫生组织官网获得。

表 8-1 世界卫生组织失能评定量表 12 项自我测试版

回想过去 30 天并回答这些问题,想想您在做以下活动时有多大的困难,每个问题只选一项。

在过去的 30 天内,您在以下方面有多大困难?						
S1	长时间站立,如 30 分钟?	无	轻度	中等	严重	极重或不能做
S2	担负您的家庭责任?	无	轻度	中等	严重	极重或不能做
S3	学习新任务,如学习怎样去一个新的地方?	无	轻度	中等	严重	极重或不能做
S4	您以与他人相同的方式参与社区活动(例如庆节日、宗教或其他活动)方面有多大的困难?	无	轻度	中等	严重	极重或不能做
S5	您的健忘状态对您的情绪影响多大?	无	轻度	中等	严重	极重或不能做
S6	集中注意力做事情 10 分钟?	无	轻度	中等	严重	极重或不能做
S7	长距离行走,如一公里(或相当距离)?	无	轻度	中等	严重	极重或不能做
S8	清洗全身?	无	轻度	中等	严重	极重或不能做
S9	完成穿衣?	无	轻度	中等	严重	极重或不能做
S10	与亲密的人相处?	无	轻度	中等	严重	极重或不能做
S11	维持友谊?	无	轻度	中等	严重	极重或不能做
S12	您的日常工作?	无	轻度	中等	严重	极重或不能做
H1	总体来说,在过去 30 天内,这些困难出现的天数?	记录天数:				
H2	在过去的 30 天内,您有多少天是因为健康状态而完全不能进行您的正常活动或工作的?	记录天数:				
H3	在过去的 30 天内,不计算完全不能的天数,有多少天是因为健康状态而缩短或减少您的正常活动或工作的?	记录天数:				

本调查完成,谢谢。

(二)老年人能力评估规范

《老年人能力评估规范》(GB/T 42195—2022)是 2022 年 12 月 30 日实施的一项国家标准,该标准要求评估人员有五年以上从事医疗护理、健康管理、养老服务、老年社会工作等实务经历,并具有相关专业背景。评估包括自理能力、基础运动能力、精神状态、感知觉与社会参与 4 个一级指标。自理能力包括进食、修饰、洗澡、穿/脱上衣、穿/脱裤子和鞋袜、小便控制、大便控制和如厕 8 个二级指标,基础运动能力包括床上体位转移、床椅转移、平地行走和上下楼梯 4 个二级指标,精神状态包括时间定向、空间定向、人物定向、记忆、理解能力、表达能力、攻击行为、抑郁症状和意识水平 9 个二级指标,感知觉与社会参与包括视力、听力、执行日常事务、使用交通工具外出和社会交往能力 5 个二级指标。依据各项指标的总得分,能够将老年人区分为能力完好、轻度失能、中度失能、重度失能和完全失能五个等级。

(三)日常生活能力量表

日常生活能力(activities of daily living,ADL)指人们为独立生活而每天必须反复进行的最基本的具有共同性的身体动作群,如进行衣食住行等的基本动作和技巧,可直接反映老年人的基本自理程度。常用的日常生活能力评估主要包括基本日常生活活动能力(basic activities of daily living,BADL)和工具性日常生活活动能力(instrumental activities of daily living,IADL)。基本日常生活活动能力,主要包括进食、更衣、沐浴、移动、如厕、控制大小便等内容,用来判断老年人各项功能的丧失情况。BADL 最常用的是 Barthel 指数评定量表(表 8-2),总分 100 分,小于等于 40 分,全部需他人照顾;41~60 分,大部分需他人照顾;61~99 分,小部分需他人照顾;100 分无需他人照顾。Lawton-Brody 工具性日常生活活动功能评估量表的内容主要包括做家务、洗衣、购物、打电话等内容,用来反映老年人的独立生活程度(表 8-3),可通过自填,或由医生、护士、家属进行评定,共 8 个条目,总分 24 分,得分越高,工具性日常生活活动能力越好。

表 8-2 Barthel 指数评定量表

项目	评分标准 / 分				得分 / 分
	完全独立	需要部分帮助	需要极大帮助	完全依赖	
进食	10	5	0	—	
洗澡	5	0	—	—	
修饰	5	0	—	—	
穿衣	10	5	0	—	
控制大便	10	5	0	—	
控制小便	10	5	0	—	
如厕	10	5	0	—	
床椅移动	15	10	5	0	
平地行走	15	10	5	0	
上下楼梯	10	5	0	—	

资料来源:郑悦平,常红,匡雪春 . 老年综合评估[M].北京:化学工业出版社,2022.

表 8-3 Lawton-Brody 工具性日常生活活动功能评估量表

项目		评分	得分
购物	独立完成所有购物需求	3	
	独立购买日常生活用品	2	
	每一次上街购物都需要人陪伴	1	
	完全不上街购物	0	

	项目	评分	得分
做家务	能做比较繁重的家务,如搬动沙发、擦地板、擦窗户	4	
	能做比较简单的家务,如洗碗、铺床、叠被子	3	
	能做家务,但不能达到可被接受的整洁程度	2	
	所有家务都需要别人协助	1	
	完全不能做家务	0	
理财	可独立处理财务	2	
	可以处理日常的财务,但需要别人协助处理与银行的往来事务	1	
	不能处理财务	0	
准备食物	能独立计划烹煮和摆设一顿适当的饭菜	3	
	如果准备好一切的佐料,会做一顿适当的饭菜	2	
	会将已做好的饭菜加热	1	
	需要他人把饭菜做好、摆好	0	
外出乘车	能自己搭乘大众交通工具或自己开车骑车	4	
	可搭乘出租车或大众交通工具	3	
	能自己搭乘出租车,但不会搭乘大众交通工具	2	
	当有人陪伴时可搭乘出租车或大众交通工具	1	
	完全不能出门	0	
使用电话	可独立使用电话,含查电话簿、拨号等	3	
	仅可拨熟悉的电话号码	2	
	仅会接电话,不会拨电话	1	
	完全不会使用电话	0	
洗衣	自己清洗所有衣物	2	
	只清洗小件衣物	1	
	完全依赖他人洗衣服	0	
服药	能自己负责在正确时间用正确的药物	3	
	需要提醒或少许协助	2	
	如果事先准备好服用的药物分量,可自行服用	1	
	不能自己服药	0	

(四)其他

1. 认知功能评估 老年人认知功能的衰退会影响到身心健康的方方面面,认知功能问题应被及早评估和处理。社区医生可以通过询问老年人或熟悉老年人的照护者关于老年人记忆、方向判断、语言能力、日常行为等方面的问题,对老年人认知功能状况有个初步判断。

也可参照国家基本公共卫生服务规范对老年人的认知功能进行粗筛:告诉被检查者"我将要说三件物品的名称(如铅笔、卡车、书),请您立刻重复",过1分钟后请其再次重复,如被检查者无法立即重复或1分钟后无法完整回忆三件物品名,称为粗筛阳性,须进一步检查。简易智力状态评估(Mini-Cog)、蒙特利尔认知评估(MoCA)以及简易精神状态检查(MMSE)等都是常用的认知功能评估量表,具体内容及方法可参见本书第九章。

2. 运动功能评估 运动功能是老年健康的关键决定因素,涉及肌力、平衡力、步态等很多方面。其中简易机体功能评估量表(SPPB)通过4m步速测定、重复从椅子站起测试和串联站立平衡测试反映机体功能,总分12分,得分越高表明机体功能越好。该评估需要有一定的空间,并用秒表计时完成。具体方法如下。

(1)4m步速测定:在测试场地标记出一段长4m的路线,请受试者以正常步速沿着线路走2次,对每一次所需的时间用秒表计时。注意步速测试的起始和结束会有加速和减速的过程,所以老年人实际行走距离应长于需要计时的测试距离,在更早的位置起步、在更远的位置止步。小于4.82秒得4分,4.82~6.20秒得3分,6.21~8.70秒得2分,大于8.70秒得1分,无法完成得0分。

(2)重复从椅子站起测试:该测试需要一把有靠背的椅子靠墙放置,避免移动。请老人以最快但安全的速度站起来然后坐下,重复5次,记录所需时间。受试老人开始时后背要靠着椅子,双臂交叉放于胸前,每次坐下屁股要接触到椅子,过程中不能用手臂推扶。小于11.2秒得4分,11.2~13.6秒得3分,13.7~16.6秒得2分,16.7~60秒得1分,大于60秒或无法完成得0分。

(3)串联站立平衡测试:该测试分为三个动作,分别为平行站立、半串联站立和全串联站立。平行站立要求老年人双脚并拢站立保持10秒钟。半串联站立为双脚向同一方向,一只脚的脚后跟接触另一只脚的大脚趾,保持10秒钟。全串联站立为一只脚在前,一只脚在后,前脚的脚后跟接触后脚的脚趾,两只脚呈一条直线,保持10秒钟。测试过程中可以张开双臂、弯曲膝盖或是移动身体保持平衡,但不能移动双脚。平行站立0~9秒或不能完成得0分;平行站立10秒,半串联站立小于10秒得1分;半串联站立10秒,全串联站立0~2秒得2分;半串联站立10秒,全串联站立3~9秒得3分;全串联站立10秒得4分。

3. 抑郁评估 抑郁症状在失能老年人、社会隔离的老年人中更为常见,同时也是失能和其他躯体疾病的危险因素,社区医生对于老年抑郁的早期识别和进一步处理有助于老年人生活质量的提高。社区医生可参照国家基本公共卫生服务规范对老年人的情感状态进行粗筛:询问老年人"你经常感到伤心或抑郁吗"或"你的情绪怎么样",如回答"是"或"我想不是十分好",为粗筛阳性,须进一步行检查。常见的老年人抑郁评估量表详见本书第五章。

4. 视力评估 老年人因视觉器官老化或眼疾等原因容易出现视力障碍,评估老年人的视功能对于判断是否进一步进行眼科专科诊疗、跌倒风险以及照护需求等提供依据。最常用的视力损害筛查方法是视力表检查,嘱老年人佩戴眼镜(若有配备)进行筛查,若不能辨别大于20/40的字母,则建议进一步进行眼科检查。

5. 听力评估 听力损失是老年人身体功能衰退的常见表现之一,会导致交流障碍、孤独感、猜疑、焦虑、抑郁等问题。听力评估有助于了解老年人听力障碍的程度、采取听力改善措施以及制定个体化的健康服务。可以通过三个问题快速判断听力受损情况："您觉得自己听力有问题吗?""您觉得自己有听力下降吗?""您在安静的房间里听谈话有困难吗?"对于任何一个问题肯定或模棱两可的回答,都被视为听力损失阳性,建议做进一步检查。

二、评估的实施及结果反馈

(一)宣传动员

社区老人及其照护者往往不了解失能的早期征兆以及失能防控服务的途径。通过健康讲座、海报张贴、网络媒体等多种形式,向老年人及其家属宣传老年人功能评估的意义,鼓励老年人到医疗卫生服务机构、医养结合机构等专业机构进行能力评估。

(二)现场评估

医疗卫生服务机构、公共卫生机构、养老院、医养结合机构、养老驿站、日间照料中心等涉老机构可能都会开展社区老年人功能评估工作。开展老年人评估须配备老年人健康服务专(兼)职人员,掌握老年人功能评估技能。

老年人功能评估工作区域应确保老年人安全、便利,尊重个人隐私,环境应清洁、安静、光线充足、空气清新、温度适宜,配置防滑、扶手等适老化设施。

工作人员首先要掌握评估内容及流程,布置评估所需场所、设施。开展评估前和老年人及其家属进行沟通,使其充分了解评估的内容、过程、时长及意义等。评估过程中注意保护老年人安全,避免出现磕碰、跌倒等事件。评估结束后及时反馈结果。

(三)结果反馈及进一步建议

根据评估结果,对功能完好或功能轻度受损的老年人,建议其接受健康教育和预防干预等健康促进服务,同时为功能中度受损、重度受损老年人提供转诊服务。

第四节　失能预防干预

一、对于功能完好或轻度受损老年人的失能预防干预

(一)健康教育

健康教育的对象应同时包括老年人本人及其家属或照护者。可通过音视频播放、广播、海报张贴、核心信息折页发放、微信推送等传统媒体及新媒体进行老年健康知识的广泛传播,也可通过健康讲座、小组活动、个别指导等方式进行面对面的指导与交流。了解失能危险因素、慢性病预防以及健康生活方式的相关知识都有助于老年人失能的预防。

1. 失能预防　针对老年人失能预防的宣传内容可以包括失能危险因素、管理老年常见

疾病及老年综合征、预防跌倒、关注心理健康、维护社会功能等。2019年，国家卫生健康委印发了《老年失能预防核心信息》，为增强全社会的失能预防意识，提高失能预防知识水平提供参考，具体内容如下。

老年失能预防核心信息
（国家卫生健康委发布）

失能是老年人体力与脑力的下降和外在环境综合作用的结果。引起老年人失能的危险因素包括衰弱、肌少症、营养不良、视力下降、听力下降、失智等老年综合征和急慢性疾病。不适合老年人的环境和照护等也会引起和加重老年人失能。积极预防失能，对提升老年人的生活质量，减轻家庭和社会的照护负担具有重要意义。

一、提高老年人健康素养。正确认识衰老，树立积极的老龄观，通过科学、权威的渠道获取健康知识和技能，慎重选用保健品和家用医疗器械。

二、改善营养状况。合理膳食、均衡营养，定期参加营养状况筛查与评估，接受专业营养指导，营养不良的老年人应当遵医嘱使用营养补充剂。

三、改善骨骼肌肉功能。鼓励户外活动，进行适当的体育锻炼，增强平衡力、耐力、灵活性和肌肉强度。

四、进行预防接种。建议老年人定期注射肺炎球菌疫苗和带状疱疹疫苗，流感流行季前在医生的指导下接种流感疫苗。

五、预防跌倒。增强防跌意识，学习防跌常识，参加跌倒风险评估，积极干预风险因素。

六、关注心理健康。保持良好心态，学会自我调适，识别焦虑、抑郁等不良情绪和痴呆早期表现，积极寻求帮助。

七、维护社会功能。多参加社交活动，丰富老年生活，避免社会隔离。

八、管理老年常见疾病及老年综合征。定期体检，管理血压、血糖和血脂等，早期发现和干预心脑血管病、骨关节病、慢阻肺等老年常见疾病和老年综合征。

九、科学合理用药。遵医嘱用药，了解适应证、禁忌证，关注多重用药，用药期间出现不良反应及时就诊。

十、避免绝对静养。提倡老年人坚持进行力所能及的体力活动，避免长期卧床、受伤和术后的绝对静养造成的"废用综合征"。

十一、重视功能康复。重视康复治疗与训练，合理配置和使用辅具，使之起到改善和代偿功能的作用。

十二、早期识别失能高危人群。高龄、新近出院或功能下降的老年人应当接受老年综合评估服务，有明显认知功能和运动功能减退的老年人要尽早就诊。

十三、尊重老年人的养老意愿。尽量居住在熟悉的环境里，根据自己的意愿选择居住场所和照护人员。

十四、重视生活环境安全。对社区、家庭进行适老化改造。注意水、电、气等设施的安全，安装和维护报警装置。

十五、提高照护能力。向照护人员提供专业照护培训和支持服务,对照护人员进行心理关怀和干预。

十六、营造老年友好氛围。关注老年人健康,传承尊老爱老敬老的传统美德,建设老年友好的社会环境。

2. 慢性病预防 患有慢性病更容易导致失能的发生,故预防慢性病有助于失能防控。对老年人常见慢性病的预防宣传,包括血压控制与管理,高血压、糖尿病、慢性阻塞性肺疾病、骨质疏松症等疾病的危害,慢性病危险因素及防控方法,血压、血糖测量及自我监测方法等,鼓励定期测量血脂、骨密度和肺功能等。具体宣传内容可参考本书第十一章第1~3节。

3. 健康生活方式倡导 健康生活方式宣传内容包括戒烟限酒、减盐、减油、减糖、膳食营养、适宜运动、心理健康、口腔健康、骨骼健康等。老年人要接纳自身状态,在身体允许的状况下尽可能生活自理,主动维持机体功能,延缓认知、视听、味觉、嗅觉、运动等功能衰退,进行合理膳食和科学运动。培养老年期的兴趣爱好,主动做事,心态平和,保持社会交往与互动。保持良好的睡眠习惯,作息规律,通过聊天、做事情、运动、放松训练和冥想等缓解压力,促进睡眠。监测血压、血糖、血脂等指标,关注口腔和体重变化,发现异常及时就医,按医嘱服药,个性化体重管理。

(二)慢性病及其危险因素管理

1. 加强国家基本公共卫生服务 加强高血压、糖尿病管理和老年人健康管理工作,为老年人监测血压、血糖,结合血压、血糖等控制情况,给予老年人药物治疗和生活方式建议等。

2. 慢性病健康管理 对老年人开展心脑血管疾病、糖尿病、癌症、慢性呼吸系统疾病等主要慢性病的健康管理服务,对饮食习惯不良、身体活动不足、烟草使用、酒精使用、睡眠习惯不良等主要行为危险因素进行健康教育和行为矫正。

3. 慢性病患者自我管理活动 组织慢性病患者定期开展自我管理活动,支持、鼓励患者依靠自己以及自己所在的小组团体解决慢性病给日常生活带来的各种躯体和情绪方面的问题。

(三)身体活动指导

1. 抗阻训练 教会老年人掌握肌力维持与增强的锻炼,包括对抗自身重力、举哑铃、胸前传球、弹力带运动等。

2. 柔韧性/平衡能力锻炼 教会老年人掌握一种增强平衡能力及柔韧性的锻炼,如太极拳或八段锦。

3. 强度与频率 老年人应从低强度、低频率的体育锻炼开始,随着时间的推移逐渐增加。老年人每周至少2天进行大肌群参与的增强肌肉力量的运动,每周至少3天进行增强平衡能力的运动,中等强度的身体活动每周150分钟至300分钟,高等强度的身体活动每周75分钟至150分钟,或在一周中两种强度的身体活动有机结合。中等强度的身体活动指功耗为静坐功耗 3～6 倍的身体活动,高等强度的身体活动则功耗大于静坐功耗的 6 倍。由于健康原因不能完成建议运动量的老年人,应在能力和条件允许范围内尽量多活动,活动就比不动好。

身体活动指导可委托体育健身等机构或聘请体育健身专业人员开展。关于老年人身体活动更具体的内容,详见第七章健身活动。

(四)营养指导

1. 知识宣传 可参照《中国居民膳食指南(2022)》宣传老年营养健康知识。一般老年人膳食指南核心推荐包括:食物品种丰富,动物性食物充足,常吃大豆制品;鼓励共同就餐,保持良好食欲,享受食物美味;积极户外活动,延缓肌肉衰减,保持适宜体重;定期健康体检,测评营养状况,预防营养缺乏。高龄老年人膳食指南核心推荐包括:食物多样,鼓励多种方式进食;选择质地细软,能量和营养素密度高的食物,多吃鱼禽肉蛋奶和豆,适量蔬菜配水果;关注体重丢失,定期营养筛查评估,预防营养不良;适时合理补充营养,提高生活质量;坚持健身与益智活动,促进身心健康。

2. 营养评估与指导

(1)老年人营养评估:对老年人的营养状态进行评估是开展营养指导的前提。有多种工具 / 量表能够从不同侧重点对老年人进行营养评估或营养不良筛查,包括体重指数(BMI)、腰围、小腿围、皮肤褶皱等。

(2)老年人营养指导:依据评估结果对老年人进行分类指导。60～79 岁老人,适宜体重指数(BMI)为 20～26.9kg/m^2,80 岁及以上老年人适宜 BMI 为 22～26.9kg/m^2。对于 BMI 超标者,要控制能量摄入,增加运动量。对于有营养不良风险及营养不良的老年人进行营养干预:体重过轻者,采取有效措施增加能量摄入,包括选择能量和营养素密度高的食物,多吃鱼禽肉蛋奶和豆,鼓励共同就餐、多种方式进食,识别并治疗抑郁,治疗口腔疾病等。为有需要的老年人提供转诊服务。

关于老年人膳食营养更具体的内容,详见第四章膳食营养。

(五)跌倒预防

1. 健康教育 对老年人、家属或照护者、康复从业人员开展预防老年人跌倒健康教育,丰富其预防老年人跌倒的知识,增强其预防跌倒的意识,帮助老年人建立预防跌倒的行为习惯。

2. 风险评估 评估老年人跌倒相关的生理功能、患病用药情况、行为习惯、物质环境等因素,明确老年人跌倒危险因素。对老年人家庭环境、居住社区进行评估,消除可改变的环境危险因素,包括杂物堆放、光线昏暗、卫生间没有扶手等。

评估老年人自身危险因素、患病及用药情况、老年人自身需求等,采取相应的干预措施。基于跌倒危险因素评估结果,结合老年人自身需求,采取科学运动锻炼,管理跌倒相关疾病和用药,使用防跌倒辅助用品,改善跌倒相关行为习惯等。

3. 环境改善 从预防老年人跌倒的角度,对老年人家庭环境、所在社区和养老机构的环境进行评估,并及时进行环境适老化改造,去除跌倒相关环境危险因素。

关于老年人跌倒预防更具体的内容,详见第十三章跌倒预防。

二、对于失能老人的照护与康复

(一)躯体功能维护

1. 改善行动能力　通过简单的检查,筛查出行动能力受限的人,根据个人能力和需要制定的定期运动计划是提高或保持行动能力的最重要途径。老年人尽管行动能力下降,但通过使用辅助设备也可以使其保持行动能力。对于行动能力受限的人,应制定适应个人能力和需求的多项运动计划,包括抗阻训练、有氧/心血管训练、平衡训练、柔韧性训练等,同时注意增强营养。

2. 纠正营养不良　鼓励家庭用餐、陪伴用餐,补充蛋白质、维生素和矿物质。当老年人不能摄入足够的能量和营养丰富的普通食物时,或需要临时增加能量摄入时,考虑进行口服补充营养素,口服补充营养计划需要专业人员根据老人需求、口味等来制定。

3. 视听功能维护　对于视力损失而眼镜无法矫正的老年人,推荐其使用辅助设备,如放大镜;如果怀疑老年人有因青光眼、白内障等导致的视力损失,应将其转诊至专业机构/科室进一步诊治。对于听力障碍的老年人,建议其在专业人员指导下佩戴助听器或考虑其他治疗。

(二)认知、心理与社会关怀

1. 认知功能维护　有时可以通过采取更健康的生活方式、认知刺激和社会参与的方法来逆转认知能力衰退。对于认知障碍症患者,需要专业照护者制定和实施复杂的干预措施。社区医生鼓励老人保持和朋友、家人的联系;推荐照护者经常向认知功能衰退的老年人提供日期、当前活动、访客身份、天气、家庭成员等的信息,在居住场所张贴标牌,例如厕所、卧室、室外门等,并保证老年人的居住环境颜色对比明显。

2. 抑郁干预　抑郁症状在失能、社会隔离的老年人中较为常见。对有抑郁症状的老年人提供简单的心理帮助,认知行为治疗、问题解决治疗、正念练习和多种形式的运动可以减轻抑郁症状。抑郁症与抑郁症状不同,前者症状更为严重、持久,且影响老年人生活和社交,如果怀疑老年人患有抑郁症,需要转介到专业机构进一步诊治。

3. 社会关怀　社会关怀对老年人的身心健康尤为重要。基层医疗卫生服务人员应鼓励老年人建立良好的社会支持,包括与亲友保持联系、培养兴趣爱好、饲养宠物等。向老年人提供当地社区资源,如哪里可以进行运动、休闲或学习,哪里能够提供志愿服务的机会。

老年人虐待是很难发现的一类社会问题,严重影响老年人的身心健康。如果医务工作者发现老年人的照护者避免老年人单独和医生在一起,或是老年人身上有无法解释的伤痕,应怀疑老年人是否遭受了虐待,在避免引起二次伤害的前提下给予帮助,或依法报告。

（三）照护者支持

长期照护失能或失智的老年人容易使照护者感到身心俱疲,同时也影响照护者的照护质量。老年健康服务相关专业人员需要对照护者进行情绪评估、压力疏导等心理支持,并为照护者提供护理技能等培训。

（高　欣　宋隽清）

参考文献

[1] 世界卫生组织.老年人综合照护（ICOPE）:初级保健中以人为本的评估和路径指南［M］.日内瓦:世界卫生组织,2019.

[2] 世界卫生组织.老年人整合照护（ICOPE）:针对老年人内在能力减退的社区干预措施指南［M］.日内瓦:世界卫生组织,2017.

[3] World Health Organization. Physical activity and sedentary behaviour:a brief to support older people［M］. Geneva:WHO,2022.

[4] 郑悦平,常红,匡雪春.老年综合评估［M］.北京:化学工业出版社,2022.

[5] World Health Organization. Decade of healthy ageing:baseline report［R］. Geneva:WHO,2020.

[6] 国家市场监督管理总局,国家标准化管理委员会.老年人能力评估规范:GB/T 42195—2022［S/OL］.（2022-12-30）.http://c.gb688.cn/bzgk/gb/showGb?type=online&hcno=D8A0B4F27794EC73C511F1B948103256.

[7] 中华人民共和国国家卫生健康委员会.中国健康老年人标准:WS/T 802—2022［S/OL］.（2022-9-28）.http://www.nhc.gov.cn/wjw/lnjk/202211/89cb032e5a4a4b5499dfa9f0d23243ff/files/c6416279328942ed99cd7e44254d08ec.pdf.

[8] 刘尚昕,于普林.老年人失能现状及其影响因素［J］.中华老年医学杂志,2019,38（10）:1079-1081.

[9] 杨付英,郝晓宁,薄涛,等.我国老年人失能现状及其影响因素分析:基于CHARLS数据的实证分析［J］.卫生经济研究,2016（11）:7-10.

第九章
认知功能促进

第一节　认知功能概述

一、老年认知功能变化

随着人口老龄化程度的加剧,老年人认知障碍逐渐成为重要的公共卫生问题。认知功能是大脑反映客观事物的特征、状态及其相互联系,并揭示事物对人的意义与作用的判断能力,是一种高级心理功能,可涉及记忆、学习、语言、执行、视空间等多个领域。如果上述领域中的一项或多项功能受损,将不同程度地影响社会功能和生活质量,严重时会伴有精神、行为和人格异常。

年龄是影响认知功能的最主要因素,个体进入老年期后,随着年龄增加,认知功能降低的风险会有所增加,但年龄增长并不意味着认知功能必然会显著降低。然而受某些因素的影响,如不注意预防和干预,老年人认知功能就可能会发展为认知严重受损,也就是我们常说的痴呆。痴呆可以分为多种类型,包括阿尔茨海默病和血管性痴呆等,其中阿尔茨海默病是痴呆的主要类型。

二、老年认知障碍的流行情况

据《世界阿尔茨海默病报告 2018》,全球每 3 秒就新发一例阿尔茨海默病,2018 年全球约有 5 000 万痴呆患者,这一数字在 2050 年将达到 1.52 亿。研究显示,中国痴呆患者的人数从 1990 年的 368 万上升至 2010 年的 919 万,同期阿尔茨海默病的数量从 1990 年的 193 万上升至 2010 年的 569 万。2013 年至 2014 年中国精神障碍流行病学调查和疾病负担研究结果显示,65 岁及以上老年期痴呆患病率为 5.56%。2015 年至 2018 年,一项迄今为止全世界最大的痴呆患病率调查(46 011 位 60 岁以上老人参与)显示,校正年龄和性别后,轻度认知障碍患病率为 15.5%,痴呆患病率为 6.04%($95\%CI$ 5.82%～6.26%),其中,阿尔茨海默病为 3.94%($95\%CI$ 3.77%～4.12%),血管性痴呆为 1.57%($95\%CI$ 1.46%～1.69%),其他痴呆为 0.53%($95\%CI$ 0.46%～0.60%)。

第二节　认知功能影响因素

认知功能的影响因素是多方面的,2017 年《柳叶刀》委员会提出痴呆预防的 9 种潜在可改变的危险因素:低教育程度、高血压、听力障碍、吸烟、肥胖、抑郁症、身体活动不足、糖尿病和较少的社会接触。2020 年新增了 3 种:过量饮酒、创伤性脑损伤和空气污染。这 12 种可改变的危险因素可能预防或推迟全球 40% 的痴呆发生。教育程度、生活方式、慢性病、生物指标和心理状况被认为是影响老年人认知功能的重要因素。

1. 教育程度　早年的教育对老年时期认知功能的影响非常重要。研究表明,受教育程度与老年人认知功能之间存在显著正相关。受教育程度越高的老年人,其认知功能通常越好。受教育年限越高的老年人日常生活行为能力与心理健康状态越好,一定程度上能降低老年痴呆的风险。教育对认知功能不仅具有直接影响,而且还能够通过改变老年人的个人经济状况与日常行为活动,促使老年人养成健康的饮食习惯和生活模式,从而间接影响健康。研究认为,教育程度的提高可以促进大脑的发育和认知能力的培养,从而提高老年人的认知功能水平,这可能与教育过程中大脑神经网络的持续塑造有关。

2. 生活方式　积极的生活方式对老年人认知功能有着显著的影响。规律的体育锻炼、健康的饮食、良好的睡眠以及适度的社交互动都可以促进老年人的认知功能的健康发展。有研究表明,坚持 2～3 种和 4～5 种健康生活方式能够分别降低 37% 和 60% 的阿尔茨海默病的患病风险。每天参加体育锻炼是社区老年人认知功能的保护因素,也能延缓从轻度认知功能障碍到痴呆的转化。高脂肪饮食及肥胖会引发炎症反应,进而导致大脑下丘脑区域的炎症,损伤认知功能;植物性食物为主,适量摄入肉类的膳食模式可能与中老年居民更好的认知功能有关,食物多样性水平与认知功能之间也具有显著的正向关联。此外,越来越多的证据支持睡眠与认知功能之间存在相关性,夜间睡眠时长过长和过短均会影响认知功能。良好的睡眠有助于清除大脑中的代谢废物,保护神经元的正常功能,睡眠受损可能导致多个维度认知功能的下降。

3. 慢性病　高血压、糖尿病、慢性肾病等慢性疾病是老年人认知功能下降的重要因素之一。在痴呆可改变的危险因素中,心脑血管疾病因素可导致 4% 的痴呆发病。高血压被认为是影响认知功能的一个重要血管危险因素,长时间高水平血压会破坏脑血管结构和功能,损伤对于认知功能至关重要的脑部白质区域。糖尿病患者认知损害和痴呆的患病风险随着患病时间和严重程度的增加而增加,与未患糖尿病的人相比,患有 2 型糖尿病的人患痴呆的风险高出约 60%,患有糖尿病的女性患血管性痴呆的风险比男性高 19%。越来越多的研究表明慢性肾病患者发生认知受损和痴呆的风险也显著升高,与那些既没有糖尿病也没有慢性肾病的老人相比,那些患有这两种疾病的老人认知功能受损的风险显著增加。

4. 生物指标　生物指标如血脂、白蛋白、炎症指标等,也与认知功能密切相关,这些指标的异常可能导致大脑血液供应不足或神经元的代谢紊乱,增加认知功能损害的风险。低密度脂蛋白胆固醇(LDL-C)水平的异常升高被认为是认知功能受损的独立危险因素,60 岁以上老年人 LDL-C 水平较低可能与较低的阿尔茨海默病患病风险有关,但可能并不是越低越好,特别是对于高龄老人。白蛋白水平与认知功能也呈显著正向关联,一方面是因为,血浆白蛋白水平是脑中 β-淀粉样蛋白的重要调节因素,而 β-淀粉样蛋白沉积是阿尔茨海默病和认知受损发生发展的重要因素,另一方面,血浆白蛋白还是人体非常重要的抗氧化剂,而氧化应激是机体认知功能受损的重要机制,因而血浆白蛋白在阿尔茨海默病及认知受损发生发展过程中的作用也逐渐被重视。

5. 心理状况 心理状况对老年人的认知功能有着重要影响。心理弹性也即心理复原力,或心理韧性,它能够帮助个体成功应对压力,在维持老年人身心健康中发挥重要作用。研究表明,心理弹性与老年认知功能受损有关,提高心理弹性可能有助于减少老年认知功能受损发生。焦虑、抑郁、孤独等负面心理状况与老年人认知功能的下降密切相关。当前较多研究结果表明抑郁是认知功能损害的危险因素,抑郁可能导致大脑结构和功能性损害,降低老年人认知功能测试中与记忆和执行相关的问题正确率,导致认知功能下降。

第三节 认知功能的评估

一、总体认知功能评估

1. 简易精神状态检查 简易精神状态检查(mini mental status examination,MMSE)由美国 Flostein 等学者于 1975 年开发编制。该量表是目前应用最为广泛的认知筛查量表,涉及定向能力、即时回忆、注意力/计算能力、延缓回忆、命名、复述、理解力(口头与文字)、书写与空间结构能力等 11 项认知功能。量表总分 30 分,得分越高表示认知功能越好。目前主要采用的汉化版为上海市精神卫生中心张明园教授修订的版本。

MMSE 作为目前全世界使用最为广泛的一种认知筛查量表,已被翻译为多种语言版本,应用于各种人群,其优点为没有时间限制,表现为简单易操作,耗时短(5~10min),特别适用于老年人群,可作为大样本流行病学调查的筛查工具,在社区人群及医院人群中被广泛使用。但 MMSE 总分易受到年龄、教育程度、文化背景甚至人种的影响,一方面文化程度较高的患者易出现"天花板效应(ceiling effect)",即可能出现假阴性,另一方面,文化程度越低的人群也越易出现"地板效应(floor effect)",即可能出现假阳性。需要注意的是,MMSE 分析的指标为总分,不能把单个项目得分与相应的认知结构域完全画等号。

中文版 MMSE 依据不同教育程度划分的截断值分别为文盲组 17 分、小学组 20 分、中学或以上组 24 分,低于上述截断值为认知功能受损。也有的研究者将截断值定为文盲组 19 分、小学组 22 分、中学或以上组 26 分。2011 年复旦大学附属华山医院洪震课题组通过大样本研究又提出 MMSE 截断值按照受教育时间划分,文盲 ≥ 20 分,1~5 年级 ≥ 23 分,6 年级以上 ≥ 27 分。随访人群中 MMSE 得分下降 ≥ 2 或 3 分被认为具有病理意义。

2. 蒙特利尔认知评估量表 蒙特利尔认知评估量表(Montreal cognitive assessment,MoCA)是 2004 年由加拿大 Nasreddine 教授等根据临床经验并参考 MMSE 的认知项目和评分而制定,用于筛查轻度认知功能障碍的评定工具。所评定的认知领域包括:注意力、执行能力、记忆力、语言能力、视结构技能、抽象思维、计算和定向力。完成 MoCA 量表检查约需要 10min,量表总分 30 分,得分越高表示认知功能越好。目前所使用的汉化版本为蒙特利尔认知评估北京版,尚无大规模中国人群中文常模及信、效度分析。

蒙特利尔认知评估量表(MoCA)是一个精准有效的神经心理测试,它可以全面评估患者的认知功能,能够更准确地判断认知功能缺陷的严重程度,并确定潜在的认知紊乱的原因。该量表的优点为覆盖了主要的认知领域,测试时间短,具有良好的内部一致性和重测信度,对轻度认知障碍更具敏感性,缺点为对于中重度痴呆的筛查敏感度较差,如患者的认知功能较差,则很难完成该量表。

蒙特利尔认知评估量表总分为 30 分, > 26 分为正常。通过 MoCA 量表进行评估,能够很好地反映患者的认知功能,发现潜在的认知紊乱。

3. 认知功能自评量表 认知障碍自评量表(ascertain dementia 8-item,AD8)是美国华盛顿大学于 2005 年开发包括 8 个问题的筛查量表,是临床上较常使用的医学量表,用以极早期痴呆症的筛查。本量表侧重于筛查对象近年来是否出现了由于智能状态(思考、记忆等)问题产生的八方面特定的“变化”,包括判断力出现问题;对业余爱好、活动的兴趣下降,比以前降低;反复重复相同的事情;学习如何使用工具、电器或小器具等方面存在困难;忘记正确的月份和年份;处理复杂的财务问题存在困难;记住约定的时间有困难;每天都有思考和 / 或记忆方面的问题。

AD8 量表用来筛查对象回答是否有变化,能够筛查患者的认知障碍症状。AD8 量表操作简单、耗时少,可作为一种简便、易行的方法在体检过程中评估体检者认知功能是否受到损害,特别是对那些病程已开始且存在轻微临床症状的患者进行早期筛查。AD8 作为自评量表,可由本人对自身的认知功能状况进行评定分级,具有良好的敏感度和特异度,也可由其知情者回答。因其耗时短,易于老人理解、掌握并进行操作,所以具有良好的早期筛查推广意义。

AD8 量表不作为最终的诊断标准,但能够敏感地识别出早期认知功能障碍。AD8 量表的评分标准如下:0~1 分为认知功能正常,2 分及以上为可能存在认知障碍,应尽早到专科门诊进一步检查原因。

二、特定域认知功能评估

1. 词语流畅性测验 词语流畅性测验(verbal fluency test,VFT)又称受控口语联想测验(controlled oral word association test,COWAT),是由 Thurstone 等于 1962 年首次提出应用于痴呆临床诊断的,用于检测优势半球额叶及颞叶的功能,主要评价被试者的语言能力。VFT 可分为语义流畅性、语音流畅性和动作流畅性,其中语义流畅性测验又称快速词汇分类测验(rapid verbal retrieve,RVR),是目前我国应用最多的言语流畅性测验。VFT 测试方法简单易行、耗时短、便于在门诊进行,但缺点在于易受到受试者的受教育程度、年龄和性别等的影响。

其中,语义流畅性测验要求受试者就某一语义在有限时间在 1min 内列举尽可能多的名词,常见的语义范畴有动物、蔬菜、水果、服装、交通工具等。欧美人群常使用语音流畅性测验,比如要求受试者说出以 F 或 A 开头的单词,利用中文进行语音流畅性测验时,可进行对等置换,要求受试者尽可能多地说出以"发"开头的词语。

界值:以动物名称为例,正常人在 1min 内说出单词个数应 > 10 个。不同受教育年限者能说出个数的不同,平均水平通常为:受教育年限 8 年以内者为 14 个,9~12 年者为 17 个,13~16 年为 19 个。

2. 连线测验 B 传统的连线测验(trail making test,TMT)最初是由 John E. Partington 在 1938 年编制,1944 年正式被命名为 TMT。随后经过修订,又成为 Halstead-Reitan 成套神经心理测验中的一个分测验,成为目前世界上最常使用的神经心理量表(Reitan,1958)。TMT 能够很好地评估执行功能,分 A、B 两个部分,A 部分要求受试者按序连接纸上的 25 个数字,B 部分要求按序交替连接 25 个数字和字母,其操作与提示语言均有详细规定,TMT-A 检测受试者注意力与信息处理速度,TMT-B 检测受试者执行功能。TMT 有两种版本,一种是口头 TMT,省略了视觉运动成分,适合视觉障碍和优势手瘫痪的受试者;一种是着色 TMT,用两种不同颜色的数字代替数字和字母。

TMT-B 要求按顺序将 25 个数字和字母(或不同底色的数字)交替排列。受试者指出起始 1 所在,然后开始计时,不要等受试者找到了 2 或 A 连线时才开始计时。连线过程中,只有受试者将线连接到错误的目标时,才标注提示出错。如果受试者自己发现出错,中途取消连线或转移方向连接到正确的目标,则不算其错误。整个过程中如发现受试者走神或停滞,可给予一定提醒。在纠正错误时,不要停止计时。TMT-B 测试时间的限制为 300 秒,记录完成测试所用的时间,300 秒内未完成则记录为 300 秒,同时记录出现错误的次数。完成所需的时间越长,反映认知障碍越严重。

3. 画钟测验 画钟测验(clock drawing test,CDT)最早由美国 Bsoston 退伍老兵医院精神科医师 Harold Goodglass 和 Edith Kaplan 于 1983 年报道,逐渐发展成为既独立拥有多种计分方法又可单独使用的认知筛查实验,也可融入其他成套量表作为其中一部分使用(如 MoCA)。画钟测验常用于筛查视空间知觉和视结构的功能障碍,还可以反映语言理解、短时记忆、数字理解、执行能力,对顶叶和额叶损害敏感。

CDT 的操作非常简单,耗时短(1~5min),在门诊非常实用,受文化程度、种族、社会经济状况等干扰较小,可全面评估认知功能,筛查认知功能障碍患者,特别是执行功能和视空间功能障碍者。CDT 的缺点在于对轻度认知受损的敏感性较低,不适合单独用于认知功能损害的早期筛查,可将 CDT 与 MMSE 等其他量表合用以提高其敏感性和特异性。

CDT 测试结果评估尚无完全统一的标准,其中四分制评分是目前国内常用的评分方法。4 分制评分最初见于 Death 等的 4 分计分法,画出圆形,计 1 分;12 个数字无遗漏,计 1 分;正确标出钟面数字,计 1 分;标出正确的时间 1 分。4 分制评分小于 4 分表明执行功能下降。

4. 数字广度测验 数字广度测验(digital span test,DST)是韦氏成人智力量表的一部分,主要用于评价被试的注意力和即刻记忆。测验分为顺背和倒背两部分,要求被试者按照顺序或者倒序复述数字,分别记录正确的数目。Wechsler 等认为,数字广度测验对智力较低者可以测其智力,而对智力较高者实际测量的是注意力,智力高者在该测验上得分不一定会高。数字广度测验能够较快地测验记忆力和注意力,不会引起被试者较强的情绪反应,也不大受文化教育程度的影响,且简便易行,但其可靠性较低,测验受偶然因素的影响较大。同时有研究发现,不同病程和严重程度的 AD 患者间 DST 评分无明显差异,单独使用意义较小,必须结合其他认知评估量表一起使用。

数字广度测验评分:每正确回答一个数列计 1 分,顺背得分 = 顺背数字正确数,倒背得分 = 倒背数字正确数,总分 = 顺背数字正确数 + 倒背数字正确数。总分正常值受到受教育程度的影响,文盲组 > 5 分属于正常,小学文化程度组 > 6 分属于正常,初中及以上文化程度组 > 7 分属于正常。

5. 符号数字转换测验　符号数字转换测验(symbol digit modalities test,SDMT)是 Smith 于 1968 年编制的,主要用于评估被试者的注意力,还可以反映工作记忆、视知觉能力、信息加工速度、运动速度等,对额叶和顶叶损害敏感,是临床上常用的认知功能筛查工具。测试要求被试者按照页面最上方的图解,在下方表格的每个数字下方,以最快的速度填入与之相配对的符号,在 90 秒内正确填写的符号个数为最后得分。

SDMT 目前已广泛用于各种神经疾病患者的认知功能评估之中,同时 SDMT 完成测验仅需要不到 2min,评分简便快捷,不受年龄、教育程度、性别和收入影响,具有操作简单、易于实施、耗时短等优点。缺点是不适合评估智力的一般因素。SDMT 的完成需要视觉、注意力、记忆力及运动技能的参与,其中知觉速度和运动速度被认为是完成 SDMT 的核心因素。

评分:90 秒钟内正确填写的个数为最后得分,不包括在练习时填写的,被试者自行改正的符号仍算正确回答。填写错误的个数也应记录。

第四节　促进认知功能的技术与方法

总体来看,促进认知功能有三个方面的思路:一是增加大脑认知储备,二是减少大脑损伤,三是降低炎性反应等。具体可将促进认知功能的技术与方法分为以下四个方面。

一、坚持健康的生活方式

1. 健康教育　积极开展脑健康教育,围绕认知功能维护相关危险因素积极开展宣传教育,包括健康膳食、运动、限制饮酒、良好的睡眠、健康心理等,糖尿病脑中风的预防管理,相关药物的合理应用,以及相关的训练等,促进老年人掌握促进认知功能的相关知识和技能。健康教育形式除了一般的宣传手册、海报、折页等,还宜采取健康教育小组的形式,包括健康宣教和小组交流两个部分,可先由老师进行科普宣教,然后将宣教对象分为多个小组,在每个小组内就宣教主题进行讨论交流,并请每个小组的代表将本小组的主要观点或想法进行汇报介绍。

2. 身体活动与运动干预　应指导老年人选择并进行合适的有氧运动和无氧运动。有氧运动可包括八段锦、快步走、慢跑等,无氧运动可包括爆发力训练和力量训练等。可选用计步器、弹力带等辅助工具。

参照《中国人群身体活动指南(2021)》,根据干预对象实际情况制订合理的运动计划。指南提出身体活动要坚持"动则有益、多动更好、适度量力、贵在坚持"的原则,老年人进行每周 3 次,每次 30～45min 融合有氧、力量和平衡性训练的身体活动,可以改善老年人行走、平衡性、力量和日常生活自理能力,进而直接和间接影响认知功能。

老年人还要坚持平衡能力、灵活性和柔韧性练习,如果身体不允许每周进行 150min 中等强度身体活动,应尽可能地增加各种力所能及的身体活动。平衡训练由易到难的基本原则是:支撑面积由大变小,重心由低到高,从静态到动态,由主动到被动,从有意识到无意识,从睁眼训练到闭眼训练等。太极、瑜伽、舞蹈等综合肌肉力量、平衡能力、柔韧性和灵活性的活动,对维持身体的功能有益。对高龄、虚弱或者不能达到身体活动推荐量的老年人,可以以自己的身体允许的水平为起点,尽可能多地参加各种力所能及的身体活动。

3. 膳食干预　指导老年人坚持延缓神经退变的膳食模式,在坚持平衡膳食的基础上,注重摄入促进大脑健康的 10 类食物(包括绿叶蔬菜、其他蔬菜、坚果、浆果、豆类、全谷物、鱼类、禽类、橄榄油,饮酒者改饮适量红酒),限制不利于大脑健康 5 类食物(红肉及其制品、奶油和人造黄油、奶酪、糕点和甜食以及油炸食品)的摄入。指导老人每天坚持这一膳食模式,并鼓励他们定期做好膳食记录(表 9-1),记录一段时间以来摄入食物的频次、平均每次摄入量等,以便评估对这种膳食模式的依从性。

其中,全谷物主要是指谷类的种子,是指完整谷粒或者把谷粒压扁,或者经过磨碎或磨成粉但仍保留谷皮成分,包括全小麦、大麦、水稻、燕麦、荞麦、黑麦、玉米、高粱、黑米、小米、薏米、玉米,我们日常吃的米饭,经过脱皮,只留下白白的胚乳,吃精米等于吃胚乳,这就不是全谷物,此外,杂豆类和薯类也不算全谷物。浆果包括草莓、蓝莓、树莓、黑莓等,也包括黑加仑、红加仑、桑葚、樱桃、覆盆子、葡萄(新鲜葡萄)、猕猴桃等。

表 9-1　定期膳食记录表

食物名称	是否吃 (1 吃 2 不吃)	进食频次				平均每次 食用量
		次/天	次/周	次/月	次/年	
1. 全谷物	☐	☐	☐	☐	☐☐	_____克
2. 绿叶蔬菜	☐	☐	☐	☐	☐☐	_____克
3. 其他蔬菜	☐	☐	☐	☐	☐☐	_____克
4. 浆果类	☐	☐	☐	☐	☐☐	_____克
5. 坚果和种子	☐	☐	☐	☐	☐☐	_____克
6. 大豆及其制品	☐	☐	☐	☐	☐☐	_____克

食物名称	是否吃 （1 吃 2 不吃）	进食频次				平均每次 食用量
		次 / 天	次 / 周	次 / 月	次 / 年	
7. 鱼类等水产品	☐	☐	☐	☐	☐☐	_____克
8. 禽肉	☐	☐	☐	☐	☐☐	_____克
9. 橄榄油	☐	☐	☐	☐	☐☐	_____克
10. 红酒	☐	☐			☐☐	_____毫升
11. 红肉及其制品	☐	☐	☐	☐	☐☐	_____克
12. 奶油和人造黄油	☐	☐	☐	☐	☐☐	_____克
13. 糕点甜点（饼干等）		☐	☐	☐	☐☐	_____克
14. 奶酪	☐	☐	☐	☐	☐☐	_____克
15. 油炸食品	☐	☐	☐	☐	☐☐	_____克

注:请根据过去一段时间的膳食摄入情况填写本表。

二、慢性病管理与视听功能维护

结合国家基本公共卫生服务项目老年健康管理、高血压管理和糖尿病管理相关要求,进行慢性病相关危险因素信息的收集。定期监测血压、血糖和血脂水平,监测体重和腰围,维持健康体重;控制吸烟,避免过度饮酒。按照 T/CHAA 007《慢性病健康管理规范》的要求,对高血压、糖尿病、脑卒中等主要慢性病进行规范化管理。根据收集到的健康信息,进行健康危险因素、疾病风险和健康功能等方面的评估,提出干预措施。对于一般个体,可通过健康教育和健康促进推广健康生活方式,促进健康行为习惯养成。对于高危个体,除了健康教育和健康促进之外,还要结合个人健康需求及意愿,优先选择一种或几种危险因素进行干预和行为矫正,开具个体化的行为处方。对于慢性病患者,除了进行个体化行为干预之外,还需要结合临床治疗,并教会患者进行自我管理。另外,还须特别维护老年人器官功能,比如视力、听力等感觉功能,研究表明,视力听力的下降同样会引起认知功能的显著降低。为有听力障碍的老人佩戴助听器,对白内障患者进行治疗,均有助于认知功能的维护。

三、认知训练

认知训练是指借助系统设计的任务,针对注意、记忆、逻辑推理等认知域进行难度自适应训练,来提升个体认知功能。认知训练包括记忆力训练(看老照片、讲故事、回忆购物清单等)、语言交流训练(朗诵、唱歌等)、定向力训练、加工速度、视空间与执行能力训练等,可通过小组训练和个人训练相结合的方式进行,具体形式包括采用纸笔材料训练或者借助信息化手段进行训练。认知训练不仅能够提升所训练的认知域,还能够迁移到其他认知域,且能保持一定时间。因此,多认知域训练在认知训练方案制订中应用更为广泛。

针对疾病特征及损伤的认知域进行个体化设计,并可与虚拟现实技术、人工智能技术相结合。此外,认知训练联合有氧训练、经颅磁刺激、经颅直流电刺激等其他非药物干预手段对认知正常老年人及认知障碍患者的整体认知功能有显著提升效果。认知训练应保证适合的训练强度和充足的训练量,建议每次训练时间不短于 30min,每周不少于 3 次训练,持续训练的总时间不低于 20h。在明确训练目标和内容之后,训练方案要个体化、循序渐进,一对一训练效果较好,居家训练要请家属协助,争取干预对象配合并能较好地坚持。

四、社会参与和心理调节

组织老年人积极参与社会活动和休闲娱乐活动,比如组织老年人积极参加社区集体活动,积极参与书法、画展、合唱等活动,参与麻将、扑克等休闲娱乐活动。

正念冥想练习和身心放松训练是促进心理健康的两种非常有益的方式。正念冥想,是冥想的一种特殊形式,是指冥想时有意识地将注意力维持在当前,不被过去某件事或未来某种可能性所干扰,并对任何升起的念头和感受都给予接纳,不作任何“好”与“坏”的判断。正念冥想能增强人们的注意控制能力,降低情绪的兴奋度,减轻抑郁、焦虑症状。

放松训练是指通过规律的、交替的紧张(如握紧拳头)和放松(松开握紧的拳头)肌肉的活动,从而达到深度放松状态。放松训练的原理是,一个人的心情反应包含“情绪”与“躯体”两部分,假如能改变“躯体”的反应,“情绪”也会随着改变。放松训练就是通过意识控制使肌肉放松,同时间接地松弛紧张情绪,从而达到心理轻松的状态,有利于身心健康。具体实施时,可按照“手臂部→头部→躯干部→腿部”这一顺序进行放松,但这一顺序不是绝对不能打乱的。选择一个安静、舒适的环境,可以准备引导词音频,在指导语的引导下,遵循顺序对不同肌肉群逐一放松。训练的过程包括 5 个步骤:集中注意—肌肉紧张—保持紧张—解除紧张—肌肉松弛。

(殷召雪 王安琪)

参考文献

[1] Alzheimer's Disease International, Christina Patterson. World Alzheimer report 2018: the state of the art of dementia research: new frontiers [R]. London: Alzheimer's Disease International, 2018.

[2] 王刚. 痴呆及认知障碍神经心理测评量表手册[M]. 北京: 科学出版社, 2014.

[3] 彭丹涛, 张占军. 神经心理认知量表操作指南[M]. 北京: 人民卫生出版社, 2015.

[4] 曾毅, 陆杰华, 雷晓燕, 等. 中国健康老龄发展趋势和影响因素研究[M]. 北京: 科学出版社,

2018.

［5］施小明,毛琛,吕跃斌,等.中国老年健康生物标志物研究［M］.北京:科学出版社,2021.

［6］中国医师协会神经内科医师分会,认知训练中国指南写作组.认知训练中国指南(2022年版)［J］.中华医学杂志,2022,102(37):2918-2925.

［7］JIA L,DU Y,CHU L,et al. Prevalence,risk factors,and management of dementia and mild cognitive impairment in adults aged 60 years or older in China:a cross-sectional study［J］. Lancet,2020,5(12):e661-e671.

［8］LIVINGSTON G,SOMMERLAD A,ORGETA V,et al. Dementia prevention,intervention,and care［J］. Lancet,2017,390(10113):2673-2734.

［9］LIVINGSTON G, HUNTLEY J, SOMMERLAD A,et al. Dementia prevention,intervention,and care:2020 report of the Lancet Commission［J］. Lancet,2020,396(10248):413-446.

［10］DHANA K,EVANS D A,RAJAN K B,et al. Healthy lifestyle and the risk of Alzheimer dementia:findings from 2 longitudinal studies［J］. Neurology,2020,95(4):e374-e383.

［11］杨欢,高欣,王安琪,等.六省老年人延缓神经退变膳食模式与认知功能的关系研究［J］.营养学报,2023,45(3):244-250.

第十章

视听功能健康管理

视听功能的损害与增龄相关,老年残疾人以视力和听力为主的感觉器官障碍是老年人口中最常见的慢性残疾。2006 年第二次全国残疾人口调查结果显示,≥ 60 岁听力残疾和视力残疾的老年人口占各类残疾比例达 63.95%,分别位居老年人残疾的第 1 位和第 3 位。视听功能损害是跌倒的重要危险因素,并对老年人的生活质量、认知能力、情感、社会行为以及交往能力均会产生不良影响,不仅导致老年人不同程度的交流障碍,还会使老年人被孤立于社会之外,进一步造成老年人的焦虑、抑郁和认知障碍等疾病,还可能增加老年痴呆发病风险,严重影响老年人群的身心健康和生活质量,加重家庭和社会负担,是全球重大的公共卫生问题。老年视听障碍是一种不可逆的退行性变化,改善周围环境、建立健康的生活方式以及积极治疗老年性疾病等手段对预防老年视听障碍有重要意义。

第一节　老年人视力功能健康管理

视觉是人类最重要的感官系统,视力失能将不同程度地影响个人尤其是老年人生活的各个方面,最终影响患者的生存质量。视力障碍被定义为视觉系统的一个或多个功能的限制,其典型特征是双眼的最佳矫正视力低于 0.5。视力损害可由一系列疾病引起,包括先天性功能障碍、年龄相关性黄斑变性、白内障、青光眼和视网膜血管病变等。视力障碍会对个人的健康和生活质量产生重大影响。视力障碍在老年人中更为常见,世界卫生组织估计,全球有 2.17 亿人患有中度至重度视力障碍,另有 3 600 万例盲人,其中大多数年龄超过 50 岁。与视力正常的同龄人相比,有视力障碍的成年人跌倒的可能性高出 1.7 倍,多次跌倒的可能性高出 1.9 倍。

一、老年人视功能概况

老年人的视觉变化存在个体差异性,多数人在 50 岁以后视力逐渐下降,并出现"老花眼"现象。除了视力减退和老花眼,老年人对弱光和强光的敏感性也明显降低。老年人对物体形状、大小、深度和运动物体的视知觉以及一些特殊视知觉现象,与年轻人相比都有不同程度的变化。如想要将手中杯子放于桌上,却由于深度视知觉差错,杯子到达桌子之前误认为已经到达了,以致杯子落在地上;上下台阶的时候,由于对空间关系的判断不准确,常常摔倒;对更复杂的视觉信息认知过程反应变慢,光刺激的脑电波反应也变慢了。这说明老年人不仅仅是眼睛,高级视觉中枢也同样发生了退行性改变,这种变化是缓慢发生的。认识到这种变化的规律,采取对应的措施,如佩戴合适的眼镜,用醒目的标记,调高照明度等,可以让老年人适应这些变化。

(一)老年人的视力功能衰退

进入老年后,视觉器官的生理机能会出现衰退。

(1)眼睑皮肤萎缩变薄,弹性减弱,腺体分泌减少,脂肪萎缩致使眼球内陷,下眼睑出现脂肪袋而上眼睑下垂,部分老年人眼睑内翻或外翻,导致眼睑炎。

(2)角膜增厚浑浊,弧度变小,水平方向和垂直方向的直径变化不均匀而引起远视和散光。随着年龄增长,老年人角膜边缘毛细血管出现硬化和闭塞,在角膜近球结膜边缘约1mm处出现宽1~2mm灰色的环形浑浊带,称之为老年环。统计表明80岁以上老年人老年环发生率接近100%,故而老年环是增龄衰老的最具有代表性的一个体征。

(3)睫状肌和睫状小带退化,晶状体老化,调节睫状肌的神经功能减退失灵,出现视物模糊。同时,由于睫状肌萎缩使得瞳孔括约肌收缩力相对增强,老年人的瞳孔始终处于缩小状态,称为"老年性缩瞳"。

(4)泪液减少,泪膜稳定性降低,不能发挥其润滑、供氧、除去脱落残屑等功能,造成结膜和角膜上皮干燥,眼部有异物感,用眼时间稍长会出现刺痛感等,即称为老年性干眼症。

(5)老年性白内障:常见的老年多发病,它是引起老年人视力下降的重要原因。随着年龄增长,晶状体的抗氧化能力降低,而活性氧在机体的产生增加,损伤晶状体的纤维膜,使蛋白质交联,不溶性蛋白质增加,加上长年累月的电离、日光、微波和紫外线辐射对晶状体的直接损伤,以及双眼屏障功能失调,使得晶状体浑浊,形成老年性白内障。

(二)老年人视力下降的具体表现

1. 视物模糊 表现为看远不清、看近不清或看远近都不清晰,患有白内障的老年人可有无痛性渐进性视力下降。

2. 屈光不正 表现为近视、远视、散光等。老年人的屈光不正主要是角膜源性的和晶体源性的屈光不正。

3. 复视或多视 视力进行性减退,由于晶状体混浊导致晶状体不同部位屈光力不同,可导致单眼复视或多视。

4. 伴随症状 眼胀、视疲劳、眼痛、头痛、恶心、呕吐、视野缺损等。

(三)老年人视力下降的原因

根据视力下降的速度,一般将老年人视力下降分为急性视力下降和慢性视力下降两种情况,还包括一过性视力下降。急性视力下降主要由急性闭角型青光眼、视网膜动脉阻塞和视网膜脱落引起,严重影响老年人视力功能。慢性视力下降主要原因包括屈光不正、角膜炎和白内障,一过性视力下降的原因主要包括视疲劳、干眼和精神心理疾病,以上两种视力下降可以通过服用药物等手段缓解症状。如果是双眼视力同时下降,则有很大概率是由于远视性屈光不正引起的,该症状在临床上常被误为白内障。诱发视力下降的原因很多,除了生理原因,还应考虑是否患有老年性眼病。

二、老年性眼病

老年患者视力损害最常见原因是白内障、年龄相关性黄斑变性、屈光不正、青光眼和糖尿病性视网膜病变,中国 60 岁以上老年人视觉残疾的主要病因为白内障。

1. 屈光不正　屈光不正是一种非常常见的眼部疾病,眼睛无法对外界物体清晰地聚焦,而导致视力模糊,严重的时候可以引起视力损害。最常见的屈光不正有四种:近视(看不清远处物体)、远视(看不清近处的物体)、散光(因角膜不规则弯曲而引起的影像变形)和老视(俗称老花眼,指在一手臂长的距离内有阅读和视觉困难,它与年龄有关,几乎是人人会发生的)。据世界卫生组织的估计,全球因未矫正屈光不正所致视力下降的人口已达 1.53 亿,这数字并未包括未经矫正的老视眼人数。一些证据表明,患有老视眼的人数很可能相当大。

2. 白内障　白内障的主要症状是无痛性、渐进性视力下降。视力障碍的程度与晶状体混浊的程度和混浊的部位有关,例如视力同为 0.1,但在明亮的日光或强照明下,后囊性白内障比核性白内障患者视物更为困难,因此,视力可能是手术的一个非常重要的指标,但不是唯一的指标。临床上视力检查应查双眼远视力、近视力、矫正视力,以大致估计白内障所致视力损害程度。对视力低下者,应例行光感、光定位、色觉检查。光定位可确定有无视网膜脱离或严重的视野缺损。色觉检查可得知黄斑部功能。如果视力下降程度与晶状体混浊程度不一致,应该进一步进行眼科检查以排除其他眼科疾病。

3. 年龄相关性黄斑变性　年龄相关性黄斑变性(age-related macular degeneration,AMD)是发达国家最主要的致盲原因。临床上分为萎缩型与渗出型两型,如果患者出现视物模糊、视物变形等症状,需要建议患者到医院检查眼底,阿姆斯勒方格表(Amsler grid)是检查 AMD 的一种简便的方法。

4. 糖尿病视网膜病变　糖尿病是一个复杂的代谢性疾病,会引起各种各样的眼部疾病,如角膜溃疡、青光眼、白内障、玻璃体积血、眼底出血等,最常见而且对视力影响最大的是糖尿病视网膜病变(diabetic retinopathy,DR)。

5. 青光眼　青光眼在不可逆致盲眼病中占第一位,原发性青光眼为主要类型,根据解剖特点又分为闭角型青光眼和开角型青光眼。急性闭角型青光眼常常表现为突然发病、眼压急剧升高,数日之内可致盲症。但是在急性闭角型青光眼发作前,以及慢性闭角型青光眼和开角型青光眼早期,均无症状。

三、老年人视力功能维护

1. 调节室内光线　避免光线太暗或强光刺激,晚间使用夜视灯调节室内光线,白天使用纱质窗帘遮挡室外强光的直接照射。

2. 避免用眼疲劳　用眼活动最好安排在上午进行,读书看报、看电视的时间不宜过长。老年人阅读材料宜字体大些,印刷清晰。

3. 规律的日常生活　保证正常饮食,宜高维生素、低脂饮食,戒烟、限酒、减少咖啡因的摄入;保证一定运动量;保证充足睡眠;协助老年人生活护理,满足其生活所需。

4. 安全护理　室内日常物品要妥善放置,帮助老年人熟悉日常用品放置的位置,且物品放置要固定、有序,方便老年人拿取和使用;活动空间无障碍物,指导老年人活动时宜小心,尤其在夜间或暗处活动时动作要缓慢;卫生间须安置方便老年人的设施,如坐便器、扶手、感应灯、防滑垫等,避免老年人跌倒;协助老年人正确服用药物,避免老年人因视力障碍而造成服药错误。

5. 心理护理　视力障碍的老年人性情易急躁、易激动,易产生消极、悲观情绪。因此,护理员要耐心细致地做好老年人的心理疏导工作,教会老年人控制情绪的方法,消除紧张、焦虑心理,保持良好的心态。

6. 正确使用滴眼剂

(1)遵医嘱应用滴眼剂,使用前检查药液有效期、有无混浊和沉淀。

(2)清洁双手后用示指和拇指分开眼睑,眼睛向上看,将滴眼剂滴在下穹隆结膜囊内,嘱咐老年人闭眼,再用示指和拇指提起上眼睑,使滴眼剂均匀地分布在整个结膜腔内。

(3)滴眼药时注意瓶口不可触及角膜。

(4)滴药后按住内眼角数分钟,防止滴眼剂进入泪小管,吸收后影响循环和呼吸。

7. 配镜指导　老年人眼的调节力衰退随年龄的增长而逐渐发展,因此要定期到眼科检查,根据检查结果更换合适的眼镜。

四、视力失能的预防和干预措施

老年视力失能的预防控制措施与其他慢性病一样,可以采取三级预防措施。一级预防的目标是减少导致盲症和视力损害疾病的发生,二级预防的任务是通过早发现、早诊断和早治疗,限制或逆转由各类疾病导致的盲症和视力损害,三级预防是对盲症或视力下降进行康复,防止残障。

1. 一级预防　预防导致老年人视力失能疾病的发生,如白内障、年龄相关性黄斑变性(AMD)、糖尿病视网膜病变、青光眼、沙眼和盘尾丝虫感染等。在不同地区,根据相应的主要致视力失能疾病采取有针对性的预防措施,才能有效降低视力失能率。从全球来看,未经矫正的屈光不正和白内障是导致老年视力失能主要原因,分别占所有老年视力失能疾病的42%和33%。所有国家都有降低两种情况负担的符合成本效益的干预措施。另外高年龄组和贫困人群遭受视力损害的风险更高,采取防控措施时应该确保这部分人群能够得到公平的卫生服务。

具体的预防措施有以下几方面。

(1)开展健康教育和健康促进,提高老年人群、政策制定者和老年眼科医务工作者的防控意识,充分了解视力失能的主要危险因素,主动防控。在提高公众意识的过程中,需要找到适宜的信息传播方法,有效传播视力损害预防及眼科治疗的相关科普内容。

（2）培养健康生活方式,预防视力损害的主要疾病。预防老年视力失能,需要倡导生命周期全过程的健康生活方式。戒烟、限酒可以降低白内障、年龄相关性黄斑变性(AMD)、糖尿病视网膜病变等导致视力损害疾病的风险。另外,为预防白内障,应尽量避免紫外线等辐射线的照射,注重营养、饮食,控制动物脂肪的摄入,防止高血糖和高血压等的发生,多食蔬菜和水果等富含维生素 C 的食物,同时避免药物滥用导致的晶体损失。糖尿病视网膜病变作为致盲的主要因素之一,在全球呈上升趋势,需要对糖尿病危险因素如吸烟、饮酒、肥胖、缺乏锻炼等进行干预,并对糖尿病病情进行控制。

（3）合理用药,防止药物的毒害作用。

2. 二级预防　二级预防的任务是早期发现导致视力损害的疾病,早诊断,早治疗,以避免因疾病造成的视力损害进一步发展。

二级预防的具体措施有以下几方面。

（1）建立健全老年眼科保健的网络,加强致盲和视力损害疾病的监测,早期发现导致视力损害的疾病。通过对致盲和导致视力损害疾病的监测,及早发现屈光不正、白内障、年龄相关性黄斑变性(AMD)、青光眼、糖尿病性视网膜病变等,并及时治疗,控制病情,防止和延缓视力损害。

1）屈光不正可通过眼睛检查作出诊断,并可利用矫正眼镜、角膜接触镜或屈光手术得到处置。如果及时由眼保健专业人员作出矫正,能够有效延缓视力的恶化。根据损伤情况、年龄、日常生活需求以及所从事的工作,可用不同的方式进行矫正。

2）早期发现白内障可选择药物治疗,中、晚期药物效果不太明显。目前晚期手术治疗技术比较成熟,手术脱盲效果明显。白内障患者可通过佩戴预防紫外线直接照射的有色眼镜,阻止视力进一步减退。在一些特殊情况下,也要注意视力损害,例如在发生脱水情况下,体内液体代谢紊乱,产生的化学物质损害晶状体,可能会导致白内障的发生。因此,一旦遇有各种原因引起的腹泻、呕吐,或在高温条件下大量出汗等,都应及时补充水分来满足代谢的需要。白内障患者应摄入足够的维生素 C,人眼中维生素 C 的含量约比血液中高 30 倍,随着年龄的增长,营养吸收功能与代谢机能逐渐衰退,晶状体营养不良,维生素 C 含量明显下降,久而久之引起晶状体变性,可能导致白内障发生,适量摄入维生素 C,有助于维持眼睛健康。最后,要定期进行眼科检查,及时发现和处理眼部问题,预防白内障的发展。

3）年龄相关性黄斑变性(AMD)发生于中老年人眼底黄斑部,目前致病因素尚不明确。老年性黄斑变性是一种严重的致盲疾病。早期发现、治疗,可以使一些黄斑变性停止发展,能避免视力进一步减退。

4）青光眼是一种不可逆的疾病,等患者就医时已经发展到晚期,错过了最佳的治疗时间,它的隐匿性强,目前该病的早期检出率较低。青光眼很难靠药物和手术治疗恢复,早期的预防及控制就更为重要。

5）糖尿病性视网膜病变是糖尿病的严重并发症之一,已成为目前老年人致盲的常见原因。糖尿病病人预防眼部并发症最根本措施就是持续性控制血糖,每年至少看 1 次眼科医生,做眼部检查,以及早预防眼底病变。

（2）对老年人群定期进行视力体检。通过健康教育,使老年人提高自我保健意识,充分利用社区资源和国家政策,主动寻求眼科检查,主动提高对卫生服务的利用度,早期发现、控制以及治疗视力损害及相关疾病。如早期发现白内障患者,应鼓励病人在盲症前寻求治疗,以降低患者对家庭和社会的依赖。

（3）加强对高危人群的筛查。医疗卫生机构要对辖区内老年人的视力失能相关疾病进行有计划的筛查和防治,发现患者及时治疗。针对高危人群,如 50 岁以上的人群、有家族遗传史的人群,进行定期视力筛查。为糖尿病人进行定期的视网膜病变筛查,及时发现病变是把握治疗时机的唯一有效方法。世界卫生组织和中华医学会都建议糖尿病患者应每半年至一年检查 1 次眼底,及早发现糖尿病视网膜病变并治疗,才可有效降低其致盲率。

3. 三级预防　三级预防的任务是对盲和中重度视力损害者开展有针对性的康复,维持或帮助视力失能的患者保有生活自理能力。如对于屈光不正,应佩戴合适的眼镜改善视力状况。对于白内障导致的视力失能,开展白内障患者手术治疗已证实具有良好的成本效益。白内障合并糖尿病视网膜病变的患者,不适合手术,应积极进行综合治疗,稳定病情,改善视力。康复治疗可以采用家庭康复、社区康复和医院康复相结合。高龄老人对生活辅具的需求增多,需要为他们提供质优价廉的辅助设备,如手杖等。并提高无障碍设施的覆盖率,为老年人提供生活便利。

总之,通过建立完善的三级预防监测和防治网络,培养高质量专业人才,推广可负担和适宜的防控手段,可以有效防控可避免的盲症和视力损失。

第二节　老年人听力功能健康管理

正常听力者双耳听阈为 25 分贝或更好,听力没有这么好的人可能有听力丧失。听力损失可分为轻度、中度、重度或极重度。它可以影响一只耳朵或双耳,导致难以听到对话语音或响亮的声音。听力障碍是指听觉系统中的感音、传音以及听觉中枢发生器质性或功能性异常,而导致听力出现不同程度的减退。听力失能通常指个体因听力缺陷而在日常生活中面临的功能性限制。聋通常指重度或极重度的听力损失,个体可能无法听到普通谈话声或完全听不到声音,可以是先天性或后天性的。中国 60 岁及以上老年听力残疾现残率为11.04%,其中,残疾等级以三级（较好耳平均听力损失在 61~80dB）、四级（较好耳平均听力损失在 41~60dB）为主,占 79.13%;致残原因中,老年性耳聋占 66.87%。原因不明性耳聋占8.91%,中耳炎占 8.62%。由此推算,中国老年人中听力残疾人数达到 2 000 万,在 65 岁以上老年人中,每三位老年人中就有一位受到听力损失的影响。一经诊断,需要及时验配助听器或植入人工耳蜗,实施综合性康复干预。中国广大老年听力障碍者的康复状况亟待改善。

一、听力损失的原因及表现

1. 听力损失　听力损失是人耳在某一频率的听阈比正常听阈高出的分贝数,又称聋度或听力级,是听觉障碍的表现。一般来说,听阈（个体能听到的最小声音强度）高于 25dB 被认为存在听力损失。听力损失在 70dB 以内者称为重听,在 70dB 以上者称为聋,临床上习惯统称为聋。

听力损失程度主要按国际标准化组织 ISO(1980)的分级法、WHO1980 耳聋分级标准划分。以较好耳 0.5kHz、1kHz、2kHz 和 4kHz 4 个频率听阈的平均值来计算,将听力损失分为 4 级。

(1)轻度:听力计检查听阈在 26～40dB 之间,聆听远距离谈话或近距离低声谈话感到困难,对细小的声音难以分辨,如树林风吹声。

(2)中度:听阈可达 41～60dB,对日常语言有听觉上的困难,与人交谈感到模糊不清,尤其是在嘈杂环境中。

(3)重度:听阈在 61～80dB 之间,完全听不到普通谈话声,对于叫喊声及洪亮的声音,如汽车喇叭声、鼓声,才有反应。

(4)极重度:听阈超过 81dB,通常极难感觉声音的存在,可以听到巨响或感到声音震动(表 10-1)。

表 10-1　中国残联与世界卫生组织听力损失相关分级

中国残联听力残疾分级标准		世界卫生组织标准	
级别	平均听力损失 /(dB HL)	级别	平均听力损失 /(dB HL)
一级	＞90	极重度	≥81
二级	81～90	重度	61～80
三级	61～80	中度	41～60
四级	41～60	轻度	26～40

2. 听力损失(聋)的原因　可以分为先天性原因和后天性原因。

(1)先天性原因:先天性原因导致的耳聋一般发生在婴儿出生时或出生后不久。先天性聋可以分为遗传性聋和非遗传性聋两大类。遗传性聋是由基因和染色体异常引起的感音神经性聋,常伴有其他器官和组织的畸形。非遗传性聋是由于妊娠早期孕妇患风疹、腮腺炎、流感等病毒感染,梅毒,使用中毒性药物等。另外产程过长、难产及缺氧均可致聋。

(2)后天性原因:后天性原因导致的聋可以发生在任何年龄阶段。主要类型包括:①由感染性疾病,如脑膜炎、风疹、腮腺炎等,导致的听力损失,主要发生在儿童阶段,也可以发生在其后的其他阶段;②由慢性中耳炎症性疾病导致的听力损失,如化脓性中耳炎、分泌性中耳炎、鼓室硬化症、耳硬化症等;③耳毒性聋,使用某些药物治病或人体接触某些化学制剂后引起的内耳功能损害或细胞损失,目前已经发现的耳毒性药物近百种,如链霉素、庆大霉素、新霉素、水杨酸类止痛药等;④头部损伤或耳部损伤导致的耳聋;⑤噪声性聋,因暴露于噪声环境所致的慢性损伤,或因一次突然发生的强烈爆震所致的急性声损伤;⑥外耳道堵塞病变引起的听力下降,见于外耳道肿瘤、耵聍栓塞、异物或闭锁等疾病,阻塞达到管腔的 2/3 时才影响听力,异物堵塞导致的听力下降通常较轻且能够矫正;⑦中枢性聋,任何有关大脑皮层的疾病使两侧的神经通路受损时引起的听力损失;⑧老年性聋,没有明显病因,只是因年龄增长导致的听力下降,人的听力从出生到衰老遵循一条由低到高、达到最佳后又逐渐回落下降的轨迹,最佳听力时期是 18～25 岁,40 岁以后开始下降,60 岁以后下降明显,老年性聋的主要特点是双耳对称性、缓慢进行性听力减退,患者的听力损失以高频为主,言语识别能力明显差于纯音测试的结果,患者常主诉可以听得到声音但听不明白言语声,在噪声或多人对话环境中更甚。

老年性耳聋是指由于年龄的增长,人体的听觉器官同身体其他各组织器官一起发生的缓慢的、进行性的老化过程,并出现听力减退的生理现象。

老年性耳聋是人类机体老化过程在听觉器官上的表现。虽然包括听力在内的人体老化是无法抗拒的自然现象,但老年性耳聋出现的年龄、发展速度、听力损失的程度及对生活的影响等方面却因人而异。除了与各种有害因素(疾病、药物毒性、噪声、精神创伤等)有关外,遗传因素在老年性耳聋发生机制方面的作用越来越受到关注。据估计,40%～50% 的老年性耳聋与遗传有关,遗传背景的不同在一定程度上决定了老年性耳聋发生年龄、程度、进展的差异。相关研究显示,老年性耳聋有家族聚集性现象,携带某些基因能使老年性耳聋的患病易感性提高。

老年性耳聋的主要表现:①双耳高频听力下降;②起病隐蔽,进展缓慢并逐渐加重;③听力减退常从高频区开始,逐渐向低频区扩展;④患者常主诉"能听到声音,但听不清楚",即言语分辨率明显下降,这一现象在嘈杂环境中尤为明显;⑤患者常抱怨"小声听不到,大声又觉吵";⑥ 60% 的老年性耳聋伴有类似蝉鸣的高频耳鸣,偶尔有火车轰鸣样的低频耳鸣,耳鸣初期呈间歇性,后逐渐发展为持续性,在喧闹环境或注意力集中时消失或显著减轻,而在安静时或夜晚时尤其明显。

二、听力障碍的危害及影响因素

由于老年人群往往同时伴有其他机体功能的下降,听力损失对老年人群的影响更为显著。听力障碍是老年人生活质量下降的独立危险因素,听力障碍可通过影响活动能力、身心健康、认知功能和社会功能等影响老年人整体的生活质量。听力障碍的人群进行购物、处理财务、外出活动等相对复杂、需要与社会接触的活动的生活能力有所下降。严重的听力损失使得个体对信息的获得、利用、交流、反馈等存在障碍,甚至不能很好地认知所面临的处境和危险,从而危及个人健康和安全。例如,严重听力损失者因为听不清医嘱导致难以听从医生的建议,或在紧急情况下听不到电话、门铃、烟雾报警器、车辆鸣笛等。听力障碍对老年人的认知功能产生影响,一项研究显示听力中度障碍的个体其痴呆症的发生率较听力正常的个体高 39%,而听力重度障碍的个体,其痴呆的发生率较听力正常的个体高 57%。听力损失者对信息的获取渠道减少,常常感到与社会脱节;听力损失还导致老年人不能很好地与家人、朋友进行交流,产生孤独感,进而减少社交活动和社会参与,导致心理健康问题。

三、老年人听力损失的预防和干预

听力损失往往被认为是"人老失聪"的一种正常现象。然而，实际上，约有一半的听力损失可以预防。三级预防策略是世界卫生组织在预防聋和听力损失方面采用的基本策略，并且着重强调初级保健的作用：一级预防针对病因和病理，如听力保护、疫苗注射和合理使用耳毒性药物等；二级预防针对个体，如听力筛查，治疗急、慢性中耳炎，手术干预防止听力减退等；三级预防针对残疾，如使用助听器和人工耳蜗植入、特殊教育等。

1. 一级预防　一级预防主要针对危险因素的控制，降低听力损失的风险，主要措施包括三方面。

（1）预防先天或儿童早期听力损失：对青春期和育龄女性进行孕前免疫接种，预防风疹；在孕妇中筛查和治疗梅毒及其他感染；提高产前和围产期服务，包括加强安全分娩的措施；对婴儿进行听力高危因素（耳聋家族史、出生低体重、新生儿窒息、黄疸或脑膜炎等）评估，如有必要，及早诊断并给予恰当的治疗；一些儿童期疾病可引发听力损失，包括麻疹、脑膜炎、风疹和腮腺炎，对儿童进行免疫接种不仅是预防此类疾病的关键措施，还能有效降低因这些疾病导致的听力损失风险。

（2）预防噪声性聋：制定社区和工作场所噪声应对指南，通过提高认知、使用个体防护装置以及制定和执行相关立法，减少噪声的暴露（包括职业性和娱乐性暴露）。

（3）预防耳毒性聋：避免使用耳毒性药物，除非得到具有资质的医生的处方和监督；在未经医嘱的情况下，不要把任何东西插入耳朵或向耳朵注入任何液体；如有耳部疼痛或耳部有液体流出，立刻就医。

2. 二级预防　二级预防的任务是早期发现听力损失情况，早诊断以尽早给予有效治疗，避免因为疾病造成的进一步发展。

早期识别、诊断和恰当的管理是减少耳聋和听力损失的有效措施。早期进行视力、听力的筛查，早期求医，缓解或减轻视力、听力障碍带来的影响。

目前，我国基本公共卫生服务每年至少为65岁及以上的老年人群进行一次体检，可以利用体检或社区卫生服务，对老年人群进行听力筛查。针对筛查确定为听力损失的人群，由听力方面的专家进行全面评估，鉴定听力损失和听力残疾程度，以提供合适的康复服务。建议下列情况去耳科检查：总是要求别人重复他们说过的话、把电视的声音开得比平常大、总是漏掉部分谈话内容、耳内有振铃感（耳鸣）；不自觉地以比平常大的声音说话。

3. 三级预防　三级预防的任务是积极开展听力损失康复。

典型的老年性听力损失无法通过医学治愈，只有通过听力康复的干预得到改善。目前使用助听器是改善老年人交流困难、减少交流障碍的主要办法。提供可负担的助听设备和服务，应该发展各种辅助性的听力设备和信号装置帮助听力受损的老人提高在特定环境中的交流能力。

老年听觉康复包括对听力的测试和交流的改善；还包括为听力损失患者及其家人提供有关咨询服务指导、助听器的选配、随访等服务来确保助听器的正确使用，帮助他们最大程度地优化使用各种感官的交流，如视觉和残留听力等。还可以借鉴为耳聋患者使用的唇读法、手势等,与助听器互补。

共患视听障碍老年人发生功能障碍、抑郁、认知功能障碍、生活质量下降、死亡的风险均高于仅患有听力或视力残疾的老年人,视力和听力双重残疾增加了老年人对于医疗和康复服务的需求和利用服务的复杂性。重视老年人视听功能,及时预防,对症下药,才能保证老年人享受一个健康幸福的晚年。

(宋隽清 刘 杨 尹香君)

参考文献

[1] 世界卫生组织(WHO).世界听力报告[M].韩德民,译.北京:人民卫生出版社,2021.

[2] 杨莘,程云.老年专科护理[M].北京:人民卫生出版社,2019.

[3] 冯友梅,吴蓓.老龄化与全球健康[M].北京:人民卫生出版社,2018.

[4] 龙墨.成人听力障碍康复读本[M].北京:华夏出版社,2016.

[5] 王爱平,孙永新.医疗护理员培训教程[M].北京:人民卫生出版社,2020.

[6] 何玉,刘谦,秦明照.视力听力障碍对老年人的影响[J].中国临床保健杂志,2023,26(1):131-134.

[7] World Health Organization. World report on ageing and health [R].Geneva:World Health Organization,2015.

第十一章

重点慢性病防控

慢性病全称慢性非传染性疾病,主要指以心脑血管疾病、糖尿病、恶性肿瘤、慢性呼吸系统疾病、精神和行为障碍疾病等为代表的一组疾病。具有病程长、病因复杂、病理生理变化不可逆等特点。慢性病是世界各地老年人死亡和致残的主要原因,中国老年人群亦然。老年人中慢性病多病共存状况比较常见。同时患有多种慢性病的老年人失能风险也会增加,影响自理能力。我国老年人常见的慢性病包括高血压、糖尿病、心脑血管疾病、慢性阻塞性肺疾病等。

第一节 老年人心脑血管疾病防控

一、心脑血管疾病核心知识

(一)常见心脑血管疾病

1. 冠心病 冠心病是"冠状动脉粥样硬化性心脏病"的简称,是指给心脏本身供血供氧的冠状动脉发生粥样硬化病变而使冠状动脉管腔狭窄或阻塞,造成心肌缺血缺氧或坏死的心脏病。心绞痛和心肌梗死是冠心病的两个最常见的类型。

(1)心绞痛:如果冠状动脉管腔内形成的粥样硬化斑块导致管腔狭窄,致使没有充足的血液流向心肌,不能满足心肌对氧气的需求,这时心脏就会发出信号,患者就会感觉到胸前、肩部、颈部、前臂的疼痛,多为发作性绞痛或压榨痛,这样的疼痛称为心绞痛。这种信号也可能发生在其他部位(如背部、腹部、脸部等),或具有其他的一些表现形式(如胸闷、心悸、气短等),一般在 10~15min 内缓解。运动或情绪激动的时候,心脏需要通过冠状动脉供应更多的血液,这时往往更容易诱发心绞痛发作。

(2)心肌梗死:给心脏供血的冠状动脉因粥样硬化斑块而发生阻塞,使得部分心肌细胞得不到供氧而坏死,这个过程就是通常说的心肌梗死。过劳、激动、寒冷、暴食、便秘等情况下导致心肌耗氧量剧烈增加或冠状动脉痉挛,可诱发急性心肌梗死。相比于心绞痛,心肌梗死发生时常出现剧烈而持久的胸部疼痛,休息或服用硝酸甘油等药物不能完全缓解,常可危及生命。心肌梗死必须及早送医治疗。

2. 脑卒中 脑卒中俗称"中风",是一种突然起病的脑血液循环障碍性疾病,又叫脑血管意外。临床表现为急性脑循环障碍所致的局限或全面性脑功能缺损综合征。脑卒中分为出血性和缺血性两大类,前者就是通常说的"脑出血"或"脑溢血",多表现为剧烈头痛、呕吐甚至昏迷不醒等症状,后者更多见,又叫"脑梗塞"或"脑梗死",常见症状包括突发一侧肢体无力或麻木、口角歪斜、反应迟钝、失去平衡、吞咽困难、言语困难、意识障碍或抽搐等。脑卒中具有发病率高、致残率高、复发率高和死亡率高的特点,功能恢复及预防复发是日常照护的重点。

(二)心脑血管疾病主要危险因素

1. 高血压　高血压是最常见的慢性病,也是心脑血管疾病最主要的危险因素,每年直接导致的死亡高达 300 万人。同时,我国高血压的患病比例呈现逐年升高的态势。目前,我国约有 2.7 亿高血压患者,也就是说在成年人中每 4 个人就有一个患有高血压。

正常人的血压随着体内外环境变化在一定范围内波动。高血压与遗传、年龄、精神、环境、膳食、吸烟等都有关。全世界高血压患病率随年龄增加而明显升高,且患病年轻化趋势日益显著。血压管理的目的是最大限度地降低高血压患者心脑血管疾病发生率和死亡率,其中包括三个主要步骤:及早知晓、规律治疗、有效控制。

2. 血脂异常　血脂是血浆中的中性脂肪和类脂的总称。血脂在血液循环中以脂蛋白形式转运。血浆脂蛋白分为乳糜微粒、极低密度脂蛋白、低密度脂蛋白(LDL)、中密度脂蛋白(IDL)和高密度脂蛋白(HDL)。目前已知低密度脂蛋白(LDL)能导致动脉粥样硬化,而高密度脂蛋白(HDL)则有保护作用。

血脂异常是指人体内脂蛋白的代谢异常,主要包括总胆固醇和低密度脂蛋白胆固醇、甘油三酯升高和 / 或高密度脂蛋白胆固醇降低等,是导致动脉粥样硬化的重要因素之一。我国血脂异常患者人数超过 2 亿,且有逐渐上升的趋势。原发性血脂异常原因不明,是遗传与环境因素相互作用的结果,环境因素包括不良饮食习惯、运动不足、肥胖、年龄、吸烟及酗酒等。

40 岁以下血脂正常人群每 2～5 年检测 1 次血脂,40 岁及以上人群至少每年检测 1 次血脂,心脑血管疾病高危人群每 6 个月检测 1 次血脂。出现血脂异常情况,应及时就医,以获得专业临床指导。

3. 糖尿病　糖尿病是以高血糖为特征的代谢性疾病。如果采用 WHO 诊断标准,2015 年我国 18 岁以上人群糖尿病患病率为 11.2%。估计目前我国成人糖尿病人数达 1.298 亿。糖尿病前期人群接受适当的生活方式干预,可延迟或预防糖尿病的发生。

对于 40 岁及以上人群,建议每年至少检查 1 次空腹血糖,糖尿病前期人群每 6 个月检测 1 次空腹或餐后 2 小时血糖。除了常规进行的血糖检测外,糖化血红蛋白(HbA_{1c})可反映近 8～12 周平均血糖水平,是糖尿病病人病情监测的指标。

4. 超重肥胖　肥胖症是一种以体内脂肪过度蓄积和体重超常为特征的慢性代谢性疾病,由遗传因素、环境因素等多种因素相互作用所引起。目前尚无关于肥胖症的统一诊断标准,常用体重指数来判断。体重指数(BMI)= 体重(kg)/ 身高(m)^2,18.5～23.9kg/m^2 为正常,24.0～27.9kg/m^2 为超重,≥ 28.0kg/m^2 为肥胖。以此标准,我国目前超重和肥胖人数超过 2.4 亿,且还在逐年增长。此外,医学上还习惯把男性腰围 ≥ 90cm,女性腰围 ≥ 85cm 作为中心性肥胖的切点。

肥胖不仅影响形体美,更增加心脑血管疾病的发生风险。研究显示,与正常体重相比,超重和肥胖人群发生心脑血管疾病的风险分别高出 19% 和 36%。随着 BMI 的增加,心肌梗死、缺血性脑卒中、出血性脑卒中的发生风险都呈增加趋势。

在超重或肥胖的治疗中,两个主要环节是减少热量摄取及增加热量消耗。因此,强调以行为、饮食、运动为主的综合治疗,必要时辅以药物或手术治疗。长期坚持健康的生活方式是肥胖症治疗最重要的措施,尤其需要改变饮食和运动习惯。为减轻体重,女性进食热量可控制在每天 1 200～1 500kcal,男性 1 500～1 800kcal。以此标准,每周减重 1～2 斤为宜。

5. 生活方式

(1)吸烟:烟草的烟雾中含有 7 000 多种化学物质,其中有几百种有害物质,已确定的致癌物质近百种。吸烟几乎会损害全身所有重要的脏器,包括心脏、脑、血管、肺、胃肠道以及各种内分泌器官,还有严重的致畸、致癌作用。因此,戒烟对保持健康的身体具有重要作用。

(2)饮酒:2018 年 WHO 曾明确表示,饮酒没有“安全值”。无论多少,只要饮酒即可对健康产生不良影响,并将过量饮酒设定为日均酒精摄入量男性 ≥ 25g,女性 ≥ 15g,如按 52 度的白酒计算,男性饮酒超过 1 两(1 两 =50g),即为过量饮酒,女性还要减半。有害饮酒设定为日均酒精摄入量男性 ≥ 61g,女性 ≥ 41g。如按 52 度白酒计算,日均饮酒量男性超过 3 两,女性超过 2 两即是有害饮酒。对于饮酒者应限制每天酒精摄入量:成年男性 < 25g,成年女性 < 15g,如按 52 度白酒计算男性每天饮酒量不超过 1 两,女性减半,或酒精摄入量每周 ≤ 100g。

(3)不合理膳食:膳食高脂、高盐、高热量,食物单一,蔬菜水果摄入不足等都是直接或间接导致心脑血管疾病发生的危险因素。其中,高钠饮食与高血压呈正相关。钠是维持人体基本生命活动的必要营养素,但摄入过多,易引发高血压,并加重心脏病等心脑血管疾病的风险。每人每天摄入食盐不应超过 5g。

(4)身体活动不足:久坐、缺乏身体活动是心脑血管疾病患病的危险因素之一。按照世界卫生组织讨论文件(修订版)《全球非传染性疾病预防控制综合监测框架(含指标)和自愿性目标》的指标定义,通常一周内总活动时间(高强度活动时间 ×2+ 中等强度活动时间)不足 150 分钟为身体活动不足。

6. 精神紧张　长期精神过度紧张也是高血压发病的危险因素,长期从事高度精神紧张工作的人群高血压患病率增加。

(三)心脑血管疾病干预

1. 健康饮食　平衡膳食指吃的食物种类和食用量之间的比例适宜,能够最大程度地满足营养需求,使身体保持健康状态。平衡膳食是根据营养科学原理和居民膳食营养素参考摄入量而设计的,可以提供具有一定比例的能量、蛋白质、糖类、脂肪等以维持机体的需要。近年来,膳食与健康的关系已从单一营养素或单一食物转向膳食模式与整体健康状况或疾病风险关联的研究。长期遵循平衡膳食模式,是健康长寿和预防膳食相关慢性病的重要基石,并可以降低全因死亡风险。

健康的饮食有助于预防冠心病和脑卒中。健康饮食的构成取决于不同的个体需要(例如年龄、性别、生活方式、体力活动强度等)、文化背景、当地供应食物和饮食习惯。然而,健康成人饮食的基本要素仍然保持不变:

(1)食物种类丰富

1)各种水果、蔬菜、豆类(如扁豆、黄豆等)和坚果。

2)全谷类,如未加工的玉米、小米、燕麦、小麦和高粱米以及富含淀粉的块茎植物或块根植物,如马铃薯、山药、芋头或木薯。

3)动物性来源的各种食物(如肉、鱼、蛋和奶等)。

(2)每天至少400g(8两,5份)蔬菜和水果:一份相当于一个橙子、苹果、芒果、香蕉或3汤匙烹饪蔬菜(马铃薯、甘薯、木薯或其他淀粉类块茎或块根植物不算作其中一份)。

(3)每天盐的摄入量少于5g(相当于普通啤酒瓶盖去掉胶皮垫后水平装满):这5g盐包括了在烹饪或食用时加入的盐量,以及加工食品和面包等食物中本身所含的盐量。

(4)脂肪的摄入量应低于人体能量总需求的30%

1)不饱和脂肪比饱和脂肪好。

2)饱和脂肪的总能量摄入要低于10%。

3)反式脂肪是非健康饮食,应该避免食用。

(5)游离糖的摄入量应低于人体能量总需求的10%

1)对于一个每天消耗大约2 000cal热量(8 000kJ)的健康体重的人来说,相当于50g(约12平茶匙)。

2)为了达到额外的健康获益,来自游离糖的总能量摄入低于5%是最理想的。

3)大多数游离糖均添加在蛋糕、饼干、糖果或饮料(例如苏打水、甜牛奶、果汁)等食品中。蜂蜜、糖浆、果汁和浓缩果汁中也含有游离糖。

2. 体力活动

(1)中等强度体力活动有助于降低高血压、心脏病、卒中、糖尿病、各种癌症(包括乳腺癌和结肠癌)和抑郁症的发生风险。体力活动也有助于控制体重、血糖、血压以及血脂水平。此外,定期中等强度体力活动还可以改善肌肉和心肺功能及骨骼健康,降低跌倒及骨折的发生风险。

(2)运动需要循序渐进,以不感觉疲劳为度。运动强度可凭自身感觉简单判断:与安静状态相比,呼吸、心率微微加快,微微气喘,但能讲话而不能唱歌,基本达到中等强度;呼吸、心跳明显加快,气促,不能连贯讲话,基本达到较大强度。中等强度体力活动包括快走、爬楼梯、跳舞、园艺或做家务。高强度体力活动包括高强度园艺劳动、跑步、快速骑自行车、快速游泳或体育运动。

(3)建议每周至少有150min的中等强度体力活动(例如,每周5d,30min/d);或每周至少有75min的高强度体力活动;或同等效果中高强度体力活动结合进行;一天内体力活动可以进行累积,但每次至少要持续10min,才能有益心脏健康。

(4)活动力下降的人每周要进行3d或更长时间的体力活动,以改善平衡并防止跌倒。

若身体状况不适宜进行所推荐的体力活动,应在能力和条件允许的范围内加以调整。运动的形式可以根据自己的爱好灵活选择,步行、快走、慢跑、游泳、太极拳等均可。应注意量力而行,循序渐进。

3. 戒烟 每年近一半的烟草使用者死于烟草,烟草使用每年导致 600 万死亡病例。这些死亡病例中有 10% 是因为在家里、餐馆、办公室或其他封闭空间吸入二手烟而致命。所有烟草制品都是有害健康的。烟草的使用会损害身体的每一个部位,而且是心血管疾病的主要风险因素之一,可以导致大约 10% 的心血管疾病死亡。

烟草依赖是一种慢性成瘾性疾病,除了凭毅力戒烟外,专业的戒烟方法如尼古丁贴片或咀嚼胶,口服药物如烟酸安非他酮缓释片、伐尼克兰片等可以提高戒烟成功率,获得方式可以咨询专业的戒烟门诊,或拨打全国戒烟热线 400-888-5531,或卫生热线 12320。

4. 减轻体重 肥胖可增加冠心病、脑卒中、高血压、糖尿病的发生风险,还可能导致关节问题,某些癌症也与肥胖有关。对于普通成年人,$24kg/m^2 \leq BMI < 28kg/m^2$ 为超重,$BMI \geq 28kg/m^2$ 为肥胖,但对于老年人群,60～79 岁适宜 BMI 为 20～26.9kg/m²,80 岁及以上人群适宜 BMI 为 22～26.9kg/m²。

5. 控制糖尿病

(1)2 型糖尿病患者常合并代谢综合征的一个或者多个组分的临床表现,如高血压、血脂异常、肥胖症等,随着血糖、血压、血脂等水平的增高及体重增加,2 型糖尿病发生慢性并发症的风险、发展速度以及其危害将显著增加。因此,应针对 2 型糖尿病患者采用综合性治疗策略,包括降糖、降压、调脂、抗血小板、控制体重和改善生活方式等治疗措施。

(2)降糖治疗:降糖治疗 5 大要素包括饮食控制、合理运动、血糖监测、糖尿病教育和药物治疗。其中,生活方式干预是 2 型糖尿病的基础治疗措施,应贯穿于糖尿病治疗的始终。如果单纯生活方式不能使血糖控制达标,应开始药物治疗,血糖控制目标如表 11-1 所示。

表 11-1 血糖控制目标

指标	目标值
空腹血糖(mmol/L)[a]	4.4～7.0
非空腹血糖(mmol/L)[b]	10.0
糖化血红蛋白(%)	< 7.0

a:空腹状态下的血糖值,空腹状态指至少 8 小时没有进食热量;b:不考虑上次用餐时间,一天中任意时间的血糖。

(3)调脂和抗血小板治疗

心脑血管疾病是 2 型糖尿病的主要致残和致死原因。积极控制血糖,可改善微血管病变,但对大血管病变影响较小。循证医学证据显示调脂和抗血小板等综合治疗可显著减少心脑血管事件及死亡风险,对于单纯 2 型糖尿病患者建议如下。

1)他汀类调脂药物:建议服用,将 LDL-C 降至 2.6mmol/L 以下。

2)阿司匹林:对于男性 > 50 岁、女性 > 60 岁且吸烟的患者,可建议服用阿司匹林。其他无危险因素的患者不建议使用。尤其是出血风险相对高者(如近期脑出血、胃溃疡、消化道出血史)的患者不建议服用。阿司匹林在糖尿病患者一级预防中的应用尚存在诸多争议。

6. 控制高血压

(1)降压目标:一般主张血压控制目标为 < 140/90mmHg。糖尿病、慢性肾脏病或病情稳定的冠心病合并高血压病人,血压控制目标为 < 130/80mmHg。对于老年人,收缩压控制在 150mmHg 以下,如果能耐受可降至 140mmHg 以下。

(2)高血压生活方式干预:所有高血压患者一旦确诊,建议同时给予生活方式干预和药物治疗(其中无心脑血管疾病合并症且血压低于 160/100mmHg 者允许采取单纯生活方式干预最多 3 个月,未达标再加用药物治疗)。长期生活方式干预至关重要,包括限制食盐摄入、减轻体重、适量规律运动、戒烟、限制饮酒、减轻精神压力、保持心态平衡等。

(3)常用降压药物:尽量选用证据明确、可改善预后的五大类降压药物,即血管紧张素转化酶抑制剂类(ACEI)、血管紧张素 Ⅱ 受体阻滞剂类(ARB)、β 受体阻滞剂、钙通道阻滞剂和利尿剂,为便于记忆,分别用 A(指 ACEI,如卡托普利、依那普利等;或 ARB,如缬沙坦、氯沙坦等)、B(β 受体阻滞剂,如美托洛尔等)、C(钙拮抗剂,如氨氯地平、硝苯地平等)、D(如氢氯噻嗪等)表示。使用降压药遵循小剂量开始,优先选择长效制剂,联合用药及个体化的原则。

7. 控制血脂异常

(1)血脂异常的诊断:单纯血脂异常的诊断界值:总胆固醇(total cholesterol,TC)≥ 6.2mmol/L(240mg/dl)、低密度脂蛋白胆固醇(low-density lipoprotein cholesterol,LDL-C)≥ 4.1mmol/L(160mg/dl)、高密度脂蛋白胆固醇(high-density lipoprotein cholesterol,HDL-C)< 1.0(40mg/dl)或甘油三酯(triglyceride,TG)≥ 2.3mmol/L(200mg/dl)。

注意:此界值不可作为所有患者调脂治疗起始的界值。是否需要他汀类药物治疗,应综合考虑合并存在的其他动脉粥样硬化性心血管疾病(ASCVD)危险因素,如高血压、糖尿病、吸烟、肥胖等。

(2)血脂异常的临床分类:分为高胆固醇血症、高甘油三酯血症、混合型高脂血症、低高密度脂蛋白胆固醇血症。

(3)血脂异常的治疗:首先,健康的生活方式非常重要。应避免摄入高热量、高脂和高糖饮食,注意总量控制,减少饱和脂肪酸摄入(如家畜肉类及乳制品等),代之以不饱和脂肪酸(如坚果、鱼类、蔬菜中含有较多不饱和脂肪酸)。注意减轻体重,每日进行中等强度运动,每周不少于 150min,限制饮酒。

对于单纯血脂异常,高胆固醇血症、混合型高脂血症应均以他汀类药物治疗为主,将LDL 降低至 3.4mmol/L 以下;除非当 TG ≥ 5.7mmol/L 时,为防止发生胰腺炎,首选降低 TG 的治疗,常用非诺贝特。

对于心血管病高危人群,调脂治疗的首要靶点是降低 LDL-C,首选他汀类药物,使LDL-C 达到目标值或至少降低 50%,若不能耐受或未达标,可加用其他降低 LDL-C 药物,如依折麦布或前蛋白转化酶枯草溶菌素 9(PCSK9)抑制剂等。

(4)他汀类药物使用注意事项:大多数病人对他汀类耐受性良好。最常见不良反应包括:肌痛、肌病、横纹肌溶解,转氨酶异常等,多与剂量大相关。初始服药、增加剂量或合并其他调脂药物时,应 6 周内复查肌酸激酶和转氨酶,无不良反应但未达标者,每 3 个月监测 1 次血脂、转氨酶及肌酸激酶,已达标且无不良反应者可每 6～12 个月监测 1 次。提醒患者出现肌痛或肌无力症状应及时就诊。连续监测发现肌酸激酶或转氨酶进行性升高,他汀类药物应减量或暂时停用。确认为他汀引起的上述不良反应,可考虑换用另一种他汀、减量或隔日服用等方式,或换用非他汀类调脂药物。

8. 控制冠心病或缺血性脑卒中 二级预防又称"三早"预防,即早发现、早诊断、早治疗,是为防止或减缓疾病发展而采取的措施。心脑血管疾病的再发或死亡的风险较高,应接受干预以降低再发风险,改善预后。冠心病或缺血性卒中的二级预防包括生活方式干预和应用改善预后的药物。

（1）生活方式干预

1）健康饮食:避免摄入高热量、高脂和高糖饮食,注意总量控制,减少饱和脂肪酸摄入（如家畜肉类及乳制品等）,代之以不饱和脂肪酸（如坚果、鱼类、蔬菜中含有较多不饱和脂肪酸）。

2）适量运动:注意减轻体重,每日进行中等强度运动,每周不少于 150min。脑卒中患者,根据患者脑卒中后功能障碍特点及体力、耐力等,由专科医生制定康复治疗方案,量力而行,尽早开始康复锻炼。

3）减轻体重:BMI < $24kg/m^2$,腰围 < 85cm/80cm（男 / 女）。

4）戒烟:同时避免被动吸烟。

（2）改善预后的药物

1）抗血小板治疗:可显著降低缺血性脑卒中患者严重血管事件（非致死性心肌梗死、非致死性脑卒中和血管性死亡）的发生风险。阿司匹林 100mg/d（最佳剂量为 75～150mg/d）或氯吡格雷（75mg/d）单药治疗。急性期的双联抗血小板治疗,建议遵循专科医生意见。

2）他汀类调脂治疗:所有无禁忌证的冠心病或缺血性卒中患者均应服用他汀类药物,将 LDL-C 控制在 1.8mmol/L 以下。

3）心肌梗死后患者,建议服用 β 受体阻滞剂、ACEI（不耐受可用 ARB 替换）。

二、心脑血管疾病患者的自我管理

（一）了解心脑血管疾病的相关知识

了解冠心病、心肌梗死、心绞痛、脑卒中等常见心脑血管疾病临床症状,发生胸前、肩部、颈部、前臂发作性绞痛或压榨痛等症状,静息不能缓解,尽快就医。掌握心脑血管疾病的主要危险因素,养成良好的健康生活方式。

（二）掌握自我管理任务和技能

1. 自我管理任务

（1）树立健康观念:主要是对自己健康负责和心脑血管疾病可防可治的信念。

（2）了解心脑血管相关知识：主要包括危险因素、临床症状、危险信号、急救处理、早期预防、外出就餐和旅行日常生活注意事项等。

2. 掌握自我管理技能　主要包括血压、血糖、血脂等监测频率和注意事项，饮食调节、健康运动及注意事项，用药、紧急情况处理及常见负面情绪的处理，良好生活习惯的养成等。

（三）制订行动计划

1. 健康饮食　设定目标并制订计划，对饮食习惯进行一些改变。

2. 体力活动　评估体力活动量，了解哪些活动是中等强度的体力活动，包括快走、慢跑、爬楼梯、跳舞、园艺或做家务等；活动时心率加快、微微出汗，且仍能进行语言交流，感觉不太累。确定适合本人的活动方式，并制订计划锻炼方式、时间、频次，寻求家人、朋友、同事的支持，计步器、手机 App 等软件辅助支持，处于心肌梗死、脑卒中恢复期等的特殊患者或有需要者应咨询康复科专科医生。

3. 戒烟　设立戒烟日，开始彻底戒烟，丢弃与烟草相关的所有物品，告知家人、朋友开始戒烟的日期，并取得其帮助和理解。有些患者突然戒烟可能产生一些不适症状，但通常是暂时的，2～4 周可消失。想吸烟的冲动通常只持续 1～2min，做其他事转移注意力可以帮助摆脱烟瘾困扰。吸烟成瘾是一种慢性病，除了依靠毅力，还有其他辅助治疗方法，比如尼古丁贴片、口服药物等。可以咨询当地医院的戒烟门诊，或拨打全国戒烟热线 400-888-5531 寻求帮助。

4. 减轻体重　评估导致肥胖的主要诱因（社会经济、文化、情绪、抑郁、焦虑、身体形态、药物）。评估行为改变的准备工作以及减肥的障碍，建立可行的减肥方案。取得家人和朋友的支持和帮助，设立激励方案，鼓励和支持，分析处理阻碍减肥的困难，促进坚持实施计划。

5. 用药　对于曾经发生过心脑血管疾病的老年人，除发病期间的各种药物和手术治疗手段之外，抗血小板药物和调脂药物已被证实可以显著地延缓疾病进展，并降低疾病复发的风险，在没有禁忌证的情况下，需要遵医嘱长期（终身）坚持服用。

6. 急救　心绞痛发作时，请立刻停止正在进行的工作或运动，坐下休息，舌下含服硝酸甘油，如果症状还不缓解，或者疼痛加重，请立即拨打 120 或前往医院就诊。相比于心绞痛，心肌梗死发生时常出现剧烈而持久的胸部疼痛，而且休息和服用硝酸甘油等药物也不能完全缓解，常可危及生命，必须及早送医治疗。

缺血性脑卒中常表现为突发的运动或感觉障碍，多发生在身体的一侧，包括肢体麻木或无力、语言不清、口角歪斜、头晕、看东西重影或黑矇等，也可以出现意识丧失。请立即拨打 120 就医，治疗分秒必争。

出血性脑卒中的常见病因是脑部血管瘤或血管畸形等。用力过猛、情绪激动、气温降低、过度劳累都可能成为该病的诱发因素。脑出血的症状与出血的部位、出血量、出血速度、血肿大小等有关，通常表现为不同程度的突发头痛、恶心呕吐、言语不清、小便失禁、肢体活动障碍和意识障碍。如有上述症状，请立即拨打 120。

（四）采取行动

确定行动的内容和决心，增强健康意识，改变不健康生活方式，实现控制病情，提高生活质量。

三、心脑血管疾病社区综合防治

在社区人群中，筛查和防治主要心血管疾病危险因素：高血压、血脂异常、超重和／或肥胖、糖尿病、吸烟，将工作重点前移，做好心脑血管疾病的社区防治工作，显得尤其重要而迫切。

（一）高血压

1. 高血压的社区管理

（1）建立社区人群高血压电子健康档案；进行治疗性生活方式教育。

（2）高血压患者降压目标：①心血管风险高危／很高危的高血压患者以及有合并症的高血压患者，在可耐受的条件下，推荐诊室血压目标为 < 130/80mmHg。②无合并症的一般高血压患者，推荐降至 < 140/90mmHg，如能耐受，应进一步降至 < 130/80mmHg。③老年高血压患者，65～79 岁老年人推荐降压目标 < 140/90mmHg，如能耐受，可降至 < 130/80mmHg；80 岁及以上高龄老年人降压目标 < 150/90mmHg，如能耐受，可降至 < 140/90mmHg。

（3）降压药物选择：常用钙通道阻滞剂、血管紧张素转化酶抑制剂、血管紧张素 II 受体阻滞剂、利尿剂、β 受体阻滞剂和固定复方制剂。

（4）进行危险分层，定期监测血压，规范随访。

2. 向上级医院转诊指征

（1）合并新发心脏病和／或新发卒中。

（2）血压持续 ≥ 180/110mmHg 或高血压危象。

（3）疑似继发性高血压。

（4）难治性高血压（应用改善生活方式和包括利尿剂在内的合理搭配足量的至少 3 种降压药物治疗后血压仍未达标者）。

（5）患者服降压药后出现不能解释或难以处理的不良反应。

（6）高血压伴发多重危险因素或靶器官损害而处理困难者。

（二）血脂异常

1. 血脂异常的社区管理　社区医生根据降脂目标将辖区内血脂异常患者纳入不同的管理级别，实行分级管理；启动治疗性生活方式指导及教育；并对患者进行年度评估和管理级别的调整。以低密度脂蛋白胆固醇（LDL-C）为干预目标，首选他汀类药物。对于临床确诊的动脉粥样硬化性心血管疾病（ASCVD）患者，无论其 LDL-C 基线水平如何，均应启动他汀类药物治疗，如 LDL-C < 1.8mmol/L，则以降幅 ≥ 50% 作为治疗目标。除非患者无法耐受，

否则应选择中等强度或高强度的他汀类药物治疗;使用他汀类药物治疗后 LDL-C 未能达标者,可联用依折麦布。单纯 TG ≥ 5.7mmol/L,为防止急性胰腺炎的发生,首选贝特类或烟酸类药物。

2. 向上级医院转诊指征

(1)经严格的生活方式干预和规范的药物治疗 3~6 个月,LDL-C 仍未达标。

(2)服用调脂药物出现严重不良反应。

(3)未经治疗的 LDL-C > 4.9mmol/L 且怀疑为家族性高胆固醇血症。

(三)超重与肥胖

1. 社区管理

(1)控制目标:体重至少减少 5%~10% 或 BMI < 25kg/m^2。

(2)开展治疗性生活方式教育,定期监测体重、腰围。

(3)减肥药物治疗:在专科医生指导下,可以考虑使用奥利司他等减肥药物。

2. 向上级医院转诊指征

(1)合并心脏病、新发卒中、糖尿病、高血压、睡眠呼吸暂停低通气综合征。

(2)BMI ≥ 32kg/m^2,生活方式和药物干预无效。

(四)糖尿病

1. 糖尿病防治的社区管理

(1)血糖控制目标:大多数非妊娠期的成年 2 型糖尿病患者空腹血糖水平为 4.4~7.0mmol/L,餐后 2 小时血糖 < 10.0mmol/L,糖化血红蛋白(glycosylated hemoglobin,HbA$_{1c}$)< 7.0%。根据患者的年龄、病程、预期寿命、并发症和 / 或合并症病情严重程度等制定个体化目标。

(2)建立社区人群糖尿病电子健康档案,进行糖尿病治疗性生活方式的教育和干预,定期监测血糖、规范随访。

(3)降糖药物选择原则:1 型糖尿病主要选择合适的胰岛素或胰岛素类似物治疗,避免低血糖发生(血糖水平不低于 3.9mmol/L)。2 型糖尿病采用个体化的控制目标和治疗方案;目前常用口服降糖药包括双胍类、钠 - 葡萄糖共转运蛋白 2 抑制剂(SGLT-2i)、促胰岛素分泌剂(磺脲类、格列奈类)、α - 糖苷酶抑制剂和二肽基肽酶 -4 抑制剂、噻唑烷二酮类,必要时可采用胰岛素或胰岛素类似物治疗。

2. 向上级医院转诊指征

(1)疑似糖尿病酮症酸中毒、糖尿病非酮症高渗综合征、乳酸性酸中毒及糖尿病严重低血糖症等急性并发症,紧急处理后尽快转诊。

(2)在随访过程中出现新的症状或靶器官损害,如下肢疼痛和间歇性跛行、肢端坏疽、皮肤感觉异常或疼痛,冠心病、缺血性脑血管病、肾脏损害。

(3)用药出现严重不良反应或规范药物治疗 3 个月血糖仍未达标。

(4)糖尿病伴感染或需手术治疗。

（五）吸烟

1. 吸烟的社区管理　参考"5A"戒烟干预模型：询问（ask）、建议（advice）、评估（assess）、帮助（assist）和安排随访（arrange）。

2. 向上级医院转诊指征　需使用伐尼克兰等戒烟药物治疗者。

第二节　老年糖尿病防控

一、老年糖尿病核心知识

（一）临床特点

1. 不同患者的临床特点

（1）老年期前已患糖尿病患者：临床表现多为糖尿病病程长，慢性并发症较多，易发生低血糖。

（2）老年期新诊断糖尿病患者：临床表现多为餐后血糖（postprandial plasma glucose，PPG）升高，胰岛素抵抗和代偿性胰岛素高分泌，仅测空腹血糖（fasting plasma glucose，FPG）易漏诊。

2. 易出现并发症

（1）急性并发症：糖尿病急性并发症是指任何原因引发与血糖相关的人体急性代谢异常，主要包括代谢性酸中毒、高渗性高血糖状态和糖尿病相关低血糖。

（2）慢性并发症：糖尿病慢性并发症是指长期高血糖使血管、相应脏器组织和细胞及功能受损甚至导致衰竭、威胁生命的一系列病变过程。临床上主要分为糖尿病大血管病变和微血管病变。

3. 常伴随老年综合征　老年综合征是老年糖尿病患者中常见的与增龄相关的疾病组合，包括智能和体能缺失，自伤和他伤防护能力下降，跌倒和骨折风险增加，认知障碍和抑郁，尿失禁，疼痛，用药过多等。

（二）诊断与分型

1. 诊断标准　老年糖尿病的诊断标准与中青年患者相同。老年人存在多尿、多饮、多食、体质量减轻等典型糖尿病症状，加上空腹血浆葡萄糖（FPG）≥ 7.0mmol/L，或随机血糖 ≥ 11.1mmol/L，或口服葡萄糖耐量试验（oral glucose tolerance test，OGTT）2h 血糖（2h PG）≥ 11.1mmol/L，或糖化血红蛋白（HbA$_{1c}$）≥ 6.5%，即可诊断。

2. 分型

（1）1型糖尿病：病理生理学特征是胰岛 β 细胞数量显著减少和消失，导致胰岛素分泌显著下降或缺失。

（2）2 型糖尿病：95% 以上老年患者均为 2 型糖尿病。病理生理学特征为胰岛素调控葡萄糖的代谢能力下降伴随胰岛 β 细胞功能缺陷，导致胰岛素分泌不足（或相对减少）。

（3）特殊类型糖尿病：涉及胰岛 β 细胞功能遗传性缺陷，胰岛素靶细胞遗传性缺陷，胰腺相关疾病，内分泌腺疾病，药物或化学品所致，感染性、免疫性、遗传性等多种病因学相对明确的糖尿病。

（三）筛查与预防

1. 筛查 糖尿病筛查是老年人体检的必要项目。体检项目包括 FPG、OGTT 2hPG、HbA$_{1c}$，从而评估患者糖代谢状态，以便早期筛查出无症状老年糖尿病患者。

2. 预防

（1）一级预防：预防发病（治未病）。主要针对糖调节受损（impaired glucose regulation，IGR）患者进行糖尿病教育，提倡健康的生活方式。

（2）二级预防：预防糖尿病并发症，保护脏器功能。积极治疗糖尿病及其他危险因素，最大程度地减少并发症的发生。

（3）三级预防：降低并发症相关的致残、致死。积极治疗糖尿病及其并发症、伴发疾病以降低并发症导致的致残、致死。

（四）综合治疗

1. 治疗策略

（1）综合评估：有关老年糖尿病患者血糖及胰岛功能水平、并发症及合并症情况、脏器功能和个人生活能力的综合评估，是制定个体化治疗方案的基础。

（2）基本原则：早预防、早诊断、早治疗、早达标，是老年糖尿病优化治疗结局的基本原则。

（3）个体化目标：制订个体化血糖控制目标，使老年糖尿病患者获益最大化，风险最小化。

（4）血糖控制标准：以 HbA$_{1c}$ < 7.0% 及对应的 FPG 4.4～7.0mmol/L、2h PG < 10.0mmol/L 为血糖控制达标值，适用于大多数预期寿命较长、无低血糖风险、尚无严重心、脑、肾病变的老年糖尿病患者；HbA$_{1c}$ < 8.5% 及对应的 FPG < 8.5mmol/L、2h PG < 13.9mmol/L，为可接受的血糖控制标准，适用于病程长、血糖控制难度大、低血糖风险高的老年糖尿病患者，应避免糖尿病急并发症的发生。

2. 糖尿病教育 定期组织老年糖尿病患者健康教育活动，详细告知糖尿病的性质、危害和自我管理的重要性，使患者能理解长期管理（治疗）的必要性，主动参与日常自我管理和定期医疗机构检查评估。

3. 血糖监测 血糖监测以三餐前（空腹）、餐后 2h 及晚睡前的 7 点血糖为标准模式。根据病情有计划地进行血糖监测，有助于患者自我管理、调整降糖方案，保证血糖的理想控制。病情变化时多点或连续血糖监测可为更好调整降糖治疗方案提供信息，有助于促进血糖控制达标。

4. 饮食治疗 老年糖尿病患者应适当改变饮食结构和进餐方式:如不喝粥,可用青菜汤代替粥;多吃一些高纤维素的青菜;进食含多糖类较多的木耳等。医生需要和患者商量制订出一个适合老年糖尿病患者长期坚持的个体化食谱。对于营养不良、吞咽障碍的老年糖尿病患者,可采用"菜肉饭混合匀浆膳",也可辅助应用糖尿病特殊配方肠内营养制剂,以维持营养平衡和血糖稳定。老年糖尿病患者尽量不要饮酒。

5. 运动治疗 老年糖尿病患者运动治疗的原则:因人而异,量力而行,循序渐进,持之以恒。首先是个体化,根据老年人自身的情况制定个体化的运动计划。量力而行就是要适度,建议每日三餐后,适量近距离轻度活动,有利于防止餐后高血糖。在保证安全的情况下可以做一些力所能及的运动,如游泳、爬山、广场舞等。根据自身情况,可以逐渐增加运动量,并长期坚持。运动前须进行运动安全性评估。运动前后应常规对鞋袜及足部进行检查。

6. 药物治疗

(1)药物选用原则:选择降糖药物须考虑多方面因素,特别是防止严重低血糖的发生。有动脉粥样硬化性心血管疾病、慢性肾病发生发展风险或有改善心衰需求时,可优先考虑二甲双胍、胰高血糖素样肽 - 1 受体激动剂(GLP-1RA)或 SGLT-2i 类药物。当 HbA_{1c} < 7.5% 时,选择单药治疗模式;当 7.5% ≤ HbA_{1c} < 9.5% 时,选择双药或三药联合模式;HbA_{1c} ≥ 9.5%,考虑联合胰岛素治疗。新诊断或存在严重高血糖(如 FPG > 12mmol/L,HbA_{1c} > 9.5%)者,合并严重感染或急性并发症,接受手术或者应激状态,应用糖皮质激素等胰岛素作用拮抗药物等特殊情况的老年糖尿病患者,须积极进行胰岛素强化治疗。老年期前罹患糖尿病患者,病程长,并发症和伴发疾病多,胰岛功能差,血糖波动大,在治疗上应特别注意防止严重低血糖的发生。易发生严重低血糖的老年糖尿病患者,须调整胰岛素促泌剂和胰岛素的剂型或用量,尽量避免使用多次胰岛素注射和胰岛素促分泌剂。

(2)各类降糖药物应用注意要点

1)二甲双胍:国内外糖尿病指南均作为首选用药或一线用药,其应用无年龄限制。二甲双胍宜从小剂量起始,最大推荐剂量 2g/d。肾小球滤过率 < 45mL/(min·1.73m²)或处在重度肝功能不全、缺氧和大手术治疗围手术期的患者禁用该药。

2)α - 糖苷酶抑制剂:单独应用不引起低血糖,且能减少其他药物的低血糖风险,适合以碳水化合物类食物为主的中国老年患者,但如与磺脲类或胰岛素合用,仍可发生低血糖,且一旦发生应直接给予葡萄糖口服或静脉注射。

3)格列酮类:属胰岛素增敏剂,适用于新诊断以胰岛素抵抗为主的老年糖尿病患者,单用不引起低血糖,有利于降低心脑血管粥样硬化性病变进程。但可引起水肿、体重增加,加重心力衰竭和骨质疏松(骨折)的风险,老年患者须评估利弊。

4)SGLT2i:其疗效与二甲双胍相当,一系列研究证实这类药物有良好的心肾获益,且应用和获益不受年龄和糖尿病病程延长的影响,尤其在合并心力衰竭和老年慢性肾病患者获益更多。

5)肠促胰素类:老年患者中酌情谨慎使用,肾功能不全者须减量,瘦弱和胃轻瘫的老年糖尿病患者不建议应用。胰腺炎、甲状腺 C 细胞肿瘤以及 2 型多发性内分泌肿瘤综合征患者禁用。

6）胰岛素促泌剂：主要包含磺脲类和格列奈类。其通过促进胰岛素的分泌而降糖，作用强，但易引起体重增加和低血糖，甚至引发严重低血糖昏迷，在老年患者中酌情谨慎使用。

7）胰岛素制剂：胰岛素是控制高血糖的重要和有效手段。胰岛素治疗应在综合治疗基础上进行，治疗方案力求模拟生理性胰岛素分泌模式，从小剂量开始，根据血糖水平逐渐调整至合适剂量。须关注其引发低血糖和体重增加的副作用。老年患者应用胰岛素治疗前应评估低血糖发生风险。

二、糖尿病患者的自我管理

糖尿病自我管理是糖尿病患者管理过程中的一系列日常行为活动，即患者每日所采取的用于科学合理控制血糖，以减少糖尿病对身体健康影响的各种行为。尤其对于老年患者而言，血糖过高可导致其出现多种并发症，严重影响日常生活质量。糖尿病患者往往需要长期进行饮食控制与使用药物来对血糖指标进行控制，因此对于糖尿病患者而言，为了进一步合理保障身体健康，应积极做好自我管理工作。

（一）自我管理内容

1. 获取知识 糖尿病患者主动通过多种途径获取糖尿病防治知识。

2. 制定计划 患者在医生指导下主动参与制定并实施有益于控制各项代谢指标的饮食和运动计划。

3. 自我监测 有计划地进行血糖、血压、脉率、体重自我监测并记录，学会分析影响自己血糖变化的因素（发现问题）并找寻（学习探讨或与专科医护人员联系）解决方法。

4. 规律服药 关注和学习所用治疗药物疗效和副作用，服药时间与起居、进餐的关系，按医嘱整理全天的服药单，认真按时、按量服用，提高药物治疗效果。

5. 定期检查 定期到医疗机构进行总体代谢指标检查和并发症及脏器功能评估，及时发现和治疗并发症。学习心脑血管病变危急情况及低血糖的自我救治方法，降低严重医疗事件发生的不良后果。

6. 自我评估 患者对自身老年退行性变化进行评估，涉及体能（听力、视力、肢体运动）和智能（记忆力、识别能力、运算能力）等方面。

（二）自我管理评价指标

1. 疾病知识及态度 疾病知识及态度是促进健康行为改变的基础，态度则是促进健康行为改变的最直接的影响因素，正确的、积极的信念和态度有利于形成促进健康的行为，良好的疾病态度能够提高糖尿病患者的自我管理水平。

2. 自我管理行为 正确的自我管理行为是自我管理的最终目的。患者的行为改变是衡量糖尿病健康教育成功与否的标志，因此糖尿病患者的行为改变也是评价指标之一。

3. 生化指标 糖尿病患者自我管理水平的提升最终将体现在患者生化指标的改变上，这些生化指标包括空腹血糖及餐后血糖值、糖化血红蛋白值等。

三、糖尿病社区综合防治

由于糖尿病患者大多数时间在家庭、社区度过,所以社区已成为实施糖尿病干预的主要选择场所,由各级卫生行政部门进行组织,社区卫生服务机构、综合医院共同进行参与。

(一)社区综合防治方法

1. 建立社区糖尿病患者档案　由社区医师、护理人员等为糖尿病患者建立社区健康档案,包括一般情况、患者的家族史、过敏史及体格检查、治疗情况等,尤其要详细记录患者的日常用药情况和并发症发生情况。

2. 定期随访　糖尿病患者的随访工作已成为社区工作的重要环节。以社区卫生服务站为载体,组建干预小组,给予患者面对面的随访,同时可进行社区健康教育及咨询,确保社区护理干预措施的实施。

3. 建立社区与综合医院双向转诊模式　对于社区血糖控制不理想的患者,专科医生进行会诊,社区医疗工作者对糖尿病管理进行相关指导。医院对于符合转往社区服务中心继续治疗标准的老年糖尿病患者进行就近转诊,社区服务中心将符合转诊指征的老年糖尿病患者转往医院实行优先就诊。

(二)社区综合防治内容

1. 健康教育　通过在社区开展糖尿病健康教育活动,使其掌握对应的健康技能,采用健康行为来管理自身疾病。它不仅是预防糖尿病及其并发症有效措施之一,也是治疗成功的关键。根据患者特点、文化程度、家庭背景为患者提供个性化指导。通过电话、面对面随访、讲座、发放宣传册、社区护理微信公众号等形式讲解糖尿病有关知识,纠正患者对糖尿病的错误认识。医护人员通过讲座讲解糖尿病相关知识,为老年糖尿病患者交流答疑,同时让患者相互介绍经验,相互鼓励,树立战胜疾病的信心。

2. 饮食指导　饮食指导是糖尿病护理中的基础指导。社区医护人员要用通俗易懂的语言让患者认识到合理饮食对控制血糖的重要性,并结合患者的血糖情况、饮食习惯制订科学合理的饮食方案。日常饮食以低盐、低脂为主,注意增加优质蛋白摄入,控制总热量,坚持少食多餐。同时,指导患者掌握每种食物热量计算方法,尽量避免含糖量较高的食物,多食新鲜蔬菜及高纤维食物,保证摄入充足的优质蛋白、适量维生素及微量元素,并指导患者戒烟戒酒。

3. 运动指导　运动疗法是糖尿病治疗中不可或缺的手段之一。适量运动可改善糖尿病患者胰岛素抵抗,缓解糖代谢紊乱,提高患者生活质量。社区卫生服务中心是与患者联系最紧密、最有条件实施糖尿病运动指导的医疗机构,在糖尿病运动管理中充当着"主人翁"的角色,切实参与患者的运动指导。社区医疗机构通过联合社区居委会开展多种形式的集体活动,为糖尿病患者提供一个群体环境,患者在此可彼此分享治疗经验,互相监督及帮助,从而提高治疗依从性。社区医护人员通过评估老年糖尿病患者病情的严重程度,制订具有针对性的运动计划。根据年龄、病情给予合理的有氧运动如游泳、慢跑、散步等,让患者根据个人喜好选择合适的运动方式。因此,运动要循序渐进,持之以恒。

4. 心理指导 糖尿病与心理状态密切相关,焦虑、抑郁等心理影响血糖的控制,患者情绪是否良好关系到病情的发生发展。因此社区人员应做好心理指导,通过电话或面对面随访了解患者的心理状况、情绪变化及身体状况,与患者进行有效的沟通交流,从专业角度进行心理干预,给予安慰鼓励,以缓解不良情绪。同时,指导患者通过娱乐方式消除负面情绪,改善心理状态。同时,通过组织社区讲座、座谈会等活动使患者与患者之间进行交流,并向患者传授一些成功控制病情的病例,从而消除患者内心的恐惧、焦虑,使患者处于放松状态,不受外界环境及精神方面的刺激,使患者积极配合治疗,提高治疗效果。

5. 用药指导 糖尿病需要长期用药,患者在治疗期间容易出现消极情绪,降低治疗依从性,从而不能有效地控制血糖。因此可指导患者通过闹钟提示、手机提示等方法提醒按时用药,同时鼓励家属参与到患者用药督促工作中,确保患者按时按量用药。医护人员应告知患者用药方法、剂量、不良反应及注意事项,使患者掌握用药时机,同时对使用胰岛素的患者指导识别胰岛素的种类、剂量、保存方法、正确注射部位,确保胰岛素安全有效使用。指导患者用药期间定期监测血糖,根据血糖情况遵医嘱随时调整用药。

6. 病情监测 定期体检、监测血糖、体重、眼底等可预防并发症的发生。根据患者身体状况不同在血糖监测上进行差异性管理,制定适宜的血糖监测间隔,记录血糖监测时间及监测结果,为后续的医疗护理提供参考,同时保证血糖监测取得积极的效果。在社区护理干预中做好并发症的防治,根据患者的身体情况及病情安排定期体检,通过体检结果及自身症状及时识别并发症先兆、种类和特点,并采取有效治疗措施,避免并发症发生给糖尿病患者带来生命危险。

第三节　老年人慢性阻塞性肺疾病防控

一、老年人慢性阻塞性肺疾病核心知识

1. 慢阻肺的定义 慢性阻塞性肺疾病(chronic obstructive pulmonary disease, COPD)简称慢阻肺,是一种常见的、可预防和治疗的慢性气道疾病,其特征是持续存在的气流受限和相应的呼吸系统症状;其病理学改变主要是气道和/或肺泡异常,通常是由显著暴露于有害颗粒或气体所引起。其主要危险因素为吸烟,但其他环境暴露如颗粒物质等,以及宿主的个体易感性如遗传基因、肺异常发育等,参与发病过程;大多数慢阻肺患者同时存在重大的共患慢性病,可影响疾病的表现,因此,慢阻肺是异质性疾病,需个体化的综合治疗。

2. 慢阻肺的疾病负担 慢阻肺是一种严重危害人类健康的常见病,严重影响患者的生存质量,是导致死亡的重要病因,并给患者及其家庭以及社会带来沉重的经济负担。根据全球疾病负担研究显示,2019年慢阻肺患病人数2.123亿,死亡人数330万,占全球死因第6位。世界卫生组织(WHO)关于病死率和死因的最新预测数字显示,随着发展中国家吸烟率的升高和高收入国家人口老龄化加剧,慢阻肺的患病率在未来40年将继续上升。目前,慢阻肺仍是威胁我国居民健康的主要疾病,防治形势严峻。

3. 慢阻肺的危险因素　引起慢阻肺的危险因素具有多样性,可宏观概括为个体因素和环境因素。

（1）个体因素

1）遗传因素:慢阻肺具有遗传易感性。特定基因的缺乏,如 α1 抗胰蛋白酶重度缺乏,与非吸烟者的肺气肿形成有关。同时,一些基因的多态性也与肺功能的下降相关联。

2）年龄和性别:年龄是慢阻肺的危险因素,随着年龄的增长,患病率上升。性别差异对慢阻肺的患病有一定影响,慢阻肺的患病率一般男性显著高于女性,这一差异主要由吸烟习惯、职业暴露、生物燃料暴露以及被动吸烟等多种因素共同作用所致。但有文献指出女性对烟草烟雾、空气污染等的危害更为敏感,是造成女性患慢阻肺的主要因素。

3）肺生长发育:在妊娠、出生和青少年时期,直接和间接暴露于有害因素会影响肺的生长,导致慢阻肺风险增加。

4）支气管哮喘（简称哮喘）和气道高反应性:支气管哮喘可以与慢阻肺并存,同时也是导致慢阻肺发病的因素之一,气道高反应性也参与慢阻肺的发病过程。

5）低体重指数:体重指数与慢阻肺的发病有关,体重指数越低,慢阻肺的患病率越高。吸烟与体重指数之间存在交互作用,共同影响慢阻肺发病风险。

（2）环境因素

1）烟草:吸烟是慢阻肺最重要的环境致病因素。吸烟者肺功能异常率较高,死亡风险增加。被动吸烟也可能导致呼吸道症状和慢阻肺。孕妇吸烟还会对胎儿的肺脏生长和免疫系统产生影响。

2）燃料烟雾:柴草、煤炭等燃料产生的烟雾中含有大量有害成分,其中的碳氧化物、氮氧化物、硫氧化物和未燃烧完全的碳氢化合物颗粒与多环有机化合物等,是慢阻肺致病的危险因素,同时这些烟雾也可能是不吸烟女性发生慢阻肺的重要原因。

3）空气污染:空气污染物中的颗粒物质（PM）以及有害气体物质（二氧化硫、二氧化氮、臭氧和一氧化碳等）对支气管黏膜有刺激和细胞毒性作用,空气中二氧化硫的浓度可随着PM 的升高而升高,且与慢阻肺急性加重次数呈正相关。

4）职业性粉尘:长时间接触高浓度的职业性粉尘,如二氧化硅、煤尘等,会增加慢阻肺的发病风险。职业环境接触的刺激性物质、有机粉尘及过敏原等可以导致气道反应性增高,进而引起慢阻肺。

5）感染和慢性支气管炎:呼吸道感染是慢阻肺发病和加剧的重要因素,病毒和细菌感染常导致慢阻肺的急性加重。慢性支气管炎也与慢阻肺的发生和严重程度有关。

6）社会经济地位:慢阻肺的发病与患者的社会经济地位相关。不同社会经济地位的人群可能面临不同程度的室内外空气污染和营养状况差异,从而影响慢阻肺的发病风险。

二、慢阻肺的诊断

1. 临床表现　慢阻肺的特征性症状是慢性进行性加重的呼吸困难伴咳嗽、咳痰。早期慢阻肺患者没有明显的症状,随病情进展症状加重。部分患者可无慢性咳嗽、咳痰。

（1）症状特征及演变

1）慢性咳嗽：常为慢阻肺的首发症状。咳嗽起病缓慢，迁延多年，早期呈间歇性，随后每天出现，以晨起和夜间阵咳为主，咳出较多黏液或浆液样痰后症状缓解。部分患者咳嗽无痰。

2）咳痰：多为咳嗽伴随症状，痰液常为白色黏液浆液性；急性加重时痰液增多，黏稠，可有脓性痰。

3）气短或呼吸困难：活动后呼吸困难是慢阻肺的标志性症状。早期仅在劳力时出现，之后逐年加重，以致日常活动甚至休息时也感到呼吸困难。

4）胸闷和喘息：慢阻肺的非特异症状。部分患者尤其是重度稳定期或急性加重的患者，活动后有明显的胸闷和喘息。

5）肺外表现：疲乏、食欲减退、消瘦、外周肌肉萎缩及功能障碍、焦虑、失眠等，常在病情严重时伴发。

（2）并发症的表现

1）右心功能不全：当慢阻肺并发慢性肺源性心脏病失代偿时，可出现食欲不振、腹胀、下肢（或全身）浮肿等体循环淤血相关的症状，通常在急性加重期出现，随肺部症状好转可缓解。

2）呼吸衰竭：见于重症慢阻肺或急性加重的患者，因通气功能严重受损导致显著的低氧血症或伴有二氧化碳潴留、发绀和严重呼吸困难；严重时，患者可出现行为怪异、睡眠倒错、谵妄、嗜睡甚至昏迷等肺性脑病的症状。

3）自发性气胸：多表现为突然加重的呼吸困难、胸闷和／或胸痛，可伴有发绀等症状。

（3）合并症的表现：慢阻肺患者常合并心血管疾病，代谢综合征如糖尿病、骨质疏松、骨骼肌功能障碍、抑郁、焦虑、肺癌等慢性病，是导致患者住院和死亡的独立危险因素，应加以询问。

（4）体征：慢阻肺的早期体征可不明显，随着疾病进展，胸部体检常见以下体征。①肺气肿体征；②慢性支气管炎体征；③肺源性呼吸困难的体征；④呼吸衰竭的体征；⑤并发症的体征。

（5）实验室检查及其他监测指标

1）肺功能检查：肺功能检查是目前检测气流受限公认的客观指标。使用支气管舒张剂后，第一秒用力呼气量（FEV_1）／用力肺活量（FVC）＜70% 即判断存在持续气流受限，是诊断慢阻肺的"金标准"，也是用于慢阻肺的气流受限严重程度评价、疾病进展监测、预后及治疗反应评估中最常用的指标。

2）胸部影像学检查

a. 胸部 X 线检查：慢阻肺早期 X 线胸片可无明显变化，随后可出现慢性支气管炎（肺纹理增多和紊乱等）和／或肺气肿的表现（肺过度充气，表现为肺野透亮度增高，双肺外周纹理纤细稀少，胸腔前后径增大，肋骨走向变平，横膈低平，心影悬垂狭长，严重者常合并有肺大疱的影像学改变）。X 线胸片检查对确定肺部并发症及与其他疾病（如肺间质纤维化、肺结核等）鉴别具有重要意义。

　　b. 胸部 CT 检查:高分辨率 CT 对辨别小叶中心型和全小叶型肺气肿以及确定肺大疱的大小和数量,有较高的敏感度和特异度,多用于鉴别诊断和非药物治疗前评估。对预测肺大疱切除或外科减容手术等的效果有一定价值。利用高分辨率 CT 计算肺气肿指数、气道壁厚度、功能性小气道病变等指标,有助于慢阻肺的早期诊断和表型评估。

　　3)脉搏氧饱和度(SpO_2)监测和动脉血气分析:当患者临床症状提示有呼吸衰竭或右心衰竭时应监测 SpO_2。如果 $SpO_2 < 92\%$,应该进行动脉血气分析检查。呼吸衰竭的动脉血气分析诊断标准为静息状态下海平面呼吸空气时 $PaO_2 < 60mmHg$。

　　4)心电图和超声心动图检查:对于晚期慢阻肺以及慢阻肺急性加重的鉴别诊断、并发肺源性心脏病以及慢阻肺合并心血管系统疾病的诊断、评估和治疗具有一定的临床意义与实用价值。

　　5)血常规检查:稳定期外周血嗜酸粒细胞(EOS)计数可作为生物学标记,在使用支气管扩张剂基础上是否联合吸入性糖皮质激素(ICS)的方案制定时有一定的指导意义。慢阻肺合并细菌感染时,外周血白细胞计数增高,核左移。痰培养可能查出病原菌。

　　2. 诊断　慢阻肺的诊断主要依据危险因素暴露史、症状、体征及肺功能检查等临床资料,并排除可引起类似症状和持续气流受限的其他疾病,综合分析确定。肺功能检查表现为持续气流受限是确诊慢阻肺的必备条件,吸入支气管舒张剂后 $FEV_1/FVC < 70\%$ 即明确存在持续的气流受限。慢性支气管炎或肺气肿如无气流受限,则不能诊断为慢阻肺。虽有气流受限,但有已知病因或具有特征性的病理表现的疾病,如囊性纤维化,泛细支气管炎等,不能诊断为慢阻肺。

　　临床医师可以使用图 11-1 的诊断流程进行慢阻肺诊断。

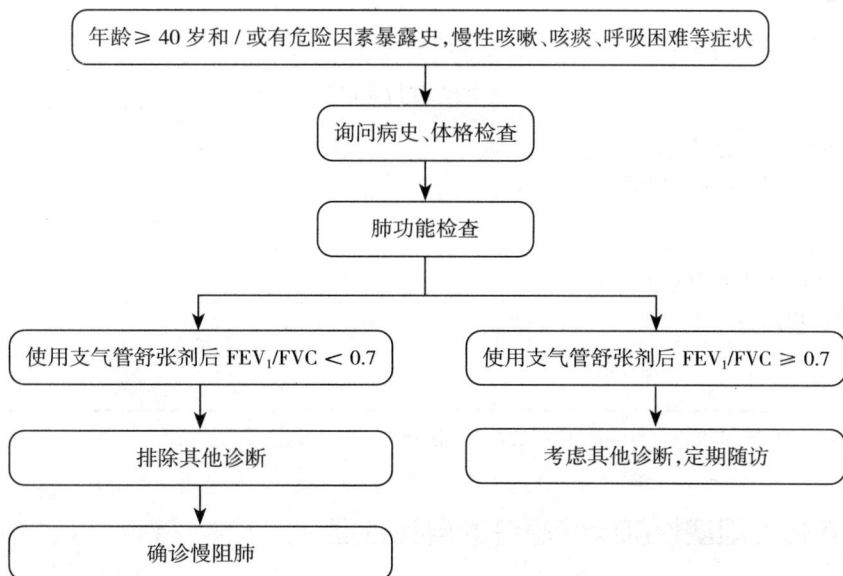

```
┌─────────────────────────────────────────────────────────┐
│ 年龄 ≥ 40 岁和 / 或有危险因素暴露史,慢性咳嗽、咳痰、呼吸困难等症状 │
└─────────────────────────────────────────────────────────┘
                          ↓
              ┌─────────────────────┐
              │   询问病史、体格检查    │
              └─────────────────────┘
                          ↓
              ┌─────────────────────┐
              │      肺功能检查       │
              └─────────────────────┘
              ↓                         ↓
┌──────────────────────────┐  ┌──────────────────────────┐
│ 使用支气管舒张剂后 FEV₁/FVC < 0.7 │  │ 使用支气管舒张剂后 FEV₁/FVC ≥ 0.7 │
└──────────────────────────┘  └──────────────────────────┘
              ↓                         ↓
     ┌──────────────┐          ┌──────────────────┐
     │  排除其他诊断   │          │ 考虑其他诊断,定期随访 │
     └──────────────┘          └──────────────────┘
              ↓
     ┌──────────────┐
     │   确诊慢阻肺    │
     └──────────────┘
```

图 11-1　慢阻肺诊断流程图

　　注:当基层医院不具备肺功能检查条件时,可通过筛查问卷发现慢阻肺高危个体(表 11-2),疑诊患者应向上级医院转诊,进一步明确诊断;非高危个体建议定期随访。

表 11-2　中国慢性阻塞性肺疾病筛查问卷

问题	回答	评分标准	得分
1. 您的年龄	40~49 岁	0	
	50~59 岁	4	
	60~69 岁	8	
	70 岁及以上	11	
2. 您的吸烟总量（包·年） = 每天吸烟（包）× 吸烟（年）	从不吸烟	0	
	1~14	2	
	15~30	4	
	≥ 30	5	
3. 您的体重指数（kg/m²） = 体重（kg）/ 身高²（m²）	< 18.5	7	
	18.5~23.9	4	
	24~27.9	1	
	≥ 28	0	
4. 没感冒时您是否常有咳嗽？	是	5	
	否	0	
5. 您平时是否有气促？	没有气促	0	
	在平地急行或爬小坡时感觉气促	3	
	平地正常行走时感觉气促	6	
6. 您主要使用生物燃料烹饪吗？ 生物燃料指利用生物体制取的燃料，比如用玉米秆、玉米芯等。	是	1	
	否	0	
7. 您父母兄弟姐妹及子女是否有人患慢支炎、肺气肿或慢阻肺？	是	3	
	否	0	
总分			

注：如果总分 ≥ 16 分，需要进一步检查，明确是否患慢阻肺。

三、老年慢性阻塞性肺疾病患者的自我管理

慢阻肺自我管理以居民个人为主体，在专业人员的协助下，居民自己承担起疾病预防性和治疗性保健任务，通过掌握慢阻肺防治的基本知识、基本技能和树立自我维护健康的信心，从而提高生活质量，延长健康寿命。健康自我管理"135"原则："1"即一个核心（自信

心），只要树立了坚强的信心，有了正确的方法，就能最终实现自己健康的目标；"3"即三项任务（管理疾病、管理正常生活、管理情绪）；"5"即五项技能（解决问题技巧；目标设定，制定行动计划的能力；如何寻找社区资源的能力；如何与人交流的能力；紧张和疲劳、焦虑、抑郁等情绪管理的能力）。

慢阻肺高危人群和患者在开展健康自我管理前均应接受规范的健康教育和健康促进培训，掌握最基本的知识与技能。健康基本知识涉及健康概念、自我管理及慢性呼吸系统疾病的识别与处理，包括慢阻肺、哮喘、肺气肿等的预防、诊断和治疗，以及心理健康和生活方式调整。健康管理技能则包括戒烟、营养、运动、肺功能训练、家庭护理、社区康复和有效沟通等。

四、老年慢性阻塞性肺社区综合防治

1. 社区慢阻肺患者的健康教育　对于社区慢阻肺患者，健康教育内容包括健康知识宣教、慢阻肺的病因、早期症状、诊断方法、急性加重的原因和症状、防治措施等，宣传途径有微信公众号、网页宣传、医师指导、大型咨询联谊、社区专题讲座、发放宣传资料、办黑板报、问卷调查、义诊以及免费检测等。对于高危人群与患者，建议定期推送慢阻肺防治信息。要求每两个月开展一次社区宣传，每人一份慢阻肺健康科普宣传手册，每两周一次新媒体定向干预。慢阻肺健康教育内容有如下几个要点。

（1）慢阻肺基础知识：了解慢阻肺的定义、流行情况、发病原因、危险因素、常见症状、预后及治疗原则等。

（2）戒烟：宣传烟草危险，倡导无烟环境，开展戒烟服务的评估与提供戒烟服务，促进吸烟者戒烟。

（3）促进有效排痰：指导患者进行有效咳嗽、增加饮水量以及指导和协助家属进行正确的胸部叩击、体位引流。

（4）运动指导：运动训练包括外周肌肉训练和呼吸肌训练。根据每位受试者的病情严重程度以及接受程度，制定合适的个体化运动处方，包括呼吸操锻炼，练习腹式呼吸，步行、慢跑或骑自行车等耐力训练，进行适当阻力训练强化肌肉力量等。

（5）膳食指导：除了制定合理的营养膳食之外，重点讲解营养不良的危害和提高营养水平的重要性，使居民明白营养不良可降低呼吸肌肌力和耐力，导致呼吸肌疲劳和加重通气功能障碍，进而发生呼吸衰竭。

（6）长期家庭氧疗：应加强对患者及其家属在氧疗知识方面的健康教育，包括氧疗的作用、目的、方法、注意事项，氧疗的指征、时间、用具消毒更换、安全措施等。

（7）药物指导：合理使用抗生素，应根据患者所在地常见病原菌类型及药物敏感情况积极选用抗生素。支气管扩张剂是治疗慢阻肺的主要药物，尤其要指导患者掌握气雾剂的正确吸入方法、时间、剂量并了解其副作用。使用止咳祛痰药，原则上应采取祛痰为主、止咳为辅的策略。

（8）心理社会支持：慢阻肺患者由于长期受疾病折磨，病情的反复发作、迁延不愈、进行性加重,常常使患者对治疗失去信心,表现为失望、抑郁或焦虑、烦躁。社会心理支持能减轻病人的焦虑和抑郁,改善病人的应对策略、自主性及社会参与。

2. 社区慢阻肺患者的呼吸功能锻炼

(1)呼吸训练

1)重建生理呼吸模式:强调腹式呼吸,缓慢呼吸。

2)缩唇呼吸:主要是在呼气过程中通过缩唇,限制呼气气流,保持气道一定压力,防止肺泡、气管迅速塌陷,促进更多残余气体排出,改善通气量。

3)呼吸肌训练:主要是增加最大呼气肌和吸气肌的肌力、耐力,从而有助于肺泡排空,并改善肺泡侧支通气和小气道分泌物向大气道引流。可以使用呼气训练器等辅助工具进行反向呼吸练习,强化呼气肌肉。

4)胸部扩张训练:加强胸廓的运动,有助于肺组织膨胀、扩张,增加肺容量,有助于促进过量支气管分泌物的排出,改善通气 - 灌注关系,增加肺通气量。

(2)呼吸道廓清:气道分泌物的清除至关重要,因为周边气道分泌物潴留引起慢性阻塞性肺疾病加重,有效咳嗽和体位引流排痰技术有利于清除气道分泌物。

1)有效咳嗽:深吸气、暂停;放松呼气;深吸气;腹肌收缩、两次到三次连续咳嗽;结束。可以重复进行多次,直至分泌物排出。

2)体位引流排痰法:体位引流排痰法是指以支气管解剖为基础,将身体摆放在不同位置,利用地心引力的作用引流肺内容物、痰液至大气管,再配合正确的呼吸和咳痰方法,将分泌物排出。适用于神志清楚、体力较好、支气管分泌物较多的老年人。

3)主动循环技术:主动循环技术是一种有利于清除痰液与改善氧合的呼吸技术。其由三个循环往复的通气阶段构成,即呼吸控制(breathing control,BC)、胸廓扩张训练(thoracic expansion exercises,TEE)、呼气(expiration)。循环数量和每个通气阶段的长度、数量和顺序随患者痰液的位置变化而调整。

3. 家庭氧疗及家用无创呼吸机

(1)家庭氧疗:对于具有静息状态下低氧血症的严重患者,长期氧疗(> 15h/d)对其血流动力学、呼吸生理、运动耐力和精神状态会产生有益影响,可改善患者生活质量,提高生存率。因此,提倡在医生指导下施行长期家庭氧疗。

1)氧疗指征,具备以下三种情况中任一项即可:静息时,$PaO_2 \leq 55\%$ 或 $SaO_2 < 88\%$,有或无高碳酸血症;$56mmHg \leq PaO_2 < 60mmHg$,$SaO_2 < 89\%$ 伴继发红细胞增多(红细胞压积 > 55%)、肺动脉高压(平均肺动脉压 $\geq 25mmHg$)和右心功能不全导致水肿三种情况中的一种;休息无低氧血症,运动出现低氧血症患者可在运动时吸氧。

2)氧疗方法:一般采用鼻导管吸氧,氧流量为 1~2L/min,吸氧时间 > 15h/d,使患者静息状态下,达到 $PaO_2 \geq 60mmHg$ 和 / 或使 SaO_2 升至 90% 以上。对于痰液黏稠导致排痰困难、部分伴有轻度二氧化碳潴留的患者,有条件的社区还可采取高流量湿化氧疗治疗,但须密切检测患者血气情况,避免缺氧改善后进一步加重二氧化碳潴留。

(2)家用无创正压通气(non-invasive positive pressure ventilation,NPPV 或 NIPPV):目前NPPV 在慢性呼吸疾病急性加重期,特别是慢性阻塞性肺疾病急性加重期,得到广泛应用,有效治疗许多轻或中度呼吸衰竭患者,避免有气管插管及有创机械通气。但目前稳定期COPD患者长期使用NPPV的病例不断增加,但支持其临床应用的严格的随机对照研究依据不足。

4. 老年患者的就医与合理用药

(1)指导患者识别急性加重及明确就医时机:对于慢性呼吸疾病患者,一般存在持续呼吸道症状,常常因为早期未引起足够重视,导致呼吸道症状持续恶化,最终造成不可挽回的后果,所以正确识别急性加重成为社区医生在患者教育中必须反复强调的问题。

慢性阻塞性肺疾病急性加重(acute exacerbation of chronic obstructive pulmonary disease, AECOPD)是慢阻肺患者死亡的重要因素。AECOPD是慢阻肺临床过程中的重要事件,也是慢阻肺患者健康状况和预后的主要决定因素。因此,早期预防、早期发现、科学认识和规范治疗AECOPD是临床上的一项重大和艰巨的医疗任务。

AECOPD是一种急性起病的过程,慢阻肺患者呼吸系统症状出现急性加重(典型表现为呼吸困难加重、咳嗽加剧、痰量增多和/或痰液呈脓性),超出日常的变异,并且导致需要改变药物治疗。

换言之,慢阻肺患者存在日常症状的波动,当患者呼吸困难加重、咳嗽加剧、痰量增多超过日常波动范围或明显咳黄脓痰,就标志着患者需要就医。轻度急性加重仅需口服抗生素或吸入短效支气管扩张剂(例如硫酸沙丁胺醇雾化溶液)就可缓解,但中重度加重即需要住院治疗,甚至ICU治疗,基层医疗机构可根据自身医疗条件和医联体单位医疗条件及时转诊患者。

慢阻肺患者住院治疗指征:①症状显著加剧,如突然出现的静息状况下呼吸困难;②重度慢阻肺;③出现新的体征或原有体征加重(如发绀、神志改变、外周水肿);④有严重的合并症(如心力衰竭或新出现的心律失常);⑤初始药物治疗急性加重失败;⑥高龄患者;⑦诊断不明确;⑧院外治疗无效或医疗条件差。

慢阻肺患者入住ICU的指征:①严重呼吸困难且对初始治疗反应差;②意识状态改变(如意识模糊、昏睡、昏迷等);③经氧疗和无创机械通气后,低氧血症仍持续或呈进行性恶化,和/或严重进行性加重的呼吸性酸中毒($pH < 7.25$);④需要有创机械通气;⑤血流动力学不稳定,需要使用血管活性药物。

(2)急性加重期合理用药

1)抗菌药物:对于有痰量增多、痰液性状改变以及严重呼吸困难的急性加重患者,建议使用抗菌药物,须按照患者痰液特征的改变结合当地细菌耐药情况选择种类。

2)糖皮质激素:建议轻度、中度急性加重患者使用吸入糖皮质激素;对于伴随呼吸衰竭患者可选择口服及静脉糖皮质激素,使用时间不宜过长。

3)支气管扩张剂:对于轻度急性加重患者,可使用短效β2受体激动剂和/或应用储雾罐或湿化器定量吸入异丙托溴铵;对于中重度急性加重患者,应用气动雾化装置雾化吸入短效β2受体激动剂、异丙托溴铵或复方异丙托溴铵。

4)抗凝药物:对AECOPD患者应常规行血栓及出血风险评估,高血栓风险患者应考虑应用肝素或低分子肝素皮下注射预防血栓。

（3）稳定期合理用药：慢阻肺患者在稳定期的合理用药应以支气管舒张药物为基础，根据病情需要可加用糖皮质激素、祛痰药等其他药物。同时，患者应遵循长期规律用药的原则，结合个体化治疗和综合治疗手段，以提高治疗效果和生活质量。

第四节　其他慢性病防控

一、慢性疼痛防控

（一）慢性疼痛核心知识

疼痛是人类第五大生命体征，疼痛按照发生机制分为伤害感受性疼痛和神经病理性疼痛，前者与机体损伤和炎症反应有关，后者与机体神经损伤、痛觉系统外周敏化和中枢敏化有关。

慢性疼痛（chronic pain，CP）是指持续时间超过 3 个月的疼痛。慢性疼痛多为两种疼痛并存的混合型疼痛。根据 2018 年世界卫生组织与国际疼痛学会新修订的国际疾病分类（ICD-11），慢性疼痛又分为慢性原发性疼痛与慢性继发性疼痛两类，其中慢性原发性疼痛主要包括慢性原发性内脏痛和肠易激综合征。慢性继发性疼痛主要包括慢性癌症相关性疼痛、慢性术后或创伤性疼痛、慢性继发性肌肉骨骼疼痛、慢性继发性内脏痛、慢性神经病理性疼痛和慢性继发性头痛或口面部疼痛等。

研究表明，慢性疼痛是由多种生物、心理和社会因素相互作用的临床综合征。其发生发展与年龄、性别、种族、文化背景、居住情况、行为生活方式、医疗干预、心理健康和认知等因素有关。重点人群为老年、女性、农村居民、低学历、低收入、慢性病病人、残障人士等。

老年人遭受慢性疼痛的现象已越来越普遍。据报道，我国社区老年人慢性疼痛的发生率高达 41.1%，其中中重度疼痛发生率为 16.6%。老年人疼痛的常见类型大致可划分为肌肉骨骼疼痛、外周神经性疼痛和慢性关节痛三类。

肌肉骨骼疾病包括骨关节退行性病变（类风湿关节炎与骨关节炎等）、脊柱裂或根突疾病、骨质疏松症、骨折都是引起老年人疼痛的常见疾病。癌症、癌症化疗或手术、糖尿病、带状疱疹可造成老年人慢性神经痛。慢性疼痛也多见于心脏衰竭、终末期肾病和慢性阻塞性肺疾病等慢性疾病晚期阶段。此外，周围血管病、纤维肌痛综合征、中风、痛风等也是老年人疼痛相关的疾病。老年人主要疼痛部位为腰背部、腿部和膝盖，与疼痛相关疾病相契合。慢性疼痛影响老年人的情绪、活动能力、代谢，导致老年人跌倒、睡眠障碍、焦虑抑郁、免疫与认知功能下降，甚至残疾，降低了老年人的生活质量，也给家庭和社会带来了沉重负担。

（二）自我管理

个人主动参与到管理和控制疼痛症状的过程即慢性疼痛的自我管理。目前，老年慢性疼痛提倡采取多种自我管理策略。目的是让患者参与自身照护，以降低疼痛相关残疾的发生。主要包括物理疗法(冷热敷、针灸、理疗、按摩等)、使用止痛药物、自我松弛法(深呼吸、腹式呼吸、改变体位等)、适度运动(散步、太极拳等)、家人陪伴与支持、情绪控制、分散注意力法(聊天、看电视、社区活动等)、注意取暖或休息、饮食与生活方式改变等,是涉及多学科、跨领域协作的综合管理。

自我管理效果受老年人自身条件、健康知识水平及疼痛相关不良心理等多种因素影响。研究表明,高龄、女性、经济状况差、健康素养水平低下、患多种慢性病等情况可限制老年人的自我管理水平,这提示了我们疼痛相关健康教育的重点人群和薄弱环节。部分老年人存在认知上的误区,比如疼痛是衰老不可避免的,不主动向他人倾诉疼痛,或选择忍受疼痛,认为不需要治疗。老年人忽视自身疼痛状况、不了解正确的自我管理方式以及对自我管理重要性的认识不足,严重影响老年人生活质量,危害身体健康。此外,心理状况在疼痛自我管理中发挥重要作用。研究表明,自我效能感较高、疼痛接受度高,有利于疼痛控制,属于良性心理,而焦虑、抑郁、恐惧或自我感觉压力大则不利于疼痛控制,属于不良心理。因此,社会应加强慢性疼痛的健康教育,提高老年人认知水平,同时注重患者的心理健康教育,及时发现并缓解不良心理,才能增强老年人疼痛自我管理意识,从而积极主动参与慢性疼痛的健康管理。

(三)社区综合防治

疼痛治疗并不是短期、单一性的治疗,而是长期药物、物理和心理等综合性治疗。其中,药物治疗虽然有较好的疗效,但应当注意的是服用药物的副作用及药物滥用问题。比如,阿片类药和非甾体抗炎药(NSAIDs)对感受性疼痛一般具有较好的疗效,但NSAIDs止痛药易引起血小板功能紊乱与肾功能衰竭、胃肠道反应大,导致消化道出血、心血管不良事件,相比而言乙酰氨基酚这方面副作用则较小。相比吗啡,半衰期更短的氢吗啡酮、μ阿片受体部分激动剂如丁丙诺啡就更适合合并肝肾功能不全的老年患者。故老年镇痛药物应由专业药剂师选择,严格掌握适应证,并注意控制起始剂量,以减轻副作用。

除药物治疗,多种非药物治疗也应用于老年慢性疼痛患者的治疗,如手术疗法、中医疗法、认知行为疗法等。超声引导下的周围神经冷冻消融术与聚焦超声(focused ultrasound, FUS)是目前具有应用前景的针对慢性疼痛的非侵入性治疗技术,现已被批准用于治疗慢性疼痛的丘脑切开术和骨转移相关疼痛。传统的针灸、推拿、整脊、敷贴和理疗等则是常见的中医治疗手法,其中针刺相关技术(acupuncture related technique, ART)对大多数慢性痛有减轻疼痛的作用。认知行为疗法目前也被证实对慢性疼痛有较好疗效,虚拟现实(virtual reality, VR)技术开始运用于慢性疼痛的治疗,接纳承诺疗法(acceptance and commitment therapy, ACT)作为新兴的认知行为疗法,可以提高患者疼痛接受度,并缓解抑郁水平。此外,认知行为疗法还包括松弛术、冥想、引导想象、催眠等。

老年疼痛患者以追求疼痛缓解、生活质量改善为治疗首要目的,不太关注根除疼痛与原发疾病。这提示社区防治在老年慢性疼痛管理中的重要作用。社区医院距离家近,能更高效地为"腿脚不便"的老年疼痛患者提供诊治、康复、咨询等各项服务。通过举办专家义诊、讲座、主题推广、社会公益活动等,深入社区宣传疼痛知识,提高居民疼痛认知水平。完善家庭医生签约服务,采取随访的形式,尤其是入户随访,为肢体行动困难的高龄疼痛患者提供健康宣教。社区医院在开展健康教育时,也须考虑到当地气候、地理和发病人群的特点,从而制定出不同层次的干预方案,提高健康教育的宣传力度与效果。目前,我国大力推行分级诊疗,随着慢性疼痛的群体逐渐扩大,慢性疼痛的分级诊疗也势在必行。但社区医院面临的疼痛专科人才、设备方面不足,"双向转诊"上转容易,下转难,导致病源匮乏以及缺乏疼痛管理专项经费支持等问题与困境,一定程度上制约了慢性疼痛分级诊疗的有效实施。

二、肿瘤防控

(一)肿瘤的核心知识

1. 肿瘤的概念 肿瘤系指在多种致瘤因子的综合作用下,机体内细胞遗传物质经历显著变化(包括原癌基因的突变、扩增,以及抑癌基因的缺失、失活等情形),引发基因表达调控失衡与细胞增殖异常,最终形成的新生物。

(1)肿瘤的分类:肿瘤分为良性和恶性肿瘤。

1)良性肿瘤:此类肿瘤不具备浸润及转移的特性。它们通常具有清晰的包膜或明确的边界,并以膨胀性方式生长,生长速度相对缓慢。瘤细胞分化成熟,对机体的潜在危害较小。

2)恶性肿瘤:这类肿瘤则展现出浸润与转移的能力。它们往往缺乏包膜,边界模糊,以浸润性方式向周围组织扩张,生长速度显著加快。瘤细胞分化不成熟,呈现出不同程度的异型性,对机体危害极大,常因复发及转移而导致患者死亡。恶性肿瘤的瘤细胞能够跨越其正常边界生长,侵袭相邻组织并扩散至其他器官,这一过程被称为转移。转移是恶性肿瘤致死的主要原因。

3)交界性肿瘤:即中间性肿瘤,是指其组织形态与生物学行为均介于良性与恶性之间的肿瘤类型。

(2)肿瘤的命名方式:肿瘤的分类及命名,主要依据其组织起源进行界定。以下是几种常见的肿瘤类型及其定义。

1)癌:特指起源于上皮组织的恶性肿瘤。

2)肉瘤:指源自间叶组织的恶性肿瘤,这一类别广泛涵盖了如纤维组织、脂肪、平滑肌、横纹肌、脉管、间皮、滑膜、骨及软骨等间叶组织来源的肿瘤。

3)白血病:作为血液系统恶性肿瘤的一种,其原发部位位于骨髓。

4)淋巴瘤:特指淋巴系统发生的恶性肿瘤。

5)母细胞瘤:此类肿瘤起源于未成熟的或幼稚的细胞。

此外,还存在一些特殊类型的肿瘤,它们可能源自神经组织、胎盘等特定组织。

(3)肿瘤的特殊名词

1)癌前病变:是恶性肿瘤形成历程中的一个独特阶段。所有恶性肿瘤在其发展过程中均会经历癌前病变这一阶段,但值得注意的是,并非所有癌前病变最终都会演变成恶性肿瘤。若及时消除致癌因素,病变组织有可能恢复至正常状态;反之,若致癌因素持续存在,则可能进一步发展为恶性肿瘤。

2）原位癌：亦称上皮内癌或浸润前癌，是指一类在细胞学层面已展现出所有恶性特征的肿瘤，但其生长尚未突破上皮组织的基膜界限，因此仍属于癌前病变的范畴。

3）浸润性癌：是指那些已经突破基膜并侵犯到间质组织的上皮性恶性肿瘤。根据肿瘤浸润的深度，可将其进一步细分为早期癌、中期癌和进展期癌，以便更准确地评估病情及制定治疗方案。

2. 肿瘤的危险因素　恶性肿瘤，其根源可追溯至单一细胞，然而，自正常细胞逐步转化为肿瘤细胞的过程，实则是一个涉及多个阶段、错综复杂的生物学演变。这一过程并非孤立存在，而是遗传因素与外部环境因素交织互动的产物。具体而言，恶性肿瘤的发生与发展，主要受到四大类因素的直接影响。

（1）行为生活方式因素：是全球恶性肿瘤死亡的重要原因之一，据统计，约有三分之一的恶性肿瘤的死亡病例可归因于不良的行为和饮食危险因素（吸烟、饮酒、不合理的饮食习惯、超重和肥胖以及缺乏体力活动）。这些因素不仅影响着个体的健康状态，也对全球公共卫生构成了严峻挑战。

1）吸烟：烟草使用被公认为最主要的致癌危险因素之一。烟草烟雾中蕴含超过七千种化学物质，其中数百种具有毒性，且至少 69 种已被证实为致癌物质。这些有害物质能够诱发肺、喉、肾、膀胱、胃、结肠、口腔及食管等多个部位的肿瘤。根据世界卫生组织（WHO）的数据统计，烟草的使用导致了全球约 20% 的恶性肿瘤死亡和 70% 的肺癌死亡。

2）饮酒：国际癌症研究机构（IARC）、世界癌症研究基金会（WCRF）及美国国家癌症研究所（NCI）均得出了一致的结论：酒精已被明确认定为人类的致癌物质，并且是诱发多种癌症的重要因素之一。此外，众多深入研究表明，酒精作为一种具有高度生物活性的化合物，能够显著地与多种其他致癌因素，如烟草、乙肝病毒、丙肝病毒以及幽门螺杆菌等，产生协同作用，共同促进癌症的发生与发展。

3）饮食方面：在发达国家，饮食因素与约 30% 的癌症病例存在关联，而在发展中国家，这一比例约为 20%。随着经济的增长和食品加工工业的快速发展，人们的饮食结构发生了显著变化，具体表现为以淀粉为主的食物、植物性食物摄入量逐渐减少，而动物性食物、油脂、糖以及加工食品的消耗量则显著增加。这种以高热量、高蛋白和高脂肪为特点的"三高"膳食模式，导致了植物营养素和膳食纤维的摄入量下降，进而显著提升了结直肠癌、乳腺癌、子宫内膜癌和前列腺癌等癌症的发病率。

值得注意的是，水果和蔬菜及其所含的特定抗氧化剂及微量营养素在预防癌症方面发挥着重要作用。高抗氧化营养素的饮食能够有效减少 DNA 的氧化损伤，从而起到预防癌症的效果。大量科学研究已明确指出，膳食中缺乏蔬菜和水果可能会增加罹患口腔、咽喉、食管、胃、胰腺、结直肠、肺和前列腺等部位癌症的风险。

4）超重与肥胖：这一现象在全人群中普遍存在，其不良影响不容忽视。具体而言，超重与肥胖状态会显著增加个体罹患腺癌、食管癌以及肾癌的风险。此外，对于男性而言，超重与肥胖还可能导致结肠癌的发病率上升；而对于女性，特别是绝经后的女性，这一状态则与乳腺癌和子宫内膜癌的发病风险增加密切相关。因此，我们需要高度重视超重与肥胖问题，采取有效措施进行干预和控制，以降低相关癌症的发病风险。

5）体力活动：国际癌症研究机构制定了预防结肠癌及乳腺癌的体育锻炼指导方针。具体而言，为预防结肠癌，建议每日至少进行30min的中等强度或以上级别的体育锻炼，此标准已被证实为最有效的预防措施。对于降低女性乳腺癌的发病风险，则推荐每日进行30~60min的中等强度至剧烈级别的体育锻炼，并须确保这一锻炼计划不会干扰正常的职业及家庭生活状态。

（2）环境理化因素：诸多科学研究已明确表明，癌症的发生与环境理化因素之间存在紧密的关联性。世界卫生组织（WHO）明确指出，约80%的人类癌症病例可归因于环境因素，其中，化学因素占据主导地位。经国际癌症研究机构严格认证，当前环境中普遍存在着多种具有诱发和诱导癌症发病潜力的物理及化学物质，这些物质包括但不限于以下几种。

1）物理致癌物质：主要包括紫外线及电离辐射等。紫外线辐射，特别是来自太阳的辐射，已被证实为导致皮肤癌（如基底细胞癌、鳞状细胞癌以及黑色素瘤）的主要因素之一。据2020年全球癌症统计数据（GLOBOCAN 2020），2020年全球范围内新发黑色素瘤病例约为325 000例，死亡病例约57 000例。

辐射被明确区分为电离辐射与非电离辐射两大类别。电离辐射因其高能量特性，能够直接破坏DNA并诱发基因突变，进而可能促进癌症的发生。相反，非电离辐射能量较低，不足以直接引发基因突变，因此通常不被视为致癌因素。在日常生活中，我们常见的手机、微波炉、高压电设施及Wi-Fi等均属于非电离辐射源。而真正具有潜在致癌性的电离辐射主要包括以下三类。

a. 核污染：无论是日本的核弹爆炸事件，还是乌克兰核电站的泄漏事故，均直接导致了大量癌症患者的涌现，凸显了核能安全问题的严峻性。

b. 医用仪器：在医疗领域，计算机体层成像（computed tomography，CT）、正电子发射体层成像（positron emission tomography，PET）、X线等技术所使用的设备均为电离辐射的重要来源。对于儿童而言，应尽可能避免使用此类设备以降低潜在风险；而成年人亦应适度减少其使用频率，以保障健康。

c. 自然放射源：自然界中广泛分布着天然放射性元素，如镭-226、钍-232等，它们可存在于石头、土壤及空气中。值得注意的是，许多装修用石材亦可能含有放射性物质，因此建议在使用前进行检测，确保其放射性水平处于安全范围之内。此外，氡气作为一种无色无味但具放射性的气体，其污染已成为美国肺癌发病的第二大诱因，仅次于吸烟。氡气主要来源于土壤释放，尤其在密闭的地下室中易于积聚。据估算，美国每年约有两万例肺癌患者与氡气的放射性影响相关。

2）化学致癌物质：此类致癌物种类最为繁多，涵盖烷化剂、多环芳烃、芳香胺、亚硝胺及脂肪烃类等。此外，无机物中的石棉、结晶硅及重金属等亦被广泛认定为环境致癌因素。

职业环境中的暴露是多数癌症病例的重要诱因，其影响深远且广泛。在全球范围内，环境因素，包括职业暴露在内，已导致约19%的肿瘤病例发生，且每年因此造成超过130万人的不幸离世。

在职业性肿瘤中，肺癌、间皮瘤及膀胱癌的发病率尤为显著。石棉作为职业性致癌物质中的典型代表,其危害不容忽视。据估算,全球范围内约有 1.25 亿人暴露于工作场所中的石棉环境,而因此导致的石棉相关肺癌、间皮瘤及石棉肺等职业病,已造成超过 10.7 万人的死亡。更为严峻的是,每三名因职业性癌症而死亡的患者中,便有一人的死因与职业环境中的石棉暴露直接相关。

（3）生物因素:慢性感染,尤其是病毒、细菌和寄生虫感染,如乙肝病毒、丙肝病毒、人乳头瘤病毒、人免疫缺陷病毒、EB 病毒、幽门螺杆菌及血吸虫感染等,均被视为致癌的重要风险因素,此现象在低收入和中等收入国家尤为显著。常见的致癌感染因素及其相关肿瘤类型包括:乙肝病毒与肝癌、人乳头瘤病毒与宫颈癌、人免疫缺陷病毒与卡波西肉瘤、幽门螺杆菌与胃癌,以及血吸虫与膀胱癌等。

在我国,引发癌症的主要感染因素为乙肝病毒、丙肝病毒、幽门螺杆菌、人乳头瘤病毒及 EB 病毒。这五种感染因素每年可使约 53 万人死于因感染导致的恶性肿瘤,占所有因恶性肿瘤死亡人数的近 30%;同时,每年还可导致约 67 万人罹患感染相关恶性肿瘤,占所有恶性肿瘤新发病例的 26%,该比例高于全球平均水平。

（4）机体因素:包括遗传因素、个体免疫及内分泌功能三个方面。

1）遗传因素:众多研究资料已充分揭示,肿瘤与遗传之间存在着紧密的关联。这种联系体现在多个方面,如肿瘤在家族中的集中发病现象、特定遗传缺陷疾病患者的高肿瘤风险,以及肿瘤在不同种族间的分布差异。家族史作为评估肿瘤风险的关键因素之一,其重要性不言而喻。早在 20 世纪 70 年代,科学界已明确识别出首个具有显著家族遗传倾向的肿瘤类型——视网膜母细胞瘤。此外,某些遗传性综合征亦与肿瘤的发生紧密相关,这些疾病的患者往往面临更高的恶性肿瘤风险,如家族性结肠腺瘤病患者,其最终可能发展为直肠癌。

2）免疫因素:机体的免疫系统在肿瘤防御中扮演着至关重要的角色,其核心功能在于识别和攻击潜在的肿瘤细胞,从而有效遏制恶性肿瘤的发生与发展。

3）内分泌因素:大量科学研究已经证实,性激素在恶性肿瘤的发病过程中发挥着不可忽视的作用。特别是对于女性而言,多种性别相关的肿瘤的发生与雌激素水平的异常波动密切相关。

3. 肿瘤的预防控制措施

（1）癌症的一级预防:即病因学预防,是指针对广泛人群所采取的一系列旨在消除或降低致癌因素,促进健康状态,从而预防癌症发生的措施。这一层次的预防措施具体包括以下几个方面:一是鼓励并促进戒烟行为;二是倡导并实践合理膳食原则;三是倡导健康饮酒习惯,避免过量饮酒;四是广泛实施免疫接种计划,提高人群免疫力;五是加强职业卫生管理,预防职业性肿瘤的发生;六是深入开展健康教育与健康促进活动,提升公众对癌症预防的认识和重视程度。

（2）癌症的二级预防:又称"三早预防",旨在通过针对特定高风险人群的筛检,识别并及早发现癌前病变或早期肿瘤病例,以实施早期预防、早期干预和早期治疗策略。具体措施涵盖筛查和干预试验,包括但不限于:宫颈癌筛查、乳腺癌筛查、结直肠癌筛查、胃癌的普查,以及食管癌的早期诊断和治疗等,以期达到降低癌症发病率、提高患者生存率的目的。

（3）癌症的三级预防：此策略旨在针对已被确诊为肿瘤的患者，采取一系列措施以预防疾病复发，降低并发症的发生率，避免致残情况的产生，并致力于提升患者的生存率与康复率。同时，为缓解肿瘤给患者带来的疼痛与不适，采取诸如三阶梯止痛法及临终关怀等具体举措，以全面改善患者的生活质量。

（二）肿瘤患者的自我管理知识和技能

针对罹患肿瘤疾病的患者群体，实施恰当的自我管理策略，乃是促进病情有效管控、维系健康状态的关键途径。以下列举的是肿瘤患者普遍应当掌握的一系列自我管理知识与技能。

1. 饮食调整　膳食中高比例的水果和蔬菜摄入可能具备对多种肿瘤的预防保护作用；反之，红肉及腌制肉类的过量摄入则可能提升罹患结直肠癌的风险。世界癌症研究基金会（WCRF）携手美国癌症研究所，对逾七千篇相关科学文献进行了详尽且客观的分析，并基于这些研究中的确凿证据，编撰了《食物、营养、身体活动与癌症预防》一书，书中提出了以下十条旨在预防癌症的建议。

（1）维持正常体重范围内的最低水平体重。

（2）将积极的身体活动融入日常生活，确保每日至少进行30min的运动，并避免长时间久坐。

（3）控制高能量食物的摄入，拒绝含糖饮料。

（4）以植物性食物作为饮食的主要组成部分。

（5）限制红肉摄入，并完全避免加工肉制品。

（6）严格把控酒精摄入量。

（7）减少盐的摄入，并避免食用发霉的谷物与豆类。

（8）不推荐使用维生素等膳食补充剂作为癌症预防手段。

（9）提倡母乳喂养，以促进母婴健康。

（10）癌症患者，无论是处于康复阶段还是积极接受治疗，均应遵循上述关于膳食、营养及身体活动的建议。

此外，世界卫生组织（WHO）已向各国发出呼吁，要求实施相关政策与规划，以提高公众对肿瘤风险因素的认识，并减少其接触，同时确保人们能够获得采取健康生活方式所需的信息与支持。对于肿瘤患者而言，应根据自身状况调整饮食结构，建议增加富含蛋白质、维生素及矿物质的食物摄入，如豆类、鱼类、瘦肉、蔬菜及水果等，同时避免高脂、高盐及高糖食物的摄入。

2. 严格遵循医嘱用药　肿瘤患者在接受化疗药物或其他相关药物治疗时，应严格遵循医生的嘱托进行治疗，确保合理用药，防止药物过量或使用不规范的情况发生。

3. 定期实施康复训练　鉴于肿瘤治疗过程中患者身体抵抗力可能受到不同程度的影响，定期进行身体康复训练至关重要。此举旨在增强患者的免疫力和耐力，从而加速康复进程。

4. 注重心理调适　面对肿瘤治疗及生活环境的巨大变化，患者往往承受着沉重的心理压力。因此,患者须学会适应并积极应对各种情绪变化,同时积极寻求专业的心理支持和辅导。

5. 定期接受体检　即便患者正处于肿瘤治疗阶段,亦须定期进行体检。此举旨在及时监测疾病进展及治疗效果,以便医生根据具体情况调整治疗方案。

(三)肿瘤社区综合防治

肿瘤社区综合防治,旨在通过社区层面的综合措施,构建一套完善且高效的肿瘤预防与治疗体系。具体策略涵盖以下几个关键方面。

1. 健康教育普及　社区组织须积极策划并执行健康教育活动,旨在向社区居民广泛传播肿瘤预防的专业知识,以此提升居民的健康素养及预防疾病的意识。

2. 风险评估与筛查机制　社区医疗机构须承担起对居民进行肿瘤风险评估与筛查的职责,通过科学手段及时发现潜在的高风险人群,并依据评估结果采取精准有效的干预措施。在此方面,国家癌症中心已积极响应国家恶性肿瘤防控的战略部署,携手多学科专家共同制定了针对我国常见癌种(如肺癌、肝癌、食管癌、胃癌、乳腺癌、结直肠癌等)的筛查指南。该指南详尽阐述了各癌种的主要筛查方法,为社区筛查工作提供了科学依据。同时,国家还制定了统一的评估标准,针对肺癌、乳腺癌、肝癌、上消化道癌、结直肠癌、宫颈癌、甲状腺癌及前列腺癌等高危癌种进行风险评估,符合评估标准的个体将进入临床筛查流程。

(1)肺癌高危人群的界定参考条件。

1)年龄范围在 50 至 74 岁之间的居民。

2)吸烟史达到或超过 30 包·年,包括曾经吸烟累计达到或超过 30 包·年,但戒烟时间未超过 15 年者。

3)患有慢性阻塞性肺疾病(COPD)。

4)至少有 1 年的职业暴露史,涉及石棉、氡、铍、铀、铬、镉、镍、硅、矽、柴油废气、煤烟及煤烟灰等有害物质。

5)对于不吸烟的女性,若其共同生活超过 20 年的家人或同室工作超过 20 年的同事中,有吸烟 ≥ 30 包·年(包括曾经吸烟 ≥ 30 包·年,但戒烟不足 15 年者),亦视为高危人群。其中,吸烟史(包·年)的计算方法是将每天吸烟的包数乘以吸烟年数。

具体来说,如果一个同事每天吸 3 包烟,并且持续了 30 年,则其吸烟包年数为:3 包 / 天 × 30 年 = 90 包·年。这个数值可以用来评估该同事的吸烟量和其对周围人的潜在危害。

符合以下任意一项条件者,将不具备进入肺癌筛查环节的资格:①存在胸部或背部金属植入物或金属设备(如心脏支架、心脏起搏器等),此类情况可能干扰肺部成像质量,导致筛查结果不准确;②在过去 18 个月内已完成胸部 CT 检查者,因短期内重复检查意义有限,故不纳入本次筛查范围;③曾经历肺组织手术切除(涵盖全肺、肺叶、亚肺叶、肺段切除及楔形切除等手术形式,但排除穿刺、肺活检等非切除性操作)的个体,其肺部状况已发生显著变化,不适用于本筛查标准;④无法在执行筛查所需体位(即仰卧位)时,将胳膊上举并置于头部上方者,因体位限制可能影响检查效果,故亦不符合筛查条件。

须特别注意的是:若个体在过去 12 周内因肺炎或急性呼吸道感染而接受过抗生素治

疗,应待感染症状完全消退后至少 8 周,方可考虑参与肺癌筛查项目;对于肺结核患者,则须在完成治疗并确认治愈满 2 年后,方具备进入本筛查项目的资格。

（2）乳腺癌高危人群的界定参考条件:① 45 至 74 岁的女性群体;②月经初潮年龄 ≤ 12 岁;③绝经年龄 ≥ 55 岁;④具有乳腺活检历史或曾接受乳腺良性疾病手术者;⑤一级亲属中存在乳腺癌病史,或二级亲属有两人及以上在 50 岁前罹患乳腺癌或卵巢癌;⑥接受雌孕激素联合疗法治疗持续时间达到半年或以上;⑦未曾哺乳或哺乳时间少于 4 个月;⑧无活产史（包括从未生育,经历流产、死胎等情况）或初次活产年龄 ≥ 30 岁;⑨仅接受雌激素替代疗法治疗且持续时间达到半年或以上。

（3）肝癌高危人群的界定参考条件:①男性年龄在 45 岁至 74 岁之间,女性年龄则在 50 岁至 74 岁之间;②乙型肝炎病毒表面抗原（HBsAg）检测结果为阳性;③具备明确的丙型肝炎病毒（HCV）感染史;④有明确的肝硬化病史也被视为高危因素;⑤若一级或二级亲属中存在肝癌病史,同样需要纳入高危人群的考量范畴。

（4）上消化道癌高危人群界定参考条件:①年龄在 45 岁至 74 岁之间,男女不限;② Hp 阳性且一级亲属有食管癌或胃癌病史;③ Hp 阳性且既往食管或胃病史（食管或胃上皮内瘤变、慢性萎缩性胃炎、胃息肉、手术后残胃、肥厚性胃炎和胃肠上皮化生等）;④既往食管或胃高级别上皮内瘤变病史者。

（5）结直肠癌高危人群界定参考条件:①年龄 ≥ 45 岁;②男性;③有吸烟史;④ BMI ≥ 24kg/m²;⑤有结直肠息肉病史;⑥一级亲属患有家族性腺瘤性息肉病;⑦免疫法粪便隐血检测（FIT）结果为阳性。

（6）宫颈癌高危人群界定参考条件:①高危型 HPV 感染者;②具有 HIV 感染史或者性传播疾病史;③过早开始性生活、有多个性伴侣;④吸烟者;⑤既往因宫颈癌及癌前病变接受过治疗者。

（7）鼻咽癌高危人群界定参考条件:①居住于鼻咽癌高发区域;②年龄介于 30 岁至 59 岁之间;③头颈部检查中发现可疑病变;④具有鼻咽癌家族史者;⑤ EB 病毒检测结果呈阳性。

（8）前列腺癌高危人群界定参考条件:①年龄超过 50 岁;②年龄超过 45 岁且有前列腺癌家族史;③年龄超过 40 岁且前列腺特异性抗原（PSA）超过 1μg/L。

3. 医疗资源整合　社区卫生服务中心应与区域医院、肿瘤专科等医疗机构建立起有效的合作机制,通过整合医疗资源,提升肿瘤的诊断和治疗水平。这不仅有助于提高医疗服务的效率和质量,还能为患者提供更加全面、专业的医疗服务。

4. 康复护理服务　社区应建立完善的康复护理服务体系,为肿瘤患者提供全方位的康复护理支持。通过专业的康复护理和心理疏导,帮助患者适应治疗过程中的身体和心理变化,提高其生活质量。

综上所述,实施肿瘤的三级预防策略、提升肿瘤患者的自我管理水平,以及推进社区的综合防治措施,是有效降低肿瘤发病率和死亡率、提升民众生活质量的关键途径。在肿瘤防控的征程中,个人的自我管理和社区的综合防治均扮演着至关重要的角色。因此,我们需要全社会的共同努力和参与,共同为实现肿瘤的预防和控制目标而奋斗。

第五节 老年慢性病患者合理用药

药物治疗是老年慢性病患者常用的方法,科学、合理用药可以有效帮助老年患者改善症状及预后,做到"带病延年"。国务院 2021 年 12 月发布的"十四五"国家老龄事业发展和养老服务体系规划的通知中强调要加强老年健康教育和预防保健,指导老年人合理用药,减少不合理药物危害。由于老年人普遍存在多病共存的情况,因此他们常常需要同时服用多种药物,加之他们的器官功能随年龄增长而逐渐衰退,尤其是肝肾功能,这些都使得老年人更容易出现潜在不当用药(potentially inappropriate medication,PIM)。此外,老年人也更容易出现诸如药物不良反应、认知功能障碍、尿失禁、跌倒以及频繁住院等一系列问题。因此,各级医务工作者须重视老年慢性病患者合理用药的管理工作。

(一)充分认识老年个体特点

老年人胃肠道血流量降低、肝肾功能下降,影响药物的吸收、代谢和排泄,对毒副作用耐受性差,易出现不良反应。因此,对于老年人这一特殊人群,在治疗时应尽可能挑选目的明确的药物,给药从小剂量开始,循序渐进,对于给药途径能口服者,尽量不采用静脉给药,制定合适的给药频次,理想情况下服用 1 次 /d 或 2 次 /d,避免次数过多造成漏服、误服。老年患者联合用药的种类应尽可能少。老年人潜在不适当用药 Beers 标准(Beers 标准)、老年人潜在不适当处方筛查工具(STOPP)/ 处方遗漏筛查工具(START)及《中国老年人潜在不适当用药目录》等标准对评估老年人用药及预防老年患者不合理用药具有重要的参考意义。

(二)注重老年患者治疗的连续性、个体化

面对老年共病患者,不同医疗机构或专科开具的处方各有侧重点,难以真正做到连续性服务。以患者为中心的分级诊疗,整合了多学科团队力量。老年患者可以在社区卫生服务中心建立健康档案,同时为老年人建立电子药历,开展老年人用药信息动态化管理,在社区签约家庭医生服务,定期上门为慢性病老人开展用药依从性指导、药物审查、用药心理辅导、清理过期药品等服务,提高合理用药水平,保障其用药安全。

(三)强化安全用药健康教育与咨询

居家老年患者需长期服药,但其安全用药意识薄弱。医务人员是其获取疾病和药物相关知识的主要渠道。因此,社区卫生服务中心应畅通医患沟通渠道,通过门诊、宣传册、集体讲座、家庭医生入户、健康热线电话等为其提供高质量的用药咨询服务,解答老年人及其家属在合理用药方面的常见误区等疑问,向患者及家属普及合理用药的重要性,提升老年人合理用药意识。譬如指导其理性选择保健药品、中成药,自行购买非处方药要谨慎,避免药物滥用。

对于用药不规律、依从性不高的患者,可辅助其设计服药时间表、储药盒、药品标签等,提高服药依从性。

(四)老年人用药依从性的干预

1. 加强健康教育活动 通过对老年患者的教育来提高用药的依从性。如宣传老年患者的用药原则、开展用药咨询、发放宣传小册子、团体指导等活动,讲解治疗方案、药物不良反应等。在 Winland Brown 等的研究中,通过对三种干预措施的比较研究发现,患者自身用药管理来提高依从性效果较差,明显不如使用辅助设备和药盒提醒组。

2. 简化治疗方案 提倡用不良反应少、价廉、长效的药剂,用药方案力求简单易懂,减少服药次数,统一服药时间,使老年患者容易理解、记忆和规范自己的遵医行为。

3. 帮助建立各种提醒装置 要求患者做好服药记录和自我病情记录,把药物分成不同颜色、不同大小的小瓶,一次一瓶,容易记忆,应用电子钟、手表、手机等现代工具帮助提醒服药。条件允许的情况下可以推荐使用智能药盒,这样可以提高居民服药的依从性。

4. 家庭治疗 促进家庭和社会与老年患者的沟通,通过对家庭的教育来提高老年人用药的依从性。

5. 完善随访工作,加强督导 老年患者的依从性必须持续不断地强化,因此做好出院后的跟踪、随访工作尤其重要。定期的电话随访是必要且有成效的,预约随访、医患联络的方式可提高老年患者的服药依从性。

(五)老年人合理用药教育

提高老年人用药的依从性是提高其疾病治愈率,减少用药风险的前提。而加强用药教育,普及药品知识,是提高老年人用药依从性的最好办法。通过在门诊开设的药物咨询窗口,使药师与患者及其家属进行面对面的用药指导;或发放合理用药小册子、健康处方;或进行网上及电话咨询;定期举行合理用药讲座等,使老年患者及其家属能正确执行医嘱,发挥药物的最佳效应;同时教育老年患者不能轻信广告的宣传及随意自行使用广告药品,不能滥用所谓的秘方及滋补品,以最大限度减少药物不良反应和药源性疾病,提高老年人的生活质量。健康教育能增加患者对疾病的认识,提高服药依从性,特别是受教育程度较低的患者,在住院期间,医护人员首先应与患者多接触,尊重关爱患者,采取有效的护理措施,以取得患者的信任,这是健康教育成功的第一步。老年患者是一个特殊的群体,在进行健康教育时应根据老年患者的特点进行交流。对高龄、高职务、高级别的患者,应重视称呼,使对方得到心理上的满足,并注意提问的技巧。对爱唠叨、听力和记忆力下降的患者,不能流露出不耐烦的表情,应反复讲解。将需要患者了解的知识写在纸上,以达到强化的效果。对性格内向、沉默寡言的患者,以亲切的语言,耐心地引导、鼓励患者说话。向患者重点讲解疾病病因、症状、危害,药物治疗的目的、注意事项,并与患者及家属一起制订服药计划。建立健康的行为方式与遵医行为,出院时做好出院宣教,发放医患联系卡,用药知识手册。

用药安全问题不仅是医药专业学科的问题,很大程度上也是一个社会问题。老年人作为用药最频繁、数量最多的一个群体,其用药安全问题理应受到医药界及全社会的高度关注和重视,只有经过社会各界的共同努力,其防范风险的能力才能提高。

(丁贤彬　陈　婷　吕晓燕)

参考文献

[1] 张勇.国内外慢性病防治重要政策概览[M].北京:人民卫生出版社,2016.

[2] 顾秀英.慢性非传染性疾病预防与控制[M].北京:中国协和医科大学出版社,2003.

[3] 赵平.预防肿瘤学[M].北京:人民卫生出版社,2015.

[4] 中国疾病预防控制中心慢性非传染性疾病预防控制中心.中国死因监测数据集(2020)[M].北京:中国科学技术出版社,2021.

[5] 中国疾病预防控制中心慢性非传染性疾病预防控制中心.中国居民慢性阻塞性肺疾病监测报告(2014—2015)[M].北京:人民卫生出版社,2018.

[6] 邱海波,曹素梅,徐瑞华.基于2020年全球流行病学数据分析中国癌症发病率、死亡率和负担的时间趋势及与美国和英国数据的比较[J].癌症,2022,41(4):165-177.

[7] 张学飞,闫贻忠,庞丽娟,等.中国老年人群恶性肿瘤疾病负担[J].中国老年学杂志,2017,37(21):5325-5329.

[8] 詹洪春,潘锋.完善肿瘤防治体系建设,推动肿瘤防控关口前移[J].中国当代医药,2023,30(9):1-3.

[9] 何思怡,余一雯,李贺,等.我国癌症防治健康教育的进展及建议[J].中国健康教育,2022,38(5):462-465.

[10] 李旭,于军.老年人合理用药分析[J].中国老年学杂志,2019,39(7):1789-1791.

[11] 朱愿超,赵明,胡欣,等.药师主导老年多重用药患者管理的思考和实践[J].中国药物警戒,2023,20(7):817-821.

[12] 肖陆华.个性化健康教育在老年高血压临床护理中的运用效果[J].中国医药指南,2023,21(34):165-167.

[13] RAJA S N,CARR D B,COHEN M,等.国际疼痛研究协会疼痛定义修订版:概念、挑战和折中[J].中华疼痛学杂志,2020,16(5):341-348.

[14] ROGERS M P,KUO P C. Pain as the fifth vital sign [J]. J Am Coll Surg,2020,231(5):601-602.

[15] COHEN S P,VASE L,HOOTEN W M. Chronic pain:an update on burden,best practices,and new advances [J]. Lancet,2021,397(10289):2082-2097.

[16] 罗尔丹,王遥,卞鹰.我国老年人慢性疼痛特点及近年变化趋势:基于中国健康与养老追踪调查数据[J].实用老年医学,2021,35(7):684-687.

[17] SI H,WANG C,JIN Y,et al. Prevalence,factors,and health impacts of chronic pain among community-dwelling older adults in China [J]. Pain Manag Nurs,2019,20(4):365-372.

[18] 钟南山,曾广翘.慢性呼吸疾病的防治策略[J].中国临床保健杂志,2020,23(1):1-4.

[19] 王辰,迟春花,陈荣昌,等.慢性阻塞性肺疾病基层诊疗指南(实践版·2018)[J].中华全科医师杂志,2018,17(11):871-877.

［20］中华医学会呼吸病学分会慢性阻塞性肺疾病学组,中国医师协会呼吸医师分会慢性阻塞性肺疾病工作委员会.慢性阻塞性肺疾病诊治指南（2021年修订版）［J］.中华结核和呼吸杂志,2021,44（3）:170-205.

［21］GBD 2019 RISK FACTORS COLLABORATORS. Globalburden of 87 risk factors in 204 countries and territories,1990-2019:Asystem Atican alysis for the Global Burden of Disease Study 2019［J］. Lancet,2020,396（10258）:1223-1249.

［22］SAFIRI S,CARSON-CHAHHOUD K,NOORI M,et al. Burden of chronic obstructive pulmonary disease and itsattributable risk factors in 204 countries and territories,1990-2019:results from the Global Burden of Disease Study 2019［J］. BMJ,2022,378:e069679.

［23］《中国老年型糖尿病防治临床指南》编写组.中国老年2型糖尿病防治临床指南（2022年版）［J］.中国糖尿病杂志,2022,30（1）:2-51.

［24］JENNIFER M. Systematic review of sociodemographic representation and cultural responsiveness in psychosocial and behavioral interventions with adolescents with type 1 diabetes［J］. J Diabetes,2019,11（7）:582-592.

［25］孙太玲.我国糖尿病自我管理教育模式研究进展［J］.实用糖尿病杂志,2017,13（5）:63-64.

［26］付望,严琴琴.我国2型糖尿病社区管理与综合防治进展［J］.社区医学杂志,2018,16（13）:1115-1118.

第十二章

重点传染性疾病防控

　　传染性疾病是由病原体引起的,能在人与人、人与动物之间相互传染的多种疾病的总称。无论急性还是慢性传染性疾病,都有可能给人类健康带来极大灾难,给社会经济发展造成巨大损失。导致传染性疾病发生的因素有很多种,如不科学的饮食习惯、生活方式、生产方式,知识贫乏,自然环境的破坏等。降低传染性疾病危害的关键在于积极的预防策略与措施及整个社会的共同努力。传染性疾病的流行和其他任何自然现象一样,都有其发生发展的规律。要有效预防控制传染性疾病,首先必须明确传染性疾病流行特征与流行规律,在此基础上,进一步研究提出有针对性的预防控制策略与措施;同时,提高人们对传染性疾病的认知水平也是控制传染性疾病十分重要的一个环节,如果人们普遍具备预防传染性疾病的知识,建立健康的生活行为习惯,将会对预防、控制和降低传染性疾病的危害发挥积极作用。

　　在人口老龄化发展趋势下,全社会人口结构模式发生根本性改变,老年人口及高龄人口所占人口比例、老年人口总数在相当长时间内逐年上升,老年人不同于其他年龄人口的生理特点、生活行为模式,以及与该年龄人群密切相关的社会因素等,将明显影响老年人群对传染性疾病的暴露情形、人群易感性和疾病预后等,从而表现出该人群的传染性疾病流行特征。目前有多种传染性疾病在老年人群中比较常见,严重威胁老年人的身心健康,随着老年人口数量的增加,老年人群传染性疾病防治的公共卫生意义显得越来越重要,进一步加强老年人群传染性疾病的流行特征、危害及防治策略研究,在我国人口老龄化呈现加速态势情形下,已经是十分迫切的公共卫生任务。

第一节　概述

　　引起传染性疾病的病原体包括细菌(bacterium)、病毒(virus)、真菌(fungus)、衣原体(chlamydia)、支原体(mycoplasma)、立克次体(rickettsia)、螺旋体(spirochete)及寄生虫中的原虫(protozoan)和蠕虫(helminth)等。

　　传染性疾病在人群中流行的过程,即病原体从感染者排出,经过一定的传播途径,侵入易感染者机体而形成新的感染,并不断发生、发展的过程。传染性疾病在人群中发生流行的过程需要三个基本条件,也称三个环节,即传染源、传播途径和易感人群。传染性疾病的流行强度还受自然因素和社会因素的影响。

　　传染性疾病按传播方式分主要包括呼吸道传染病、肠道传染病、虫媒传染病、血源性传染病、动物源性传染病及其他途径传播传染病。随着一系列预防干预措施的实施,我国传染性疾病总体呈现明显下降趋势。疫苗接种,特别是免疫规划的有效推进,使得疫苗可预防的呼吸道传染性疾病发病率显著下降;消化道传染性疾病发病率的下降与农村改水改厕、环境卫生治理、自来水的普及以及个人卫生条件的改善相关;而一些血源及性传播传染性疾病发病率的上升与血液交叉污染、吸毒、不安全性行为等相关。近年,一些曾经得到有效控制的传染性疾病,如结核病,其发病率的上升则与人群流动性大、劳动强度高、居住条件差以及耐药菌株的出现等相关。

一、老年人群重点传染性疾病流行特征

1. 老年人群对多种传染性疾病有较高易感性 随着年龄的增长,老年人生理上表现出新陈代谢放缓、生理功能减退、抵抗力下降等特点,影响着老年人对不同传染性疾病的易感性。如老年人呼吸道黏膜萎缩,分泌功能降低,管壁变薄,血供下降,又由于肺泡弹性降低,呼吸肌活动减弱,使呼吸面积减少,不利于空气交换,且容易引起分泌物在体内潴留,促使细菌生长,从而导致肺部感染机会增多,容易患呼吸道传染性疾病。同样,老年人由于消化系统功能衰退,容易感染肠道传染性疾病。

2. 老年人群传染性疾病预后差、死亡率高 65岁及以上老年人群中,因传染性疾病死亡人数占全部死亡人数的1/3。老年人群传染性疾病预后差、死亡率高,一方面与老年人患传染性疾病早期诊断、发现困难有关,因为传染性疾病的典型体征和症状如发热和白细胞增多等在老年患者中常常缺失,老年患者感染往往只能通过精神状态的改变或功能下降来判断和发现,如出现厌食、功能下降、体重下降或呼吸频率增加等。另一方面与老年人机体恢复能力下降及老年人往往同时罹患多种疾病的相互影响也有关。

3. 养老机构传染性疾病暴发疫情呈现上升态势 随着人口老龄化发展趋势,入住各种养老机构的老年人数迅速上升,而且入住养老机构的老年人相对年龄更大,身体机能状态更弱,导致养老机构传染性疾病高发成为老年人群特有的流行现象与特征。

二、老年人群重点传染性疾病防治策略和措施

传染性疾病防治本身是一项十分庞大的系统过程,需要每个人和整个社会的共同努力。要预防传染性疾病的发生,控制其发展,必须根据疾病发生、发展全过程的规律,采取三级预防的策略和措施。

对于老年人群传染性疾病的防治,同样应采取三级预防策略和措施:第一级预防(即病因预防)是针对致病因素所采取的预防措施。一方面,改善环境,减少传染性疾病致病因素;另一方面,针对老年人群身体抵抗力弱、容易受到传染病致病因素的危害的特点,通过预防接种,提高老年人群的免疫水平。第二级预防,也称"三早预防",即在疾病发生的早期采取有效措施,早期发现,早期诊断,早期治疗。第二级预防对于老年人群来说,尤为重要。第三级预防又称临床预防,即对已患病患者采取及时、有效的治疗,防止疾病恶化,防止病残,促进患者早日康复。

由于老年人,特别是高龄老年人中有很大一部分往往处于身体机能虚弱状态或患有其他慢性非传染性疾病等,这无疑给针对老年人群的传染性疾病防治策略与措施、具体的防治技术的制定与实施带来诸多新问题。因此,老年人群传染性疾病防治工作,除了遵守传统的三级预防策略之外,尚需针对该人群的特殊性,开展深入的调查研究,如不同疫苗对不同身体机能状态老人的免疫效果、适应情况与副反应发生情况;同时身患慢性非传染性疾病的老年传染性疾病患者临床联合用药问题;老年传染性疾病患者的照护者防护问题等。随着全社会对老年人群相关问题重视程度的提升,相信老年人群卫生相关研究工作将获得飞跃式发展,针对老年人群的传染性疾病防治策略与措施也将得到进一步的细致的明确与规范。

第二节　老年呼吸道传染性疾病防控

呼吸道传染病主要通过空气传播,空气传播方式包括飞沫、飞沫核和尘埃传播。其流行特征主要表现为:传播广泛、发病率高;冬春季高发;老人和儿童多见;在未经免疫的人群中,发病呈现周期性;受居住条件和人口密集程度的影响。老年常见呼吸道传染性疾病主要以肺结核、流行性感冒和肺炎为主。

一、老年人群中的流行性感冒

流行性感冒(简称流感)是一种老年人群高发的呼吸道传染病,流感主要通过感染者咳嗽和打喷嚏时带出的含病毒的微粒传播,也可通过直接接触传播。其潜伏期短,全年均可发病,但暴发或流行具有一定的季节性。流感病毒能够不断引起流行,主要与其表面抗原血凝素(HA)抗原和神经氨酸酶(NA)抗原的抗原性容易发生变异有关,其中以甲型流感病毒的抗原变异最容易发生,乙型病毒变异性较弱,丙型病毒抗原相对稳定。由于流感病毒变异快,导致流感疫苗保护效果不好,而且保护时间短。受老年人自身的易感性高,各种原因造成的老年人群流感疫苗接种率低及老年人对流感疫苗的低应答性,再加上流感疫苗保护效果的局限性等因素影响,流感一直是严重危害老年人群身心健康的主要传染病之一。

(一)老年人群流感的特点

随着年龄的增长,老年人的机体免疫功能、对疾病的应激能力等会有不同程度的下降,很可能合并多种慢性非传染性疾病,而且还可能伴有心血管疾病等诸多老年疾病,所以老年人患流感后容易引起其他并发症,如重症肺炎、心功能不全、哮喘发作等。继发性肺炎是造成老年人死亡的主要原因之一。对于体弱多病的老年人,感染流感后更易引发细菌性肺炎,所以老年人也是流感的高死亡人群。

老年人流感往往有如下特征:一是症状多、缺乏特异性。由于老年人自身抵抗力弱,感冒后,出现的全身症状较多,如发烧、头痛、咳嗽、全身痛等,与年轻发病者相比,老年人流感的病程明显延长。也有部分老年人临床症状并不明显,缺乏特异性,容易造成误诊误治,潜在的风险更高。二是发病率高、并发症多。老年人很难适应多变的天气，尤其是冬春季，老年人患流感的概率增高。

（二）老年人群流感的预防措施

流感在人群中流行既是生物学现象，又是社会学现象。其流行过程受到自然因素和社会因素的影响，如热带、亚热带地区会出现夏季的流感流行峰，人口流动性上升助长了流感的传播等。老年人群由于经历过多种亚型流感病毒的多次攻击，在对流感病毒的免疫上得到强化，这在一定程度上会使其对相同亚型流感的易感性相对降低。对于老年人群，在流感高发季节到来之前，预防措施重在提高自身的免疫力，可从这几个方面提高免疫力。

（1）合理、规律的饮食可以提高人体免疫力，饮食上要均衡地搭配蛋白质、糖分、脂肪、矿物质、维生素等各种有助于增强体质的营养物质，富含维生素 C 的食物应该多补充一些，因为维生素 C 有助于提高免疫力，而且饮食要有规律，不可暴饮暴食，日常还要注意多饮水。

（2）注意休息，保持充足的睡眠，人的休息和睡眠状况会直接影响抵抗力水平，不要熬夜，感到身体疲劳时要及时安排休息，保持精力充沛才有能力抵御外邪。

（3）注意锻炼身体，老年人应合理安排一些体育活动，如散步、跑步、爬山、打太极拳等。这些活动都可以增强体质，提高机体抵御病毒侵袭的能力。

（4）注意防寒保暖，秋季冷暖交替比较频繁，人体如果无法很好地适应剧烈的冷暖变化，抵抗力就会下降，易于受到流感病毒的侵袭，因此要根据气温的变化适时增减衣物、防寒保暖。

（5）接种流感疫苗是目前预防流感发生和流行的最有效措施，对于老年人这一高危人群，接种流感疫苗对降低发病率、减少并发症等有重要作用。自流感疫苗问世以来，经过大量临床研究及人群接种实践，证实其对各年龄段人群均能产生良好的免疫效果，可有效预防流感的发生及流行，并且安全性好。相关研究表明，老年人接种流感疫苗，可减少27%～70% 流感和肺炎相关的住院。发达国家老年人流感疫苗接种率平均在 36%～70%，多数发达国家为老年人免费接种流感疫苗。我国政府大力提倡接种流感疫苗，在一些经济比较发达的地区已经实行对 60 岁以上老年人免费接种流感疫苗。影响流感疫苗推广接种的因素主要有经济能力和老年人对流感疫苗作用的认知等，随着疫苗接种费用支付能力的增长，流感疫苗接种率呈现上升趋势。

随着老年人口增加，政府应进一步加大老年人群流感防治力度，重点加强流感疫苗推广力度，逐步建立规范的老年人群流感疫苗接种规范；加强流感防治知识相关健康教育工作，充分利用主流媒体，强调宣教内容的深度和广度，同时应引导医务人员加强流感防治知识的宣传，增加大众对流感疫苗的认可程度；通过宣传转变人群观念，提高老年人及家人主动预防意识，提高老年人流感疫苗接种率，降低流感对老年人的危害，保护老年人身体健康。

（三）老年人群流感患者的治疗

老年流感患者应卧床休息，多饮水，对于高热和疼痛较严重者给予解热镇痛药。不宜大量发汗，以免引起虚脱和水、盐、电解质平衡紊乱。高热、中毒症状严重的患者应静脉补液和物理降温。干咳较严重的患者可给予喷托维林等镇咳药，剧烈咳嗽影响休息时可给予可待因。发病初可以给予口服中药感冒冲剂如板蓝根冲剂等,有助于减轻症状。老年流感患者容易继发细菌感染,应给予复方阿莫西林或复方氨苄西林等抗生素口服,有利于流感的早日康复。一些抗病毒药物(如磷酸奥司他韦、金刚烷胺、金刚乙胺)是有效的抗甲型流感病毒药,能减轻症状、缩短病程,但对乙型无效。老年流感患者的中医治疗,应在医师指导下进行。有并发症、慢性基础病史的患者,随证施治。

二、老年人群中的肺结核

结核病是一种由结核分枝杆菌引起的以呼吸道传播为主的慢性传染性疾病。结核病危害人类健康已有数千年的历史。结核分枝杆菌,属分枝杆菌,主要包括人结核分枝杆菌、牛分枝杆菌、非洲分枝杆菌和田鼠分枝杆菌,其中以人结核分枝杆菌对人的感染率和致病率最高,约占90%。结核分枝杆菌的致病性取决于该菌的毒力以及侵入机体的数量。结核分枝杆菌侵入机体的门户主要是呼吸道,它可以通过血行播散侵袭机体的所有脏器和组织,而肺组织是被结核分枝杆菌侵袭的最常见器官,在各类结核患者中,最多见的是肺结核病,约占结核患者的90%以上,也只有肺结核病才具有传染性,结核分枝杆菌可以从肺结核患者传播给健康人。

1921年Calmaette和Guerin培育出减毒的结核分枝杆菌,在此基础上研究成功了可用于特异性免疫预防的疫苗——卡介苗。结核病治疗目前普遍采用的是由WHO和国际预防结核病与肺部疾病联盟共同倡导的直接督导下的短程化疗(directly observed treatment, short-course, DOTS)。

结核分枝杆菌首次侵入人体主要是通过呼吸道进入肺泡进行繁殖,称为"原发感染"。原发感染的结核分枝杆菌沿淋巴管进入到血流中,再经血液循环到达各个脏器和组织,称为"血行播散"。大部分结核感染者可能一生都不发病,只有5%～10%的感染者会在一生中的某个阶段发展为活动性结核病。老年人由于生理机能退化,免疫力下降,一方面结核分枝杆菌容易入侵机体而致病,另一方面机体中处于休眠状态的结核分枝杆菌会重新滋生繁殖,引起发病。受这两方面因素影响,老年人群成为结核病的高危人群之一。

(一)老年人群肺结核流行特征

近年来,我国老年肺结核发病率呈现逐年上升的趋势。老年人群中肺结核目前已是一个重要的公共卫生问题。与其他年龄段人群肺结核相比,老年肺结核有如下特征。

1. 老年患者缺乏特异性的临床症状,发热少见,而多表现为起病隐匿,常见疲劳、消瘦、贫血、低蛋白血症、电解质紊乱及认知障碍等。

2. 老年患者以男性居多。

3. X线胸片显示,患者以双肺发病为主,血行播散型肺结核病及慢性纤维空洞型肺结核患者人数及比例增加,并发症较多。

4. 老年肺结核患者病程较长,常见复发病例。

5. 痰涂片结核分枝杆菌检查阳性率较高。

(二)老年人群肺结核预防措施

1. 加强对传染源的控制 肺结核患者是结核病的主要传染源,患者长期排菌状态会给周围直接接触或间接接触的人群带来潜在危害。有数据显示,在未经治疗的状况下,每个活动性结核患者每年约可感染 10 个健康人。而结核患者传染性最强的阶段是在出现临床症状之前。因此,对任何疑似肺结核患者,必须进行胸部 X 线检查。一旦确诊为肺结核,严格按照结核化疗原则给予治疗。对老年患者,必须制定合理安全的用药方法,加强全程指导。针对老年肺结核患者的生理特点,根据其年龄、体重、体质、肝肾功能等基础状况,给予肺结核化疗。

2. 切断结核的传播途径 呼吸道传播是结核病的主要的传播途径。应加强对环境卫生及个人卫生的管理,使患者养成良好的个人卫生习惯,咳嗽、说话或打喷嚏时不能对向他人,不能随地吐痰,注意室内通风,保证空气流动。

3. 保护易感者 建议对密切接触肺结核病患者的老年易感者接种卡介苗,同时鼓励进行适量活动,注意营养和休息,提高机体的抵抗力和免疫力。

(三)老年人群肺结核患者的抗结核治疗

肺结核患者,特别是痰涂片检查结果呈阳性的肺结核患者的治疗,关系到传染源数量的减少与消除,直接影响结核病的预防控制效果。

老年结核患者的抗结核药物治疗遵循早期、联合、规律、全程、适量的原则。首选安全有效的杀菌剂,并组成合理的化疗方案,在最短的时间内使痰菌转阴,防止传播,并减少耐药病例的产生。老年人由于体质差、肝肾功能减退、免疫功能低下、合并症多、不良反应多等,肺结核治疗难度大。故老年肺结核治疗应遵循"早期、联合、规律、全程、适量"的原则。老年人因为年老体弱,对抗结核药物的毒理反应比较敏感,耐受情况差,在治疗过程中往往不能坚持全疗程治疗,导致结核病情的迁延不愈甚至恶化。因此在选择治疗药物的搭配及使用上需要认真考虑老年人自身特点,即用药需要个体化。老年肺结核治疗期间管理难度大,多数老年人依从性差,不愿接受规律化疗,往往自我感觉好转后自行停药,而造成多次反复治疗、耐药结核病增多。还有部分老年肺结核患者由于年龄大记忆力减退,常忘记服药或不按照医嘱随意服药。常导致治疗效果不理想或治疗失败。因此,需要对老年活动性肺结核患者实施 DOTS 策略(directly observed treatment of short course strategy),严格地实施 DOTS 策略是提高老年肺结核患者治愈率的关键。敏感菌感染早期及时诊治的老年结核患者,在经过规律治疗后多可痊愈,而耐药菌株感染的老年肺结核患者和发现晚、延误治疗或是抗结核治疗不规律的老年患者治疗预后差,常可导致结核病病情迁延不愈、常年排菌甚至恶化、死亡。

老年肺结核患者治疗还必须注意如下几点。

1. 根据老年患者药敏试验结果或既往用药史选择合理、有效的化疗方案。

2. 对老年人给予减量用药,防止大剂量药物给老年患者带来的不良反应。

3. 宜选择毒副作用较小的抗结核药物,如氨基糖苷类、对氨基水杨酸钠、氨硫脲等。

4. 对耐受性较好的老年肺结核患者,可给予常规应用第一线、第二线和第三线化疗方案,而对耐受能力较差的老年肺结核患者,可采用传统的化疗方案 S(链霉素)、H(异烟肼)、E(乙胺丁醇)。对肝肾功能较差的老年患者可适当使用利福喷丁。对多药耐药的老年患者在必要时可适当给予氧氟沙星或左氧氟沙星等具有抗结核作用的抗生素。

　　目前,随着生物医学的飞速发展,人们对结核病发病机制与免疫机制已逐渐有了初步的了解。新兴的免疫疗法在辅助抗结核化疗中发挥了一定的功效,草分枝杆菌疫苗可应用于免疫功能低下的肺结核患者,以改善痰菌转阴率,促进病灶吸收。IFN-γ 可用于治疗对抗结核药物耐受性差和 / 或无反应的耐药结核病。

第三节　老年血液及性传播疾病防控

　　老年常见血液传染病以乙型病毒性肝炎和丙型病毒性肝炎为主。血源性传染病的主要流行特征:由于侵袭性检查、手术、输血或血制品等遭受污染而造成传播,或者不安全的注射导致传播。

一、老年人群中的病毒性肝炎

(一)老年人群病毒性肝炎的特点

　　老年人群病毒性肝炎发病率呈上升趋势,男性多于女性。老年肝炎有起病缓、病情重、进展快、临床表现复杂、并发症多、治疗难度大、病死率高等特点。老年病毒性肝炎主要为乙型病毒性肝炎(简称乙肝)和丙型病毒性肝炎(简称丙肝)。乙肝是由乙肝病毒(HBV)引起的、以肝脏炎性病变为主的传染性疾病,可引起多器官损害。乙肝广泛流行于世界各国,是严重威胁人类健康的世界性疾病,也是我国当前流行最为广泛、危害性最严重的一种疾病。乙肝无一定的流行期,一年四季均可发病,但多属散发。

　　老年乙肝多数是由中青年感染延续而来,新近感染而发生急性乙肝少见。慢性乙肝感染呈世界性流行,据 WHO 报道,每年约有 100 万的患者死于乙肝感染所致的肝硬化、肝衰竭和肝细胞癌。老年慢性乙肝感染疾病谱中以非活动性 HBsAg 携带者为主,其次为乙肝肝硬化和 HBeAg 阳性或阴性慢性乙肝。尽管多数的老年慢性乙肝感染者(特别是非活动性 HBsAg 携带者)病情稳定,但仍有部分老年慢性乙肝感染者存在肝脏炎性反应和病变活动,对于这部分感染者,应参考其 HBV-DNA 水平采取积极抗病毒和抑制肝脏炎性反应的治疗。有研究指出非活动性 HBsAg 携带者的肝细胞癌发病率及与肝病相关的病死率高于健康人群。主要原因包括:老年人对乙肝的危害了解不全面,预防意识差,很少主动接种乙肝疫苗;随着年龄增加,老年人接受侵袭性检查、手术、输血等,感染风险升高。随着社会人口老龄化加重,老年慢性乙型肝炎患者的数量呈明显上升趋势。

　　丙肝是由丙型肝炎病毒(HCV)引起的,主要是经血液传播的传染病,呈世界性分布,其临床表现较乙型肝炎轻微,亚临床型感染较多,但慢性化趋势较乙型肝炎严重,丙肝慢性感染可导致肝慢性炎症坏死和纤维化,部分患者可发展为肝硬化甚至肝细胞癌。老年人 HC 患病率明显高于非老年人,易慢性化。主要原因包括:1993 年之前我国对献血者筛选及血制品检测不全面;老年人疾病多,接受侵袭性检查、手术、输血等从而发生感染的风险高;老年人免疫力下降;老年患者患基础性疾病较多,耐受性差,限制了干扰素的应用。丙肝小分子药物已在中国上市,对于老年丙肝患者,只要积极进行抗病毒治疗,也能取得良好疗效。

随着我国人口的老龄化,老年肝炎病例数上升,老年人肝再生能力差,储备、解毒、蛋白合成等功能降低。1975 年以来,国内有关老年肝炎的报道很多,老年肝炎越来越受到人们的重视。由于老年人的肝脏生理和免疫学的特点,老年肝炎具有不同于其他年龄组肝炎的特点。

1. 黄疸严重、持续时间长 老年肝炎大都集中在 60～69 岁,70 岁以上者只占老年肝炎的 1%。老年肝炎患者多数出现黄疸,60% 的病例黄疸在中度以上。黄疸持续时间长,常伴有皮肤瘙痒和灰白色便。

2. 病程迁延 老年人患急性肝炎后病程迁延,容易转变为慢性肝炎或肝硬化。

3. 隐匿性慢性肝病多 老年人免疫功能低下,感染肝炎病毒后,隐匿性慢性肝病较多,这些人一旦发病,常以急性肝炎形式表现出来。

4. 重症肝炎所占比例高、病死率高 据国内资料,老年肝炎中 20% 左右为重症肝炎,比非老年组的重症肝炎发病率高 1 倍多。老年重症肝炎的分型以亚急性重症和慢性重症为多。

(二)老年人群病毒性肝炎的预防

应采取以疫苗接种和切断传播途径为重点的综合性措施。对于预防乙型病毒性肝炎,首先是接种乙肝疫苗,乙肝疫苗的免疫程序按照 0—1—6 月次序分 3 次注射,即注射第一针后隔一个月注射第二针,在第 6 个月时再注射第三针,注射完三针乙肝疫苗为完成全程免疫,并检测是否产生保护性抗体。其次是不要与别人共用牙刷、剃须刀等容易造成病毒血液传播的用品;避免用不洁注射器和污染的血液制品;避免用消毒不彻底的工具文身、穿耳洞、针灸;应急状态下在接种乙肝疫苗同时注射乙肝免疫球蛋白。

目前尚无预防丙型病毒性肝炎的疫苗,其主要通过提高对该疾病防治知识的认知,建立良好的健康生活行为习惯,如同防治乙型病毒性肝炎一样,采取避免与别人共用易造成病毒血液传播的制品、严格控制医源性感染等措施加以预防。

(三)老年人群病毒性肝炎的治疗

由于老年人生理、免疫功能均低下,病情发展较为复杂和凶险,临床上要充分考虑这种情况,采取综合措施,治疗合并症,预防和积极治疗并发症,注意机体重要器官的功能变化,根据情况尽量给予抗病毒治疗,以改善预后。抗病毒方案应采用个体化原则,根据老年人身体条件和病情来选择抗病毒药物。治疗药物的剂型、剂量和疗程,应因人而异,并密切观察治疗反应和不良反应,及时调整治疗方案。老年人病毒性肝炎的治疗是一个极为复杂的问题,既要治疗肝炎,也要顾及对全身其他系统疾病的影响,保证良好的生活质量。所以对老年人病毒性肝炎的治疗，更要进行严密的医学观察，权衡全身健康情况，遵循个体化的治疗原则，尽可能达到较为理想的效果。对于乙肝病毒携带者，首先是药物治疗，乙肝病毒不断复制是导致慢性乙型肝炎进展的根本原因，抑制乙肝病毒复制是治疗慢性乙型肝炎的关键。在选择药物时，应在医生的指导下，采用正确的抗病毒药物及辅助治疗。其次是注意休息，急性发作期应以休息为主，在肝炎基本静止期则可逐渐增加活动直至全日工作。最后在饮食方面以高蛋白、低脂肪、易消化的食物为主，多吃蔬菜，少吃糖，忌饮酒。

二、老年人群中的艾滋病

（一）老年人群艾滋病的特点

近年发现我国老年人群艾滋病患病率呈现上升态势，我国的艾滋病报告疫情显示，老年艾滋病患者中男性居多，这些老年男性艾滋病患者往往经济状况较差、文化水平较低、以从事农业活动为主。在老年人群中艾滋病主要通过血液和性接触途径传播。近年来，艾滋病传播途径在老年人群中发生了显著变化，异性性传播成为老年人群中艾滋病感染的主要途径，占比超过 90%。老年人群对安全性行为、艾滋病感染途径等知识了解较少，导致其在识别风险、预防感染和自我保护等方面存在明显不足。调查显示我国老年人群艾滋病防治核心知识知晓率仅为 51.0%，且文化程度为小学以下、居住于农村、高年龄组的人群知识知晓率更低，而商业异性性行为、非婚非商业异性性行为等不安全性行为在老年人群中发生比例较高，安全套使用比例偏低。监测数据显示，老年人群在整个艾滋病群体中所占比例逐年升高，提示艾滋病防治工作的对象不能再仅限于 15～49 岁人群。老年艾滋病患者随着年龄的增长，基础疾病较多，机体免疫功能下降，合并 HIV 相关疾病较多，其临床表现多样而复杂，多种症状的出现率比青壮年人群明显偏高，并且出现机会性感染（如卡氏肺孢子菌、白色念珠菌和结核分枝杆菌等）的概率也较青壮年病例高。老年 HIV 感染者晚发现问题突出，死亡风险高。老年 HIV 感染者 CD4$^+$T 淋巴细胞计数在入组接受抗逆转录病毒治疗（ART）之前普遍较低，其中 CD4$^+$T 淋巴细胞计数 ≤ 100 个 /μL 所占比例高，提示老年艾滋病群体机体免疫功能更为低下，这与老年艾滋病群体临床表现多样而复杂，出现机会性感染率高有着直接关联。

（二）老年人群艾滋病感染的影响因素

老年艾滋病感染和发病率呈逐年增长趋势，关注老年艾滋病群体已成为社会不能忽视的重要问题之一，随着经济建设的快速发展，我国人口老年化进程呈现加速态势，老年人群基数增大，且存在较多的特殊性，加强对老年人群艾滋病的防治工作具有重要公共卫生意义。老年人群艾滋病的快速增长受到多重因素影响：老年人群是一个比较特殊的人群，普遍存在受教育程度低、接受新生事物信息渠道少、艾滋病防治知识贫乏、对艾滋病的危害性认识不足等问题；子女工作忙碌，"空巢老人"多独居生活，易促使老年人发生高危性行为；随着生活水平的不断提高，性行为方式转变，生理年龄普遍延长，老年人群对性的需求增多，社会文化对性观念由封闭转变到开放,使老年同居、婚外性行为现象上升趋势明显。调查发现老年人出于对性生活的渴望,婚外性行为发生频率增加,这在很大程度上也促进了老年群体中 HIV 的传播。

(三)老年人群艾滋病的预防

我国是世界上老年人口规模最大的国家,加强对老年人群艾滋病的重视,采取及时有效的防治措施与方案,遏制艾滋病的肆意蔓延,对个人、家庭以及社会都具有重大的现实意义。几十年来,全世界的研究者们在艾滋病的基础和临床方面进行了大量研究和探索。特别是1996 年高效联合抗逆转录病毒治疗的出现,已大大延缓了获得性免疫缺陷综合征(AIDS)患者的疾病进程,降低了因艾滋病导致的死亡数,使得艾滋病成为一种慢性传染性疾病。为做好老年人的艾滋病预防控制,尤其是老年艾滋病感染防治,提出以下建议。

1. 开发适应老年人特点的艾滋病健康服务　结合地方特色和老年人认知行为特点,开发设计通俗易懂的艾滋病宣传教育,注重社区层面和家庭个体层面的结合,将健康知识和观念传递给老年人群。广泛开展艾滋病知识宣传教育,给予多种干预活动,发展老年人艾滋病同伴教育员,为老年人提供咨询服务,使老年人多了解艾滋病的危害,掌握预防艾滋病的知识及方法,促使其改变高危行为。

2. 加强艾滋病的监测检测　强化医务工作者对老年人群艾滋病的重点筛查,做到早发现、早诊断。检测服务一方面结合基本公卫体检等措施推动老年人艾滋病扩大检测工作,另一方面也需要提升老年人对艾滋病检测认识,开展老年人群艾滋病检测服务流程研究,建立老年友好型检测服务,及早诊断发现老年感染者。

(四)老年艾滋病患者的治疗

老年艾滋病患者应尽早接受抗病毒治疗。加强对老年艾滋病患者的依从性教育有助于控制患者病情进展,降低艾滋病相关的死亡病例数。对于老年艾滋病患者,须充分动员社区和家庭力量,优化全程管理模式,进一步提升治疗意愿和治疗依从性,从而提高治疗成功率。除感染相关的合并症外,还须根据老年人特点,开展艾滋病等多病共管,多病同防,加强慢性疾病和心理健康管理,做好关怀护理,进一步延长老年艾滋病患者预期寿命,提升其生存质量。

第四节　老年肠道传染性疾病防控

肠道传染病主要通过水和食物传播,包括经饮用水、接触疫水、食用受污染的食物传播。当食物本身含有病原体或受病原体污染时,可引起肠道传染病的传播。老年常见肠道传染病以细菌性痢疾为主。老年人本身消化功能减弱,抵抗力降低,容易患肠道传染病,引起腹泻,如急性肠炎、急性菌痢等。老年人千万不要小看肠道传染病,腹泻、呕吐等症状容易导致晕厥、脱水等一系列低血糖反应,甚至会诱发心脑血管意外而危及生命。

一、老年人群细菌性痢疾的特点

细菌性痢疾(简称菌痢)是由志贺菌属(又称痢疾杆菌)引起的老年人的肠道传染病。主临床表现为腹泻、腹痛、里急后重和黏液脓血便,可伴有发热和全身毒血症症状,严重者有感染性休克和/或中毒性脑病。本病急性期一般数日即愈,少数患者病程迁延不愈,成为慢性菌痢或反复发作。本病发病率高,是夏秋季常见肠道传染病,在卫生条件差的情况下易于流行。腹泻、呕吐、腹痛、里急后重明显,易伴脱水、电解质紊乱和酸中毒。脱水程度估计困难,常通过观察精神萎靡、嗜睡、尿量、血压等来反映老年脱水和酸中毒程度。

老年人多合并有其他慢性疾病,如高血压、糖尿病、心脑血管病等,菌痢的发生往往可以使这些疾病加重、急性发作,而且老年人的菌痢临床表现往往不典型,以发热等全身症状为主,消化道症状出现得较晚,给临床诊断和治疗带来一定难度,容易引起误诊误治,因而老年人更应该注意菌痢的预防。

二、老年人群细菌性痢疾的治疗

老年人菌痢并发症较多,症状较重,易发生脱水、酸中毒、电解质紊乱、休克等,预后较差。因此应注意监测有关生化指标,及时纠正酸中毒,扩充血容量,纠正电解质紊乱,并注意保护心、肾功能。老年患者有基础疾病者多,在治疗过程中要同时注意原有疾病的治疗和监测,及时发现病情变化,予以相应处理。老年菌痢病程长、恢复慢,故选择敏感、高效的抗菌药物尤为重要。有条件者应根据药敏结果选择药物,且治疗要彻底。入院后用药前即肛拭取标本,及时送培养,以提高细菌培养的阳性率。在夏季,老年人进食过不洁食物后出现发热、腹部症状,应高度警惕菌痢,及时到医院就诊。切忌自己乱吃药,以免延误病情。及时诊治,菌痢是可以治愈的。急性病例一般7天左右就可痊愈。

急性菌痢主要通过抗菌治疗,常用喹诺酮类抗生素,如诺氟沙星、氧氟沙星等,同时进行一些对症治疗,如维持水电解质平衡,降温治疗等。慢性菌痢通常需要联用两种不同类型的抗菌药物,长疗程用药,如诺氟沙星、头孢曲松等药物,寻找诱因,对症处理。中毒性菌痢要防止脑水肿和呼吸衰竭,可以用甘露醇等药物进行脱水,减轻脑水肿。必要时应用糖皮质激素进行抗感染治疗。

三、老年人群细菌性痢疾的预防

细菌性痢疾是当前比较常见的一种肠道传染性疾病,一年四季都有可能会出现,多发生在夏、秋两个季节。做好老年人群细菌性痢疾预防非常重要。老年人在保证足够睡眠和休息的同时,应适量锻炼身体、劳逸结合,提高自身的免疫力;注重日常饮食,不食用过期的食品、饮料,尤其是肉食品;养成良好的饮食习惯,进入到炎热夏季时,必须保证食物的新鲜,如果食物已经出现明显的腐败现象,就不应该吃;讲究个人的卫生,餐前便后洗手,养成洗手的习惯,而且洗手的方法也必须正确,要用流动的水冲洗30秒以上,才会有更好的效果;消灭环境中的蚊蝇;对餐饮业工作人员定期进行菌痢的细菌学检查。家庭中如果出现了菌痢患者,要及时将患者送至医院治疗,同时对患者的碗筷等进行消毒处理,避免交叉感染。易感人群可以口服活菌疫苗预防细菌性痢疾。

第五节　老年人预防接种

对传染性疾病的防治措施,主要包括控制传染源、切断传播途径和保护易感者。免疫接种(immunization)是用人工方法将免疫原或免疫效应物质输入到机体内,使机体通过人工自动免疫或人工被动免疫的方法获得防治某种传染性疾病的能力。疫苗免疫接种是保护易感人群最有效措施之一,使易感人群体内产生特异免疫保护,从而控制传染病的传播。

一、老年人群预防接种的必要性

1. 老年人群对某些传染性疾病的易感性上升　随着年龄增长,老年人机体免疫力下降,总体对传染性疾病的易感性上升,当传染病疫情发生时,老年人群处于发病高风险状态。

2. 老年人患传染病的预后差　老年人免疫力低下且常伴有其他慢性疾病,患传染病后,临床治疗复杂,且往往预后差。有关数据表明,50～65岁的人中大约30%的人至少患有一种慢性疾病,老年人感冒后引起其他合并症明显增加,如肺炎、慢性支气管哮喘等。继发性肺炎是造成老年人死亡的主要原因之一,老年人肺炎病死率可高达50%,尤其是65岁以上的老年患者。

3. 老年人生活方式变化,传染病暴露机会增加　随老年人群数量增加,各种以老年人为主体的社会活动项目增加,如老年大学、各种社区体育文艺活动等;同时由于家庭结构变化、人口流动性加大及工作生活节奏加快等原因的综合影响,各种形式养老服务机构增加,入住养老机构老人相应增加,即伴随老龄化,以集体形式活动或生活的老年人数量增加,潜在地增加了传染病在老年人群暴发的机会。

可见,通过研究明确老年人群传染病分布特征及影响因素,充分利用现有成熟、有效的疫苗,以老年人群接受的方式推广接种,将对老年人群传染病控制发挥积极作用。

随着科学技术进步,近年针对传染病的安全有效的疫苗不断成功研发,也广泛应用于儿童和青少年,但对老年人群的疫苗接种问题仍未得到社会以及相应部门、机构应有的关注与重视。

二、老年人群预防接种开展情况

WHO建议每年为65岁及以上的老年人接种流感疫苗。目前,欧美国家老年人流感疫苗接种率达到60%～70%,我国不到1%。美国疾病预防控制中心的美国免疫工作咨询委员会（ACIP）建议美国所有 65 岁以上的老年人均接种 23 价肺炎球菌多糖疫苗,并在 2000 年前已将肺炎球菌感染并发症高危人群中的免疫接种率提高到 60% 以上。《中华人民共和国疫苗管理法》和《预防接种工作规范（2023 版）》规定,疫苗分为免疫规划疫苗和非免疫规划疫苗两类,其中免疫规划疫苗是指居民应当按照政府的规定接种的疫苗,包括国家免疫规划确定的疫苗,省、自治区、直辖市人民政府在执行国家免疫规划时增加的疫苗,以及县级以上人民政府或者其疾控主管部门组织的应急接种或者群体性预防接种所使用的疫苗;非免疫规划疫苗是指由居民自愿接种的免疫规划疫苗以外的其他疫苗。肺炎疫苗属于非免疫规划疫苗,自愿接种。

2017 年,国务院办公厅印发了《中国防治慢性病中长期规划（2017—2025 年）》,规划中鼓励慢性病患者和高危人群接种成本效益较好的肺炎、流感等疫苗。建议免费向 65 岁以上老年人口提供并接种肺炎疫苗和流感疫苗。建议国家出台相关政策,鼓励地方采取政府出资或医保支付的方式,向广大老年人口免费提供肺炎疫苗和流感疫苗,实现预防为主的慢性疾病防控措施。

资料显示目前中国老年人流感疫苗接种率还不足 5%,而发达国家已达 70%。流感住院的高危人群最主要的问题是,对流感认知度低、自我保护意识差,尤其是老年人。很多老年人和慢病患者始终认为自己身体很结实,根本不需要打流感疫苗。老年人是罹患流感的高风险人群,不仅是流感病毒感染的常客,而且感染后症状也更为严重。临床数据显示:大于 60 岁的患者流感患病率高达 16%。流感流行期心脏病发作的死亡病例比非流行期增加 1/3,死于冠心病的风险也增加 1/10。在 ≥ 65 岁老年人中,因流感而导致的住院率显著高于其他年龄人群。一项关于全球流感超额死亡率的模型研究表明,65 以上老年人超额死亡率远远高于 65 岁以下人群。

三、老年人群常见预防接种疫苗

（一）流感疫苗

目前我国使用的流感疫苗有三种,分为全病毒灭活疫苗、裂解疫苗和亚单位疫苗,有国产疫苗和进口疫苗之分,这三种疫苗的免疫原性和不良反应相差不大。目前,国内流感疫苗主要有三价和四价流感疫苗,三价流感疫苗可以预防甲型流感中的 H1N1、H2N3 亚型以及乙型 Victoria 系。四价流感疫苗能够多预防一种亚型,即乙型流感中的 Yamagata 系。流感一般在冬春季节发病率高,大部分流感出现在当年 11 月至次年 2 月,但某些流感会延伸至春季甚至夏季。含有最新病毒株的疫苗会在夏季末期开始提供使用,以便在当年 9 月就可以接种疫苗。《中国流行性感冒疫苗预防接种指导意见》提出,在流感流行高峰前 1～2 个月接种流感疫苗,也就是秋末冬初的季节注射最佳,能更有效发挥疫苗的保护作用。推荐接种时间为 9—11 月份。由于接种疫苗后人体内产生的抗体水平会随着时间的延续而下降,并且每年疫苗所含毒株成分因流行优势株不同而有所变化,所以每年都需要接种当年的流感疫苗,保护性抗体能在人体内持续 1 年。对于免疫力低下或者有慢性疾病的患者,推荐接种流感疫苗,可以大大降低流感的发生概率,避免流感对患者身体造成伤害。《中国流感疫苗预防接种技术指南(2022—2023)》中优先推荐 60 岁以上的老年人每年接种流感疫苗。流感疫苗接种后可能出现低烧,而且注射部位会有轻微红肿,但这些都是暂时现象而且发生率很低。流感疫苗是针对当年流行的流感病毒而研制的针对性疫苗,每年疫苗成分也会有相应变化,需要每年都进行接种才能做到当年度预防。

(二)肺炎疫苗

肺炎疫苗分为肺炎多糖疫苗和肺炎结合疫苗。常见的肺炎多糖疫苗有 7 价、13 价和 23 价肺炎球菌多糖疫苗,分别保护不同数量经常引起肺炎球菌感染的血清型,如 23 价肺炎球菌多糖疫苗,约 90% 的肺炎是由这 23 种血清型引起的。绝大多数健康的成年人,在接种后 2～3 周内,均能产生抵抗所有或大部分肺炎球菌的保护性抗体。23 价肺炎球菌多糖疫苗可以有效地预防肺炎,接种后保护率可达 90% 以上,具有良好的安全性,接种 1 剂肺炎疫苗 3 周后,体内产生特异性保护抗体,该抗体可维持 5 年,每间隔 5 年可加强接种一次。

接种肺炎疫苗对 65 岁及以上的老年人,尤其是患有慢性心肺疾病、肝硬化、肾功能不全、脾缺失等病的肺炎链球菌易感高危人群的有效保护率为 60%～80%。大量研究表明,通过注射 23 价肺炎球菌多糖疫苗和流感疫苗,患者的就诊次数、住院次数均可降低,能保证患者的生活质量。据统计,肺炎球菌多糖疫苗虽然不能有效降低肺炎的患病率,但可有效减轻感染后的危险性,并能够降低患病后的菌血症和死亡的概率,从而降低患者的治疗费用。目前推荐应用的流感疫苗和肺炎疫苗的接种反应比较轻微,个别人注射部位有红、肿、痛,有的可有短暂发热,一般在注射后几小时出现,1～2d 好转,通过对症治疗即可痊愈。

(三)其他适用于老年人群的疫苗

带状疱疹疫苗:水痘和带状疱疹是由同一种病毒(水痘 - 带状疱疹病毒)感染引起,水痘是初次感染病毒所致,而带状疱疹是潜伏的病毒再次激活所致,曾经患过水痘的人,当机体免疫力下降时,潜伏的水痘 - 带状疱疹病毒会再激活并侵犯神经和皮肤,引起带状疱疹。带状疱疹,俗称为"蛇缠腰""缠腰龙",是潜伏于人体的水痘 - 带状疱疹病毒再激活所致的感染性皮肤疾病,疱疹由密集成群的水疱组成,一般发生在身体的单侧,沿神经支配区域带状分布,并伴有神经疼痛。发生带状疱疹的年龄越大,神经痛症状越严重,不仅会引发老年人疾病负担,同时引起患者机体疼痛,是威胁老年人健康、影响生活质量的高发疾病。带状疱疹疫苗是目前有效的预防途径,推荐 50 岁及以上人群接种带状疱疹疫苗,接种疫苗可预防带状疱疹发生,降低带状疱疹后神经痛发生率,缩短带状疱疹的持续时间。

(汤后林)

参考文献

［1］詹思延.流行病学［M］.8 版.北京:人民卫生出版社,2017.

［2］王宇.全国第五次结核病流行病学抽样调查资料汇编［M］.北京:军事医学科学出版社,2011.

［3］李兰娟.我国感染病的现状及防治策略［C］.第十次全国感染病学术会议暨第二届全国感染科医师大会,2008.

［4］孙晓伟,苏彦萍,杨艳娜.2010—2019 年北京市通州区 60 岁及以上人群法定传染病流行特征分析［J］.寄生虫病与感染性疾病,2021,19(3):143-147.

［5］刘东生.我国老年人传染性疾病的诊断和治疗研究现状［J］.老年学杂志,1992,12(2):122 -123.

［6］程颖,李娟,彭质斌,等.中国 60 岁及以上老年人群部分传染病防控形势与对策建议分析［J］.中华流行病学杂志,2021,42(1):28-32.

［7］中华医学会结核病学分会.老年肺结核诊断与治疗专家共识(2023 版)［J］.中华结核和呼吸杂志,2023,46(11):1068-1084.

［8］张文瑾,蔡少平,范振平,等.阿德福韦酯联合双环醇治疗老年慢性乙型肝炎的疗效及安全性分析［J］.中华实验和临床病毒学杂志,2011,25(6):453-456.

［9］武海波,周紫霄,黄奕祥.2004—2011 年中国丙型病毒性肝炎流行病学特征分析［J］.现代预防医学,2015,42(7):1173-1175.

［10］王应立,刘振安.重视老年人的预防接种工作［J］.老年医学与保健,2004,10(2):117.

［11］李明,刘美蓉,谭效锋.老年肺炎的临床特点、预防及预后［J］.中国中西医结合急救杂志,2010,17(4):252-253.

［12］邓伟吾.提高对流行性感冒的诊治和预防水平［J］.中华结核和呼吸杂志,2005,28(1):4.

［13］黑发欣,王璐,秦倩倩,等.中国 50 岁以上人群艾滋病疫情特点及流行因素分析［J］.中华流行病学杂志,2011,32(5):526-527.

［14］刘聚源,纪文艳,吴疆.北京市老年人肺炎多糖疫苗接种成本效益分析［J］.中国公共卫生,2011,27(2):191-193.

［15］王娟.60 岁以上人群接种流感疫苗情况分析［J］.中国医药指南,2012,10(6):154.

［16］国家免疫规划技术工作组流感疫苗工作组.中国流感疫苗预防接种技术指南(2022—2023)［J］.中华预防医学杂志,2022,56(10):1356-1386.

第十三章

老年人跌倒防控

跌倒是老年人群发生率最高、死亡率最高的伤害类型,也是预防控制社区老年人群伤害的工作重点。现有证据表明:采取科学的方法可以降低老年人跌倒风险。老年人跌倒是多种因素共同作用的结果,包括生理、心理、行为、疾病等老年人自身内在因素,还包括物理环境、社会环境等外在因素。对老年人跌倒的预防控制就是对老年人跌倒影响因素进行干预,通过加强保护性因素,去除或减少危险因素来达到降低跌倒风险的目的。我国绝大多数老年人以居家养老为主,因此,基于社区开展老年人跌倒预防是必不可少的工作路径。

本章聚焦于跌倒这一老年人群最突出的伤害问题,简要描述了老年人跌倒流行病学特征和危险因素,介绍了基层医疗卫生服务机构开展老年人跌倒预防控制可参考的主要策略措施,并提供了一些简单实用的评估和干预工具供相关工作人员参考使用。

第一节　老年人跌倒概述

一、跌倒的概念和分类

1.跌倒的定义　世界卫生组织将跌倒定义为一个人倒在地面、地板或其他较低平面上的非故意事件。跌倒可以发生在同一平面,或从一个较高的平面到较低的平面。

2.跌倒的分类　《国际疾病分类第十一次修订本(ICD-11)》将跌倒分为三类:①在同一平面或从低于1米的高处非故意跌倒/跌落;②从1米或1米以上的高处非故意跌落;③从未特指的高度非故意跌倒/跌落。

3.跌倒和跌伤　不是所有跌倒都会造成损伤,跌伤是指那些因为跌倒造成了一定损伤的伤害事件。如何界定跌伤,尚没有严格、统一的标准,国内多参照2010年中华预防医学会伤害预防与控制分会发布的伤害流行病学界定标准,即"经医疗单位诊断为某一类损伤或因损伤请假(休工、休学、休息)一日以上"予以界定。根据这一界定,跌伤可以被界定为:因跌倒到医疗机构就诊,诊断为某一类损伤;或因跌倒导致损伤而休工、休学、休息1日及以上。

二、老年人跌倒流行情况

1.非致死性跌倒　不同生理特征、不同行为特征、不同环境中,老年人群的跌倒发生率有所不同。对2000年至2021年我国老年人跌倒流行情况横断面研究的系统综述结果显示：中国老年人跌倒发生率为 19.3%。亚组分析结果显示,男性老年人跌倒发生率(16.1%)低于女性(21.9%);随着年龄增加,老年人跌倒发生率快速增加,60～69 岁、70～79 岁和 ≥ 80 岁老年人跌倒发生率分别为 16.3%、21.7% 和 27.3%;农村地区老年人跌倒发生率(23.1%)高于城市地区(16.4%);独居、非独居老年人跌倒发生率分别为 21.1% 和 17.8%;无锻炼习惯老年人跌倒发生率(27.1%)高于有锻炼习惯的老年人(22.1%)。此外,全球疾病负担研究数据显示,1990 年至 2019 年期间,我国老年人跌倒发生率呈现持续增加趋势,未来一个时期,跌倒仍将是我国老年人面临的重要健康问题。

2. 致死性跌倒 2021 年全国死因监测数据显示, ≥ 65 岁老年人跌倒的死亡率为 69.1/10 万,是该人群因伤害死亡的首位原因,占该人群因伤害死亡的 43.1%;跌倒死亡率随着老年人年龄增加而增加。老年人跌倒死亡率在过去一段时间呈现增加的趋势,有研究显示,2013 年至 2020 年间,我国 ≥ 60 岁老年人跌倒死亡率持续增加,尤其是高龄老年人的跌倒死亡率持续处在较高水平。伴随着我国老年人口数量的持续增加,老龄化程度不断加深,老年人因跌倒死亡的数量可能仍将有所增长。

第二节　老年人跌倒危险因素

老年人跌倒既有内在的危险因素也有外在的危险因素,是多方面因素共同作用的结果。影响老年人跌倒的因素主要包括生物因素、行为因素、环境因素和社会经济因素等。通常情况下,老年人具有的跌倒危险因素越多,跌倒风险越大。开展跌倒干预工作应尽量明确老年人的跌倒危险因素,并基于其危险因素设计和实施预防跌倒的措施。

一、生物因素

1. 年龄和性别 随着年龄增长,老年人跌倒发生率和死亡率均有所增加。老年女性比老年男性更容易发生跌倒,跌倒后更容易骨折。

2. 感觉、神经和运动系统功能 视力敏感度和对比度下降会阻碍老年人识别环境中的危险因素,视觉功能降低会影响平衡能力,增加跌倒风险。中度或以上听力障碍者与正常听力者相比,跌倒发生风险增加。本体感觉障碍的老年人行走时的稳定能力和跨越障碍能力下降,导致其跌倒风险增加。前庭功能在维持躯体平衡过程中发挥重要作用,前庭功能的减退对维持身体稳定的能力影响较大,可增加跌倒风险。

老年人神经系统功能有所下降,处理信息的能力下降,反应时间相应延长,协同运动能力下降,影响人体对接收到的跌倒相关信息进行分析,从而降低了为应对可能的跌倒而发出的动作、姿势调整指令的质量和速度,使跌倒风险增加。

老年人肌细胞数量减少,肌力衰退明显。老年人背肌力、下肢肌力、核心肌力下降,平衡能力也随之降低,从而增加老年人跌倒风险。老年人下肢的退行性关节炎和劳损可导致步态异常和肌力下降,关节稳定性降低使老年人举步时抬脚不高,行走缓慢、不稳,导致跌倒风险增加。

老年人骨量随年龄增加而下降,骨质疏松症者跌倒后骨折发生率较非骨质疏松症者高。

平衡能力是人维持姿势稳定的能力,是跌倒发生的重要影响因素。人体能够保持平衡,依赖于感觉系统、中枢神经系统、运动系统的互相作用与合作。上述系统的功能损伤都可能导致人体平衡能力下降,跌倒风险增加。衰老或疾病造成的这些系统的功能损伤都能影响人体平衡能力,使老年人跌倒风险增加。

步态可反映人的步行和行动能力。身体肌肉力量、步长随着年龄的增长而下降;关节灵活性下降会造成步态的稳定性及对称性下降。老年人遇到地面不平、地面湿滑、跨越障碍物等情况时,为了维持平衡,可能出现步速减慢、步幅减短、步高下降等,导致跌倒风险的增加。

3. 疾病 神经系统疾病会影响患者的认知、反应、平衡、协调等方面的能力,从而增加跌倒风险。心脑血管疾病可造成心脏缺血,诱发头晕、心悸、心绞痛、胸闷等病症,导致跌倒。体位性低血压导致大脑暂时供血不足,引起短暂的头昏、眩晕、视物不清等,容易导致老年人跌倒。眼部疾病造成老年人视物模糊、视野缺损、视敏度受损等,使得老年人对环境的观察和判断能力均有所下降,跌倒风险增加。老年退行性骨关节炎会引起关节疼痛、肿胀、僵硬,导致肢体活动受限,骨性关节炎和类风湿关节炎患者的平衡能力和活动水平大幅下降,足部疾病及足部脚趾的畸形等影响人体的平衡能力、稳定性、协调性,这些骨骼关节疾病都能增加跌倒风险。此外,患有糖尿病、泌尿系统疾病或其他疾病伴随尿频、尿急、尿失禁等症状的老年人跌倒风险也有所增加。

4. 心理因素 沮丧、抑郁、焦虑、情绪不佳等心理问题均可能增加跌倒风险。这些情绪可能会削弱老年人的注意力,导致老年人对环境危险因素的感知和反应能力下降。害怕跌倒,也称恐惧跌倒,指在进行某些活动时为了避免跌倒而出现的自我效能或信心的降低。研究表明,有害怕跌倒心理的老年人发生跌倒的风险更高。

5. 跌倒史 与未曾发生过跌倒的老年人相比,过去发生过跌倒的老年人再次发生跌倒的风险更高。

二、行为因素

1. 用药 药物(如作用于中枢神经系统药物、作用于心血管系统药物、降糖药物、抗组胺类药物等)可通过影响中枢神经系统功能、血压、步态、平衡、视觉等方面增加患者跌倒风险。与跌倒风险增加相关性较高的药物包括苯二氮䓬类药物、抗精神病药物、抗抑郁药物、抗癫痫药物、髓袢利尿剂、强心苷类(洋地黄、地高辛)、阿片类药物以及多重用药等(表 13-1)。

表 13-1 药物与跌倒相关性汇总表

影响程度	常见药物
强相关	苯二氮䓬类药物、抗精神病药物、抗抑郁药物、抗癫痫药物、髓袢利尿剂、强心苷类(洋地黄、地高辛)、阿片类药物、多重用药
弱相关	β 受体阻滞剂、血管紧张素转化酶抑制剂(ACEI)类、血管紧张素受体阻滞剂(ARB)类、α 受体阻滞剂、噻嗪类利尿药、抗心律失常药物、血管扩张药、沙坦类药物、抗帕金森药物、降糖药、抗组胺药、氨基糖苷类抗菌药物、胃肠解痉药

资料来源:段蕾蕾,耳玉亮.社区老年人跌倒预防控制技术指南[M].北京:人民卫生出版社,2021.

2.行为生活方式 随着年龄增加,人体各系统的生理功能普遍出现衰退的现象。老年人缺乏身体活动,不能对神经、运动等系统产生适当的刺激和锻炼,其跌倒风险会有所增加。爬梯子、站在不稳的椅子上,进行超出身体运动能力的体力活动,日常生活活动时体位变化太快,不观察周围环境、注意力不集中等行为习惯都可能增加老年人跌倒风险。着装不合适也是增加老年人跌倒风险的因素之一,穿着过紧、过松、长度不合适的衣裤,或穿鞋底不防滑、鞋跟过高、大小不合适的鞋以及赤脚走路等都可能增加老年人跌倒的风险。使用不合适的助行工具或不正确地使用助行工具都可能增加跌倒风险。摄入酒精会影响老年人的认知能力和平衡能力,可增加跌倒风险。

三、环境因素

1.室内环境 有研究显示近一半的老年人跌倒发生在家中,居家环境中的危险因素涉及地面、照明、障碍物、楼梯、家具、扶手等方面(表 13-2)。

表 13-2 常见室内跌倒相关环境危险因素

位置	常见危险因素
地面	• 地面湿滑,特别是在卫生间、浴室、厨房、门厅等容易因有水造成湿滑的位置 • 地垫或地毯不固定,容易移位 • 台阶,门槛,地垫、地毯的隆起或卷边处,杂物、电线等障碍物
照明	• 室内照明的照度不足,或因照度过强而产生眩光 • 灯具开关位置不方便使用 • 晚间缺乏照明
楼梯	• 楼梯坡度过陡,台阶过高、过窄、破损 • 上下楼梯没有扶手,或者扶手不连贯、不稳定、不合适
扶手 / 支撑物	• 在卫生间、浴室、座椅、床等老年人需要起身的位置没有扶手或支撑物
家具	• 椅子、沙发等家具没有扶手,高度过高或过矮,不方便坐下和站起 • 座椅有轮子,不固定 • 家具摆放位置不合理,影响老年人在室内通行 • 储存日常用品的柜子过高或过低 • 在门厅或玄关无供换鞋用的坐凳 • 在床旁没有床头柜等

资料来源:段蕾蕾,耳玉亮.社区老年人跌倒预防控制技术指南[M].北京:人民卫生出版社,2021.

2.室外环境 不平的路面和照明不足是老年人在室外公共场所跌倒最常见的原因。室外的危险因素包括建造不合理的台阶、台阶边缘不清、人行道路面缺乏修缮、雨雪天气造成的地面湿滑、路面障碍物未被警示,长距离道路缺乏休息区域,路面过窄而造成的拥挤等。

四、社会经济文化因素

社会经济文化因素往往不是造成某一次老年人跌倒的直接因素,但其对老年人跌倒的影响不应被忽视。增加老年人跌倒风险的社会因素有:低收入、缺乏防跌倒教育、文化程度低、语言障碍、居住条件差、房屋安全性差、独自居住、缺乏支持网络和社会互动、社会服务和医疗服务不足以及某些文化因素等。

第三节 老年人跌倒预防控制

研究表明,通过采取科学的防控措施,可以降低老年人跌倒风险。预防老年人跌倒应以一级预防为主,重点预防跌倒的发生。干预策略措施的选择和设计应基于循证原则,兼顾不同地区社会经济发展水平、可利用资源和干预工作实施者的工作能力等实际情况。预防老年人跌倒应落实主动健康、积极老龄化理念,重视提升老年人自身的预防跌倒健康素养,加强老年人自身预防跌倒的知识技能水平,培养老年人的科学防跌倒行为习惯。社区开展老年人跌倒预防工作时需要多部门合作,根据工作需要将老年人家属、照料者、社区工作者、老年人健康服务提供者、相关部门和机构的工作人员等都纳入老年人跌倒防控工作中。

由于跌倒相关危险因素的普遍存在,社区老年人跌倒预防服务应该面向所有老年人。与此同时,由于老年人跌倒风险不同,且社区各种资源有限,目前国际国内老年人跌倒预防技术指南中多推荐社区采用"先分级,后干预"的模式,即先通过对老年人跌倒风险进行评估,再根据老年人不同跌倒风险等级,开展不同程度和内容的防控措施。如对跌倒高风险的老年人进行更为详尽的跌倒危险因素评估,然后开展针对性的运动指导、居家适老化改造、用药管理等精准化程度高、强度较大的重点干预;对跌倒风险低的老年人开展健康教育、定期评估等强度较低的干预。

一、跌倒风险评估

跌倒风险评估指使用相对简单、便捷的方法对个体跌倒危险因素进行评估,以评价个体的跌倒风险水平。通过评估可达到确定跌倒风险水平、发现部分跌倒危险因素的目的。理想的评估方法和工具应具有简便易操作、评价结果准确可靠、对后续干预指导性强、耗时短等特征。国内外学者研制了多种老年人跌倒风险评估方法和工具。不同方法和工具各有优势和局限性,覆盖的跌倒危险因素维度不同,针对人群、所需评估资源等有所不同。在选择时,应综合考虑评估目的、可用资源和目标人群特征等因素进行选择。

1. 跌倒史评估 有跌倒史的老年人再次跌倒的风险高于其他人群,因此,跌倒史是判断老年人跌倒风险的重要依据。通常认为过去 12 个月内有过跌倒的老年人其跌倒风险较高。询问跌倒史最基本的内容包括:"过去 12 个月,老年人是否发生跌倒? 跌倒几次? 有无受伤?"由于老年人对"跌倒"一词的理解可能与评估人员不同,可对老年人简单解释"跌倒"一词的含义。例如可向老年人说明,跌倒包括滑倒、绊倒、摔倒、被碰倒等,既包括在同一平面上发生的跌倒,也包括从高处跌倒或坠落至低处。

2. 常用跌倒风险评估工具 由于跌倒影响因素涉及多个不同维度,因此对跌倒风险的评估包括对单一维度危险因素的评估和对多维度危险因素的评估。常见的评估包括对跌倒史的评估、平衡能力和生理功能评估、跌倒相关心理因素评估、跌倒相关环境危险因素评估、跌倒风险综合评估(表13-3)。每一种评估方法都有其侧重的方向,也有自身的优势及不足。选择评估方法和工具时,应根据工作目的和资源条件,有时多个评估工具联合使用可以发挥优势互补作用。

表 13-3 常用老年人跌倒风险评估工具简介

维度	评估方法/工具	描述	耗时	参考界值
平衡能力及生理功能	计时起立-行走测试(TUGT)	测试老年人从椅子上从坐位起立后行走3m再坐回椅子的时间;测试需要秒表、椅子,地上画3米线	1～2min	≥14s提示跌倒风险高
	Berg平衡量表(BBS)	包含14个项目,每个项目得分为0～4分,满分56分;要求受试者做出包括由坐到站、无支持站立,双臂交叉无支持端坐、站到坐、两把椅子间的转移、闭眼站立、双脚并拢站立、上臂前伸、弯腰拾物、转头向后看、转身一周、双足交替踏台阶、双脚前后站立、单腿站立等动作;测试需要有扶手椅和无扶手椅各一把、秒表、卷尺、踏脚凳/台阶	15～25min	21～40分:中度跌倒风险;0～20分:高度跌倒风险
	Tinetti平衡与步态量表(POMA)	包含16个条目,满分28分;平衡测试包括坐位平衡、站起、试图起身、瞬间的站立平衡、站立平衡、轻推、闭眼站立、转身360度和坐下9个条目;步态测试包括起步、步伐的长度或高度、步态对称性、步伐的连续性、走路路径、躯干稳定、步宽(脚跟距离)7个条目	10～15min	19～24分:中度跌倒风险;0～18分:高度跌倒风险
	X16老年人平衡能力测试量表(X16BS)	共有16个条目,满分20分;包括4个静态平衡能力,4个姿势控制能力和8个动态平衡能力,总分0～20分;测试需要一把椅子,地上画3米线	<5min	17～20分:正常;13～16分:轻度下降;7～12分:中等程度下降;0～6分:重度下降
	功能性步态评价(FGA)	包括水平地面步行、改变步行速度、步行时水平/上下方向转头、跨越障碍物、上下楼梯等10项内容,0～3分,4个等级,满分24分	10～15min	≤19分提示跌倒风险高

续表

维度	评估方法/工具	描述	耗时	参考界值
平衡能力及生理功能	功能性伸展测试（FRT）	受试者双足分开站立与肩同宽，手臂前伸，肩前屈90度，在足不移动的情况下测量受试者前伸的最大距离	1～2min	<15cm，高跌倒风险；15～25cm，中等跌倒风险；≥25cm，正常
跌倒相关心理因素	特异性活动平衡自信量表（ABC-16）	包含在房屋周围散步、上下楼梯、从地面捡拖鞋、视平面取物、弯腰摸脚趾、站在椅子上取物、扫地、走到家门口的汽车、上下车、一个人到拥挤的商场去等16个室内外身体活动时的自信程度评估	约20min	<67%提示跌倒风险高
	简化版特异性活动平衡自信量表（简化版ABC-6）	从ABC中挑选6个得分较低的条目：弯腰摸脚趾、站在椅子上取物、在人群/不平的道路上行走、乘扶梯不扶扶手、乘扶梯扶住扶手、走在有冰的人行道上	约5min	得分越高跌倒效能越高
	修订版跌倒效能量表（MFES）	包含14个条目，9个室内活动条目，5个室外活动条目，每项0～10分；0分为没有信心，10分为信心十足，各项分数的累计平均分为最后得分；得分越低代表信心越不足，跌倒效能越低，恐惧跌倒程度越高	约5min	得分越高跌倒效能越高
	国际版跌倒效能量表（FES-I）	包含16个条目，各条目计分为1～4分（表示从"一点信心也没有"到"非常有信心"），满分64分	约5min	得分越高，跌倒效能越低，跌倒风险越高
	简明国际跌倒效能量表（简明FES-I）	由7个条目构成，包括穿脱衣服、洗澡、从椅子上起坐、上下楼梯、拿高过头顶的东西、上下斜坡和外出参加活动；每个条目1～4分（表示从"一点不担心"到"非常担心"），满分28分	约5min	得分越高，跌倒效能越低，跌倒风险越高
跌倒相关环境	预防老年人跌倒家居环境危险因素评估表	评估内容主要为居家室内环境，包括地面和通道、客厅、卧室、厨房、卫生间共21项，可作为识别和评价居家环境危险因素的工具	20～30min	—
	社区老年人居家致跌环境危险因素评估表	评估内容主要包括家中的地面、照明、楼梯、卫生间、厨房、客厅、卧室、阳台等场所环境可能引起跌倒的危险因素28项，为识别居家环境危险因素提供了简单易用的工具	20～30min	—

续表

维度	评估方法/工具	描述	耗时	参考界值
跌倒风险综合评估	居家跌倒风险筛查量表（HOME FAST）	包含 25 个条目，涉及家庭环境因素和老年人躯体功能因素两个方面，每个条目采用二级评分法，有或没有（或不适用），得分范围 0～25 分，得分越低居家跌倒的风险越大	20～30min	＜12 分提示跌倒风险高
	修订版社区老年人跌倒危险评估工具（修订版 MFROP-Com）	包括 13 个项目共 19 个具体评估条目，跌倒史（跌倒次数和跌倒后损伤程度），所患影响自身平衡能力和灵活性的疾病种数，服用易致跌倒的药物种数，感觉异常（视力异常、听力异常、躯体感觉异常），大小便的自控能力（大小便能否控制、夜间是否如厕 ≥ 3 次），有无影响步行的足部疾病，认知状况，对活动能力的自我评估，日常活动能力（日常生活活动、工具性日常活动），平衡性，身体活动程度，能否安全行走（自家内、社区）和居家环境评估；得分范围 0～45 分	10～15min	得分越高跌倒危险性越高
	老年人跌倒风险评估量表（FRASE）	包含性别、年龄、跌倒史、精神状态、自控能力、感觉障碍、睡眠状况、用药和相关病史 8 个方面共计 35 个条目的评估，每个条目得分范围为 0～3 分，总分 53 分。分数越高，表示跌倒的风险越大	10～15min	1～2 分为低危，3～9 分为中危，10 分及以上为高危
	中文版老年人跌倒风险自评量表	该量表共含 12 个条目，未分维度，量表采用二分制评分法进行评分，选"是"即获得相应得分，选"否"则记为 0 分，除条目 1 "我在过去 1 年里跌倒过"和条目 2 "我使用或被建议使用拐杖/助行器行走，来保障安全"的赋值为 2 分外，其余条目均为 1 分。量表总分为 14 分	3～5min	≥ 4 分提示跌倒风险高

二、跌倒相关健康教育

健康教育是预防老年人跌倒的重要基础性策略。有研究表明公众普遍缺乏预防老年人跌倒的基本知识、意识和技能。这种缺乏的普遍性一方面表现为对老年人跌倒的严重程度、流行情况、危险因素、可预防性、预防措施等基础性知识缺乏了解；另一方面体现为老年人及其照护者,甚至是老年健康服务提供者等,都普遍缺乏预防老年人跌倒知识、意识和技能。因此,通过健康教育积极地传播相关健康知识和技能十分必要。

1. 健康教育内容 预防老年人跌倒的健康教育内容主要包括以下几方面,具体内容可参考国家卫生健康委员会疾病预防控制局和中国疾病预防控制中心慢性非传染性疾病预防控制中心 2021 年发布的《预防老年人跌倒健康教育核心信息》。

(1)老年人跌倒的严重性,包括跌倒的流行状况、危害和后果。

(2)老年人跌倒的危险因素,包括生理因素、行为因素、物理环境因素、社会经济文化因素等。

(3)老年人跌倒的可预防性。

(4)老年人跌倒防控措施,包括跌倒风险评估、预防跌倒运动锻炼方法、改善居家和社区环境的方法、管理跌倒相关药物使用的方法、正确的防跌倒行为习惯、使用防跌倒辅具的方法、调整心态、建立防跌倒行为习惯等。

(5)跌倒后救助和紧急处置方法,包括跌倒后自救和救助跌倒老年人的方法等。

(6)跌倒导致损伤的治疗和康复。

2. 健康教育对象

(1)老年人:老年人是预防跌倒健康教育最重要的对象。开展健康教育时应充分考虑老年人的文化程度、健康状态、生活习惯、家庭状况、经济条件、文化风俗等因素,制订适宜可行的健康教育计划。在实施面向群体的健康教育时要考虑健康教育方式和内容的普遍性,实施个体的健康指导时要侧重个体的特殊性和针对性。应注重与老年人日常生活行为习惯密切相关的防跌倒内容,多传播易学、易懂、易操作的知识和技能。

(2)老年人家属和照护者:家属和照护者能更好地帮助老年人降低生活中的跌倒危险因素水平,降低其跌倒发生风险。尤其是对日常生活能力较差的老年人,提升家属和照护者的预防跌倒能力是降低老年人跌倒风险的关键,因此老年人家属和照护者是防跌倒健康教育非常重要的对象,这一群体在预防老年人跌倒过程中发挥着不可替代的作用。针对家属和照护者的防跌倒健康教育应注重从照护者的角度出发,以帮助老年人建立良好的防跌倒生活习惯,协助老年人学会防跌倒技能,提供安全居家环境,帮助老年人选择和使用防跌倒辅具,在专业人员指导下帮助老年人管理用药,掌握跌倒后救助技能等内容为重点。

(3)其他相关部门工作人员:预防社区老年人跌倒相关工作需要多部门合作开展,形成预防老年人跌倒的工作合力。除卫生部门外,民政、体育、宣传、住房和城乡建设、交通运输、残疾人联合会、街道、物业等部门工作人员,社区内公益组织、志愿者等都应参与到老年人跌倒预防工作中。针对这些人员开展预防老年人跌倒的健康教育可通过加强宣传等方式,提升其对老年人跌倒问题的认识和重视程度,进而汇集多方资源和力量共同落实各种预防老年人跌倒的策略措施。例如,物业、街道、住建部门人员参与预防跌倒工作,可促进社区减少环境中的跌倒危险因素;从增加预防跌倒的警示标识,加强对建筑、小区道路、老年人使用设备的安全检查和维护等方面开展预防跌倒工作。

3. 制作健康传播材料 健康传播材料是健康教育活动中的信息载体。一般健康传播材料分为三类:第一类是文字印刷材料,包括宣传单、折页、小册子、宣传画、海报、画册和书籍等;第二类是音像视听材料,包括音频、视频、电子幻灯片等;第三类是各种实物材料,如拐杖、防滑鞋、预防跌倒的居家环境示范模型等。制作预防老年人跌倒相关健康传播材料需要考虑以下几点。

(1)内容的科学性:防跌倒健康传播材料的信息是科学的,制作相关材料时可参考官方发布、权威专家的科普宣传信息。

(2)表达的通俗性:在保证科学性的基础上,需要把专业性很强的知识点转化成健康教育受众容易理解、记忆的形式。

(3)材料的适应性:传播材料制作要充分考虑老年人的视觉、听觉、认知能力、行为能力情况。例如老年人往往不喜欢过多文字,文字字体应较大,材料宜多图片,图片要鲜艳简洁;视频材料内容不宜过多,应情节简单,实用性强,适当增加演示性内容,并配有字幕。

三、运动锻炼

运动锻炼是预防老年人跌倒最重要的干预策略之一。运动锻炼可以增加或改善老年人的肌肉力量、柔韧性、协调性、灵活性、耐力、平衡功能、步态稳定性等老年人跌倒相关影响因素,从而降低跌倒风险,减少跌倒发生风险。

1. 运动锻炼的类型和活动 运动锻炼的内容多种多样,但以预防老年人跌倒为目的的运动锻炼,应包括平衡能力、力量、耐力、灵活性、柔韧性、协调性等内容。老年人的跌倒常发生在走路、起身、上下楼等日常生活行为中,开展针对日常生活行为的功能性锻炼也可有效减少老年人跌倒的发生。太极拳、八段锦等我国传统健身气功对预防老年人跌倒有积极效果。目前的研究结果显示,太极拳具备了锻炼平衡功能、姿势控制能力、力量、柔韧性、灵活性等特点,锻炼以站立位为主,能发挥预防老年人跌倒的作用。但掌握太极拳动作和持续锻炼有一定难度,需要专人教授,限制了其适用范围。相对于太极拳,中国传统健康气功八段锦具有简单易学、需要场地小等特点,有研究显示其对改善老年人平衡功能也有一定效果,是极具推广性的老年人跌倒预防运动处方。常见运动锻炼的类型见表 13-4,具体的运动锻炼方法可参考本书第十九章内容。

表 13-4 预防跌倒的运动锻炼类型和活动

类型	活动内容	注意事项
平衡和协调性锻炼	单脚站立、踮脚走路、搬抬重物、交换体位	运动中体位不宜变换太快,以免发生直立性低血压 锻炼初期可借助桌椅或他人的帮助
力量运动	哑铃、沙袋、弹力带和拉力器,上下楼梯等至少 2 次/周	1. 保持正常呼吸,肌肉用力时呼气,肌肉松弛时吸气 2. 避免憋气和过分用力 3. 以不引起疼痛为宜 4. 出现疲劳、关节痛和肌肉局部痛不能恢复者应去看医生 5. 关节活动度受限者应控制锻炼关节屈伸范围

续表

类型	活动内容	注意事项
耐力运动（有氧运动）	步行、慢跑、跳舞、骑车、游泳、园艺、郊游、家务、劳动、购物 5~7 天/周 ≥ 30min/d	1. 中等强度,自我感到心率加快(达到最大心率的 60%~70%)、呼吸变急、身体变热;不应有头晕眼花或胸痛症状,不应感到气促粗短 2. 根据具体情况调整活动,避免严寒、酷暑和污染重的时间去锻炼 3. 运动前后分别准备或放松 5~10min 4. 运动时补水,需要时补糖 5. 必要时佩戴安全保护装置 6. 疾病状态下运动要适量
灵活和柔韧性锻炼	进行各个关节的活动度训练,如广播操和太极拳等	1. 动作应柔和、缓慢,活动范围适度,避免剧烈动作和体位变换过快 2. 开始练习时关节的屈伸可有轻度不适感。若发生疼痛,应减小活动力度和范围或停止

资料来源:宋岳涛.老年跌倒及预防保健[M].北京:中国协和医科大学出版社,2012.

2. 运动量　由于老年人身体状态、运动能力、跌倒风险、运动类型等不同,目前的科学证据还很难对预防跌倒的运动量制定一个统一的标准。有证据表明可预防老年人跌倒发生的运动锻炼强度从每周 1 次 20min 的锻炼到每周 1~3 次 30~90min 的锻炼不等。有研究认为,预防老年人跌倒的运动锻炼强度应该在每周至少 3 次、每次 60min 的运动锻炼,且至少要进行 6 周,并尽量坚持锻炼。老年人的运动量并非统一的绝对数值标准,应遵循针对老年人群的运动锻炼通用建议,并以老年人体能和健康状况为基础,在确保安全的前提下,量力而为、循序渐进,及时调整。

3. 运动锻炼组织实施　现有的证据表明,建立运动锻炼团队,以小组的形式进行运动锻炼,或者是老年人自己在社区、家中或其他地点独立运动锻炼,抑或是二者混合的组织形式都可以降低老年人跌倒风险。成功的运动锻炼干预项目应由专业技术人员设计和实施,负责干预的工作人员应该能够独立或在专业指导下确保老年人运动安全,设计运动处方,指导运动锻炼技术,调整锻炼强度。

四、环境改善

环境中不安全因素是造成老年人跌倒的重要原因之一,社区和居家环境是多数老年人日常生活的环境,及时发现和整改跌倒相关环境危险因素是重要的预防跌倒策略。研究显示通过对环境进行安全性改造,可有效降低老年人跌倒发生风险。现阶段我国正在广泛开展的环境无障碍化和适老化环境改造工作,在很大程度上可以起到提升环境安全性,降低老年人跌倒风险的作用。

1. 家居环境改善　家居环境中的危险因素涉及不同室内空间和功能区,对其改造通常包括改善采光照明,地面防滑处理,去除地面不平整,合理摆放家具和空间布局,安装使用栏杆、扶手、座凳等辅助设施。我国幅员辽阔、发展不均匀，居家环境千差万别，存在各式各样的环境危险因素。即便面对相同的危险因素，其指导建议也应考虑家庭实际条件和建议的可行性。一些较常见的家居环境危险因素及其解决方案（表 13-5），可供开展相关工作时参考使用。此外，2020 年由民政部等部门发布的《关于加快实施老年人居家适老化改造工程的指导意见》、2023 年住房和城乡建设部城市建设司发布的《城市居家适老化改造指导手册》等资料也对老年人居家适老化改造项目和老年用品配置进行了推荐和建议，其中很多条目涉及老年人跌倒预防。

表 13-5　家居环境危险因素及其解决方案

危险因素	解决方案
一般性危险因素	
灯光（过暗、过于刺眼、不柔和）	照明光线应柔和，强度适宜，不闪烁；使用夜灯
光滑的地面	使用不滑的地面材质；避免过度地板蜡
松散易滑动的地毯	移走或固定地毯
翘起的地毯边缘	修理翘起的地毯边缘和其他不平坦的地毯覆盖物
过高的门槛	整修过高的门槛
被阻塞的通道	移走家具或其他物品，清理通道
穿过通道的绳索、线、带	重新布线，改变其路径
过高或过低的架子和碗碟橱柜	不使用过高或过低的架子和碗碟橱柜
地面上有洒落液体	立即擦去洒落在地面上的液体
饲养宠物	注意宠物，训练或者限制有危险的宠物
家具相关危险因素	
过低的椅子	升高椅子高度（如使用增高垫）
过低或过高的床面	使用床脚垫或调整床腿的高度
不稳定的家具	修理或移走不稳定的家具
使用梯子	避免使用梯子
浴室、洗手间和洗衣间的危险因素	
淋浴间、浴缸和洗手间缺少扶手	在淋浴间、浴缸和洗手间安装扶手
淋浴间有铁架	移走淋浴间的铁架；或在淋浴间外的区域使用座椅淋浴
坐便器高度过低	使用坐便器垫
厕所在室外	使用便桶代替室外厕所
光滑的地面	使用防滑垫或防滑条
使用浴油	避免使用浴油

续表

危险因素	解决方案
楼梯的危险因素	
没有扶手或扶手不足	安装合适的扶手
楼梯台阶模糊	在台阶上使用对比鲜明的条带装饰
楼梯过陡,台阶狭窄	改造楼梯
环境分散注意力	改进楼梯和周围环境的设计
不可改动的台阶/楼梯	考虑安装使用斜坡

资料来源:LORD S T,SHERRINGTON C,MENZ H B,et al.Falls in older people:risk factors and strategies for prevention[M]. 2nd ed. Cambridge:Cambridge University Press,2007.

2. 社区环境改善 社区环境中与老年人跌倒关系较密切的位置包括楼梯、道路、社区活动场所和社区服务场所。

(1)楼梯:楼梯的改造应注意楼梯的易识别性,保证老年人能清楚地看到每一阶楼梯的位置,踏步的颜色应选取醒目可识别的颜色。楼梯踏步材质应为防滑材质,在踏步的边缘处设置防滑条,且防滑条与踏步在同一水平面。楼梯尺寸应符合建筑防火等规范,楼梯的宽度要大于1.2m,以保证挂拐杖的老年人和搀扶老年人者可并排通过。有条件的老旧小区可加装电梯,降低老年人上下楼时跌倒风险。

(2)道路:社区道路应为无障碍设计,注意保持路面平整、干净整洁,在跌倒高发区域设立警示牌;保持夜间社区道路的照明;定时清理道路障碍物。道路设计应保证老年人以较短的步行距离到达周边街道,方便利用公共服务设施,还应注意社区内人车分流,降低老年人为躲避车辆而发生跌倒的风险。

(3)活动场所:社区内活动场地应为无障碍设计。老年人的活动场地应地面平整,设置防滑铺地且场地坡度不大于3%,在有高差的地方应设置坡道、扶手等,在跌倒高发区域设立警示牌。活动区域应设置较大面积场地,注意动静分区,地面铺装以硬质铺地为主,配以相应的照明设施。

(4)社区服务场所:老年人因身体功能下降容易产生疲惫感。老年人行走的舒适距离因人而异,有些老年人步行150m左右就会感觉疲劳,因此在社区内应设置座椅等公共休息设施,供老年人休息,避免因体力下降、身体疲劳导致跌倒。此外,社区内应配备日常便民服务、文体、医疗等配套设施,以满足老年人的日常生活需求,避免老年人因过远距离的路程而产生跌倒风险。

五、其他

1. 管理用药 药物作用是导致老年人跌倒的原因之一,预防老年人药物相关性跌倒的主要工作内容包括专业人员对老年人用药方案进行评估,识别引起老年人跌倒风险增加的用药因素,并对药物进行调整,预防管理常见跌倒相关药物的不良反应以及开展防跌倒用药教育。评估和管理跌倒相关用药应由经过药物治疗管理培训的医疗机构医生或药师依据药物治疗管理流程进行,非专业人员不可擅自调整老年人用药。常见的药物相关跌倒预防管理措施可参考《老年人药物相关性跌倒预防管理专家共识》。

2. 适老辅具的使用 适老辅具也称适老辅助器具或适老功能辅助器具,是指在一定环境下使用的辅助失能老年人发挥潜能、克服环境功能障碍的器具。适老辅具既有对老年人功能的代偿与补偿,也有对护理者护理能力补偿的作用。科学合理地选择和使用适老辅具是预防老年人跌倒、实现其生活重建、减轻护理者护理负担的重要手段。

老年人可用的辅助器具种类繁多,与跌倒预防相关的适老辅具主要包括手杖、适老助行器、适老功能轮椅、助力扶手、适老坐便器、适老洗浴椅、适老功能护理床等。选择适老辅具时并不是辅助器具功能越全、技术含量越高越好,应以适合老年人需求、适用于环境、有助于发挥其功能替代和补偿作用、预防跌倒、保证安全为重点。进行辅助器具的适配评估是保证切实发挥使用辅助器具预防跌倒、提升老年人生活质量的重要保障。预防老年人跌倒实践过程中,应对老年人进行使用适老辅具预防跌倒的宣传教育,帮助老年人建立通过主动、科学地使用适老辅具预防跌倒的理念,注意纠正那些认为使用适老辅具就代表衰老、无能的不科学的观念。

3. 害怕跌倒心理的干预 害怕跌倒心理简称害怕跌倒,是老年人群中较常见的心理状态,在有过跌倒史的老年人中有害怕跌倒心理的老年人比例更高。害怕跌倒可导致老年人限制自己的活动,减少体力活动,进而加速衰老,导致肌肉力量减退,运动能力下降,降低跌倒自我效能,增加跌倒风险。对害怕跌倒进行干预,帮助老年人建立科学的防跌倒观念,提升老年人跌倒预防跌倒的自信心,可降低跌倒风险。现有证据表明,通过太极拳、瑜伽、步态锻炼、平衡能力锻炼等运动方式进行干预,可以改善老年人害怕跌倒心理。除运动干预外,通过认知行为疗法,帮助老年人形成预防跌倒的正确认识和行为习惯,也可增加老年人的跌倒效能,减轻其对跌倒的恐惧。

(段蕾蕾 耳玉亮 邓 晓)

参考文献

[1] 李立明. 老年保健流行病学[M]. 北京:北京大学医学出版社,2015.

[2] 段蕾蕾,王临虹. 伤害与暴力预防控制理论与方法[M]. 北京:人民卫生出版社,2020.

[3] 国家卫生健康委统计信息中心,中国疾病预防控制中心慢性非传染性疾病预防控制中心. 中国死因监测数据集 2021[M]. 北京:中国科技出版社,2022.

[4] 段蕾蕾,耳玉亮. 社区老年人跌倒预防控制技术指南[M]. 北京:人民卫生出版社,2021.

[5] 宋岳涛. 老年跌倒及预防保健[M]. 北京:中国协和医科大学出版社,2012.

[6] 耳玉亮,段蕾蕾. 预防老年人跌倒健康教育教程:工作人员用书[M]. 北京:人民卫生出版社,2022.

［7］关于伤害界定标准的决定　中华预防医学会伤害预防与控制分会第一届第五次常委会通过 [J].中华疾病控制杂志,2011,15(1):9.

［8］康宁,于海军,陆晓敏,等.中国老年人跌倒发生率的 Meta 分析[J].中国循证医学杂志,2022,22(10):1142-1148.

［9］广东省药学会.老年人药物性跌倒预防管理专家共识[J].今日药学,2019,29(10):649-658.

［10］World Health Organization. Step safely:strategies for preventing and managing falls across the life-course ［M］. Geneva:WHO,2021.

［11］LORD S T,SHERRINGTON C,MENZ H B,et al. Falls in older people:Risk factors and strategies for prevention ［M］. Cambridge:Cambridge University Press,2007.

［12］World Health Organization. TEACH-VIP 2 user's manual ［M］. Geneva:WHO,2012.

［13］MONTERO-ODASSO M,VAN DER V N,MARTIN F C,et al. World guidelines for falls prevention and management for older adults:a global initiative ［J］. Age Ageing,2022,51(9):afac205.

［14］ZHANG K,QI J,ZUO P,et al. The mortality trends of falls among the elderly adults in the mainland of China,2013-2020:a population-based study through the national disease surveillance points system ［J］. Lancet Reg Health West Pac,2021,19:100336.

第三篇
社区老年人健康服务实践

第十四章

国家基本公共卫生服务

第一节　基本公共卫生服务项目介绍

一、基本公共卫生服务的背景

2009年3月17日,中共中央、国务院印发《关于深化医药卫生体制改革的意见》明确提出"促进城乡居民逐步享有均等化的基本公共卫生服务"的目标。2009年7月卫生部、财政部、国家人口计生委出台了《关于促进基本公共卫生服务逐步均等化的意见》(卫妇社发〔2009〕70号),标志我国开始实施国家基本公共卫生服务项目,以儿童、孕产妇、老年人、慢性病(高血压、糖尿病)患者为重点人群,面向全体居民免费提供基本的公共卫生服务,是为促进基本公共卫生服务逐步均等化的一项长期性战略部署,是我国深化医药卫生体制改革的重要工作。目标是明确政府责任,对城乡居民健康问题实施干预措施,减少主要健康危险因素,有效防控主要传染病及慢性病,提高公共卫生服务和突发公共卫生事件应急处置能力,使城乡居民逐步享有均等化的基本公共卫生服务。

二、基本公共卫生服务的发展历程

基本公共卫生服务项目主要通过社区卫生服务中心(站)、乡镇卫生院、村卫生室等城乡基层医疗卫生机构免费为全体居民提供,由疾病预防控制中心、妇幼保健机构、卫生监督所等专业公共卫生机构提供相关业务指导。基本公共卫生服务项目实施十余年来,随着社会经济的发展,以及我国公共卫生问题的变化,其相关政策及内容也随之不断发展。

(一)财政投入不断增长

基本公共卫生服务项目经费由中央及地方各级财政分担并建立了逐年增长的动态筹资机制,人均筹资水平和总体财政投入不断增长。2009年,国家基本公共卫生服务经费人均财政补助标准为15元,至2023年增加到了89元。中央资金重点向困难地区倾斜,对西部和中部地区分别补助80%和60%,东部地区补助50%~10%,保证不同地区国家基本公共卫生服务项目筹资标准的均等化水平。

（二）政策机制不断完善

2009 年至 2022 年，国家卫生健康委先后制订了《国家基本公共卫生服务规范（2009 年版）》（卫妇社发〔2009〕98 号）《国家基本公共卫生服务规范（2011 年版）》（卫妇社发〔2011〕38 号）、《中医药健康管理服务规范》（国卫基层发〔2013〕7 号）、《国家基本公共卫生服务规范（第三版）》（国卫基层发〔2017〕13 号），不断优化服务规范工作指标，加强政策指导。为推进流动人口基本公共卫生服务均等化，2014 年各部委联合出台了《关于做好流动人口基本公共卫生计生服务的指导意见》（国卫流管发〔2014〕82 号）；为提升服务质量，并保障技术支持机构有效开展工作，2012 年和 2019 年分别下发《卫生部关于疾病预防控制机构指导基层开展基本公共卫生服务的意见》（卫疾控〔2012〕42 号）和《国家卫生健康委办公厅关于县级疾病预防控制等专业公共卫生机构指导基层开展基本公共卫生服务的通知》（国卫办疾控函〔2019〕817 号）等文件。国家每年下发《基本公共卫生服务项目实施方案》，各地据此制定本地的实施方案，确定项目每年的实施目标、重点内容和要求等。

（三）服务内容不断扩大

基本公共卫生服务项目由 2009 年的 9 大类 21 项增加到 2017 年的 12 大类 46 项，包括居民健康档案管理、健康教育、预防接种、0～6 岁儿童健康管理、孕产妇健康管理、老年人健康管理、慢性病患者健康管理（包括高血压患者健康管理和 2 型糖尿病患者健康管理）、严重精神障碍患者管理、肺结核患者健康管理、中医药健康管理、传染病及突发公共卫生事件报告和处理、卫生计生监督协管等。2019 年，原重大公共卫生和计划生育项目中的妇幼卫生、老年健康服务、医养结合、卫生应急、孕前检查等内容共 19 项工作一起被划入基本公共卫生服务中。基本公共卫生服务项目的内涵和外延因此得到进一步扩大。

三、基本公共卫生服务老年人服务相关内容

基本公共卫生服务中与老年人相关的服务主要包括老年人健康管理服务、老年人中医药健康管理服务、老年健康与医养结合服务等。

（一）老年人健康管理服务

老年人健康管理服务是从 2009 年实施基本公共卫生服务以来就一直开展的服务项目。该项目规定社区卫生服务中心和乡镇卫生院每年为辖区 65 岁及以上老年人提供一次健康管理服务，包括生活方式和健康状况评估（了解老年人基本健康状况、体育锻炼、饮食、吸烟、饮酒、慢性病常见症状等）、体格检查、辅助检查（血常规、尿常规、肝功能、肾功能、空腹血糖、血脂、心电图、腹部 B 超等）和健康指导。

（二）老年人中医药健康管理服务

2013 年老年人中医药健康管理服务被纳入基本公共卫生服务项目中，要求每年为 65

岁及以上老年人提供一次中医药健康管理服务,内容包括中医体质辨识和中医药保健指导。根据体质判断标准进行体质辨识,将辨识结果告知服务对象,并根据不同体质从情志、饮食、起居、运动、穴位保健等方面进行相应中医药保健指导。

(三)老年健康与医养结合服务

2019 年老年健康与医养结合服务从原重大公共卫生服务项目被划入基本公共卫生服务项目中。该项目内容包括每年为 65 岁及以上居家养老的老年人提供两次医养结合服务(血压测量、末梢血血糖检测、康复指导、护理技能指导、保健咨询、营养改善指导六方面),每年对辖区内提出申请的 65 岁及以上失能老年人上门进行健康评估,为符合条件的失能老年人及照护者提供至少一次健康服务。

各地在落实国家项目要求的基础上,结合地方财政保障能力,根据当地居民主要健康问题及健康需求,增加其他符合当地居民的公共卫生服务。

第二节 基本公共卫生服务老年相关服务项目案例

一、浙江省

2022 年,浙江省 60 岁及以上老年人口 1 264.45 万人,占总人口的 24.74%;65 岁及以上老年人口 945.32 万人,占总人口的 18.50%。2021 年,浙江省卫生健康委、省财政厅、省医疗保障局正式印发《浙江省城乡居民"三免三惠"健康行动实施方案》,全面优化城乡居民健康体检制度,推动卫生服务更加普惠共享。"三免"即城乡居民免费健康体检、重点人群免费接种流感疫苗、重点人群免费重点疾病筛查;"三惠"即惠享家庭医生贴心服务,惠享县域优质医疗服务,惠享数字化健康新服务。2022 年,出台《浙江省参保城乡居民健康体检管理办法》。2022 年起整合统一农民健康体检和城镇居民健康体检的项目内容、体检频次和补助经费,实行城乡同质同标的免费健康体检制度。将 65 岁以上老年人体检周期统一为每年一次,体检标准统一为 90 元,探索实行"1+X"体检模式("1"为基本体检项目,"X"为各地自选项目)。以下以嘉兴市海盐县为例进行介绍。

(一)工作开展情况

1. 实行城乡同质同标的服务 嘉兴市海盐县印发《海盐县参保城乡居民健康体检办法》,将"1+X"的"X"体检项目确定为癌胚抗原(CEA)、糖化血红蛋白、眼底筛查三个项目。并通过季度、年度督导检查,保证体检质量,进一步提高老年人对自身健康的认知和自我管理意识,提升县域内老年人的健康水平。

2. 规范老年健康评估标准 海盐县作为浙江省老年健康专项行动先行试点地区,依托 65 岁及以上参保城乡居民健康体检,探索开展老年人"光明""口福""失智老人关爱""营养改善"和健康服务"智慧助老"等五大行动,建立围绕视力功能、口腔健康、认知功能、营养状况等老年人功能维护机制及健康评估。2022年试点开展,2023年实现全县域覆盖。

3. 拓展老年人中医药健康服务 联合"数智国医"智慧化管理,打造"共享中药房",实现区域意愿信息系统(hospital information system,HIS)、电子病历系统等多系统互联互通,夯实全民健康信息平台数据,提高基层中医诊疗人次,强化中医药在基层医疗机构的应用与服务(图14-1)。为基层医疗机构的医务人员开展中医药知识、适宜技术培训,提升服务能力;根据时令节气举行"冬病夏治""冬令膏方"等养生保健活动;每年7—8月开展"中医养生保健宣传活动月",组织中医专家下基层开展义诊、健康讲座、健康咨询活动;通过媒体发布中医健康宣教文章,宣传普及中医药知识和文化,增强群众对中医药的理解和认识,维护群众对中医药的知情权和选择权。

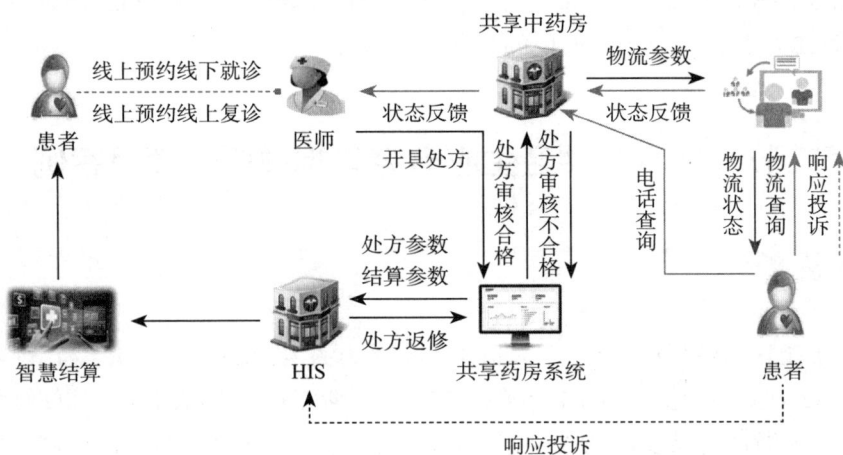

图 14-1 海盐县智慧中医药服务共享中心处方和药品流通机制

(二)特色经验

1. 以"筛查"为基础,扩大服务覆盖面 海盐县不仅每年免费为65岁及以上老年人提供癌胚抗原(CEA)、糖化血红蛋白、眼底筛查三个特色体检项目,还结合县级民生实事项目,开展65岁及以上老年人高危卒中筛查项目,为卒中高危人群提供颈动脉B超、血同型半胱氨酸检查。同时,持续为辖区居民免费提供结直肠癌、慢性阻塞性肺疾病筛查,为筛查阳性人员后续转诊提供绿色通道,降低重大疾病发生率和过早死亡率。在技术手段上,创新筛查数据智能化应用,自主研发前列腺癌筛查系统,连通全民健康信息平台,将筛查对象分为正常、中危、高危人群,家庭医生可根据筛查结果利用线上随访模块开展调查评估随访,提升老年人健康管理智能化水平。

2. 以"分类"为核心,依托数字化实施精准管理 联合浙江医院,研发智能分析评估引擎,完成对1万名老年人的健康评估工作,识别心血管疾病、跌倒、衰弱、营养不良、失智等五类风险人群。通过数字化引擎分析,对老年人信息进行精准分类,精准管理,提高老年人健康管理效率。

结合家庭医生签约服务,定制专项优质服务方案,承接老年人"个性化需求订单",针对性开展血压测量、康复指导和营养改善等服务,提供家庭病床服务,满足居民(尤其是老年人、行动不便人群)的上门医疗服务需求。统筹医共体医疗资源库,制定分类随访管理和转诊等服务,优化服务流程,促进医疗卫生服务模式由以"治病"为中心向以"健康"为中心转变。

3. 以诊疗为重点,重塑"两慢病"医防融合流程 积极推进"两慢病"(高血压、糖尿病)数字健康服务省级试点工作,基层医疗卫生机构慢病一体化门诊实现县域全覆盖,推行诊前、诊中和诊后"全流程"闭环管理和精准双向转诊。引入标准化管理,整合慢病诊疗和管理两个规范路径,将"两慢病"患者日常诊疗与基本公共卫生服务有机结合,让医生在诊间实现医防融合一站式管理。

(三)工作效果

1. 推进"两慢病改革",老年人慢病管理初见成效 截至 2023 年 6 月 30 日,海盐县已完成两慢病一体化门诊基层医疗机构全覆盖,通过慢性病患者路径化管理,持续完善"两慢病"年度评估、预约转诊和分级诊疗,提升慢病长处方知晓率,提高基层医疗机构"两慢病"诊间随访率。2023 年 1—5 月共建立两慢病医防融合管理路径 76 972 条,基本公共卫生服务高血压和糖尿病诊间随访率分别为 27.28% 和 32.28%。

2. 落实惠民政策,老年人常见病筛查更加完善 截至 2023 年 6 月 30 日,本年已有 2.85 万位 65 岁及以上老年人享受到免费的"1+X"体检套餐服务。在西塘桥街道社区卫生服务中心试点开展老年人健康评估干预行动,每周指导老年人康复锻炼,为老年人提供个性化健康教育 190 人次;完成老年糖尿病患者眼底筛查 1 938 人,老年人卒中高危人群筛查进度达 78.94%,完成大肠癌高危人群筛查 18 587 人。

3. 改造信息化流程,老年人健康管理提质增效 变革中医服务方式,推进"互联网 + 医疗 + 医保 + 医药 + 网银"三医联动,群众通过浙里办"数智国医"应用即可实现在线复诊、实时线上结算、中药饮片物流配送到家,足不出户享受到中医药"不见面复诊"服务。老年人中医药健康管理服务人数从 2021 年的 53 242 人,提升到 2022 年的 55 475 人,中医药健康管理服务率从 70.13% 上升到 73.25%。依托"数字家医"信息化平台,成立护理中心,链接线上、线下上门护理,扩展上门护理服务。根据辖区老年人就医服务需求量,拓展"互联网 + 护理"服务,2023 年 1—5 月累计开展服务共 70 余次。打通医保支付路径,在基层医疗卫生机构规范化建立家庭病床。截至 2023 年 6 月,已按需建立家庭病床 251 人次,满足特殊人群基本医疗服务需求。

二、山东省

近年来山东省为落实好基本公共卫生服务老年人健康管理项目,采取了多种行之有效的措施。在组织发动方面,结合村(居)公共卫生委员会的职能,利用"三高共管,六病同防"("三高"即高血压、高血糖、高血脂,如果管理不好会引起冠心病、脑卒中、肾脏病变、眼底病变、周围神经病变、周围血管病变六种主要疾病,简称"六病")规范化管理慢病患者,通过建立健康行为积分制激励老年人进行自我健康管理,进一步通过双向健康积分制提高家庭医生对老年人健康管理的积极性;在技术开发方面,通过开展全量数据分析推动基本公共卫生服务质量提升,利用信息化手段和老年人健康分析报告提高老年人健康管理效果。

(一)工作开展情况

1. 发挥村(居)委员会公共卫生委员会组织优势,开展老年人健康体检 山东省大部分地市卫生健康委与市委组织部、市民政局、市爱卫办合力推动,在后疫情时期,及时完成了村(居)公共卫生委员会职能转变,建成了一批高标准、可复制、贴近群众需求的村(居)公共卫生委员会示范机构,在基本公共卫生服务老年人健康管理组织发动中发挥了不可替代的作用。在具体开展工作时,由村(居)公共卫生委员会组织居委会成员、社区工作者、党员志愿者通过入户宣传、电话联系、微信群等多种方式通知符合条件的65岁及以上老年人参加体检,村(居)公共卫生委员会人员现场给体检老人们提供及时帮助和引导。为行动不便、卧床老年人提供移动查体车进村或入户查体服务。

2. 利用数据管控系统,加强体检结果质量控制 体检车搭载智慧移动临检系统、智慧医生审核系统、质量控制驾驶舱等,对体检全过程进行严格质量管理和控制。通过智慧移动临检系统实时监控,确保人(指检验的人员,包括检验技师、质量控制人员等)、机(指检验所使用的仪器设备,如生化分析仪、血液分析仪等)、料(指检验标本和试剂)、法(指检验所遵循的检验方法和操作规程,包括国家标准、行业标准以及医院内部制定的检验流程)、环(指检验的工作环境,包括实验室布局、通风条件、温湿度控制等)均处于在控状态,如出现失控情况及时预警。对检测数据进行分析和评估,通过检出结果阳性率自动分析并实现数据监控,确保数据真实可靠。危急值、阈值自动检出,并提醒医生及时复检,通过标准化的质量控制管控程序,确保居民出现临床危急值时,能够得到及时跟踪,形成管理闭环。通过智慧医生审核系统,结合大数据分析对临床检验、影像等数据精准诊断。配备质控驾驶舱,结合所有临床数据对异常检出阳性结果进行综合分析,确保健康指导的准确。

3. 组织家庭医生对老年人查体结果进行及时反馈 体检结束后,及时出具体检报告,反馈结果,家庭医生签约团队为老年人解读体检报告。对患有慢性病的老年人进行健康评估,建档立册,纳入慢病管理,一人一档,实施分级管理。同时,安排专人负责体检危急值的处理、登记、汇报,做好回访工作。

(二)特色经验

1. 借助"三高共管,六病同防"规范化管理"三高"老年人群构建"三高共管"协同服务体系,规划设置"三高中心""三高基地""三高之家" 依托家庭医生团队和工作室建设"三高之家",承担稳定期老年人的常规药物治疗、随访管理和高危人群干预;依托乡镇卫生院和社区卫生服务中心建设"三高基地",为首诊患者和病情不稳定患者提供个性化方案制定和线下、线上协诊服务;依托医共体牵头医院建设"三高中心",负责难治性、复杂性"三高"患者及"六病"等并发症的诊治和院内就诊患者医防融合服务。建立了以疾控中心为健康管理技术支撑和管理主体,以医共体牵头医院为临床诊疗技术支撑,以乡镇卫生院和社区卫生服务中心为联系纽带,以家庭医生团队为基础网底的三级协同、医防融合的一体化服务体系。

2. 建立健康行为积分制,激励老年人自我健康管理在各基层医疗机构结合实际工作实行了50项健康行为积分制　老年人如果在适量运动、合理膳食、心理平衡、戒烟戒酒、控制体重、参加健康讲座、按时服药、参与自我管理小组等健康行为上达标,均可获得积分,积分可以兑换控盐控油工具、消毒液、辅助检查、设备租赁、口腔保健及中医保健服务等。同时,将健康积分制纳入家庭医生签约服务个性化服务包内容。各医疗机构发放居民健康存折,并将积分兑换项目在各服务站、卫生室公示,通过门诊、健康教育活动、家庭医生签约服务及国家基本公共卫生服务宣传活动进行宣传。告知签约居民健康积分可兑换的物品及健康服务,采用健康存折等居民乐于接受的形式,促进居民对自身生活方式的干预,用积分记录健康,用积分兑换健康,收到良好效果。

在居民健康积分基础上,部分地市又将健康积分制拓展为双向积分制,增加设置对家庭医生和从事国家基本公共卫生服务工作人员以及其他相关基层卫生工作人员的积分。将积分作为评定先进、发放奖励等的重要依据,激励基层工作人员的积极性和活力,推动国家基本公共卫生服务及基层医疗卫生服务的顺利开展和有效落实。

3. 信息化赋能基层,试点开展全量数据分析　一方面通过信息化进行工作质控,通过信息化实现大数据分析,对体检数据以及整体数据阳性率进行质控,对个人数据危险值及时提醒,帮助基层医疗机构提高工作质量。另一方面通过信息化实现数据共享,实现医防融合,便于医生详细了解老年人身体状况,制定个性化健康管理方案。

在数据真实、准确的基础上,建立基本公共卫生服务全量数据库,探索开展基本公共卫生服务全流程数字化管理,利用大数据技术,改变以往用样本代表整体的传统评价手段,搭建透明、客观、权威的质控体系,以"数据驱动监管,监管促进业务"模式,推动基层卫生服务质量提升。创新监测手段,提升服务能力,提高服务效果,促进基本公共卫生服务高质量发展。

4. 充分利用老年人查体分析报告,提高老年人健康管理水平　开展老年人健康评估报告质量评比工作,将老年人健康评估报告作为基本公共卫生服务项目绩效评价的内容。通过分析个体的体检数据,了解个人健康状态和存在的问题,制定个性化健康管理计划,采取针对性干预措施,帮助个体提高健康水平,预防疾病。通过对县区层面体检数据的分析,可以发现老年人普遍存在的健康问题和不良生活方式,有针对性地开展健康教育和宣传活动,增强老年人的健康意识和健康行为。

（三）工作效果

2022年,山东省65岁及以上老年人规范健康管理服务率达到67.65%。接受中医药健康管理服务老年人数为11 284 738人,老年人中医药健康管理率为72.24%,老年人健康体检知晓率93.63%,老年人跌倒后正确自救方式知晓率85.94%,老年人预防骨质疏松知晓率71.81%,老年人健康生活方式知晓率77.63%。老年人健康意识和健康行为都有了大幅提升。

三、深圳市

深圳市是一个"年轻的城市",但随着第一批来深建设者们逐渐步入老年,深圳市的老龄化进程明显加快:深圳市65岁及以上老年人口从2010年的18.38万人增加至2020年的56.53万人,增长了2倍多。深圳市卫生健康委积极贯彻落实中共中央、国务院《关于加强新时代老龄工作的意见》,着力完善老年人健康支撑体系,提高老年人健康服务和管理水平。2021年印发了《健康深圳行动(2021—2030年)》,提出开展老年健康促进行动,切实增强老年健康服务意识,提升老年健康服务水平,稳步提高老年人健康水平。在基本公共卫生服务老年人健康管理工作中逐步形成了深圳特色。

(一)工作开展情况

1. 坚持多方联动,整合社会资源 深圳市坚持推动"政府主导、多部门合作、专业机构支撑、社会动员"的机制,联动社区网格员利用社区全员人口信息协助做好老年人健康管理工作。对新发现未建档老年人,动员引导其到附近社康中心建立档案,接受家庭医生签约服务和老年人健康管理等服务,建立网格管理社区全覆盖、夯实网格化管理的效能。积极推动区域检验资源共享,解决基层社康机构检验成本高、检验技师素质不均等问题,提升工作效率和体检满意度。

2. 立足重点疾病,提升服务内涵 老年人健康管理项目是老年人健康的"第一道防线"。自2020年开始,在国家标准基础上,深圳市卫生健康委先后出台了三版《深圳市老年人健康服务工作规范》,在规范中新增了针对老年期常见慢性病的早诊早治和并发症早期筛查等项目,包括糖化血红蛋白、血尿酸、尿微量白蛋白、尿肌酐、肿瘤标志物(血清癌胚抗原和甲胎蛋白)、双肾B超检查、认知功能粗筛及老年人焦虑和抑郁粗筛服务等。新增项目经费超过400元/人。

3. 广为宣传推广,提升项目知晓率 深圳市卫生健康委通过制作宣传视频、推文、折页、海报等形式,营造健康支持环境,积极推广老年人健康管理项目,提升人群知晓率。制作了宣传视频《"只要不体检,我就没有病"! 这一届爸妈,太难带了》,该视频入选2021年由国家卫生健康委等多部门发起的新时代健康科普作品征集大赛优秀作品代表名单,向全国推广。各区联动街道、社区、媒体、医疗机构,借助老年人就医绿色通道、中药汤剂和香囊等多种惠民措施,提高项目的知晓率和满意度。

4. 基于均等化要求,统一全市标准 为实现全市所有社康机构服务的同质化,自2019年开始,深圳市慢性病防治中心先后编写了《深圳市国家基本公共卫生服务项目老年人健康管理项目工作手册》《深圳市老年人健康管理档案填写规范》和《老年人健康指导手册》,统一了全市所有社康机构老年健康管理项目的服务对象、内容和标准。

5. 借助信息化手段,提高管理精准度 深圳市各区均建立了卫健智能质控系统,进行实时档案质量控制。龙华区第一个创建"督导系统",实现全量线上复核。大部分区实现了数据的互联互通,利用大数据分析,精准施策,老年人"从哪里来,到哪里去"的问题得到有效摸排,网格化管理越来越精准,对老年人常见的健康问题起到更有效的管理作用,大大减轻了基层工作人员的工作量。

6. 开展数据利用，提高项目产出　充分利用已收集的老年人健康管理信息，深圳市慢性病防治中心出台了《深圳市老年人健康状况报告》，分析了深圳市老年健康状况及其危险因素水平，较为客观地反映了我市老年人的主要健康问题和危险因素的流行情况，为研究老年人健康适宜值，更精准地评估老年人健康状况和科学地开展健康指导奠定了基础；为今后制定、完善、评价和修订老年人健康管理项目乃至全市老年健康相关政策和措施提供科学依据。

（二）特色经验

1. 列入民生实事，扩大宣传覆盖面　深圳市多个区多年将老年人健康管理项目作为民生实事，以此作为突破口，压实街道社区主体责任；以"免费体检"作为宣传的重点，联系街道、社区、媒体、医疗机构，形成宣传矩阵，着力提高项目的知晓度，以"大健康"理念对老年人进行全方位的健康管理。

2. 落实家庭医生包干制，提高老年人健康管理工作实效　我市持续推进家庭医生签约服务，社康机构将老年人签约履约及老年人健康管理各项工作开展情况和成效与相关工作的考核、资金分配、评先评优等相挂钩。每个社康机构配置家庭医生团队，实现重点人群精准匹配；家庭医生团队通过系统查看网格内的老年人签约率，对管理网格片区内的老年人应管尽管。建立起以社区为单元的"医格化管理"机制，同时设立医格化管理达标奖励，全面提升家庭医生签约服务品质。

3. 医网协作，社区网格员成为家庭医生服务的"触手"　通过网格系统匹配，明确各街道、各社区、各网格65岁及以上老年人群数，并以此为依据下发各街道、各社康中心的老年人管理任务数。辖区网格员和社康机构医务人员形成合力，主动走访管辖小区，大力宣传辖区老年人健康管理政策，充分发挥社区网格员了解群众、贴近群众的优势，让社区网格员成为家庭医生服务的"触手"，协助社康机构将国家免费基本公共卫生服务宣传到社区每一位居民。让居民及时享受老年人免费体检和"两病"患者免费用药的优惠政策。

4. 医养结合，丰富老年人健康管理项目服务内涵　融合家庭医生签约服务、家庭病床、医养结合服务等工作，打造"医疗＋养老＋护理"的服务新模式，丰富老年人健康管理服务内涵和服务方式。基层医疗机构与护理院、养老服务机构、日间照料中心等机构长期合作，为这些机构内老年人建立健康档案、签约家庭医生、定期为其安排上门诊疗、上门体检等服务，为有需求的老年人提供可及、便捷、价廉、有效的医疗护理和健康管理服务，更好地满足老年人健康养老服务需求。

（三）工作效果

1. 老年人健康管理数量和服务内涵持续提升　深圳市近五年老年人健康管理人数持续提升，连续多年取得全省基本公共卫生服务项目考核第一的好成绩。2023年为全市50余万老年人提供健康管理服务，较2018年提高了近3倍，老年人健康管理率达86.53%。

2. 老年人满意度高　近几年全市老年人健康管理档案真实性均为100%，老年人或其家属对该项服务的认可度和满意度均超过90%。老年人健康管理项目的实施，促进了我市老年人常见病的早期发现和规范管理,提升了老年人主动健康能力,提高了老年人健康素养和健康水平,让老年人少得病、晚得病、不得大病。

3. 老年健康体系的日趋完善　基于基本公共卫生服务老年人健康管理项目的成绩,同时,为了促进老年人健康管理服务工作的进一步提升,2022年深圳市成立了市区两级的老年健康指导中心,初步建立了以市老年健康指导中心为核心、区老年健康指导中心为枢纽、社康机构为网底的老年人健康服务三级防控网络,为提高老年人健康水平、改善老年人生活质量,促进健康深圳建设奠定基础。

四、上海市

上海是大肠癌疾病负担较严重的地区之一。2012年上海市大肠癌粗发病率为55.14/10万,当年粗死亡率为31.84/10万,居上海市恶性肿瘤发病和死亡顺位第2位,是上海市民健康的主要问题。大肠癌是世界卫生组织推荐的可以通过人群筛查降低死亡率的癌种之一,其生存率与诊断时期密切相关,早期大肠癌的五年生存率在90%以上,晚期则不足30%。2012年上海大肠癌病例早期确诊比例仅占13%。为贯彻深化医药卫生体制改革意见,本着"基于国家要求、体现上海特色"的原则,上海市于2012年将社区居民大肠癌筛查项目纳入本市重大公共卫生服务项目。

(一)工作开展情况

原上海市卫生局、上海市财政局、上海市人力资源和社会保障局联合下发了《关于组织开展本市重大公共卫生服务项目"上海市社区居民大肠癌筛查"的通知》,按照"知情、同意、自愿、免费"的原则,在全市范围内向达到退休年龄段的50～74岁居民提供大肠癌筛查服务,以提高大肠癌防治知识知晓率,提高大肠癌及其癌前病变早诊率和治疗率,以最终降低大肠癌死亡率和未来发病率为目标,覆盖所有上海市社区卫生服务中心。

上海市疾病预防控制中心作为筛查项目的核心技术单位,全程负责项目的技术支持,组织开展业务培训、质量控制、项目评估和试剂的招标采购,持续做好"大肠癌筛查登记管理系统"的管理、维护与改进。社区卫生服务中心负责组织街道和居委会开展辖区内居民大肠癌筛查服务,根据上海市疾病预防控制中心提供的标准化宣教内容,并结合自身工作特点,开展多种形式的宣教活动。对于自愿参加筛查的居民,社区卫生服务中心对居民开展危险度评估,并发放粪便隐血检测采便器,居民在家中完成粪便采样后将采便器送交回社区卫生服务中心进行检测。社区卫生服务中心结合危险度评估和粪便隐血检测结果判定初筛结果。对于初筛阳性的居民,社区进行当面反馈并发放《肠镜检查建议书》,居民可前往定点医疗机构进行肠镜检查,社区卫生服务中心根据检查情况与定点医疗机构共同开展随访管理。对于初筛阴性的居民,发放《初筛阴性结果通知书》并告知下一次筛查的时间和注意事项。定点医疗机构负责为筛查阳性居民提供肠镜检查和后续诊疗服务,及时将诊断及后续治疗的信息反馈至受检者所在的社区卫生服务中心(图14-2)。

2016 年社区居民大肠癌筛查项目列入当年市政府实事项目,由市卫健委牵头,以市疾病预防控制中心大肠癌防治专业委员会为基础,组织 6 家三级医院成立市级筛查支持中心,定期对筛查项目定点医疗机构开展肠镜检查质量、病理检查质量和大肠癌规范诊疗质量控制。

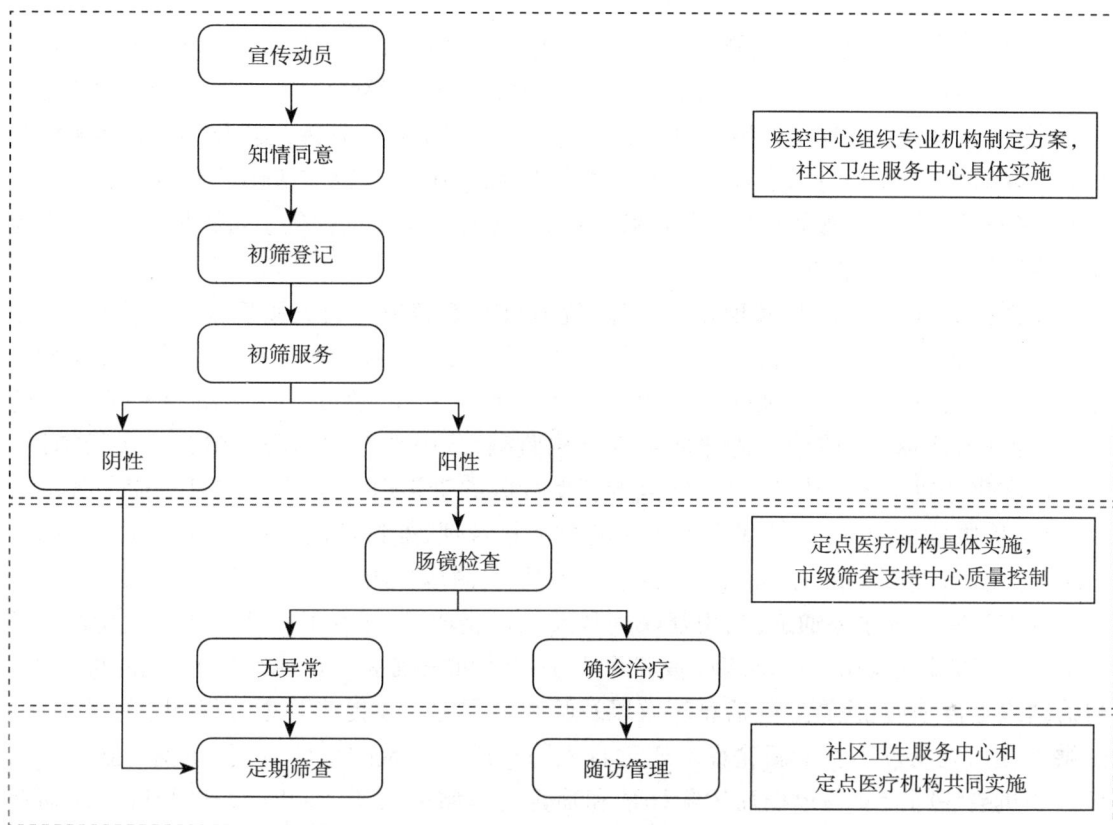

图 14-2　筛查流程及实施机构

(二)特色经验

1. 积极沟通协作,发挥基层机构在筛查实施中的作用　各社区卫生服务中心在筛查工作中加强与居委会的沟通协作,积极发挥居委会人员、场地等资源的作用。居委会工作人员平时与居民接触较多,相互间比较熟悉,由他们进行组织发动,可使居民更容易接受和配合,从而促进筛查工作顺利进行。居委会提供场地资源,可使居民参与筛查的平均路程更短,有利于提高筛查的依从性。同时,社区卫生服务中心负责动员门诊就诊者,或在老年人体检对象中开展筛查,扩大筛查受益面。

2. 将预防理念贯穿于临床服务,推进医防融合发展　上海市以糖尿病、脑卒中、大肠癌等慢性病为切入点,逐步建立完善"医防融合"的慢性病综合防治服务管理体系,注重疾病预防控制机构、医疗机构和社区卫生服务中心之间的服务衔接与协同,构建疾病预防控制机构、医疗机构、社区卫生服务中心和公众"四位一体"的慢性病防治模式,推进医防融合发展。市、区两级疾病预防控制中心作为技术单位,组织开展业务培训,质量控制,项目评估,发现存在问题并提出政策建议。全市 247 家社区卫生服务中心在辖区政府支持下,开展社区居民健康教育和宣传发动,为居民提供大肠癌筛查服务。63 家定点医疗机构负责为筛查阳性居民提供肠镜检查和后续诊疗服务,并及时反馈信息。市公共卫生公益热线 12320 建立项目核心知识库,协助做好项目宣传和咨询工作。

3. 信息化管理助力项目实施 上海市疾控中心作为筛查技术管理机构建立了筛查登记管理系统,系统建设充分利用本市已有公共卫生网络平台,对社区居民大肠癌筛查实施过程中的信息进行收集、管理和评价。项目实施过程中通过信息化管理,实现跨部门、多数据库的信息联通,原始数据分布在社区卫生服务中心、疾控中心、二 / 三级医院和卫生健康信息平台,充分联通群体筛查数据与个体医疗数据,为筛查效果评估提供了可靠依据,也是实现癌症防治医防融合策略的重要支撑。

4. 创新支持中心建设,实现自主筛查,提升筛查覆盖率 将大肠癌筛查与高血压、糖尿病等慢性病管理进行整合,融入社区基本医疗服务,开展社区慢性病整合式全程健康管理。上海在近 90 家社区开展社区慢性病健康管理支持中心建设,通过标准化检测技术的应用,创新形成以"诊前精准化评估 + 规范化监测,诊中数据共享服务整合 + 决策辅助,诊后标准化健教 + 智能化随访"为特点的新型社区健康管理服务模式,使社区服务减量增效,对居民服务精准供给,实现服务运作的数字化管理,推进社区慢性病健康管理向标准化、智慧化、高质量发展,推动社区慢性病防治从"以治病为中心"向"以健康为中心"的转变。以支持中心为主要通道,利用互联网和人工智能技术,开发了移动终端自主筛查服务系统,居民通过支持中心移动终端或者个人手机就可完成从筛查预约登记、危险度评估、初筛结果上传、肠镜检查医院信息获取以及筛查流程的在线提醒等全过程自主管理服务,提供了参加大肠癌筛查的新途径。通过自主筛查服务系统的推广应用,逐步建立有组织筛查和机会性筛查双通道癌症风险评估和筛查管理服务模式。同时,积极开展癌症筛查技术的遴选,评价粪便 DNA 甲基化、多组学检测等新型筛查技术手段用于人群筛查的可行性和有效性,探索新筛查技术融入现有筛查方案的模式,进一步提高居民参与大肠癌筛查覆盖率。

(三)工作效果

1. 筛查诊断的大肠癌病例早期比例和生存率显著提升 截至 2023 年 8 月,已提供筛查服务超过 600 万人次,有 278.9 万本市居民参加了大肠癌筛查,其中 65 岁以上老年人为 206.7 万,占 74.1%。通过筛查,发现癌前期病变病例 8.35 万例、诊断大肠癌病例 2.26 万例,在明确分期的大肠癌病例中,早期比例达到了 45.5%,是筛查前本市平均水平的 3.5 倍。阶段性随访结果显示,通过筛查诊断的大肠癌病例 5 年生存率达到 84.7%,较同期全市 50 岁以上大肠癌病例生存率提高了 21 个百分点,大大延长了大肠癌病例生存期。

2. 社会反响良好,居民获益感强 社区居民大肠癌筛查项目采用粪便隐血结合危险度评估问卷对居民进行初筛,采样方法简便、卫生、检测结果直观,居民乐意接受。在项目实施过程中,随着无症状的早期病变持续不断地被检出,癌前期病变患者通过及时规范的治疗阻断了癌变过程,居民获益感强。经过项目评估,上海市 50～74 岁社区卫生签约服务居民中,大肠癌筛查覆盖率已经达到 40% 左右,其中 65 岁以上老年人参加筛查的积极性和参与度更高,筛查覆盖率已超过 50%。各级医疗机构在筛查过程中从居民需求出发,积极探索提供各类便利措施,取得了良好的社会反响,抽样调查显示,参加过筛查项目的居民总体满意度为 96.6%,对社区卫生服务中心的满意度为 97.7%,对医院的满意度为 90.4%,对大肠癌有关健康教育的总体满意度为 96.3%。在上海社会科学院组织的"民生民意调查"中,市民知晓度和关注度均排在当年实事项目第二位。

3. 卫生经济学评估显示具有成本效果 对项目进行的卫生经济学评价显示,与未筛查时的疾病进展结果相比,项目长期的增量成本 - 效果比为 20 697 元 / 质量调整生命年(QALY),与同期上海市人均国内生产总值(Gross Domestic Product,GDP)126 634 元 / 年相比,相当于对大肠癌筛查每投入 1 元,将产生 6 元效益,在经济学方面具有显著的成本 - 效果,在改善人民健康水平方面也是有效的预防手段。

第三节 工作成效与启示

国家基本公共卫生服务作为全民覆盖的初级卫生保健的主要内容,对于促进卫生公平,减轻低收入家庭医疗支出负担,降低社会总体疾病负担具有重要作用。其中对老年人提供的健康服务近年来不断扩充和优化,覆盖了从低龄老年人到高龄老年人,从慢病患者到失能失智老年人的基本健康需求。基本公共卫生服务老年人服务相关项目为应对我国逐渐加深的老龄化形势提供了有力保障。其成效具体体现在以下三个方面。

一、为老年人提供覆盖最广的免费健康保障

基本公共卫生服务老年人相关服务面向所有 65 岁及以上老年人,提供免费的预防保健服务,使每个老年人都能够平等地享有公共卫生服务。从健康教育、健康体检、健康指导入手,促进老年人健康改善。并且进一步融入中医体质辨识、中医药保健指导等措施,采用贴近老年人生活的,老年人乐于接受的方式开展服务,提高老年人依从性和获得感,使基本公共卫生服务提供的免费健康保障能真正发挥作用。

二、为老年人提供常见慢性病早诊早治的可及路径

60 岁及以上老年人慢性病的患病率超过 78%,其中相当一部分人同时患有两种及以上慢性病。定期进行健康体检可有效掌握老年人群体的健康状况,及时采取干预措施。基本公共卫生服务为老年人每年进行一次体检,有助于高血压、糖尿病等常见慢性病的早诊早治。2019 年有研究对我国东、中、西部老年人基本公共卫生服务健康体检利用率进行了抽

样调查,结果显示老年人体检利用率达到 93.6%。各地政府基于本地老年人健康状况,增加了肿瘤筛查、眼底筛查等个性化的体检项目,为心脑血管疾病、肿瘤等疾病的早诊断早治疗提供了可及路径。随着医联体、医共体建设的不断完善,对筛查出的患病人群,可及时转诊至上级医院,也可通过"云医疗"等远程医疗技术,打通最后一公里,使老年人在社区就可享受优质的医疗资源和便捷的医疗服务。

三、为老年人提供全链条的健康管理服务

基本公共卫生服务为老年人提供了从健康教育、筛查评估、健康指导到随访管理、康复指导的全链条健康管理服务。近年来,基本公共卫生服务与家庭医生签约制度相结合,由家庭医生团队为签约的居民提供基本医疗、公共卫生、健康管理、健康教育与咨询、优先预约、优先转诊、出诊服务、药品配送与用药指导、长期处方、中医药"治未病"等服务。并且以老年人为重点签约对象,多地老年人签约率已达到 80% 以上,这在很大程度上提高了老年人相关基本公共卫生服务的效率和质量,使老年人全链条健康管理体系得以进一步加强和完善。

尽管老年人相关基本公共卫生服务的覆盖面逐步扩大,服务内容不断丰富,服务效果逐渐显现,但在缩小地区间差异、提升服务质量、提高群众满意度等方面仍有进步空间。本章的四个案例,为各地实施基本公共卫生服务项目老年相关服务提供了借鉴。做好老年人健康服务,不仅需要加强政府主导、部门协同的政策保障,还需要完善医防融合、激励反馈的工作机制,并加快信息共享、数据利用的技术革新。

2022 年 2 月,国家十五个部委联合制定并下发了《"十四五"健康老龄化规划》,指出要"提高基本公共卫生服务促进老年人健康的能力。建立综合、连续、动态的老年人健康管理档案,鼓励各地整合老年人健康体检信息,优化老年人健康体检项目,提升健康评估和健康指导能力。推动地方积极开展老年健康与医养结合服务。将失能、高龄、残疾、计划生育特殊家庭等老年人作为家庭医生签约服务重点人群,拓展签约服务内涵,提高服务质量"。并提出"到 2025 年,65 岁及以上老年人城乡社区规范化健康管理服务率达到 65% 以上,65 岁及以上老年人中医药健康管理率达到 75% 以上"的目标。这为如何做好基本公共卫生服务,助力健康老龄化的实现,指明了方向。

(张晓畅　韩　晖)

参考文献

[1] 秦江梅. 国家基本公共卫生服务项目进展[J]. 中国公共卫生,2017,33(9):1289-1297.

[2] 李梦宇,廖子锐,连隽,等. 中国东、中、西部地区老年人基本公共卫生健康体检利用情况及其满意度调查[J]. 中国公共卫生,2023,39(8):953-957.

［3］李梦宇,连隽,廖子锐,等 . 国家基本公共卫生服务老年人健康体检的异常检出率分析［J］. 中国全科医学,2023,26(22):2756-2762.

［4］刘万奇,杨金侠,汪志豪,等 . 中国基本公共卫生服务实施经验、问题与挑战［J］. 中国公共卫生,2020,36(12):1677-1681.

［5］张雅欣,黄丽雯,刘嘉怡,等 . 我国基本公共卫生服务现状及对策探讨［J］. 中国初级卫生保健,2022,36(3):1-3.

第十五章
全民健康生活方式行动

第一节　全民健康生活方式行动介绍

一、全民健康生活方式行动的背景

中国政府为积极响应 2004 年世界卫生大会通过的《饮食、身体活动和健康的全球战略》，落实《卫生事业发展"十一五"规划纲要》提出的"加强全民健康教育，积极倡导健康生活方式"有关精神，提高全民健康意识和健康生活方式行为能力，有效遏制心脑血管疾病、糖尿病、慢性呼吸系统疾病、癌症等主要慢性病的危害及其危险因素流行水平，原卫生部疾病预防控制局、全国爱国卫生运动委员会办公室和中国疾病预防控制中心共同发起了以"和谐我生活，健康中国人"为主题的全民健康生活方式行动（以下简称"行动"），坚持政府主导、部门合作、动员社会、全民参与；通过持续发布健康生活方式核心信息，积极营造健康支持性环境，主动传播科学健康知识，广泛传授健康技能，深入推进健康生活方式，努力提高国民健康素养，为全面建成小康社会提供健康支撑。

2007 年，行动启动伊始，原卫生部成立了行动领导小组、国家行动办公室和专家指导委员会。国家行动办公室设在中国疾病预防控制中心，同时建立起完善的省、地市、县区三级工作网络，设有行动办公室，负责组织开展本地区工作。现行动纳入各地疾控中心的常规工作，成为慢性病防控的重要抓手，通过健康知识普及、支持性环境建设及发展指导员等措施，有力推进工作在全国开展。

二、全民健康生活方式行动发展历程

全民健康生活方式行动分为两个阶段进行，2007 年至 2015 年为行动第一阶段，由原卫生部疾病预防控制局、全国爱卫会办公室和中国疾病预防控制中心共同发起，主要由各级疾控中心开展，以吃动平衡为主题，倡导"日行一万步、吃动两平衡、健康一辈子"即"健康一二一行动"；2017 年至 2025 年为行动第二阶段，由国家卫生健康委、国家体育总局、全国总工会、共青团中央、全国妇联作为联合实施单位，倡导"三减三健（减盐、减油、减糖、健康口腔、健康体重、健康骨骼）、适量运动、控烟限酒、心理健康"等主要内容。行动自 2013 年在全国范围开展健康加油站 / 健康小屋、健康食堂、健康餐厅、健康超市、健康单位、健康学校、

健康社团、健康社区、健康家庭、健康步道、健康主题公园、健康街区 12 类健康支持性环境建设,截至 2023 年 12 月底已建成健康支持性环境 9.7 万余个,成为促进健康知识转化为行为的重要内容。强化家庭和社区的行为指导和干预,广泛招募和培训健康生活方式指导员,目前已经有 90.9 万余人次接受了相关培训,成为行动落地最后 1km 坚实的推进者。以促进行为改善为目标,以满足人群健康需求为导向,研究与推广面向基层的可以普遍应用和推广的有效技术,并不断健全完善慢性病防控体系,提升人员队伍专业能力。通过发布健康生活方式核心信息,出版健康生活方式科普书籍,建立健康生活方式科普素材库,设立全民健康生活方式行动日(每年 9 月 1 日)、全民健康生活方式行动月(每年 9 月份)、"915"中国减盐周(每年 9 月 15 日所在周)等,积极提升居民健康素养。在各地的积极参与下,截至 2023 年底,全国启动行动的县(区)占全国县(区)总数已超过 97%,行动通过自下而上发动群众主动参与,调动广大人民群众的自身能动性来推进慢性病防控工作,逐渐成为我国慢性病防控工作的重要抓手。

经过行动的十几年推进,"管住嘴、迈开腿、三减三健、日行万步、吃动平衡"等健康理念已深入人心,广大群众自觉践行健康生活方式的意识和能力显著提升。目前全民健康生活方式行动已经纳入《健康中国行动(2019—2030 年)》《"健康中国 2030"规划纲要》《中国防治慢性病中长期规划(2017—2025 年)》《国民营养计划(2017—2030 年)》及《"十四五"国民健康规划》等多部国家政策性文件。

最初参与启动行动启动的爱国卫生办公室在推进我国卫生城市、健康城市建设进程中,明确提出了健康细胞建设,成为面向社区老年人开展服务的重要保障。国家卫生健康委 2024 年启动的健康家庭建设,明确提出要积极开展老年人认知障碍预防和早期干预知识普及、对家庭成员开展失能失智老年人照护培训、培养健康家庭明白人,传播"三减三健"、引导家庭成员培养自主自律的生活方式,养成健康的生活习惯,打造"无烟家庭",加大对空巢、留守、失能、残疾、高龄等老年人家庭的扶助力度。指导老年人家庭进行适老化改造。通过组织开展"好家风健康行"活动,弘扬尊老、爱老、敬老等优良传统,对于老年人健康促进有着积极的意义。而参与第二阶段行动启动的国家体育总局、全国总工会、全国妇联等机构,其自身职能中都涵盖服务老年人这一特定人群,结合老年人特点和各自部门优势开展"三减三健"宣传活动,对于促进老年人践行健康生活方式起到有益的社会支持和推动作用。

三、全民健康生活方式行动工作内容和形式

自全民健康生活方式行动启动以来,各地相继开展了轰轰烈烈的启动活动,到 2009 年底实现了省级全覆盖。各省成立省级行动领导小组和行动办公室,形成了国家 - 省 - 市 - 县的工作体系,在落实国家行动办工作建议的基础上,有针对性地开展本地健康生活方式指导与实践工作。

具体的工作内容包括宣传普及健康生活方式核心信息,更新老年人的健康理念,推动健康生活方式相关适宜技术措施应用,倡导健康小屋、健康步道等支持环境建设,多途径促进

老年人使用这些支持环境,以取得更大的健康收益。通过倡导和推动各级政府逐步出台支持性政策、策略及措施,进行示范推广。不断提高行动组织和执行队伍的能力和工作水平,培训生活方式指导员成为老年人身边的帮手,以帮助其改善生活方式。

行动根据内容不同,选择不同的形式,如利用电视、广播、报纸、期刊以及网络等传媒手段,营造健康传播的社会氛围;出版《跟我学吃动平衡》《健康生活方式核心信息》《健康生活 幸福相伴》等核心信息,不仅明确健康生活方式的具体内容,为中青年人步入老年社会提供健康基础,也提出了适合老年人的具体倡议,如"量力而行,适量运动""预防跌倒,提高老年人的生活质量"等健康理念。推出健康生活方式相关的简便易行的支持工具,控油壶、限盐勺、限盐罐、BMI转盘等,帮助群众采取健康生活方式,并始终倡导社会支持环境共建共享。

第二节　全民健康生活方式行动促进老年健康

一、老年人吃动平衡、"三减三健"理念建立

高盐、高糖、高脂等不健康饮食是引起肥胖、心脑血管疾病、糖尿病及其他代谢性疾病和肿瘤的危险因素。人体器官功能随着年龄的增长逐渐下降,老年期罹患多种慢性病,老年人口腔疾病发生的概率高于其它年龄段,又容易出现营养不良和贫血、不健康体重、骨质疏松和肌肉衰减等情况。因此积极主动在老年人中开展健康教育和预防保健工作,改善老年人的生活方式,从一日三餐中落实"减盐、减糖、减油"的健康饮食策略,保证合理饮食、规律饮食基础上,养成中等强度运动进而真正实现老年人的"三减三健"的生活方式,有利于提高老年人自我保健的能力,保持较好的社会功能。

2022年国家行动办公室编制并发布了"三减三健"核心信息,明确提出当下需要关注的健康影响因素。在普及相关知识的基础上,根据老年人自身的特点,2023年提出了老年人健康生活方式的核心信息。

"减盐"宣传核心信息

食盐又叫氯化钠,钠多容易升血压
学会使用限盐勺,一天5克不另加
家庭烹饪少放盐,清淡口味是最佳
调味品里多含钠,少用才把手艺夸
餐厅外卖需留意,点餐不忘要少盐
购买食品看标签,同类比较选低钠

"减油"宣传核心信息

少食油炸多蒸煮,清淡饮食益健康

限量油壶是把尺,知晓每天用油量
每日 25 克一人份,家庭用油控总量
炖焖凉拌油会少,荤素搭配营养好
超市购物比标签,智慧选择低脂肪
减少用油控体重,苗条身材少发胖

"减糖"宣传核心信息

添加糖致能量高,过量摄入增隐患
各类食物少加糖,预防龋齿和肥胖
每天不超五十克,低于一半是榜样
高糖食品要少吃,无糖不是无能量
含糖饮料尽少喝,白水淡茶益健康

"健康口腔"宣传核心信息

早晚两次正确刷牙,每次不少于 2 分钟,睡前刷牙更重要
定期口腔检查,每年至少洁牙(洗牙)一次
出生开始清洁口腔,尽早治疗乳牙疾病,保护恒牙健康
涂氟和窝沟封闭是安全有效的预防龋病的措施
使用牙线或牙间隙刷清洁牙缝
及时修复缺失牙齿

"健康体重"宣传核心信息

维持健康体重学《指南》,吃动平衡是关键
经常测量体重和腰围,自身变化早知道
计算体重指数(BMI),成人 $18.5 \leqslant BMI < 24.0$ 为正常
男性腰围不超 85cm,女性腰围不超 80cm,预防中心性肥胖
减重关键在减脂,科学控制体重,不盲目过度减重
儿童青少年预防肥胖可减少成年后多种慢性病风险

"健康骨骼"宣传核心信息

营养、运动、晒太阳,有利于促进或保持骨量
科学运动防损伤,爱护全身骨骼和关节,保持持续行动力
儿童青少年端正身姿和体态,少久坐多锻炼
40 岁以上人群应检测和了解自身骨密度,预防骨质疏松症
老年人应重视力量和平衡能力练习,预防跌倒防骨折

老年人"健康生活方式"宣传核心信息

1. 饮食多样,选择适合自己的食物,合理烹调,口味清淡,保证优质蛋白摄入,鼓励陪伴就餐。

2. 动则有益,保持适宜运动,增加户外活动。

3. 保持健康体重,减少骨量丢失,增加肌肉力量,提高平衡能力,延缓功能衰退。

4. 适应增龄性改变,老有所学、老有所为、老有所乐,维护家庭和谐,主动融入社会。

5. 戒烟限酒,维持口腔健康和视听功能。

6. 定期体检,不讳疾忌医、不过度就医,不盲从保健宣传,严格遵医嘱用药。

二、老年人健康支持性环境的利用

健康支持性环境是指有助于促进公众提高健康知识水平、掌握健康生活技巧、践行健康行为的各类环境。2013 年全民健康生活方式行动国家行动办发布了《全民健康生活方式行动健康支持性环境建设指导方案》,包括健康社区、健康单位、健康学校、健康食堂、健康餐厅 / 酒店、健康步道、健康小屋(健康加油站)、健康一条街和健康主题公园共 9 类。2019 年发布了《全民健康生活方式行动健康支持性环境建设指导方案(2019 年修订)》,健康支持性环境从 9 类增加到 12 类(新增健康超市、健康家庭、健康社团)。在目前已经建成的各类支持性环境中,健康社区是全国构建最多的支持环境。我国居家养老背景下,在社区内设立提供契合老年人特点的健康饮食的服务单位,如健康餐厅、健康食堂、老年饭堂,可以提供适合老年人的健康食物。在社区内建设健康步道,周边配备健康公园,甚至有些社区有体育健身设备,供老年人开展身体活动,还可以有计划地组织老年人进行广场舞、门球赛等活动,促进老年人运动。社区内的健康小屋,可以为老年人提供适宜健康检测,便于及时发现健康隐患,改进健康服务,更好地维护老年人健康。

虽然现行的健康支持性环境建设相关要求中,没有明确提出单独以老年人为目标的具体健康支持环境的具体内容。但共建共享是支持性环境建设的主旨,老年人也一直是全民健康生活方式行动中的重点人群,因此在所有的环境建设的原则中,都需要在一定程度上将老年人健康纳入考量。如,社区食堂和小饭桌,针对老年人的健康特点调整供餐内容,不仅是为老年人践行"三减"策略提供了场所,也成为老年人践行健康口腔、健康体重、健康骨骼的重要阵地。全国爱卫办开展的健康细胞建设内容中,针对健康小区建设方面提出有助于维护健康的具体要求,如加强环境保护,完善卫生设施,配备健康教育活动室、健康自助检测点,并有专兼职人员指导管理,备有血压计、血糖仪、身高体重计、腰围尺、壁挂 BMI 尺、膳食宝塔挂图等设施工具;道路和街巷要路面平整、普遍硬化;建有健康步道或健康小游园、室内外健身活动场所,免费向居民开放。老龄司所推广的适老化改造项目,明确提出了根据老年人的特点,消除或改进环境中存在的各类健康隐患,既促进老龄友好社会建设,又丰富了健康支持性环境实践内容。随着互联网、物联网技术应用,可穿戴设备的普及,越来越多的技术融入现有的支持性环境建设,具备了为老年人服务的各种潜能,凸显出支持性环境在老年健康促进中的应用。健康监测设备可以即时根据老年人的健康需要提供适宜信息,如适合老年人的运动锻炼的形式和运动量推荐,并实现线上社团打卡等,以提高老年人坚持运动的黏性,也奠定了老年人健康骨骼、健康体重的基础。

三、生活方式指导员对老年人的帮助

我国的老年人以居家养老为主,生活在不同的社区,所需的帮助或相关志愿者服务的具体内容有很多共性。而生活在社区的健康生活方式指导员,是经过全民健康生活方式行动的培训,可以为改善老年人生活状况提供最为直接的帮助。其主要功能如下。

(一)健康生活方式指导员为老年人提供更多的健康知识

随着社会进步,也伴随社会上新发传染病出现、传统的传染病死灰复燃,慢性病防控工作进展,与健康促进相关的核心信息不断产生,老年人不仅需要与时俱进,更新观念,而且更需要接受新技能的培训辅导。让老年人可以随时学习到相关的健康知识,接受技术培训,就需要由老年人熟悉和信任的"身边人"按照各地区的文化背景、风俗习惯、进行面对面的指导,健康生活方式指导员是承担这一具体任务最为合适的人选,根据当下健康的具体情况,为老年人讲授新知识,促进其不断更新理念;同时也对老年人主动利用身边的具体健康服务起到提醒、督促作用。在社区张贴海报、发放折页,甚至上门发放健康材料都是社区健康知识传递的重要手段,也是实现老有所为的重要形式;而老年人组建的微信群,组织老年人跳广场舞、与社区健康宣传活动有关的内容,都可以是生活方式指导员指导老年人践行健康生活方式的适宜内容。

(二)健康生活方式指导员为老年人提供合理膳食指导

老年工作最终目标是改善老年人的身体功能、保有较好的生活质量,促进老年人参与更多的社会活动。老年人普遍多病共存,"食养"在维持老年健康上有很大的积极功效。推荐老年人选择富含膳食纤维、维生素和矿物质的食物,如全谷物、蔬菜、水果等,同时适量摄入优质蛋白质和健康脂肪,通过合理的饮食搭配、烹调方式,在适量进食的基础上,实现平均每天摄入 12 种以上食物,每周摄入 25 种以上食物,并坚持规律饮食,享受健康的生活,发挥食疗的健康效应。生活方式指导员面对面地指导老年人,为老年人提供食谱组成、食物的选择方式、食物的烹调技能等知识,倡导社区开展相关活动来进一步促进膳食相关知识、技能的普及应用。

(三)健康生活方式指导员为老年人提供身体活动指导

体育锻炼/身体活动可以帮助老年人提高身体的机能和免疫力,缓解身体和心理上的不适,保持身体健康,提高生活质量。具备体育相关技能的生活方式指导员在组织老年人运动时,不仅可以有计划地督促老年人坚持进行运动,提高其运动技能,保证身体活动的及时性及规律性,也可以评估各位老人运动的风险与收益,促进运动安全有效进行;预防或延缓老年人的慢性病,如高血压、糖尿病、骨质疏松等。同时可以采取措施,有效降低风险。如指

导员不仅可以指导、组织老年人进行慢跑、瑜伽、游泳、骑自行车,打太极拳等运动,也可以根据了解到的老年人的身体状况、进行锻炼前医生的意见,评估得出老年人适合的运动形式,提出适宜的运动方式:提醒老年人避免在空腹或饱餐后立即运动、在运动前 30min 至 1h 内适当摄入少量易消化的食物,如水果、酸奶等。选择身体感觉最舒适的时间段进行运动,早晨可以帮助提高身体代谢率,有助于保持锻炼的强度和规律。提醒老年人在进行锻炼前应该进行适当的热身活动,选择适当的运动强度和方式:如出现胸闷、气促、头晕、恶心、心悸等不适症状,应该立即停止运动,休息片刻或就医处理。老年人单独外出锻炼,尽量有人陪同,避免发生意外。

(四)健康生活方式指导员为老年人提供心理辅导

老年人的心理健康水平,是老年人生活质量和生命质量的重要表现。影响老年人的心理健康的因素有生理因素、环境因素、生活因素、文化因素等。

随着年龄增加,各类生理功能减退,老年人会出现感知觉衰退、记忆力下降、思维能力下降、反应速迟缓等影响生活的现象。而随着老年人进入退休状态,社会角色也发生变化,生活秩序和生活模式发生重大改变,也有可能出现一些不适应现象,如性格变化,不安全感,担心得病,孤独感,对新事物接受程度差,行为拘泥、刻板,观念保守,对生活中不理解的事情发牢骚现象增多,总爱回忆起往事,对死亡来临的恐惧,等等。由具有心理专业知识和技能的志愿者担任生活方式指导,可以发挥专业优势,主动去关心、帮助这些老年人调整和适应生理、心理改变,尽力帮助这些老年人正确认识衰老,以积极的心态适应生活的变化,遵循"顺其自然"的生活原则,及时排解不良情绪,理性控制自己的情绪。此外健康生活方式指导员可以推荐适合老年人参加适宜的群体锻炼方式,如多去户外运动,多和同年龄段的老年人沟通,建立新的社会交往关系,提醒老年人主动参与兴趣活动,打开心扉。健康生活方式指导员在与老年人的交流中,也有助于及时发现老年人过度反常的行为细节,及时送医就诊。通过持续性日常生活照料,对老年人的生理和心理状况产生积极影响,如:有效的心理支持能够有效缓冲压力性事件对生活质量的不良影响,改善负面情绪;网络互动式的健康教育能够对高血压患者的血压控制产生积极作用,从而将志愿精神充分在老年领域发扬光大。

(五)生活方式指导员为老年人提供的其他服务

老年人生活一方面是取决于老年人自我健康水平和健康需求,另外一方面也取决于老年人的实际生活中所能获得的社区服务,及按照老年人的需求提供的保障。从日常生活中的衣食住行的基本服务,到疾病状态下的及时就诊服务,再到康复状态中的康复护理及安宁疗护,都涉及专业的技术和服务。除了上述提及的营养、运动、心理服务外,助餐与助浴、就医、居家护理、法律咨询与援助、文化与娱乐活动、帮助老年人学习和使用智能设备、代际交流项目等都可以由具备相关专业技能的生活方式指导员来协助完成,可以帮助老年人更好地融入社会,更好地满足老年人在物质和精神上的需求,以便更好地享受积极健康的老年生活。

第三节　项目成效与启示

一、项目成效

（一）促进老年健康相关知识普及

全民健康生活方式行动构建了良好的健康传播体系，通过各种宣传渠道进行知识传播，基本建立了日常宣传和宣传月重点宣传相结合，传统媒体和新媒体相结合的健康传播网络，有效地促进老年人健康素养提升，更是为社会提供了一个老年健康知识传播的网络。为社会各界开展合作、老年知识的传播，提供了专业渠道、专业人员和技能。

（二）提供了老年人健康服务功能落地的具体路径与实施

全民健康生活方式行动，始终以老年人作为重点人群，积极开展健康促进工作。这包括传播健康知识、配备专业指导员服务、构建支持性健康环境及建设完善的工作体系。此外，还致力于适宜技术的研发推广与标准制定，全方位满足老年人健康需求，这些措施为各部门开展老年健康促进服务提供了具体的内容。例如老年人口腔健康是影响其健康水平的重要因素，黑龙江省哈尔滨市在为老年人开展健康服务的过程中，明确为老年人提供口腔服务的措施，通过多部门合作，联系 110 个社区居委会落实"口腔医生进家庭"系列活动，让"口腔改善服务"落地生效，并引发更多人关注老年口腔问题。在从知识宣教到老年人行为改变的具体过程中，涉及的服务类型众多，需要社会各界更多关注老年人的需求、存在的健康问题，真正促进健康生活方式普及，以协助老年人理解"每个人都是自己第一责任人"的内涵，并将其落实在日常行动。

（三）实现了健康支持性环境的有效利用

健康支持性环境建设的根本目的是促进人民健康生活方式的养成，即提供健康服务的具体支持。在现行的健康支持性环境中，按照使用功能分为提供健康检测的健康小屋，提供健康饮食的健康食堂、健康餐厅和健康超市，提供健康运动环境，如健康步道、健康公园及根据各类人群特点建设的环境（如健康家庭、健康社区、健康学校、健康社团、健康单位和健康街区）。这些具备不同功能的环境，都是基于各项服务的类型或是应用各项服务的具体人群特点而建设的，健康检测环境、健康饮食环境、健康运动环境，只有与各类人群需求有效结合，才能真正实现覆盖各类人群并及时提供服务。重庆市江北区结合辖区慢性病患者情况和老年人的实际需求，率先在明珠社区探索打造"政府牵头＋社区参与＋企业助力"的重庆市首家数字健康食堂，结合个人健康档案推荐个性化的菜谱，实现对老年人及慢病患者等群体科学营养膳食和健康饮食宣教和引导。这个案例表明老年人所需的各类服务不仅可以在社区充分体现，还可以从各自家庭向外延伸，将主观需求和客观服务有效结合，实现各类服务有效衔接，方可为老年人利用好身边的支持环境奠定基础。

二、项目启示

（一）不断加大推动全民健康生活方式行动实施力度，使其成为促进老年健康相关知识普及，老年人健康素养提升更有效的措施

人口老龄化导致家庭的支出构成发生改变，养老顾问、老年人看护人等服务需求及医疗需求增多，医疗资源紧缺问题出现。智慧养老需求变得更加迫切，如智能养老床、智能助行器、智能健康检测等。教育体系也需要不断改进和完善，比如老年人的终身学习和培训，帮助老年人适应老年带来的新问题、新挑战，同时需要个性化的教育方式促进老年健康相关知识普及，利用新型技术和设备推广智能化教育模式，促进社区服务设施完善、智慧社区完善等。进一步推动全民健康生活方式行动在老年人群众的推广应用，加大力度构建和完善老年健康知识和技能体系，拓展适合老年人群的科普宣传渠道，提升老年人对健康生活方式认知，加强对于老年人相关技能的培养，从而真正提升老年人健康素养，养成健康生活方式。

（二）利用全民健康生活方式行动现有宣传基础，以共建共享为目标，打造新型适老的健康传播模式及健康支持性环境建设

全民健康生活方式行动一直致力于健康生活方式传播，构建了一整套传播的模式和具体的传播服务。由于老年人具有自己独特的需求和相应的服务体系，在健康老龄化、积极老龄化背景下需要与现行的政策和措施服务、当地人文习惯和传统风俗相匹配，也需要结合老年人的需求，进行有针对性的适老化改造。这些环境改造要注重健康促进功能的有效利用，构建适老化的支持性环境，不仅要做好技术方案的完善、实施及落地，更要保证措施的可持续性，真正实现共享。

（三）志愿服务是全民健康生活方式的重要精神，理应成为助力老年人享有健康、高质量生活的措施之一

"人人为我，我为人人"的志愿服务精神也是全民健康生活方式行动推广的重要基础，"老有所为"是我国老年工作方针，是健康老龄化的体现，也是发挥老年人的专业技能优势，实现生产性老龄化的重要内容。这两者有效结合，社区可探索招募知识和技能丰富、积极性高的老年人群参与志愿服务，为其提供继续发光发热的机会，也为完善对老年人群的健康服务提供了具体的服务模式，不仅实现了志愿服务参与人群的多元化扩展、服务形式的创新丰富，还对志愿服务内涵进行了进一步的提升。这一举措正逐步成为应对老龄化社会挑战的专业化路径之一。

实施综合性的健康促进干预策略与措施，促使老年人采纳并坚持健康的生活方式，对于实现健康老龄化具有重要意义。

（石文惠　杨一兵　王静雷）

参考文献

［1］聂永梅.健康教育在社区老年人慢病管理中的作用及对策分析［J］.科学咨询（科技·管理），2021,22（3）:51-52.

［2］欧阳一非,张兵.改善生活方式,促进老年人健康［J］.环境与职业医学,2019,36（12）:1091-1093.

［3］侯清华,韩娟.人口老龄化现状、衰老研究进展及食物营养支撑作用［J］.中国食物与营养,2021,27（2）:61-67.

［4］凌文华.膳食模式与慢性病防治［J］.中华预防医学杂志,2018,52（3）:217-220.

［5］王静雷,马吉祥,杨一兵,等.全民健康生活方式行动健康生活方式指导员工作现状分析［J］.中国慢性病预防与控制,2019,27（10）:736-739.

［6］杨一兵,王静雷,石文惠,等.2013-2018年全民健康生活方式行动健康支持性环境建设趋势分析［J］.中国慢性病预防与控制,2019,27（10）:732-735.

［7］王静雷,马吉祥,杨一兵,等.全民健康生活方式行动工作现况分析［J］.中国慢性病预防与控制,2019,27（10）:724-727,731.

［8］WANG X,LIU M,LI Y,et al. Community canteen services for the rural elderly:determining impacts on general mental health,nutritional status,satisfaction with life,and social capital［J］. BMC Public Health,2020,20（1）:230.

［9］CAPURSO A,CAPURSO C. The Mediterranean way:why elderly people should eat wholewheat sourdough bread:a little known component of the Mediterranean diet and healthy food for elderly adults［J］. Aging Clin Exp Res,2020,32（1）:1-5.

［10］LV J,YU C,GUO Y,et al. Adherence to healthy lifestyle and cardiovascular diseases in the Chinese population［J］. J Am Coll Cardiol,2017,69（9）:1116-1125.

［11］LV J,YU C,GUO Y,et al. Adherence to a healthy lifestyle and the risk of type 2 diabetes in Chinese adults［J］. Int J Epidemiol,2017,46（5）:1410-1420.

第十六章
慢性病综合防控示范区

第一节　慢性病综合防控示范区介绍

一、示范区的背景和工作目标

（一）背景

慢性非传染性疾病（简称"慢性病"）已成为我国居民的主要死亡原因，慢性病导致的疾病负担不断加重。世界卫生组织提出了防治慢性病的综合策略，2011年9月，联合国召开第二次卫生领域高级别会议，通过了《预防和控制非传染性疾病问题大会高级别会议的政治宣言》（A/RES/66/2），强调各国政府在慢性病防控工作中要承担首要责任，社会所有部门都应当为此做出努力。1997年起卫生部疾控局在国内不同经济发展水平的地区建立了32个慢性非传染性疾病社区综合防治示范点，积极探索适合我国国情的慢性病防治的运行机制、与社区卫生服务和初级卫生保健的关系、符合成本-效益的干预措施等。2009年中共中央、国务院下发《中共中央 国务院关于深化医药卫生体制改革的意见》（中发〔2009〕6号），要求加强我国慢性病预防控制工作。2010年，卫生部启动了国家慢性病综合防控示范区（简称"示范区"）建设，覆盖了全国31个省（自治区、直辖市）和新疆生产建设兵团，旨在通过慢性病综合防控示范区的建设形成示范和带动效应，进而推动全国慢性病预防控制工作的深入开展。

（二）工作目标

坚持以人民健康为中心，强化政府责任，创造和维护健康的社会环境，培育适合不同地区特点的慢性病综合防控模式，总结推广经验，引领带动全国慢性病综合防控工作，降低因慢性病造成的过早死亡，有效控制慢性疾病负担增长，推进健康中国建设。

到2015年，国家级慢性病综合防控示范区覆盖全国10%以上县（市、区），全国所有省（自治区、直辖市）和东部省份50%以上地级市均建有国家级慢性病综合防控示范区，到2020年示范区全国覆盖率15%，到2025年达20%的目标。

二、示范区的发展历程

示范区的建设顺应了时代对人民群众关于健康生活与慢性病防控的需求,配合中央整体工作部署,按不同阶段目标逐步推进。

(一)准备与启动阶段(2009—2010年)

1. 成立国家慢性病综合防控示范区工作办公室。
2. 出台示范区工作指导方案,正式启动示范区建设。
3. 起草示范区建设技术性文件,规范示范区建设工作。

(二)试点与探索阶段(2010—2011年)

1. 引导各省进行首批示范区申报。
2. 组织专家进行材料审核。
3. 行政领导带队进入现场评审。
4. 综合评审。
5. 命名与总结。

(三)巩固与发展阶段(2012—2014年)

1. 完善考评内容和工作流程。
2. 开展两级培训。
3. 第二批和第三批示范区建设。

(四)调整与提升,助力健康中国建设阶段(2015—2020年)

1. 及时调整示范创建的内容和指标。
2. 创建注重实效,促进多方受益。
3. 发展示范区评审技术。
4. 开展第三方示范区效果评价。
5. 开展第四、五批新建设,开展第一、二批复审。
6. 出版慢性病综合防控案例集(第一集)。
7. 建设示范区支持推广平台。

(五)高质量发展助力健康中国阶段(2020年至今)

1. 对标健康中国行动,修订示范区建设指标体系。
2. 完成第三批示范区复审。
3. 编撰出版示范区案例集(第二集)与党建引领案例集。
4. 推动示范区数字化建设。

三、示范区指标体系

示范区指标体系中,第六部分慢性病全程管理有老年健康相关指标、老年人健康体检和医养结合相关指标。

65 岁及以上老年人健康体检率 ≥ 90%,2 分;80%～90%,1 分;80% 以下 0 分。

促进慢性病全程防治管理服务与社区居家养老和机构养老服务融合。

(1)辖区内每个街道(乡镇除外)均设有为居家养老的半失能老年人提供日间托养服务的社区老年人日间照料中心,1 分;其余 0 分。

(2)以不同形式为入住老年人提供医疗卫生服务的养老机构比例达到 100%,1 分;其余 0 分。

(3)设置老年医学科的二级及以上综合性医院比例达到 70%,得 1 分;50%～70%,得 0.5 分;50% 以下 0 分。

示范区指标体系中还有高血压、糖尿病的管理指标,慢性病自我管理指标,家庭医生签约等指标,均与老年人健康密切相关。

第二节　慢性病综合防控示范区老年健康促进案例

一、深圳市南山区案例

(一)基本情况

深圳市南山区是"经济强区""高新技术密集区",人口达到 179.6 万,60 岁及以上人口占 7.23%,65 岁及以上人口占 4.65%。慢性病威胁着老年人的健康,大部分老年人都罹患一种或一种以上的慢性病,每一个有老年人的家庭都会享受到慢性病防控优惠政策。

(二)主要做法

1. 群众点菜,政府买单,以民生项目践行"将健康融入所有政策"　为了更好地问需于民、问计于民,南山区于 2015 年起,立足社区居民需求,改变以往由政府"一竿子插到底"的大包大揽式做法,以"群众点菜、政府买单"的方式,充分调动区内各企事业单位、社会组织、高校院所、团队及个人积极参与,每年向社会各界广泛征集,与政府部门财政预算结合,按照"先急后缓""先重点后一般"的原则,对前期建议进行吸收、提炼,形成民生实事备选项目,在区人民政府网站进行网络票选,按投票结果予以实施,让民生实事政策真正落地惠民。2015 年,慢性病高危人群健康教育与健康促进项目入选民生实事。2017 年,大肠癌筛查、脑卒中重点高危人群筛查、老年人"五免二优"服务成为健康普惠项目。2018 年,卫生健康类项目引起全区百姓高度关注,在 20 项政府民生实事中涉及 5 项,"以点带面建设健康社区""社区开展健康教育讲座 200 场"等成功入围。所有成员单位有关慢性病综合防控的工作全部纳入各自部门预算,全面实施。2019年,文体场馆、自行车道建设等由文体、交通部门承担的职责全部纳入政府民生实事重点督查;街道办事处试点社区成立"健康社区建设工作委员会",社区党群服务中心协同开展社区卫生健康工作。

2. 纳入政府绩效考核,以建立科学绩效考核评价体系督促落实　南山区不断完善"政府主导,部门协作"机制,建设成员单位由2012年的24个扩大至43个,几乎囊括全区所有部委办局,并有计划地开展民生工作监督。自2016年起,慢性病示范区建设列入政府重点工作责任清单,区政府督查室按常规督查事项分季度督办落实,从"政府部门行政业绩"和"街道办事处行政执行"两个维度进行考核,考核成绩与绩效奖金挂钩。2018年《深圳市南山区绩效管理委员会关于印发南山区2018年绩效管理工作实施方案的通知》(深南绩委〔2018〕1号),将"国家慢性病综合防控示范区建设"纳入政府绩效考核,占区人大、政协和党群部门、政府部门、街道办年度考核权重为5%。由区绩效管理委员会制定慢性病示范区绩效考核指标体系、考评标准及操作规程。区绩效管理委员会从基本建设、运作机制、工作业绩三个维度10大项50小项指标分三类单位进行综合评估。指定区卫生计生局为数据采集责任单位,按分工不同将成员单位分为三类单位进行年度绩效评估。基础分按建设任务完成率得分,建设任务完成率低于50%或弄虚作假造成负面影响的,该考核指标不得分;对提供特色案例获得嘉奖或有成功经验被推广应用的单位予以加分奖励。区绩效管理委员会按照绩效评估指标体系和考核标准对成员单位进行考核,并向区委区政府汇报考核结果。至此,南山区慢性病防控工作列入政府绩效考核走向常态化道路。

3. 完善机制,理顺流程,以联合督导促成多部门工作常态化　南山区政府督查室启动多部门联合督导机制,一年两次,由政府发令,各部门参与,委托区卫生健康局牵头实施。按照"民生为先、一事一督、精准干预"的原则,遵循"规划—实施—考核—通报"流程,遴选文体、教育、城管、卫生健康、市场监管、民政、医保等多个部门专家,组成示范区建设技术联合小组,负责对各专项工作方案的制定、组织、实施、评价等提供技术支持和决策咨询。通过重点部门走访座谈、查阅资料、现场办公等形式,针对信息沟通共享、激励问责、质量控制3个基本运行机制进行督导,督导结果以通报形式报送政府督查室,并发送所有成员单位。此外,在年中和年底举办政府单位"一把手"述职活动,面向人大代表和政协委员汇报重点工作和民生实事落实情况。2018年,《关于以拼经济的劲头打造南山健康高地的建议》被列为南山区政协重点提案,由区长领衔督办,逐条落实"构建并推行南山健康指数""打造无缝隙医疗健康服务体系""完善学校校医管理服务机制,健康南山从娃娃抓起""成立人才健康服务中心吸引和留住人才"四条建议,推进疾病治疗向健康管理转变,提案办理结果全票获代表"满意"评价。

4. 代表履职,百姓质询,以转变作风回应党情民意　慢性病防控是实实在在的民生工作,关系着老百姓的健康获得感。南山区不断推进人大、政协工作实践创新,充分发挥"三代表一委员"的监督作用,就慢性病综合防控相关工作走访干群,入户访谈,开展调查研究,听取居民意见,力求将慢性病防控工作做到让老百姓满意。同时,成立了130人社会兼职督察员队伍,并对企业代表予以备案,通过书记信箱、网络建言等多种途径接受群众检验。每年年中,南山区公开召集40名代表和委员,开展半年工作推进会,各示范区建设主要部门负责人接受代表现场质询。

(三)特色经验

随着社会的进步,百姓对健康的关注和需求越来越高,意味着政府必须更多地倾听百姓心声,脚踏实地,才能实现群众满意度的提升。南山区政府通过"群众点菜、政府买单",将民生实事的决定权交到老百姓手里,政府将健康融于万策,纳入政府绩效考核,并建立科学的慢性病综合防控绩效考核评价指标体系,落实督查制度,答好了百姓的健康问卷。

(四)主要成效

1. 建立政府主导的慢性病防控绩效考核评价指标体系　慢性病综合防控纳入政府绩效考核后,区绩效管理委员会建立了科学的慢性病示范区绩效考核指标体系、考评标准及操作规程,对三类单位进行绩效考核,真正实现了示范区政府绩效考核常态化。

2. 初步形成将健康融入所有政策的格局　以"网络建言""民意征集""网络投票"等形式将慢性病防控逐步纳入民生工程,制定了"以点带面建设健康社区""慢性病高危人群健康教育与健康促进""公共体育场馆开放与补助办法""大肠癌、脑卒中筛查""长者助餐服务办法"等健康政策。并通过政府绩效考核加分项督促政府各部门、街道出台健康政策或规定。2019年,南山区委区政府正式印发《"健康南山行动计划"实施方案》,明确将"健康融入万策,健全支撑与保障制度"作为主导内容,初步形成健康融于所有政策的格局。

3. 不断创新,建立"政府主导、代表述职、百姓质询"的督查工作模式　南山区除政府督查室建立常规政府督查机制外,在实践中,不断创新督查方式,充分发挥"三代表一委员"的监督作用,对慢性病综合防控工作进行督查,并将督查结果以"代表述职,百姓质询"形式进行反馈,创新慢性病督查工作模式。

二、北京市丰台区案例

(一)基本情况

丰台区是首都北京的主城区之一,近5年来,辖区全人群前十位死因顺位为:恶性肿瘤、心脏病、脑血管病、呼吸系统疾病、内分泌疾病、营养和代谢疾病、损伤中毒、消化系统疾病、神经系统疾病、传染病和精神障碍。根据2011年丰台区社区诊断报告的结果,2011年全区65岁以上户籍老年人占总人口的比例从2007年的15%上升到了2011年的16.3%,老龄化呈缓慢发展态势。全区人口高血压、糖尿病、血脂异常、脑卒中四类重点慢性病总体患病率达到63.0%,慢性病防控的需求紧迫。

丰台区有二级及以上医疗机构15家,社区卫生服务中心23家,其中直属中心14家,医疗资源相对紧张。由于对基层诊疗能力不信任,老百姓看病都往大医院跑,跨区看病的也不在少数。但大医院里人满为患,患者与医生之间没有黏性,患者依从性也比较差。而想要解决慢性病患者"看病难""依从性差"的问题,就要落实分级诊疗,强化基层医疗机构在慢性病防控体系中的作用。

（二）主要做法

想要让社区慢性病患者愿意回到家门口的医疗机构看病,必须提高社区医务人员的管理效率、诊疗水平和积极性。而依靠当前的医疗资源,很难满足社区慢性病患者健康管理的需求。因此,转变医患服务模式、用信息化技术武装社区医疗机构,让"智慧"先行,是一条值得尝试的道路。

1. 改变传统"诊室医患模式",升级"智慧"医患服务　在 2011 年,北京市首次试点推行"家庭医生"的契机下,以丰台区方庄社区卫生服务中心为代表的基层医疗机构,将原来的医、护分离的工作模式转变为一个全科医生和一个护士组建成一个家医团队的工作模式。一个团队负责 800～1 000 名签约居民连续性健康管理。在预约就诊和分诊阶段,系统将患者优先分配给自己的签约医生,引导居民接受固定的家庭医生服务。在候诊时,签约护士指导患者使用院内健康小屋自测设备,完成健康信息采集,数据联通医生工作站,提高就诊效率。在诊疗结束后,护士还可根据签约居民病情和预警监测情况实时随访,保证诊疗效果。

2. 充分借助信息化技术手段,为社区慢性病管理插上翅膀　一是"智慧"诊疗,提升基层医务人员慢性病诊疗水平。在社区卫生服务中心的医生工作站中嵌入临床辅助决策支持系统,帮助社区医生更好地分析患者的信息,做出更恰当的诊疗决策,避免误诊和漏诊的发生。诊疗系统还可以提供图文并茂的健康教育,便于为患者开具健康生活方式处方。在嵌入了合理用药系统后,社区医生可以更加正确地筛选药物和确定医嘱,及时发现用药的潜在风险,通过提醒和警示,降低用药的风险。

二是"智慧"档案"会说话",让医患双方都对健康信息了如指掌。将健康档案网格化定位到楼门户,让家庭医生对签约的慢性病患者进行准确定位,以家庭为单位,为患者提供所需的健康干预、养老、急救等服务。通过"身边医生"服务平台,家医团队可以通过手机统筹管理自己签约的所有慢性病患者,关注重点人群,推送个性化健康指导信息等。患者可以通过手机 App 掌握自己的健康信息、化验诊疗信息、慢性病管理规划,并与签约的家庭医生进行实时交流。联合互联网和有线电视高清交互网络,让年龄较大的患者可以通过有线电视交互网络查阅自己的健康诊疗信息,为自我健康管理打下基础。将慢性病管理相关专家共识作为知识库嵌入档案系统中,实时对健康档案和诊疗信息进行监测评价,发现异常情况时,档案可以自动双向预警,让家庭医生和患者及时了解健康状况,避免延误病情。

三是"智慧"回访,批量规范化外呼,让工作人员从手工拨号工作中解放出来。"家医回访中心"依托信息化技术手段,将签约居民分为健康人群、高危人群、慢性病患者,对回访对象进行一键拨号,批量外呼,内容包括核实健康档案信息、健康生活方式宣教、按时服药提醒、满意度调查等。回访系统分为录入和使用两个步骤:首先将签约患者信息及当日门诊日志导入系统,由系统自动识别,显示当日就诊的签约患者详细信息,然后工作人员在电脑端实行一键拨号,由系统自动弹出回访信息,在电话回访的同时录入和保存回访信息。人工智能的回访方式取代了以往回访工作人员手工查找号码、固定电话拨号、手工记录等过程,可以快速有效地对签约患者进行便捷回访。

部分信息化程度较高的社区医疗机构能在此基础上实现自动回访。如马家堡社区卫生服务中心,当患者的健康信息指标中具备两个以上心血管危险因素,智能语音回访系统即被触发,提醒患者注意自己的健康状况,调整用药方案,并督促患者与签约医生取得联系,以减少或延缓并发症的发生。

另外,回访系统对回访工作的音频资料和文字资料存档,以便后续查阅和统计。而在管理部门的端口,回访中心则具有按要求筛选回访对象、自动拨号、录音回访、回访结果统计分析的功能,因此也提高了监管的效率。

3. "智慧"转诊,实现"小病"就地治,"大病"能上转 在医联体的基础上,基层社区医院与专科医院之间建立转诊云平台和绿色转诊通道。两者共享居民的健康档案和诊疗信息,全科医生与专科医生协作,为疑难病、危重病患者快速、精准转介。将北京市医联体的预约挂号平台植入医生工作站,全市 147 家二、三级医疗机构的号源向全科医生开放。医生根据病情,帮助患者在最短的时间内找到合适的医院、科室。同时,在天坛医院等优势技术医院设立社区智慧家医工作室,形成三级医院与社区医疗机构的连续诊疗,工作室遴选 26 名直属社区医疗机构的全科医生,为签约患者提供转诊预约、门诊诊疗、住院诊疗、院后康复等服务。工作室启动后仅仅 2 个月的时间,预约转诊患者 162 人次。

4. "智慧"绩效,调动医务人员参与慢性病管理的积极性 建立家庭医生服务管理平台,通过实时监测统计家庭医生服务的工作数量和管控服务质量,实现按劳按质取酬,提高基层医疗机构开展慢性病患者管理的积极性。首先,建立家庭医生签约服务补偿机制。财政按照重点人群 80 元/(人·年)、普通人群 20 元/(人·年)标准予以补偿,补偿款落实到家庭医生团队。其次,落实激励机制。实施"一增一奖一补一保障"政策。一增是指按照"两个允许"要求,基层医疗卫生机构可将年度收支结余在考核后用于人员分配,纳入绩效工资总量;一奖是指家庭医生签约服务费 70% 用于奖励家庭医生团队,不纳入绩效工资总额;一补是指基层医务人员建立岗位补贴;一保障是指依据考核结果,为家庭医生团队中的优秀成员,提供符合相关标准的保障住房。在编制、人员聘用、职称晋升、在职培训、评奖评优等方面重点向家庭医生团队成员倾斜,将特殊优秀人员纳入人才引进优惠政策范围,全面增强基层卫生岗位人员职业荣誉感,增强基层医务工作者的职业吸引力。

(三)特色经验

1. 管好慢性病,"强基层"是切入点 要想真正把高血压、糖尿病等常见的慢性病管起来,仅仅依靠二级以上医院还远远不够。丰台区以"强基层"为切入点,一是提升社区医疗机构的慢性病管理水平和工作效率;二是打通一、二、三级医院间慢性病转诊通道,使得医生全面、连贯地掌握患者的情况,大大增加了医患黏性和依从性。

2. 社区医疗机构能力的提升,靠的是"智慧" 一是信息化技术带来的"智慧化",让社区慢性病管理插上翅膀。临床诊疗决策支持系统、慢性病规范管理和合理用药模块,提高家庭医生疾病管理的规范性和能力;健康档案的预警模块,扩展家庭医生对于社区患者慢性病管理的宽度和深度;人工智能语音回访系统,提高了家庭医生回访的工作效率。二是资源整合、上下协同带来的"智慧化",让社区慢性病管理连贯起来。不同级别间医疗机构的通畅转诊、诊疗前的预约和诊疗后的随访、提醒,真正让患者得到一体化、连续的健康服务。

（四）主要成效

1. 以点带面，逐层推广"智慧家医"　2017 年，在方庄社区卫生服务中心的基础上，丰台区在政府主办的 14 家社区卫生服务中心推行"智慧家医"模式。2018 年 4 月，北京市卫生健康委发布文件将该模式向全市社区卫生服务机构推广。2019 年"推广智慧家医服务，提高基层医疗服务能力和水平"被写入北京市政府工作报告。

2. "智慧家医"模式在社区慢性病防控中成效凸显　一是服务获认可，社区医疗机构门诊量明显增加。社区医疗机构的门诊量增量由 2017 年的 29%，增长至 2019 年的 38%。二是管理效率提高，节约人力成本。以规范化慢性病管理为例，工作用时由平均 61min 下降至 22min。据测算，每管理慢性病患者 1 万人，节约人力成本 4.57 人，按人力资源成本 18 万 / 人年计算，每年节约财政资金约 82.26 万元。

3. 依从性得到改善，提高高血压和糖尿病的控制率　高血压和糖尿病的控制率分别从 2017 年的 47.73% 和 55.18%，提高到了 2019 年的 69.21% 和 73.05%。

三、上海市奉贤区案例

（一）基本情况

2016 年，上海市奉贤区 60 周岁及以上老年人已达 15.28 万，占户籍总人口的 28.9%，其中一半以上的老人生活在农村地区。受传统观念和经济条件影响，农村老人选择去养老机构的不多，更多的人选择居家养老。农村空巢老人和独居老人越来越多，对居家养老服务的需求逐渐增加。

为了破解农村留守老人及独居老人的居家养老问题，奉贤区民政局于 2014 年，在四团镇三坎村先行试点"睦邻点"居家养老服务项目，租用宅基地房设睦邻点，具备"吃饭的饭堂、聊天的客堂、学习的学堂、议事的厅堂"四种功能，简称为"四堂间"，附近的老年村民可到四堂间用餐、看电视节目、聊天、看书等。2015 年区民政局制定文件鼓励各村根据自身实际情况设"睦邻点"，并确定了"四堂间"硬件标准以及配套的保障制度。

（二）具体做法

1. 政府倡导，多方聚力，搭建"四堂间"社区居家养老平台　"四堂间"建设标准包括，建筑面积在 $60\sim100m^2$，配备厨房、客堂、餐间、卫生间和必要的设施设备，有一定的室外活动场所。通常租用农村闲置的宅基房，适当改造而成。2016 年建设起始，"四堂间"一次性装修费用和运营费用由政府、村委会、爱心企业三方承担。2018 年起，将农村宅基睦邻"四堂间"建设纳入区乡村振兴战略，出台文件，建立长期发展保障机制。按照标准要求创建并通过验收的"四堂间"，每个点位给予创建补贴 5 万元。按照标准要求运营并通过考核的"四堂间"，每个点位给予每年 5 万元的运营补贴（其中 4 万元作为运营补贴经费，1 万元作为星级达标奖励经费），主要用于厨师工资和餐费补贴。资金来源渠道，原则上按照区、镇财政 3∶2 配套。同时，积极争取各类社会基金、爱心企业等慈善、公益资金的支持。将大力发展宅基睦邻"四堂间"纳入第三批中央财政支持开展居家和社区养老服务改革试点项目,2018年至2020年,支持"四堂间"运营管理经费不少于300万。

2. 政策扶持,吸引四方资源 区镇两级政府积极招募专业机构、公益组织以及各类社会服务资源,为睦邻点提供文化、体育、保健等教学娱乐活动,实现老有所学。属地社区卫生服务中心推进基于睦邻"四堂间"网点的家庭医生团队服务机制建设,安排家庭医生及团队定期到"四堂间"巡访,随访慢性病患者,提供长期处方等便利就医措施,为卒中、肿瘤等患者提供适宜的社区康复、居家疗护等医疗服务。充分利用"四堂间"的场地和设施资源,建立老年人的健康小课堂机制,配置科普视频、举办健康养生小课堂,教授适宜老年人的健康养生操等,老年人适宜运动干预和中医养生等慢性病适宜技术服务广泛覆盖到全区"四堂间"。多部门协同推进"四堂间"堂主、厨师等工作人员和志愿者的培训项目以及综合评估,指导"四堂间"提升管理水平,保证老年人在日常的堂间生活中,作息规律,运动适宜,膳食合理,心情舒畅,被照护到位等。

3. 参政议政,发挥老年人优势 村委会利用"四堂间"阵地,组织和引导老人们参与村民小组的急重难点问题,参与村规民约制定,征求社会治理意见等。发挥老年人余热,让老年人参与调节村民、家庭间矛盾,更多体现老年人社会价值。

4. 统筹资源,发挥各部门技术优势 "四堂间"设置标准化厨房、餐间、设施设备,厨房设施报辖区食品卫生监督部门备案,工作人员持健康证上岗。社区卫生服务中心医生定期指导合理膳食、营养配餐、减盐控油等工作。2017年起,区民政局以政府购买服务方式,招募上海新途社区健康促进社等社会组织承担"四堂间"的专业化运营管理。2018年初,该组织招募管理人员担当"四堂间"的堂长、堂主、大使等,引进健康设施、医疗服务、孝贤文化等。区民政局则统一委托第三方评估机构对新增睦邻"四堂间"开展达标验收,对已建成的睦邻"四堂间"进行评估和星级评定。

5. 定期交流,各显风采 2019年开展了首届"四堂间"睦邻节,更是让不同镇、不同村的堂主和老人们有了会聚一堂的机会。各个"四堂间"纷纷拿出自家的拿手好戏,平时练习表演的节目一一登台亮相。从村里的小舞台,走向区里的大舞台,老人们既紧张又兴奋。台上,韵味十足的国乐演奏《江南丝竹》、妙趣横生的《凳之舞》,还有奉贤传统滚灯表演,赢得了台下阵阵喝彩。

(三)特色经验

人口老龄化是当代世界人口发展的趋势,老年人是慢性病管理的重点人群。结合农村老年人居家养老需求的实际,民政、卫生等相关部门协作,在"政府牵头、社会赞助、村委负责、老年自愿"的机制和属地化原则下,睦邻"四堂间"为本宅基(村民小组)独居、高龄、困难等老年人提供就近养老服务。为老年人营建了更加全面的健康生活支持环境,保障老年人生活无忧,患病无惧,是适合远郊实际、受到农村老人认可的综合养老服务新模式的成功案例,是当前社区居家养老与机构养老模式的有效补充,是破解农村养老难题的创新之举。

（四）主要成效

1. 有效对接和满足农村老人的养老服务需求　老来有伴，"四堂间"里有稳定的乡邻朋友圈；老有所养，"四堂间"有安心安全营养餐；老有所学，"四堂间"里有小课堂，年轻的小朋友们来教老朋友健康知识、新游戏；老有所乐，"四堂间"里能看文艺演出、健康服务送上门；老有所为，"四堂间"里大家听我来调解，服务乡村做贡献。为老年人群打造健康社交圈，提供更多社会角色岗位实践活动，尤其能帮助到农村独居老年人群的生理和心理健康。

2. 拓展村民自治新载体　农村宅基睦邻"四堂间"的创建，既实现了农村老年人自我管理、自我发展、自我约束、相互关爱、相互帮助的自助养老模式，又体现了农村老年人的自我价值。

3. 推进老年人慢性病防控工作协同开展　每个月的固定时间和节假日，社区家庭医生团队来服务，问病又问药，健康生活方式最要紧，定期体检读懂报告，心梗脑梗康复治疗；节假日里，区内二三级大医院的专家们来义诊，开讲座；体育指导员来教太极拳、五禽戏、手指操，月月还有社区文艺团队送演出，老年健身舞、科普小剧场、戏曲表演。说的是乡语，老人听得懂，讲的是百姓身边事、惠民好政策、健康养生、安全防范，老年人喜闻乐见。各部门紧密协同，为农村老年人营造更加全面立体的健康生活支持性环境，不断完善睦邻"四堂间"的老年人健康管理工作。"四堂间"的老人们家庭医生签约率为100%，家庭医生每月2次定期来"四堂间"服务，开展高血压、糖尿病患者随访37 240人次，累计在"四堂间"开展健康教育2 100余次，慢性病规范管理率为91.2%，参与体育锻炼率为72.8%，健康教育知识知晓率明显提升。

4. 弘扬社会睦邻新风尚　"四堂间"展现了"志愿帮扶、邻里守望、乡情关怀"的新型邻里关系，体现了奉贤"孝贤文化"的好家训和互助好家风，彰显了新农村崇尚文明、邻里和睦的社会风尚。即使子女不在身边，老伙伴间能相互监护安暖，健康管理有同伴，居家疗护有同伴，一旦发现谁有头疼脑热、身体不适的，第一时间搭手帮扶，联系子女、联系家庭医生，送医救治。厅堂的朋友圈，凝聚着乡间的人情力量，把每个老年人个体以及每个家庭单元，紧密地联系在一起。

四、重庆市沙坪坝区案例

（一）基本情况

"糖友之家"是重庆市沙坪坝区在社区开展的自我管理小组活动。面对越来越多的慢性病患者，医护人员人数少，全靠医生来管理是不可能的，因此糖尿病患者大多数时间是自己在与疾病做斗争。在重庆市疾控中心的推动下，沙坪坝区于五年前在全区开展了慢性病自我管理工作，逐步探索出一些实用有效的做法。

（二）主要做法

1. 换位思考，创新活动流程　对于大部分慢性病人来说，主要是在家进行自我护理，尤其很多老年病人,文化水平参差不齐,对疾病的认识不到位,甚至意识不到慢性病及其并发症的种种危害。作为社区慢性病管理人员,要深入如此庞大慢性病人群开展健康管理工作,让其知 - 信 - 行上有一个大的转变,存在诸多困难,而开展患者的自我管理是一个很好的途径。但以往开展的自我管理小组活动大多以健康讲座形式展开,填鸭式的知识灌输,让患者很难在短期内树立良好的健康意识,更不用谈坚持自我管理的问题了。换种思路,何不与患者一起开展自我管理,与其告诉他们要怎么进行饮食控制、怎么进行运动管理,不如一起进行饮食制作,一起进行适宜的有氧运动,在过程中逐步灌输健康的生活理念,纠正不良行为。为此,重庆市沙坪坝区设计制作出慢性病自我管理小组活动流程:①招募成员;②根据成员的问题导向设计活动主题;③与成员一起完成主题活动,协助改变不良生活习惯,重建健康生活方式;④一年后回访座谈,评估小组活动效果。

2. 精选星火领路人,带领大家奔健康 慢性病自我管理小组活动主持人一定要熟悉整个自我管理活动的流程,有一定的主持经验,具备良好的沟通能力和临场应变能力,在小组活动讨论中能把控讨论的中心思想,及时调整讨论节奏,起到良好的引导作用,同时也需要具备较好的医学专业知识和技能,能满足小组成员的个性化健康需求。作为活动主持人还应具有良好的组织策划能力、较强的创新思维能力,不仅让成员们乐意参与其中,还能调动他们的主观能动性,积极传播相关知识。

3. 老伙伴情谊深,互相监督效果佳 在小组活动开展到大家都相互熟悉的情况下,顺势让成员们结为伙伴,伙伴间要相互了解对方的情况,并知道对方在慢性病自我管理上的优缺点,相互督促纠正缺点、发扬优点。伙伴间在日常生活中要保持联络,相约运动、学习等,这一措施既可以解除空巢老人的孤独,又可以让成员有坚持慢性病自我管理的动力,让成员们乐于接受,使慢性病自我管理的队伍就像滚雪球一样越来越大。

4. 活动形式变花样,有趣有益有收获 慢性病自我管理更多要建立在日常生活基础上,要让活动中分享的知识和技巧具有可操作性。在小组活动中,采取过多种形式开展慢性病自我管理工作,比如健康饮食这个专题,小组长在上一期小组活动结束时就给组员们布置准备工作,要求组员们收集关于慢性病的健康饮食知识、烹饪方法技巧等,将小组划分为两个队,自行提前准备好食材,在小组活动现场进行烹饪比赛,邀请营养专家对两组菜品分别进行点评,这样既增加了活动趣味性,又让组员在活动过程中学习到了如何做出帮助慢性病管理的健康饮食;为了小组成员们能更多地识别对慢性病有益的食材,还组织自我管理小组到本地菜市场,为组员进行现场介绍,让分享的知识具有极强的可及性。在开展合理运动主题活动时,组织小组成员一起爬山,进行适宜的有氧运动,在运动前中后分享相关知识;通过这样的形式不仅给小组成员传递了健康知识,同时也引起社会的关注,让更多的人建立起健康饮食、规律运动的意识,让这一团星星之火照亮整个辖区。

5. 推动星火蔓延,小家带动大家 在自我管理小组活动的最后一期,要求每位组员都带一位朋友或者家人到活动现场,要求他们讲述从各位组员那里接收到的慢性病防治相关知识,分享平时组员在家里生活方式及行为的一些改变情况,强化家人参与意识。

自我管理小组成员完成 6 期活动后散布在辖区各小区中,带动了一批批居民开展健康生活方式活动,例如,自我管理小组成员李大妈运用学习到的慢性病自我管理知识去影响身边的人,通过她的带动,她身边的人都逐渐行动起来,自发组织起一支社区健身队伍,长期坚持跳坝坝舞;此外,在曾家镇龙荫社区也有一支长期以拍手操、五行健康操等为主题锻炼内容的健身队伍。自我管理的理念与行动已融入社区居民的日常生活中,善于传播、乐于传播的星星之火以燎原之势蔓延开来。

(三)特色经验

沙坪坝区在开展慢性病自我管理小组活动中不断摸索切合实际又行之有效的活动方法,逐步累积了一些工作经验。

1. 和街道、社区联合开展活动,医政结合,增加居民参与度,扩大活动覆盖面。

2. 活动形式丰富多样,鼓励参与式学习,寓教于乐,有效调动参与者积极性,提高知识获得感。

3. 引入行为改变模式、同伴教育、榜样教育等科学活动方法,增强参与者自我管理意愿,促进健康行为方式转变。

4. 以个人带动小家、小家带动大家、大家惠及社会的星火燎原方式持续传播自我健康管理的知识和理念,使更多居民掌握健康生活技能,提高整体健康水平,降低社会疾病负担。

5. 利用医生推介、社区推广、报刊及微信等媒体宣传报道等多途径宣传动员,不断扩大自我管理活动知晓率和影响力。

(四)主要成效

1. 助推健康自我管理工作 自 2011 年开展慢性病患者自我管理工作以来,全区累计建立起 190 余个自我管理小组,2 000 余名慢性病患者受益。全区 119 个社区中,开展慢性病自我管理小组活动的社区就有 92 个,社区覆盖率达 77.31%。

2. 增知识强理念,提升慢性病防治效果 自开展慢性病自我管理活动 5 年多以来,慢性病患者健康管理率提高了 2%～3%。慢性病防治知识知晓率由小组活动前的 20% 提高到 50% 左右。健康行为形成和改变的比例达到 50%,参加随访管理患者的规范管理率上升了 20%,慢性病患者的血压血糖控制达标率上升了 20%。

第三节　慢性病综合防控示范区成效与启示

一、成效

(一)促进老年健康相关部门的协作

示范区的工作机制是政府主导、多部门协作、技术部门支撑、全社会参与。绝大部分示范区在创建和后续的建设中,均由区(县)政府主要领导(党政一把手)担任组长,参与的部门涵盖了主要部门以及包括街道、社区等在内的各级政府,与老年密切相关的民政、医保部门均是示范区建设的主要成员单位,因此,示范区的建设促进了老年健康相关部门的协作。

(二)提供保障老年健康的"第一道防线"

体检是做好健康管理的首要途径,有利于及时发现健康问题。老年人应该根据自身状况,定期到有资质的医疗机构参加健康体检。一般情况下,每年可以参加 1～2 次健康体检。示范区要求开展学生、老年人等重点人群和职工定期健康体检和健康指导工作,65 岁及以上老年人健康体检率 ≥ 90%。

(三)推动老年人的自我健康管理

健康的第一责任人是自己。自我管理活动以提升患者自我效能为核心,以加强患者的疾病管理、让患者保持健康的行为和心理状态、提高患者的生活质量为目的。老年人大多罹患高血压、糖尿病等慢性病,开展自我健康管理有利于其更好地控制疾病。《中国健康老年人标准》指出,没有疾病或残疾不是健康老龄化的必要条件,许多老年人存在一种或多种健康问题,但如果能妥善处理这些问题,不会对老年人产生很大的影响,改善功能发挥才是健康老龄化的关键。因此,管理好所罹患的慢性病,对于维护老年人的健康至关重要。示范区要求围绕以高血压、糖尿病等为代表的主要慢性病开展社区患者自我管理,在卫生专业人员的指导下、在社会力量的协助下形成自我管理小组,有自我健康管理小组并规范开展活动的社区覆盖率 ≥ 50%。

(四)提升医养结合的"智慧"水平

信息化是示范区建设的重要内容,要求各示范区要应用"互联网 +"技术为签约服务的患者提供健康管理和诊疗服务。这些服务要深度整合来自多个渠道的健康医疗数据,包括但不限于临床诊疗记录、公共卫生信息、可穿戴设备监测数据、智能健康电子产品记录以及跨部门共享的数据,为签约服务的患者提供健康管理和诊疗服务。慢性病是老年人健康的主要威胁,示范区要求慢性病全程防治管理服务与社区居家养老和机构养老服务融合。许多示范区将信息技术融合于老年人慢性病全程管理中,实现了实时监测、预警服务与在线辅助诊疗的紧密结合,提升了老年人医养结合的"智慧化"水平。

(五)打造适老宜老的支持性环境

示范区建设要求各示范区建立社区 15 分钟健身圈,保证居民健身设施完好,提高人均体育场地面积。公共体育场地以及有条件的企事业单位和学校的体育场地免费或低收费向社区居民开放。开展健康主题公园、步道、小屋、健康街区等健康支持性环境建设,使这些场所的数量逐年增加。同时,充分考虑到老年人对新旧媒体接受程度的异质性,要求利用传统媒体和新媒体共同开展健康生活方式的日常宣传。

二、启示

（一）利用示范区的工作机制为老年人打造全方位的健康保障体系

示范区的建设内容涵盖常见慢性病的"防、筛、诊、治、康、保"等环节，从三减三健、高危人群发现和管理、重要慢性病的早诊早治、规范化管理、全流程健康管理到医养结合、医保支撑等，为健康老龄化的实现打造了适合不同健康状况，可及性高、具有普适性的健康保障体系。

（二）利用示范区的信息建设为老年人提供最智慧的健康保障基础

提升信息化水平是示范区建设的重要内容，许多示范区在建设中，均将信息化、智慧化作为示范区建设的特色，尤其在医养结合、家庭医生等工作推进中，将智慧化作为解决养老、老年照护人力不足的重要手段，为老年人提供了全天候、低成本、高水平的服务。

（三）示范区的防控重点为老年人提供最基本的健康保障环境

示范区致力于构建全方位的健康环境，具体措施包括：推广使用健康"小三件"，建设健康社区、食堂、餐厅/酒店，以及打造15分钟健身圈，从而为居民提供合理膳食、适量运动的硬件环境；普及健康生活方式指导员，实现规范化社区健康教育，确保健康知识触手可及，营造浓厚的健康知识氛围；此外，还积极发挥社会团体和群众组织在慢性病防控中的积极作用，激发老年人的参与热情，共同营造积极向上的软件环境。

（徐　健　董文兰）

参考文献

［1］王临虹. 慢性病综合防控践行探索精选（第一集）［M］. 北京：人民卫生出版社，2019.
［2］吴静. 慢性病综合防控践行探索精选（第二集）［M］. 北京：人民卫生出版社，2021.

第十七章
老年心理关爱项目

第一节　老年心理关爱项目介绍

一、项目背景

由于人口快速老龄化、高龄化、社会家庭结构变化以及老年多种慢病共存等原因，老年人心理健康问题日益凸显，老年人对心理健康服务的需求也愈发强烈，但从事老年心理健康服务的机构和人员较为缺乏，相关的知识与技能培训不足，老年抑郁症、焦虑症和老年期痴呆的识别率、诊断率及治疗率都比较低。为积极应对老年心理健康问题及需求，提升基层老年心理健康服务能力，有效维护和促进老年心理健康，2019 年，国家卫生健康委老龄健康司设立"老年心理关爱"项目，为城乡社区老年人提供心理关爱服务。

二、项目主要内容

项目在全国范围内以社区（村）为单位实施，服务对象为 65 岁及以上常住老年人群，重点面向经济困难、空巢（独居）、留守、失能（失智）、计划生育特殊家庭老年人。内容包括：对各级项目工作人员开展心理健康服务能力调查及能力建设；开展老年心理健康科普宣传；对社区老年人开展认知与心理健康状况调查和评估；开展认知异常与心理健康问题分类干预。技术路线图见图 17-1。

其中，认知与心理健康状况调查和评估采用电子化问卷，分别采用痴呆筛查量表（AD8）、患者健康问卷（PHQ-9）以及广泛性焦虑量表（GAD-7），由调查员对调查对象当面询问并填写，进行认知异常、抑郁症状和焦虑症状筛查。筛查信息录入信息管理平台后经逻辑运算得出评估结果（分类标准详见表 17-1）：一般人群，在认知及心理健康状况评估结果上均属正常；临界人群，在认知及心理健康状况评估上显示出轻度的抑郁症状、焦虑症状或认知功能下降；高危人群，在认知及心理健康状况评估上显示出可疑认知功能受损或者中度及以上抑郁和／或焦虑症状。对不同人群采用不同的认知与心理促进干预策略。

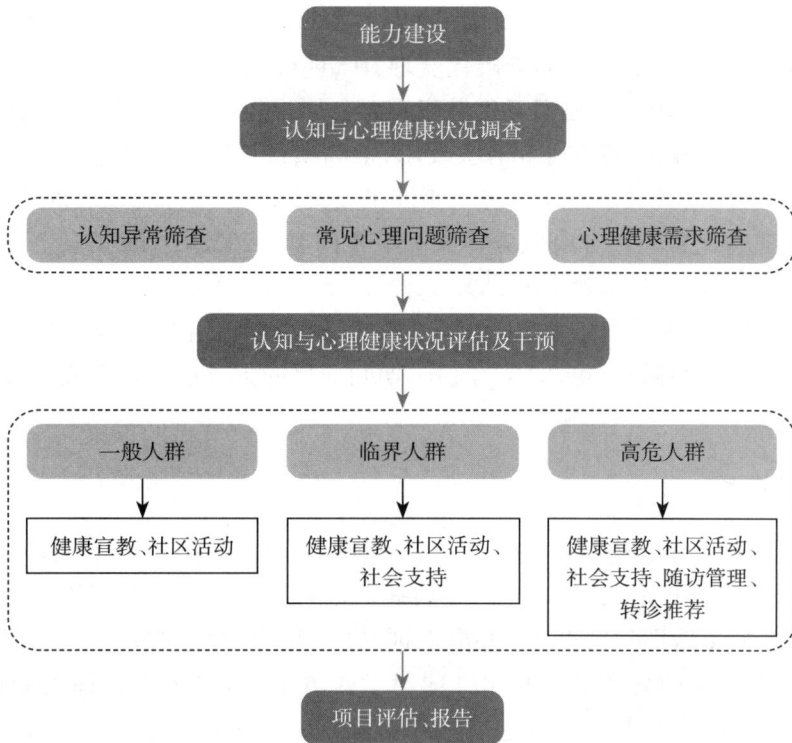

图 17-1 老年心理关爱项目技术路线图

表 17-1 社区老年人心理健康状况评估结果分类标准

评估结果分类	分类标准
1. 一般人群	认知及心理健康状况评估结果均正常 PHQ-9 ≤ 4 和 GAD-7 ≤ 4 和 AD8 ≤ 2
2. 临界人群	①可能轻度抑郁：5 ≤ PHQ-9 ≤ 9 ②可能轻度焦虑：5 ≤ GAD-7 ≤ 9 ③可能有轻微认知功能下降：3 ≤ AD8 ≤ 5 上述三项至少存在一项
3. 高危人群	①可能中度及以上抑郁：PHQ-9 ≥ 10 ②可能中度及以上焦虑：GAD-7 ≥ 10 ③可疑认知功能受损：AD8 ≥ 6 上述三项至少存在一项

注：PHQ-9 代表心理健康问卷中 PHQ-9 量表九个问题的总分；GAD-7 代表问卷中 GAD-7 量表七个问题的总分；AD8 代表问卷中 AD8 量表八个问题的总分。

三、主要做法

(一)政策保障

中共中央、国务院在 2016 年印发的《"健康中国 2030"规划纲要》中提出："推动开展老年心理健康与关怀服务,加强老年痴呆症等的有效干预"。2017 年,在原国家卫生计生委等 13 部门联合印发的《"十三五"健康老龄化规划》中,明确部署了推动开展老年人心理健康与关怀服务工作任务。2019 年,国家卫生健康委办公厅下发《关于实施老年人心理关爱项目的通知》,明确项目内容、实施步骤和有关要求,推动项目工作落实落地。随后,国家卫生健康委等 8 部门联合印发《关于建立完善老年健康服务体系的指导意见》,将开展老年人心理关爱服务列入建立完善老年健康服务体系的重要内容。2022 年,国家卫生健康委等 15 部门联合印发《"十四五"健康老龄化规划》,要求在"十三五"期间开展老年心理关爱服务的基础上,持续扩大老年心理关爱行动覆盖范围。2022 年,国家卫生健康委办公厅下发《关于开展老年心理关爱行动的通知》,明确"十四五"期间项目的重点范围和有关要求,进一步扩大项目覆盖范围。

(二)组织体系

项目由国家卫生健康委老龄健康司组织开展,组织框架图见图 17-2。执行办公室设在中国疾病预防控制中心慢性非传染性疾病预防控制中心(以下简称"慢病中心"),负责方案制定、宣传及培训材料开发、人员培训、技术指导、数据收集汇总及总结评估。各省级卫生健康委负责制定本省(区、市)项目工作方案、选取老年心理关爱点、开展二级培训和工作督导、汇总及上报工作进展报告。县(市、区)卫生健康局牵头协调相关专业机构和社会组织,组织老年心理关爱点做好项目具体工作。各地的项目实施机构以老年心理关爱点所在的居委会/村委会和基层医疗卫生服务机构为主,还包括专业医疗机构、疾控机构、养老服务机构和专业社会组织等,负责具体开展健康宣教、老年人群心理健康评估与干预和数据录入上报工作,2019 年以来,各地项目实施机构的注册工作人员达到 16 000 余名。

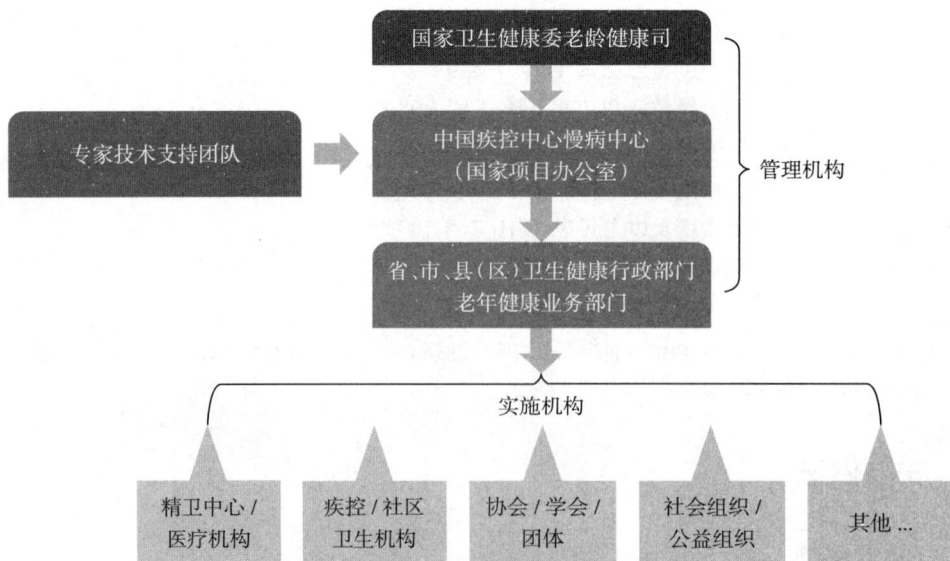

图 17-2 老年心理关爱项目组织框架图

（三）项目实施

执行办公室制定统一的实施方案、问卷和培训材料《老年人心理关爱项目工作手册》《老年心理健康促进与干预手册》供各地使用；开发电子化信息收集与管理平台，实现问卷调查、机构和人员信息全部经线上录入采集与质量控制；开发一套宣传资料工具包，包括项目宣传视频、项目标识、项目背景板、项目海报、知识海报、知识折页和"一图读懂"，各地在项目启动会、义诊活动、"老年健康宣传周"、"敬老月"等活动中广泛开展宣传，不仅扩大了项目的知晓度，也营造了关爱老年人心理健康的社会氛围。

项目开展以来执行办公室共组织 7 期线上 / 线下国家级培训，累计培训 7 000 多人次，覆盖全国 31 个省（自治区、直辖市）和新疆生产建设兵团的项目工作人员，内容涵盖项目工作方案、信息系统操作、老年期心理和认知问题知识、筛查评估和干预管理技能等。各省（自治区、直辖市）以参加国家级培训的人员作为师资开展二级培训。

2019 年至 2023 年，执行办公室组织全国 31 个省（自治区、直辖市）和新疆生产建设兵团申报老年心理关爱点 3 661 个，其中城市点 2 772 个，农村点 889 个；全国 31 个省（自治区、直辖市）和新疆生产建设兵团共完成超过 77 万名社区老年人的心理健康状况评估。根据评估结果，针对一般人群，以提高老年人心理健康知晓状况、增强心理健康意识和心理韧性为目的，开展心理健康教育和社区活动干预；针对临界人群，以改善和促进老年心理健康状况为目的，在一般人群干预策略的基础上，加强社会和家庭支持；针对高危人群，以改善和促进认知与心理健康状况以及促进疾病的早诊早治为目的，在临界人群干预策略的基础上，开展随访管理与转诊推荐。

第二节　代表性地区案例

一、上海市

（一）基本情况

上海是全国最早进入老龄化社会的城市，第七次全国人口普查数据显示，全市 60 岁及以上常住人口 581.55 万，占常住人口的 23.4%；60 岁及以上户籍老年人口 533.49 万，占户籍人口的 36.1%，人均期望寿命 83.67 岁。

（二）工作开展情况

上海高度重视老年心理健康工作，自 2019 年开展老年人心理关爱项目以来，结合创建"全国社会心理服务体系试点工作"等工作，积极构建适应特大型城市发展需要和人口深度老龄化形势的老年心理关爱工作模式，为全面实施老年人心理关爱工作积累经验。

"十三五"期间，上海印发《上海市老年人心理关爱项目试点方案》，明确项目目标任务；委托上海市精神卫生中心作为技术单位给予专业指导与支撑；将项目纳入上海"全国社会心理服务体系建设试点",形成合力整体推进。"十四五"期间,上海把老年心理关爱行动作为推进健康中国建设和实施"积极应对人口老龄化国家战略"的重要举措之一,纳入《上海市健康老龄化行动方案(2022—2025年)》,明确到"十四五"末,各区(街道、镇)均设置老年人心理关爱项目点。按照国家通知要求,上海市印发《关于组织开展老年心理关爱行动的通知》(沪卫老龄便函〔2022〕7号),明确年度行动目标、工作任务和具体要求;建立由市卫生健康委、市老龄事业发展促进中心、市疾控精神卫生分中心组成的老年心理关爱行动工作组,统筹推进全市关爱行动。

2019年至2022年,上海市先后在全市16个区、31个国家老年心理关爱点、28个市级老年心理关爱点推进老年人心理评估、健康指导、必要干预和转诊等工作,累计完成12 000余名老年人的心理健康评估,相关风险老年人均接受健康指导、干预服务。

(三)特色经验

1. 探索适合老年人特点的心理健康评估模式 心理健康筛查是实施心理关爱的起步和关键,评估标准是科学、有效筛查出老年人心理健康问题的重点内容,上海经过三个阶段不断探索,初步建立了老年人心理健康评估标准,并不断提升标准的科学性。第一阶段使用国家统一量表筛查,2019年经过在2个街道13个项目点的试点,发现各项目点之间的筛查结果差异较大。项目专家组经过督导、数据分析,认为主要原因是AD8评估量表使用不当,该量表适用知情者,实际调查时由老年人自行填写。第二阶段对国家量表进行改进,增加Mini-Cog量表,根据调查时老年人本人回答或知情者代答的不同情况,选用Mini-Cog量表或AD8量表,并制定《上海老年人心理健康评估与服务工作规范》。筛查结果显示个别项目点间数据仍有差异,原因主要是调查员手势不统一。第三阶段对国家量表进行智能化优化,专家组进一步调整了上海评估标准和评估量表,研究开发了"老人自主 + 志愿者简单辅助"的电子游戏式筛查工具,与传统问卷筛查方式相比,可解决调查员主观影响、辅助人员要求高、老人配合度低等问题,目前已在部分项目点投入使用。

2. 通过"1+1"两种试点模式,扩大筛查覆盖面 老年人的积极参与是项目取得成效的关键。为方便老年人积极、就近参与筛查工作,上海探索"1+1"两种试点模式,提高老年人参与度。一是基于社区体检的筛查模式,将心理健康筛查与基本公共卫生服务老年人健康管理相结合。二是社区主动发起的筛查模式,由村/居委会通过招募志愿者或购买第三方服务来组织开展筛查和干预。基于社区体检的筛查模式下,不仅老年人参与度较高,也方便老年人进行分级诊疗与双向转诊,使初筛有风险的对象能够及时得到进一步诊断、干预,但也存在一些问题,如容易漏筛失能、失智等重点人群对象,后续干预服务缺乏连续性等,对医疗专业人力配备的要求也较高。作为对第一种模式的补充,社区主动发起的筛查模式有助于项目持续、灵活、全过程推进,能够尽可能覆盖到所有老年人,但需要做好前期社区动员工作,筛查完成后也要及时进行转诊和随访,增加老年人对项目的信任感和参与度。

3. 发挥专家团队和媒体优势,推进健康宣教提质增效 市精神卫生中心发挥专家团队作用,开展"有希望、温暖、专业"的科普活动:每年在"世界阿尔茨海默病日"举办大型主题活动;开设"爱记忆公众号",持续开展科普服务;编写《帮助我记住这世界》,帮助认知障碍患者及家属学习疾病治疗的相关知识;参与录制纪录片《我只认识你》,获得 2020 年上海市科学技术普及奖一等奖;参与录制纪录片《人间世 2》第 7 集《往事只能回味》,以及大型综艺栏目《忘不了餐厅 2》,节目在东方卫视、上海电视台新闻综合频道、爱奇艺、腾讯视频等播放,提高全社会对认知和心理问题的关注。各区和项目点通过开设讲座、专家咨询、建立健康管理小组等,帮助老年人积极应对心理健康问题。

4. 多渠道推动老年人心理健康指导、干预机制　结合上海老年人心理健康需求和基层工作现状,在国家干预策略的基础上,提出上海"通用"方式:一是社区医生与社区工作人员双管干预方式,将一般人群、临界人群老年人纳入社区自我健康管理小组,由社区医生进行初步诊断,确定风险因素并提出社区干预方案,社区工作人员参与日常管理,共同做好干预工作;二是市区联动的分级转诊方式,高危人群老年人由区精神卫生中心初步诊断、制定干预方案,转诊至市精神卫生中心进行专科诊治,市区两级建立联络会诊机制,实现网格化布局与管理;三是快乐运动的干预方式,探索智能运动毯、四阶手指操、丹田环、非洲鼓等,帮助老年人改善情绪及预防认知障碍;四是建立"心理治疗师督导 + 团体互助"方式,帮助有抑郁症状的老年人挖掘自身能力,增加信心,同时由专业人员开展个性问题解决方法(problem-solving therapy,PST),帮助老年人找到解决问题办法,减轻及消除精神症状。

(四)项目效果

通过实施老年心理关爱项目,上海市基本掌握全市老年人心理健康现状和需求;初步建立老年人心理关爱工作机制,包括上海老年人心理健康评估标准,老年人心理健康筛查、指导、干预工作机制等;通过国家、市、项目点等各级线上线下培训,以及市、区两级精神卫生专业人员现场指导与督导,不断提升基层人员心理健康服务能力,基层医护人员、社区工作人员参与老年心理关爱工作积极性有所提高、为老服务和心理健康服务能力有所提升。

二、重庆市沙坪坝区渝碚路街道沙南街社区

(一)基本情况

沙南街社区地处沙坪坝中心地区,位于沙区一中、欣阳广场与重大中门之间的三角形区域,辖区面积约 0.2 平方公里。社区绿化面积 30 000 平方米,室外健身场地 17 000 平方米。社区共有 4 339 户居民,户籍人口 8 443 人,65 岁及以上老年人 1 487 人。沙南街社区多年来致力于为老年人创造安全、友善、适宜的居家环境,保障老年人的文化生活质量,提高为老服务水平,为老年心理关爱项目实施打下了坚实的基础。

(二)工作开展情况

2020 年被选为老年心理关爱点后,沙南街社区成立了以社区书记为组长,社区委员及社会团体负责人为组员的项目实施工作领导小组,制定了项目工作方案,明确项目内容及职

责分工。由社区党委牵头,联合社区卫生服务中心、养老活动中心、社区志愿者、社工组织、老年协会等机构,成立了社区老年心理关爱项目服务队,具体开展项目工作。

为优化社区环境,渝碚路街道及沙南街社区多方争取资金,对辖区内居民小区进行适老化改造,建成渝碚路街道养老服务中心,升级改造沙南街社区党群服务中心及文化服务中心,为老年人提供了功能齐备的活动场地。2020 年沙南街社区完成了 261 名老年人心理健康的调查评估,根据评估结果,一般人群 231 人,临界人群 28 人,高危人群 2 人,社区根据国家干预策略方案对不同人群开展了形式多样的干预活动。

(三)特色经验

1. 多方投入,创建老年人友好社区　沙南街社区优化辖区内活动场所,升级改造社区党群服务中心及文化服务中心,建设 3 处聊天阁,增添锻炼设施 12 套,完善社区篮球场、门球场、乒乓球场及中心花园。渝碚路街道养老服务中心开放后,增加了按摩椅、电视机、棋牌室、康复室、活动室等功能场所,其中"友邻老年食堂"深受老年人喜爱。社区鼓励老年人走出家庭,积极参与社区组织的各类文体育活动,切实提升老年人生活幸福感。

2. "四心"工作法全面服务,突出重点　基于社区老年人心理健康状况评估结果,社区开展"四心"工作法进行干预。一是开展生活照料,让空巢老年人"称心"。社区目前登记的空巢老年人已达到 280 人,以网格为单位,通过每周一次电话访问,每月一次面访等多种方式定期联系空巢老年人,记录他们的生活情况和精神面貌。二是进行心理抚慰,让失独老人"暖心"。社区目前掌握的计划生育特殊家庭人员共有 22 名,社区工作人员每周上门拜访,通过聊天帮助他们疏解消极情绪。三是开展法律援助,让困难老人"安心"。社区党群服务中心配备了法律咨询室,定期邀请法律援助走进社区,帮助老年人解决生活困难,保障老人的合法权利不受侵害。四是通过健康保健,让老年人"放心"。项目为 65 岁及以上老年人免费健康体检和建档,不定期开展健康知识宣传和文体娱乐活动,提高老年人的获得感和参与感。

3. 结合老年人健康管理,形成合力提升服务效率　社区将项目实施与基本公共卫生服务老年人健康管理结合起来,对高危人群老年人提供个性化健康管理,除了健康体检之外,定期进行心理健康辅导及针对性心理治疗,由医护人员、社区干部每月上门随访及生活关爱 1 次,帮助老年人增加社会交往和户外活动,督促家属多与老年人交流。开展了女性健康与"两癌"防治、"三高"人员日常饮食、失独家庭心理慰藉讲座、春夏养生主题活动、慢病防治系列健康讲座等健康讲座,将老年心理关爱促进融入日常宣教工作。

(四)项目效果

通过实施老年心理关爱项目,沙南街社区基层工作人员的老年心理健康服务能力得到明显提升,社区 231 名老年人心情开朗,乐观积极;28 名临界人群老年人心理平稳,消除了轻微焦虑;2 名高危人群老年人基本消除了焦虑,身心得到了放松。社区老年人家庭医生签约率明显提高,老年人健康观念、饮食结构、生活习惯有所改善,老年人相约健身、拉家常,在社区各活动场地开展形式多样的主题活动,健康素养水平也有明显提高。

三、贵州省贵阳市白云区大山洞街道建安社区

（一）基本情况

建安社区成立于 2001 年 12 月，位于白云北路，约 0.9 平方公里，辖区共有 3 410 户 6 635 人，其中常住人口 4 932 人，流动人口 1 703 人。65 岁及以上老年人 1 012 人，占常住人口的 15.25%，现有工作人员 16 名，机构健全。建安社区拥有良好的群众和工作基础，曾获得"第四批全国计划生育基层群众自治示范村（居）"的荣誉，为老年心理关爱项目的实施奠定了坚实的基础。

（二）工作开展情况

2020 年，白云区大山洞街道选定建安社区作为老年心理关爱点，以建安社区居委会为主要实施机构推进老年心理关爱项目。

为保障工作顺利推进，项目内容有序实施，大山洞街道结合实际，制定了切实可行的项目工作方案，合理调配工作人员，并安排具体实施项目的人员参加国家级、省级、市级等各级行政单位组织的老年心理健康相关知识与技能培训，以提升对常见心理健康问题和精神障碍的早期识别能力以及心理健康服务技能水平；同时，积极向上级部门争取工作经费，制作宣传品及宣传资料 2 400 份，向辖区居民普及老年人心理健康知识，呼吁广大居民关注老年人心理健康。项目开展期间共完成 118 名老年人的心理健康状况评估，结果显示，一般人群 74 人，临界人群 23 人，高危人群 21 人。结合老年人实际需求，建安社区组织老年人参加各类干预活动，改善和促进老年人心理健康状况。

（三）特色经验

1. 发动多种渠道组织老年人开展社区主题活动　大山洞街道依托老年学校、计划生育协会、老年体育协会等机构，组织老年人开展形式多样的社区主题活动，通过多种方式提高老年人的参与度。

在老年学校组织的"太极八段锦"学习活动中，其中几位老年人因为担心身体无法适应拒绝参加。社区志愿者向老年人耐心解释学习"太极八段锦"对身体的好处，并带头跟老师进行学习。在同伴的积极作用下，老年人逐渐放下顾虑参与到活动中。在老年学校联合居委会共同开展的老年志愿者环境保护活动中，志愿者佩戴统一的绿丝带，积极践行"服务群众、奉献社会、保持先进、提升自我"的宗旨，共同清理社区卫生死角，使参与的老年人有很强的集体归属感和自豪感。

在"我们的节日·重阳""夕阳无限好，浓浓敬老情"主题活动中，大山洞街道邀请退休老干部、身边好人、道德模范、辖区居民等 100 余人参与，主题活动上有社区茶文化专家介绍重阳节的来历以及重阳节相关故事和习俗，有翰林茶院茶艺老师的茶艺表演《重阳》，并为在场老年人奉上重阳糕和菊花茶。活动上还有街道青年志愿者诗朗诵《爱老、敬老，我们在路上》，文化艺术团表演舞蹈《欢乐秧歌》、歌曲《我和我的祖国》《最美不过夕阳红》，学生代表

朗诵《敬老信》等精彩节目,给老年人带来诸多欢声笑语。

通过上述社区活动的开展,促进了辖区居民对中华民族传统节日和传统文化的认知,弘扬了中华民族敬老、爱老的传统美德,丰富了老年人的精神文化生活,最大程度消减他们因长期独居多思多虑而产生的孤独感。

2. 结合基本公共卫生服务工作进行社区摸底动员 大山洞街道结合老年人免费体检工作,联合社区卫生服务中心上门为辖区 276 名行动不便的 65 岁以上老年人提供了健康体检和心理关爱服务。对检查中发现的慢性病患者和高危人群对象,及时纳入相应病种规范管理,并向老人及其家属进行慢性病患者的饮食注意等日常生活指导,为患者后续治疗和健康管理提供了帮助和依据。通过以上服务,全面掌握了辖区行动不便老年人的健康状况,为开展老年心理健康服务奠定了基础,也将"老有所养,老有所医"落到实处,真正实现基本公共卫生服务均等化。

3. 开设健康讲座,提高老年人健康素养 邀请白云区荟康医院医生为辖区 60 岁以上老年人开展了心理健康知识培训,以影响心理健康的因素、心理老化的表现等知识为切入点,向参加活动的 60 位老年人普及心理调整、跌倒后自救及慢病自我管理的方法,号召老年人保持和谐的人际交往和心理平衡,注重合理膳食和科学运动,扩展自己的爱好,提高晚年生活质量。

(四)项目效果

经过一年多的项目工作,建安社区老年人心理状况得到有效改善。74 名一般人群老年人心情开朗,乐观积极;23 名临界人群老年人心理平稳,消除了轻微焦虑;21 名高危人群老年人无抑郁症状,基本无焦虑症状,身心得到了放松;通过各类健康促进活动,90% 以上老年人健康观念、生活习惯、饮食结构得到有效改善,健康素养水平明显提高,家庭医生签约服务率达到 100%。此外,以项目实施为契机,大山洞街道持续深化对老年人的关怀关爱工作,与第三方服务公司签订长期合作协议,在辖区曹关湿地公园与云晖社区打造了贵州省仅有的两所"长者运动健康之家",采用公益性、普惠性的运营模式,通过体、医、康、养的结合,为辖区老年人打造良好的休闲娱乐环境,搭建联谊交流平台,营造辖区敬老、助老、爱老氛围,提升辖区老年朋友们的幸福感、获得感、安全感。

第三节　工作成效

总体来看,老年心理关爱项目的实施效果包括以下方面:首先,项目由政府主导、社会广泛支持和参与,社会效益显著;其次,项目进行了广泛的宣传动员,社会及媒体的关注度高,老年人及其家属参与度高;最后,各级老年心理健康服务的开展,真正提升了老年人的获得感、幸福感,实现了增强老年人心理健康意识,维护和促进老年人心理健康的项目目标。

一、对政策的推动作用

2019 年老年心理关爱项目启动后,受到媒体和社会各界广泛关注,在全国范围持续扩大老年心理关爱服务的覆盖范围,逐步惠及更多老年人,社会效益显著,推动了老年心理关爱服务融入多个老年健康政策规划中。

在健康中国行动推进委员会办公室印发的《推进实施健康中国行动 2020 年工作计划》中,把"继续开展老年心理关爱项目"作为老年健康促进行动的一项重点举措提出。2021 年国家卫生健康委(全国老龄办)和国家中医药管理局联合印发《关于全面加强老年健康服务工作的通知》,要求开展老年人心理健康服务,针对抑郁、焦虑等常见精神障碍和心理行为问题,开展心理健康状况评估和随访管理,为老年人特别是有特殊困难的老年人提供心理辅导、情绪纾解、悲伤抚慰等心理关怀服务。2021 年,中共中央、国务院出台《关于加强新时代老龄工作的意见》,将老年心理关爱行动列为提高老年人健康服务和管理水平的四项行动之一,要求加强早期筛查、干预及分类指导。以上政策规划的出台,为全面提升老年心理健康服务能力、维护和促进老年心理健康提供了更多政策支持和保障。

二、对老年人心理促进情况

老年心理关爱项目启动以来,各地以此为抓手组建了老年心理关爱服务队伍,逐步提升基层老年心理关爱服务能力,建立医疗机构 - 社区双向转诊通道,为维护和促进老年人心理健康水平奠定了扎实的基础。

通过老年人心理健康状况评估,各地掌握了老年人心理健康状况及需求,为进一步开展干预活动提供了切实依据。在此基础上,各地开展了形式多样的社区干预和转诊推荐服务。健康宣教方面,各地利用老年健康宣传周、敬老月、世界阿尔茨海默病日等系列宣传活动和发放宣传册、张贴横幅海报、微信公众号推送、开展健康讲座和义诊等方式做好行动工作宣传,增强老年人健康意识和参与行动的热情;联合精神卫生专业医疗机构开展讲座、义诊等健康宣教和心理健康服务。

在临界、高危人群社区干预方面,各地结合当地特色,通过创建各类干预活动基地、开设"老年乐享课堂",在社区以设立心理咨询室、开设日间照料中心、开展"老人陪伴行动"、组建兴趣爱好队伍等方式,开展社区干预。同时,为心理关爱点内老年人建立档案或底册,针对重点人群建立一对一爱心帮扶联系人台账,定期组织社工和志愿者上门服务,医疗机构和家庭医生重点关注。转诊机制建设方面,明确相关医疗机构与老年心理关爱点对接,探索建立市区联动分级转诊机制,规范老年人患者送治、入院、治疗、接回、康复、报销等收治流程,保证收治工作无缝衔接。

(张　晗　宋隽清)

第十八章
老年人失能失智预防干预项目

第一节　老年人失能失智预防干预项目介绍

一、项目背景和工作机制

（一）项目背景

我国正处于快速的人口老龄化进程中，第七次全国人口普查结果显示，2020年我国60岁以上人口为2.64亿，占总人口的18.7%，与2010年第六次全国人口普查相比，60岁及以上人口占比上升5.4%。《健康中国行动（2019—2030年）》的"老年健康促进行动"明确提出"到2022年和2030年，65～74岁老年人失能发生率有所下降；65岁及以上人群老年期痴呆患病率增速下降"的行动目标。这些战略目标为我国健康老龄化工作提供了方向性指引，同时也为老年人健康促进工作提出了艰巨的任务要求。党的十八大以来，以习近平同志为核心的党中央坚持以人民为中心，把人民健康放在优先发展的战略地位，树立"大健康、大卫生"理念，大力推进"以治病为中心"向"以人民健康为中心"转变。《"健康中国2030"规划纲要》提出加快转变健康领域发展方式，全方位、全周期维护和保障人民健康，大幅提高健康水平。基于大健康、大卫生理念，针对全人群从源头上防止或延缓疾病和失能失智的发生是实现健康老龄化具成本效益的重要策略。"十四五"时期是积极应对人口老龄化的重要窗口期，开展以老年人失能失智防控实践与应用模式为核心的研究课题，是应对快速老龄化，降低失能失智发生率的必要且重要的举措。为贯彻落实《健康中国行动（2019—2030年）》老年健康促进行动要求，减少老年人失能失智发生，促进实现健康老龄化，2020年10月，国家卫生健康委老龄健康司（以下简称老龄司）启动老年人失能失智预防干预试点工作。

试点地区包括北京、内蒙古、山西、辽宁、福建、山东、河南、湖南、广东、广西、四川、贵州、云南、陕西和甘肃15个省（区、市）的各一个县区。为进一步巩固、推广干预成果，促进老年人失能失智预防干预相关知识和技能在社区居民中得到更广泛传播，推动医疗卫生服务人员老年人失能失智防控工作的意识和能力得到进一步提升，2022年下半年，老龄司在原试点工作基础上进一步开展失能失智预防干预技术和模式的推广，黑龙江省加入了试点工作。

(二)工作机制

该项目由国家卫生健康委老龄健康司牵头,分别于 2020 年、2022 年印发了《关于开展老年人失能(失智)预防干预试点工作的通知》和《关于深入开展老年人失能失智预防干预试点工作的通知》,统筹部署试点工作。中国疾控中心设立项目工作办公室,负责《老年人失能(失智)预防干预试点技术方案》《老年人失能失智预防干预试点技术方案(2022 版)》的编制、项目培训及组织实施。试点省、市、县级疾病预防控制中心共同负责本地区项目的组织实施,与基层医疗卫生机构以及街道办、村(居)委会共同组建项目工作组。

二、干预内容及方法

(一)项目地区能力提升

1. 技术培训 中国疾控中心组织专家对干预县区疾控中心、社区卫生服务中心(或乡镇卫生院)等基层医疗卫生机构负责老年健康服务的相关工作人员进行老年健康促进相关知识技能、老年人能力评估、失能失智防控方法等培训。

2. 经验交流 各项目点通过研讨交流会、实地参观、上门体验、专题活动等形式进行经验交流。参与了干预工作的专业人员向本县区未参加项目的社区卫生服务中心(或乡镇卫生院)交流项目内容及失能失智干预工作技能,提高整个县区失能失智预防干预服务能力。

(二)全人群健康教育

在所有干预县(区)进行全人群失能(失智)防控健康教育,内容包括失能失智防控健康教育核心信息、慢性病自我健康管理、健康生活方式、膳食营养、适宜运动等。宣传教育核心材料由中国疾控中心统一提供,同时鼓励试点地区自行研发具当地特色的公益健康教育材料。

具体实施方法包括在干预县(区、市)疾控机构、医疗卫生机构和涉老机构等组织举办健康讲座、发放宣传材料、播放宣传视频,传播失能(失智)预防干预知识和技能,组织开展老年人失能失智预防知识诗歌作品创作比赛以及其他活动等,提高老年人健康素养水平。

(三)失能失智高危老年人综合干预

失能、失智高危老人指运动功能或认知功能有轻微问题,但未达到失能、失智的 60 岁及以上人群。为便于社区筛查相关老年人,项目对于失能高危老年人判断方法为:简易体能状况量表(SPPB)测试(包括 5 次起坐测试、串联站立平衡测试、2.44m 步行测试)评分为 7~11 分。对于失智高危老年人的判断方法为:8 条目痴呆筛查问卷(AD8)自评 ≥ 2 分。

针对失能、失智危险因素,开展慢性病管理、八段锦 / 太极拳锻炼、抗阻(爆发力)训练、体重管理、延缓神经退行性病变的地中海 - 得舒饮食(MIND)膳食干预、放松训练、工娱活动等。不同类型老年人的干预活动略有不同(表 18-1)。

表 18-1　失能失智高危老年人干预活动

干预活动	失能高危老年人	失智高危老年人	活动强度
慢性病管理小组活动	√	√	1 次 / 月
八段锦 / 太极拳锻炼	√	√	≥ 3d/ 周
抗阻（爆发力）训练	√		≥ 3d/ 周
体重管理小组活动	√		1 次 / 月
MIND 膳食		√	每日坚持
放松训练		√	每天午睡前和晚睡前各 1 次，≥ 5d/ 周
工娱活动		√	1 次 / 月

第二节　案例展示

一、构建多部门联动模式，促进失能失智预防

四川省成都市温江区积极参与老年人失能失智预防干预项目，在区卫健局领导下，构建了多部门联动的工作机制，保障多项干预活动顺利进行。

（一）组织保障

1. 成立多个专项工作小组　区卫健局成立以主要负责人为组长，各分管领导为副组长，局有关科室、区各镇（街）卫健办负责人、区疾控中心主任、各镇（街）医疗卫生单位主要领导为成员的领导小组，明确试点工作办公室设在老龄事业服务中心。区疾控中心牵头成立由四川省八一康复中心、区人民医院、区疾控中心、区第三人民医院组成的技术指导小组，负责项目具体实施。

2. 构建多部门联动工作机制　搭建"1-4-8-9-10"组织架构模式，由区卫健局牵头，负责统筹协调；四川省八一康复中心、区人民医院、区疾控中心、区第三人民医院给予技术支持；天府街道 4 个社区、万春镇 4 个村（社区）负责失能（失智）预防干预；9 个镇（街）做好宣传氛围和配合项目的实施；10 个基层医疗卫生机构负责各辖区的全人群健康教育工作，其中万春镇中心卫生院和天府街道社区卫生服务中心需要同步做好高危人群招募、筛查、评估及干预实施工作。

3. 干预点位落实"一把手"负责制　万春镇中心卫生院和天府街道社区卫生服务中心均实施"一把手"负责制，成立失能（失智）预防干预领导小组，明确职责分工，全力保障项目顺利实施。

4. 区级层面全力保障项目经费　区卫健局先后投入项目经费约 98.65 万元，用于干预措施落实、制作老年人健康宣传资料、开展健康主题活动、为参与项目的老年人购买意外伤害险等各项工作。

5.组织开展项目启动和培训会　区卫健局组织全区项目工作人员,包括各镇(街)卫健办、各村(社区)、区级医疗卫生机构、基层医疗卫生机构共计约100人召开项目启动会暨培训会,会上卫健局分管领导对工作开展提出明确要求,并由专家对项目实施方案和筛查评估技巧进行详细的讲解培训,确保对干预对象的招募、初筛、基线调查、干预指导、效果评估、满意度评价的真实性、及时性、准确性。

6.建立质控体系和复盘机制　区疾控中心持续加强工作质控,通过"现场＋线上"联合督导的方式,保证工作质量和细节完善。定期组织项目核心成员召开复盘总结,分享近期工作成效,提出目前工作困难,所有参会人员头脑风暴、各抒己见,共同解决遇到的问题,明确下步工作计划。

(二)具体实施

1.全人群健康教育工作　区上建立了工作群和工作台账,保证工作质量和进度,全人群干预惠及范围为全区所有镇街。与此同时为了提升健康教育覆盖面和可及性,将传统媒体和新兴媒体的优点有机结合,通过发放宣传资料、张贴宣传海报、开展健康教育讲座(咨询义诊宣传)、播放音像资料、公众号和微博推文、开发科普视频、敬老月活动等各种形式开展工作。

2.高危人群干预实施工作

(1)高危老年人招募:全区范围内通过微信公众号、朋友圈、家庭医生咨询群、村(社区)工作群(宣传群)进行公开招募。综合社会环境、地理因素、居民参与度选择确定了万春镇天乡路、春江路、金星、踏水桥(含新升)4个村(社区),天府街道笼堰、海科、天府家园、学府4个社区。

(2)高危老年人筛查、评估:积极开展初期评估,为便捷老人,多形式地满足老人需求,以集中预约、社区筛查、院内筛查及入户筛查的形式,全面、细致完成初步筛查评估。以团队负责、分管组长审核的方式,确保调查质量;数据录入由专人负责,分管组长再次审核,确保录入质量。

贴合有需求、有高危因素的老人,通过社区初步排查,结合家庭医生团队健康管理情况,确定筛查对象,至2021年3月27日,万春完成118名老人筛查、天府完成101名老人筛查,并上报国家项目组,最终选定符合要求的136名老人,开展基线评估,对其中68名进行失能干预,68名进行失智干预。

(3)干预工作:万春镇中心卫生院和天府街道社区卫生服务中心均选择家庭医生签约服务、基本公共卫生服务项目中老年人健康管理服务的优秀团队参与项目实施。结合集中活动课等时间同步开展健康教育讲座和血压、血糖监测,根据个体情况进行健康指导,对血压、血糖控制不佳者予以家庭医生跟进指导。邀请专业八段锦教练(获得四川省老年体协颁发的八段锦辅导员证书)进行动作指导、规范。通过视频、现场教学,规范动作,指导老人自行在家进行抗阻训练。通过舒缓的音乐配合干预指导员温和的语言引导开展放松活动。通过为老人发放体重秤、软尺,指导老人在家进行体重、腰围监测,集体活动时,工作人员带体重秤、软尺进行现场体重、腰围检测,通过数据比对分析,对老人现场提供体重干预指导。

各小组（团队）至少确定 1 名活动干预员负责集体活动实施及反馈、1 名联系督导员和健康宣教员负责每天通过微信、电话、视频、面访等形式督促老人坚持干预措施和反馈，1 名信息管理员负责每月收集老人的《自我干预手册》，录入《工作内容与进度安排手册》，并将干预措施落实情况汇总到干预对象管理情况汇总表，每月定期反馈到项目牵头人处。

基层医疗卫生机构总负责项目老师每次组织集体活动前及时对接镇（街），落实集中活动地点，镇（街）工作人员提前告知老人活动时间。小组联系督导员按照确定的时间地点，再次通过电话或微信提醒老人，确保其能准时参加活动。

各小组建立干预联络群，通过微信群及时发布干预活动地点、内容，科普健康知识和健康技能等。与此同时，老人通过微信群可以反馈练习视频、饮食情况。无法使用微信的，由社区网格员进行联系、督导。同时，每次集体活动的时候，对上一阶段的完成情况进行面对面交流、督导。

（三）特色创新

1. 选址选人的"讲究"　万春天乡路社区第一组、春江路社区第二组（以小区楼盘为主，居民相对集中，方便老人参与）、金星村第三组（以农村居民为主，家庭医生工作落实较好，居民配合度和参与度高）、踏水桥社区第四组（以农村居民为主，离卫生院比较近，家庭医生工作开展较好，居民参与度高）。将基本公共卫生服务项目和家庭医生签约工作深度融合，提升老年人健康管理依从性。

2. 有效的微信群管理　每日进行群互动，以微信群反馈加"积分"的形式，老人反馈一次自主运动练习或者膳食照片 / 视频，可以获得积分兑换奖品，提升老人参与热度，真正让群"活起来"。

3. 良好的激励机制　树立榜样，打造标杆。各小组选择积极性高、依从性好的老人作为"队长"，起到标杆引领作用，增加荣誉感，提升参与度。每次集体活动准备小礼品、小惊喜，助力居民参与积极性。

4. 满足多样化需求　在活动推进倦怠期，加入机器人助手，新科技增强新鲜感。结合特别节日活动，例如：健康宣传周、敬老月活动、脑卒中日等宣传义诊活动，提高参与度和仪式感。对于特殊情况（例如天气炎热）的处理，调整集中活动时间，提前准备防暑降温茶、藿香正气液等。针对有特殊情况无法参与的老人，家庭医生入户进行指导授课、宣教干预。

5. 媒体宣传，扩大干预影响力　区融媒中心全程参与拍摄项目工作视频，扩大宣传影响力，项目陆续在川观新闻、央视新闻、新闻联播、焦点访谈等节目中得到报道和关注。

二、增强老人信任感，家庭医生显神威

河南省许昌市安陵镇卫生院承担了国家失能失智干预试点项目中的失智高危老年人干预工作。

（一）组织领导

在县卫健委的领导下和县疾控中心的指导下,院领导高度重视,成立以主管院长为组长的领导小组,组织医院骨干人员参与干预项目,本次失智预防干预选定四个社区,各为一个干预组,每个干预组配备四名干预指导员(1名全科医师、3名护士),共16名干预指导员。2021年4月安陵镇卫生院在多位县疾控中心领导支持下举办鄢陵县老年人失能(失智)预防干预试点项目启动仪式。

（二）项目推进

1. 干预对象招募　小组干预指导员结合村卫生室和社区服务站初步筛选出80名干预对象,对老年人进行一对一的认知功能评估,根据得分情况,筛选出60名得分较低的符合调查的干预对象,招募结束后,对干预对象发放礼品。

2. 干预活动　各干预小组的干预指导员每月对干预对象进行一次健康教育大讲堂活动,内容包括慢性病自我健康管理、健康生活方式、膳食营养、适宜运动等,宣传教育材料由疾控中心统一提供。4个干预组每月进行一次血压血糖测量,干预指导员根据测量情况,结合每个人自身患病情况给出药物指导和生活方式建议。对于测量发现血压或血糖较高者,干预指导员会联合家庭医生对干预对象进行一对一上门追踪服务。集中八段锦练习频率为每两周一次,干预指导员添加干预对象微信,会每天督促干预对象在家自行练习八段锦,个别练习不太熟练的,干预指导员会上门单独指导直到学会。MIND膳食干预活动,干预指导员每天会督促、指导老年人坚持MIND膳食模式。为了更精准地达到膳食营养的要求,干预指导员给干预对象统一发放碗和厨房精准电子称。放松训练活动每个月组织集中训练一次。

（三）家庭医生积极开展服务

1. 家庭医生与干预对象签订家庭医生签约服务协议书和建立居民健康档案。对干预对象进行个性化、全面的评估,确定了主要的健康风险因素(高血压、糖尿病、脑卒中等),并在每周一次上门服务之前进行电话随访,询问干预对象身体情况,提醒注意事项,全方位关注干预对象的身体情况。

2. 家庭医生按照服务协议及预约时间,在每周一次上门服务时,对干预对象进行健康体检,测量血糖、血压、心率、体重、腰围并进行评估等,同时记录干预对象的主要健康问题,及时发现异常值,及时给出相应的处置计划。

3. 家庭医生根据干预对象的病情制定个性化的用药方案,帮助患者正确服药,并对糖尿病干预对象进行指导饮食的讲解,帮助干预对象养成正确的饮食习惯,控制病情,提高生活质量。

4. 家庭医生提供有关疾病预防、治疗、康复方面的健康咨询、老年人保健等专业知识,也会为生活不能自理的干预对象提供日常照顾等服务,让干预对象深切感受到医者关怀,获得家庭医生服务的温馨体验。

彭大爷的转变

一位干预对象彭大爷,患有高血压、糖尿病,老伴说还得过脑卒中,但本人否认,疑似有失智症,记忆力出现严重问题,在前期的评估问卷中得分较低。AD8 评分得分达到 6 分,他性格比较耿直,私下里,听干预对象们都叫他"倔老头"。一开始他很排斥参加这个项目活动,他认为干预指导员们都是一群"骗子",还一直声称说,哪有这种好事,免费教我们练习八段锦,还给我们免费发放礼品,还有家庭医生免费上门服务,这不是天上掉馅饼吗?甚至还怂恿其他干预对象不要参加项目活动。由于内心抵触,以至于他练习的八段锦动作也极不标准,干预指导员和家庭医生在对他了解了之后,开始对他格外照顾,并对他进行一对一的动作指导。2021 年 7 月 16 日,在安陵镇卫生院进行八段锦练习和健康教育活动结束后,干预指导员给干预对象一一测量血压血糖时,彭大爷的血压测得 202/116mmHg,空腹血糖 9.6mmol/L,家庭医生立即劝彭大爷去上级医院进行更加专业的检查和治疗,但彭大爷比较倔强,并且他说平常有在服用降压药,他也没有感到有任何不适,他对家庭医生的劝导并没有放到心上。忙完一天的工作后,家庭医生回到家中越想越不放心彭大爷,家庭医生立即给彭大爷打电话,电话却一直无人接听,当时已经晚上 9 点钟了,家庭医生立即联系干预指导员返回医院带上随访出诊箱,奔往彭大爷家中,对他再次进行血压测量,发现血压并无改善,而彭大爷说他已经服用过降压药了,血压根本降不下来,而且出现头痛、恶心等症状,家庭医生和干预指导员马上建议彭大爷即刻到医院治疗,彭大爷看到家庭医生这么严肃,才意识到事情的严重性,家中只有彭大爷和他老伴,家庭医生马上与其子女联系,说明问题的严重性。与彭大爷的子女商量后,家庭医生先带彭大爷去中心医院急诊科,经过一系列检查,接诊医生说彭大爷血压太高了,随时可能会发生脑出血,危及生命。在急诊科,家庭医生又充当起了临时家属的角色,跑前跑后,为彭大爷办理各种手续,经过紧急处理后,彭大爷的血压终于降到了安全范围,脱离了生命危险。家庭医生这才放心,回到家时已是凌晨 1 点,彭大爷出院后,一改往日说话风格,脸上笑容也变多了,说话也不生硬了,还逢人就夸"多亏了家庭医生救了我的命啊!"从此,彭大爷每次活动都积极参与,练习八段锦也非常认真。

经过几个月的八段锦练习、健康生活方式的指导、健康教育宣传、家庭医生签约服务,干预对象的健康状况明显有了改善,终期评估时,干预对象的评估得分从招募时的低分到终期评估的高分,血压血糖等指标都得到了有效控制,生活质量得到了有效提高,同时,干预对象对家庭医生签约服务充满了信任并对家庭医生的服务提出了高度评价。项目活动虽然结束了,但干预对象对八段锦练习的热爱并未结束,他们还一直坚持锻炼着从未停歇。

第三节　项目成效与启示

一、项目成效

（一）老年人身心健康状况得到改善

评估显示，失能高危老年人接受综合干预后，步行速度、站立坐起和站立平衡测试结果显示老年人运动能力有所进步；失智高危老年人接受综合干预后，智力状态检查得分有所提升。老年人反映参与干预活动后身体变好了、心情愉悦了，表示以前对失能失智防控了解太少，通过项目活动不但可以自我提高，还能带动身边的亲友了解相关知识。

（二）试点地区老年人健康促进服务能力得到提升

通过接受各级培训、开展干预实践、分析干预数据和进行工作总结等，试点地区老年健康促进服务能力得到提升。项目实施单位卫生健康服务管理水平、失能失智防控科普教育、身心健康状况评估及健康生活方式综合干预等相关业务工作水平得到提升，多地将老年人失能失智干预与基本公共卫生、家庭医生签约、医养结合、慢性病防控、中医养生保健等服务相结合，助力老年人健康。

（三）老年人失能失智预防干预模式初步形成

经过积极探索实践，初步建立一支包括国家、省、市、县卫生健康行政部门、疾病预防控制机构、基层医疗卫生机构相关工作人员的老年人失能失智预防干预专业队伍，产出一系列技术指导、筛查评估、宣传教育、失能失智预防干预工具。各地因地制宜，从组织领导、激励机制、资源整合等多方面初步形成老年人失能失智预防干预模式。部分试点地区将老年人失能失智干预纳入老年友善医疗机构创建、健康城市创建等工作中，助力试点工作持续推进。

（四）老年人失能失智问题及应对受到社会进一步关注

焦点访谈、央视新闻等中央媒体栏目以及广西新闻网、潇湘晨报等地方媒体都对项目进行了报道和宣传，2021 年 11 月 26 日央视新闻关于试点项目的报道网络浏览量近 30 万，老年人失能失智问题及应对受到社会广泛关注。

二、项目启示

（一）政府部门支持

项目从国家、省、市、县层面均为行政部门牵头，有利于多部门、多机构协同推进。来自行政部门的文件有助于项目开展的机构协调、人员配备和资金配套。桂林市灵川县成立了以县人民政府县长为组长,分管副县长为副组长,相关部门主要负责人为成员的灵川县老年人失能(失智)预防干预试点工作领导小组,形成党政齐抓、部门配合、整体推进的工作格局。

(二)多领域合作

本项目对老年人的综合干预涉及疾病预防与管理、膳食营养、身体活动等多领域,活动开展期间邀请体育健身专业人员、营养专家、上级医院专业医生进行指导,能够保障项目开展的科学性,同时对老年人也更具吸引力。

(三)老年人赋能

老年人赋能是积极老龄化重要策略之一,在组织老年人参与干预活动中,鼓励老年人参与、组织、分享、展示、带教等,使他们在老有所学、老有所为中实现社会价值、自我价值,能够增强老年人的参与性、归属感、自尊和自信,使干预工作更容易推动也更具意义。

(四)交流促进步

老年人失能失智预防干预项目为多试点项目,各试点又组织多街道、多社区开展,项目过程中,各地、各类工作人员通过会议、调研互访、微信群等多渠道保持密切联系,互相学习、借鉴彼此的好经验好做法。在项目 260 人的微信工作交流群中,各类工娱活动、膳食厨艺比赛等受到了关注,为其他地区提供了参考。

（高 欣 李 芳 赵东东）

第十九章

基于社区的预防老年人跌倒健康教育干预项目

第一节　项目介绍

一、项目背景和目标

(一)项目背景

1. 跌倒是我国老年人的重要健康威胁　跌倒给我国老年人造成沉重的疾病负担,是老年人重要的健康威胁。2022年我国老年人跌倒发生率研究结果显示:我国老年人跌倒发生率为19.3%,女性老年人跌倒发生率(21.9%)高于男性老年人跌倒发生率(16.1%),农村地区老年人跌倒发生率(23.1%)高于城市地区老年人跌倒发生率(16.4%)。2017年全国疾病监测系统死因监测结果显示:65岁及以上老年人跌倒死亡率为63.8/10万,跌倒是65岁及以上人群因伤害致死的第一位原因。2017年全球疾病负担研究估计,与1990年比较,中国70岁及以上人群跌倒死亡率上升了78.1%。跌倒造成老年人活动受限、功能受限、残疾、死亡等后果,严重影响了老年人的健康水平和生活质量,消耗大量的医疗和社会资源,是我国不得不面对的巨大挑战。随着我国人口老龄化的持续加剧,老年人口数量持续增加,老年人跌倒问题在今后相当长的一个时期都将是我国老年人群面临的重要健康威胁。如果不尽早探索有科学证据基础的干预措施,提出适合我国国情的防制策略和干预措施,跌倒也可能成为影响实现我国老年人健康目标的重要问题,造成更加严重的疾病负担。

2. 采取科学的措施可以预防控制老年人跌倒　跌倒是老年人自身的生理、疾病、心理、行为和环境等多个维度的因素共同作用的结果。发达地区和国家在二十世纪就已开始老年人跌倒干预研究,其干预策略措施主要针对某一类或多类老年人跌倒影响因素进行干预,主要包括运动锻炼、环境改善、健康教育、用药管理等策略措施。包括大量高质量随机对照研究在内的研究结果表明:针对老年人跌倒的影响因素开展有针对性的干预,可以有效提升预防老年人跌倒相关知识、态度、行为水平,减少跌倒发生。除了针对老年人个体的防跌倒干预外,基于人群的社区防跌倒干预,也可以达到预防跌倒发生,降低跌倒造成损伤严重程度的效果。

3. 我国现有基于社区的预防老年人跌倒工作尚不充分　虽然已有大量研究证明通过

采取科学防控策略措施可以降低老年人跌倒风险,但现有研究和实践多集中在发达国家和地区,我国尚未见高质量的社区老年人跌倒预防干预研究或实践项目的公开报道。我国现有老年人跌倒干预研究和实践主要集中在医疗机构和社区两个场所。基于医疗机构的防跌倒研究和实践以住院或就诊老年人为主要干预对象,多以护士为主要干预措施实施者,重视预防院内跌倒,少量研究也涉及离院后老年人跌倒的预防。但就诊、住院期间的老年人处于特殊的健康状态下,生活习惯与日常居家生活时有较大差异,医疗机构环境与社区环境差异较大,因此其研究结果的外推性有限,很难将其干预措施直接应用于广大居家养老的老年人中。已报道的基于社区的防跌倒干预,多以较简单易行的防跌倒健康教育讲座,发放宣传品为主,效果评价指标多是防跌倒相关知识正确率,态度、行为持有率。这些干预研究或实践多存在一些明显的不足,比如:防跌倒内容较少,不系统全面;干预强度较小;干预的实施随意性较大,标准化不足;未纳入跌倒发生率等核心评价指标。可以看到,我国在社区水平还普遍缺乏预防老年人跌倒的干预模式、干预工具和科学证据。

4. 探索适合我国国情的基于社区的老年人跌倒干预项目具有重要意义 立足我国国情和现有技术和资源,探索建立基于社区的预防老年人跌倒的干预方法和工作模式具有重要现实意义。现阶段我国老年人以居家养老为主,基层医疗卫生机构履行为老年人提供基本的医疗、保健、康复、公共卫生等服务的职责,是老年人疾病首诊、双向转诊,治疗—康复—长期护理服务链上的关键执行者,预防老年人跌倒也是我国基本公共卫生服务要求开展的工作内容之一。基层医疗卫生机构拥有一批专业的医疗卫生技术人员,他们具备一定的公共卫生服务技能,与社区老年人接触广泛深入,多数开展过针对慢性病等健康问题的干预实践和研究,是现阶段我国开展老年人跌倒预防的重要人力资源。面对近 3 亿老年人群,立足基层医疗卫生机构开展防跌倒服务,可能是高效地推动预防控制跌倒工作开展的关键策略。

(二)项目目标

1. 总目标 以健康教育为主要策略,通过组建社区居家养老老年人预防跌倒健康教育小组,通过系列小组活动针对社区老年人主要的跌倒危险因素进行干预,辅以一定程度的家居环境改造指导,以提高老年人预防跌倒知信行水平、相关技能和跌倒效能,减少跌倒的发生。探索建立基于社区的老年人预防跌倒干预模式,制作适用于基层医疗卫生机构的防跌倒干预工具包,为制定我国社区老年人跌倒预防服务政策、制度提供科学依据。

2. 具体目标

(1)通过对老年人进行 3 个月的防跌倒干预,在干预开始实施后 6 个月内,与对照组比较,干预组研究对象跌倒发生率下降 35%。

(2)开发制作一套供基层医疗卫生机构工作人员使用的预防老年人跌倒健康教育工具包。

(3)探索适合我国基层医疗卫生服务机构的老年人跌倒干预服务模式。

二、项目干预策略措施

(一)干预策略

本项目以健康教育为主要干预策略。健康教育作为一类预防老年人跌倒的基础性干预策略,在国内外都得到了广泛应用。既往研究显示通过健康教育预防老年人跌倒多可达到提升老年人预防跌倒相关知识、态度、行为水平的作用,对通过健康教育能否减少老年人跌倒发生的研究结果并不一致。考虑到我国基层医疗卫生机构长期开展健康教育实践,普遍掌握健康教育基本技能,具备一定开展健康教育干预的实践经验;同时预防跌倒常用的环境改善、精准的运动指导等干预超出了基层医疗卫生机构的能力和资源范围,可行性不足,因此,项目选择健康教育为干预策略设计干预活动。

(二)干预措施

1. 防跌倒健康教育小组活动

(1)组建健康教育小组:各项目社区组建一个由 12 名老年人和 2 名社区医生组成的防跌倒干预小组,其中 2 名社区医生负责组织实施健康教育活动,12 名老年人作为干预对象。

(2)健康教育内容:健康教育内容主要包括:老年人跌倒严重性和危害,老年人跌倒相关危险因素,老年人跌倒预防主要策略措施,平衡功能、耐力、下肢力量锻炼方法,居家环境跌倒危险因素识别与改造,跌倒相关疾病的应对,跌倒相关药物的管理原则,跌倒相关辅助工具的选择,害怕跌倒心理的应对等。

(3)健康教育小组活动形式:干预组社区的健康教育小组活动形式根据不同干预内容有所不同,结合老年人学习的特点,小组活动包括小讲课、集体讨论、个人分享、现场演示、现场练习等形式。对照组社区的健康教育为集中讲座形式。

(4)健康教育小组干预强度:干预组社区的健康教育小组活动每周 1 次,每次约 1.5h,共7 次,全部健康教育小组活动在 2 个月内完成。每次课程设置不同预防跌倒主题,主要内容见表 19-1。

对照组社区实施防跌倒健康教育讲座,每月进行一次,每次约 60min;讲座核心内容与干预组一致。

表 19-1　预防跌倒活动小组实施次数、时间、主要内容

小组活动次数	时间	主要知识技能
第一次	第 1 周	老年人跌倒危险性和可预防性 运动安全基本知识 运动锻炼方法 2 个
第二次	第 2 周	改善家庭环境预防跌倒 运动锻炼方法 2 个
第三次	第 3 周	识别社区和公共场所环境危险因素 锻炼下肢肌肉力量方法 2 个

小组活动次数	时间	主要知识技能
第四次	第 4 周	防控跌倒相关疾病 运动锻炼方法 2 个
第五次	第 5 周	选择和使用辅助工具 运动锻炼方法 2 个
第六次	第 6 周	合理用药 克服跌倒恐惧 复习已经学过的运动锻炼方法
第七次	第 7 周	改变那些易跌倒的行为习惯 复习已学过的知识技能和运动锻炼方法

2. 指导居家环境改造 干预组社区于 7 次健康教育小组活动结束后 1 个月内,实施 1 次入户的居家环境危险因素评估和改造指导。指导由组织实施健康教育小组活动的社区医生实施,使用自编的《老年人跌倒家居环境危险因素及改造建议》对干预对象居家环境进行评估,对发现的跌倒相关环境危险因素逐一给出改造建议。对照组社区无此项干预措施。

第二节 项目实施

一、项目地区和干预对象

1. 项目地区 项目在上海市、江苏省苏州市、浙江省宁波市、安徽省合肥市、广东省广州市、深圳市 6 个项目地区的 48 个社区实施。

根据项目设计干预措施的性质和内容,同时也为了更好地评估干预效果,项目选取社区时要求社区满足以下条件:①自愿参加本项目;②社区卫生服务中心拥有可以开展老年人健康教育和健康管理工作经验的工作人员;③社区拥有可以开展 20 人以上小组活动的室内场地,场地安全,适合老年人使用。为更好评价项目干预效果,各项目点地区采用简单随机的方法,将这些社区按照 1∶1 的比例分为干预组社区和对照组社区,并分别组织实施干预活动。

2. 干预对象 为更好地评估干预措施的防跌倒效果,优先为跌倒高风险老年人提供防跌倒服务,项目选择了有一定跌倒风险,且具备参与干预活动能力的老年人作为干预对象。干预对象选取条件包括:①年龄 65～84 岁之间;②过去 12 个月内发生过至少一次跌倒(无论是否受伤);③文化程度在小学及以上,能进行正常沟通和交流,有基本读写能力;④具备一定独立活动能力,可以到干预实施场所参加跌倒预防小组活动;⑤在项目社区内居住(居家养老),非养老机构老年人;⑥预计未来 1 年内在现居住地居住;⑦有参加预防跌倒活动的意愿。同时研究对象应能安全地参与和完成干预活动,因此那些处于疾病急性期或慢性疾病急性发作期的老人,因听力、视力、认知识功能障碍或痴呆、癫痫、帕金森、卒中后遗症等神经和精神疾病导致无法很好接受健康教育的老人,因健康问题不耐受运动的老人,患有明确的影响平衡功能疾病(如前庭、小脑系统器官病变,眩晕症,梅尼埃病等)的老年人不作为本项目的干预对象。

2020 年 10 月至 2021 年 6 月期间,项目点社区卫生服务中心 / 站通过面对面询问调查、电话调查、入户调查等方式,选择符合条件的 597 名老年人作为干预对象。在干预和随访过程中 36 名老年人因健康因素、事物性因素等原因未完全参加项目,最终有 561 名老年人全程参与项目,并完成了干预后六个月效果评估。

二、项目实施人员

本项目的实施人员主要包括社区卫生服务中心 / 站的工作人员和国家、省、市、县 / 区级疾控中心工作人员两类人群。

1. 社区卫生服务中心 / 站的工作人员 社区卫生服务中心 / 站的工作人员是各项干预活动的具体实施者,主要的工作内容包括开展 7 次防跌倒健康教育小组活动,进行入户居家环境危险因素评估和指导。在 7 次健康教育小组活动中,2 名社区卫生服务中心 / 站的工作人员协作分工,其中一名工作人员为主讲老师,主要负责小组活动中组织管理老年人,组织实施小组活动,进行防跌倒知识技能讲解,组织讨论和分享,演示运动锻炼动作,解答老年人问题,纠正老年人运动锻炼动作等。另一名工作人员在小组活动中承担助手的角色,主要负责协助主讲老师完成各项干预活动。

2. 疾控中心工作人员 项目实施过程中各级疾控中心根据自身职责承担不同的项目工作。总体上,疾控中心工作人员主要承担了制定工作方案,选取项目地区和社区,组织能力建设活动,协调项目地区实施干预活动,开展评估、质控和工作总结。

三、筹备工作

通过文献分析和对项目地区基层医疗卫生服务机构工作人员的调研发现:落实各项干预措施主要存在三方面突出困难。第一,基层医疗卫生机构工作人员的预防老年人跌倒相关知识、技能不足,不具备开展预防老年人跌倒健康教育活动的能力;第二,缺乏防跌倒健康教育核心信息,缺乏科学、系统、易使用的预防老年人跌倒干预工具;第三,绝大多数基层医疗卫生机构没有预防老年人跌倒的工作经验。针对这些困难,项目在实施具体干预前进行了以下三方面筹备工作。

1. 编制标准化干预工具 针对缺乏防跌倒健康教育核心信息和干预工具的问题,项目首先组织预防老年人跌倒相关领域专家,共同开发制作了供社区医生使用的健康教育干预工具包。工具包包括:供社区医生使用的《不跌倒,我能行——预防老年人跌倒健康教育小组活动(工作人员手册)》;包括单脚站立等 10 个预防跌倒运动锻炼的教学视频;供 7 次健康教育小组活动使用的标准化课件(PPT 形式);供老年人阅读和学习防跌倒知识,记录参与活动过程和体会的《不跌倒,我能行——预防老年人跌倒健康教育小组活动(老年人手册)》;以及在进行居家环境评估指导时使用的《老年人跌倒家居环境危险因素及改造建议》。

2. 开展能力建设 针对基层医疗卫生机构工作人员预防老年人跌倒知识储备和专业技能不足的问题,项目组开展两轮能力建设培训,培训内容主要包括预防老年人跌倒专业知识和技能和实施项目干预活动的技术和工作要求。

3. 备课和试讲 针对社区卫生服务中心 / 站工作人员实施预防老年人跌倒健康教育工作经验少的问题。项目在课程设计上遵循授课难度先易后难,授课内容先少后多的原则,前几次健康教育小组活动设计的学习内容较少,难度较低,给工作人员和老年人充分的学习和适应时间。另外,在能力建设和正式开始开展健康教育小组活动之间留有大约 2 个月的时间,供工作人员有较充分的时间熟悉项目要求,储备防跌倒知识技能,做授课准备。部分地区专门组织了社区医生进行小范围试讲,以帮助社区医生积累经验,进而更好完成干预的实施。

四、干预活动开展情况

1. 健康教育小组活动 各干预组社区根据要求组织实施了 7 次健康教育小组活动,24 个干预组社区的 281 名老年人应参加干预 1 967 人次,实际参加健康教育小组活动 1 837 人次,总出勤率为 93.4%(每次健康教育小组活动的出勤率在 91.8%~95.7%)。全部健康教育小组活动都按照项目方案和 7 次健康教育小组活动的设计落实,主要包括以下活动内容。

(1)组建团队:在第一次健康教育小组之初,授课教师首先协助老年人互相认识,组建工作团队,针对老年人群的特点,设计了简单的"打破坚冰"活动,制作了写有姓名的桌卡,以帮助老年人互相认识熟悉。授课教师通过案例分享、讨论、提问回答等形式,引导老年人思考预防跌倒的重要性,帮助老年人建立跌倒可以预防的理念,确立小组活动以降低跌倒风险为共同目标,并帮助老年人提升防跌倒自我效能,建立"不跌倒,我能行"的信心。

(2)传播防跌倒知识技能:在 7 次健康教育小组活动中,授课教师使用小讲座、案例分析、集体讨论等方式将防跌倒的知识技能传递给老年人。在讲授正确选择和使用拐杖、鞋等课程时,授课教师会使用鞋和拐杖等工具辅助教学,帮助老年人有直观的理解。在学习如何发现环境中的跌倒危险因素并进行环境改造的知识时,授课教师以共同完成任务的形式,带领老年人逐一讨论常见的居家环境危险因素清单,并根据老年人提出的环境危险因素给予环境改造指导建议。

(3)教授防跌倒运动锻炼技能:运动锻炼技能的学习始终贯穿着 7 次健康教育课程,除了教授老年人运动锻炼的基本原则和要求外,课程教授老年人坐位中心转移、单脚站立、脚跟 - 脚尖站立、抬腿运动、侧向行走等 10 个较适合老年人的平衡功能、肌肉力量、耐力锻炼方法。授课教师通过播放视频,现场演示,带领老年人现场练习,纠正错误动作等方式,通过每次小组活动的学习和多次复习,通过 7 次健康教育小组活动帮助老年人掌握这些运动锻炼动作,鼓励其建立运动锻炼习惯。

(4)多次重复的复习巩固:考虑到老年人的学习能力不足和项目传播的预防跌倒知识技

能内容较多的特点,项目在设计和实施阶段都非常重视通过复习、重复帮助老年人记忆、掌握防跌倒知识技能。项目中设计的"复习"包括:每次健康教育小组活动结束前都会由授课老师引领,老年人通过回顾本次课程内容;每次小组活动后授课教师都鼓励老年人回家后通过阅读《不跌倒,我能行——预防老年人跌倒健康教育小组活动(老年人手册)》进行复习;每次健康教育小组活动都会集体回顾上次小组活动传播的知识点;每次小组活动都先复习已经学过的所有运动锻炼动作,再开始新锻炼动作的学习;第 7 次小组活动只包括很少的新知识学习,绝大多数时间用于复习前 6 次课程所学知识和技能。

2. 入户环境危险因素评估　干预组社区均根据项目方案实施了一次入户居家环境跌倒危险因素评估和指导,24 个干预组社区的 281 名老年人应入户指导 281 户,实际入户指导262 户,完成率为 93.2%。入户指导通常由实施健康教育小组活动的 2 名社区医生和社区 /居委工作人员共同实施。入户后,在知情同意的前提下,和老年人一起使用《老年人跌倒家居环境危险因素及改造建议》对居家环境进行逐一跌倒风险评估,对发现的跌倒相关危险因素,工作人员会记录在册,并给予口头和书面的改造建议。部分社区在入户时提供了小夜灯、警示贴、防滑垫等小工具。

3. 健康教育讲座　对照组社区根据项目方案组织实施了 2 次防跌倒健康教育讲座,24个干预组社区的 280 名老年人应参加健康教育讲座 560 人次,实际参加健康教育讲座 529人次,总出勤率为 94.5%。对照组社区根据项目方案进行了每月 1 次,共 2 次的健康教育讲座,健康教育讲座内容与干预组总体一致,每次授课时间在 60min 左右。

第三节　项目成效

一、减少了社区老年人跌倒发生

项目实施的干预活动有效降低了干预对象跌倒发生风险。通过采集分析干预后六个月老年人跌倒发生情况数据发现:干预启动后 6 个月内干预组 281 名老年人中,有 15 人发生跌倒,发生率为 5.3%;对照组 280 名老年人中,有 28 人发生跌倒,跌倒发生率为 10.0%,干预组跌倒发生率低于对照组跌倒发生率,其差异有统计学意义。多因素 logistic 回归分析结果显示,与对照组相比,干预组研究对象跌倒发生风险降低 54%。此外,对比干预前后、干预组和对照组老年人的跌倒相关知信行水平,发现通过实施干预措施,干预组老年人的跌倒相关知识知晓率、态度和行为持有率较对照组有明显的提升。通过项目设计的防跌倒健康教育小组活动降低老年人跌倒发生风险的项目目标得以实现。

二、建立了一支预防老年人跌倒健康教育工作队伍

项目自始至终非常重视基层医疗卫生机构工作人员的防跌倒健康教育能力建设。通过文献和调研发现基层医疗卫生机构工作人员缺乏预防老年人跌倒知识技能储备、干预工具

和相关工作经验三个突出问题后,项目着重从编制易使用、标准化干预工具,组织充分实用的能力建设培训,进行充分备课和试讲等方面,在干预活动实施前尽量提高基层医疗卫生机构工作人员的防跌倒健康教育能力。在干预活动开始后,干预组社区医生通过亲身实践,均顺利完成了项目工作要求的 7 次防跌倒健康教育实践。对实施干预活动工作人员进行调查表明,干预后工作人员普遍感觉自身开展预防老年人跌倒的专业技术能力有明显提升,未来开展类似工作的信心明显增加。项目结束后,干预社区参与过项目的工作人员基本具备独立开展预防老年人跌倒健康教育干预的能力。部分项目地区在项目周期结束后,自发地将预防老年人跌倒纳入社区提供的老年人健康服务之中,让防跌倒服务在这些地区得以延续。还有部分地区以干预社区参与项目的工作人员为师资,开展对非项目社区的防跌倒工作推广,在当地扩大预防老年人跌倒健康教育干预的受益人群。通过开展本项目,真正在项目地区建立一支有专业技能和实战经验的预防老年人跌倒健康教育工作队伍。

三、制作了一套预防老年人跌倒干预工具

在项目设计阶段,我国尚缺乏供社区工作人员使用的预防老年人跌倒健康教育工具。多数基层医疗卫生机构工作人员只能从网络检索预防老年人跌倒相关信息,或者从数量不多的预防老年人跌倒科普读物中摘录一些信息。这些信息质量参差不齐,部分内容矛盾,无法满足基层医疗卫生机构工作人员开展预防老年人跌倒健康教育的需求。本项目开发的《不跌倒,我能行——预防老年人跌倒健康教育小组活动(工作人员手册)》、10 个预防跌倒运动锻炼教学视频、7 次健康教育小组活动标准化课件(PPT 形式)和《不跌倒,我能行——预防老年人跌倒健康教育小组活动(老年人手册)》共同组成了预防老年人跌倒干预工具包。这个工具包在项目地区的使用过程中得到了社区医生的广泛好评,其突出特点包括防跌倒内容全面,健康教育小组活动设计科学合理,使用方便,易于理解,标准统一等。工具包经过实践检验和完善修改后,编辑为《预防老年人跌倒健康教育教程(工作人员用书)》和《预防老年人跌倒健康教育教程(老年人用书)》两本图书,已于 2022 年由人民卫生出版社出版发行,以供广大的非项目地区的基层医疗卫生机构参考使用。

四、探索了基于社区的老年人跌倒干预工作模式

跌倒严重威胁着我国老年人的健康,但截至目前,我国尚未建立系统的基于社区的老年人跌倒预防控制工作模式,开展相关研究和实践十分迫切和重要。与试图从零开始单独建立一套老年人跌倒预防控制工作模式设计思路不同,本项目并未计划建立一套独立于现有老年人健康服务体系的、专门的老年人跌倒预防控制工作模式。项目以现有的基本公共卫生服务制度为架构,立足基层医疗卫生机构开展老年人健康管理,实施老年人群健康教育,开展预防跌倒健康服务的已有工作职责和工作要求,将老年人跌倒这一突出健康问题与健康教育这一具有较好可行性的干预策略相结合。项目的总体工作模式为以现有基层医疗卫生机构工作人员为实施主体,以社区居家养老老年人为主要服务对象,通过对工作人员进行

系统的预防老年人跌倒能力建设,并提供标准易用的健康教育干预工具,丰富基本公共卫生服务中开展预防跌倒服务的具体措施、手段和工具,以达到提升预防老年人跌倒知识、态度、行为水平,降低跌倒风险的作用。经过项目实践的检验,这种工作模式在所有项目地区都得到了较好实践,被工作人员和老年人普遍认可,并达到了降低老年人跌倒风险的效果,被实践证实是一种解决我国广大居家养老老年人预防跌倒需求的可能途径。

（段蕾蕾　耳玉亮　邓　晓）

参考文献

［1］康宁,于海军,陆晓敏,等.中国老年人跌倒发生率的 Meta 分析［J］.中国循证医学杂志,2022,22（10）:1142-1148.

［2］国家卫生健康委统计信息中心,中国疾病预防控制中心慢性非传染性疾病预防控制中心.中国死因监测数据集 2017［M］.北京:中国科技出版社,2018.

［3］段蕾蕾,王临虹.伤害与暴力预防控制理论与方法［M］.北京:人民卫生出版社,2020.

［4］段蕾蕾,耳玉亮.社区老年人跌倒预防控制技术指南［M］.北京:人民卫生出版社,2021.

［5］耳玉亮,段蕾蕾.预防老年人跌倒健康教育教程:工作人员用书［M］.北京:人民卫生出版社,2022.

［6］耳玉亮,段蕾蕾.预防老年人跌倒健康教育教程:老年人用书［M］.北京:人民卫生出版社,2022.

第二十章
社区医养结合项目

第一节 基本情况

一、社区医养结合政策的实施背景

随着经济社会发展、医疗水平提高,人口老龄化成为现代社会的基本特征之一,意味着总人口中老年人口占比不断增加,社会的老年人口抚养比[①]不断提高。与此同时,由于老年人口躯体机能不断下降等基本特征,需要医养结合服务的老年人数量也会不断上升。基于老年人群的差异性选择,目前已形成了家庭模式、居家社区模式、机构模式等不同的老年期照护模式。与此同时,针对老年人的健康需求,又在传统养老模式的基础上形成了医养相结合的新模式,即机构医养结合服务、社区医养结合服务、上门医养结合服务等模式。

其中,社区医养结合模式是指有条件的医疗卫生机构通过多种方式为社区养老的老年人提供所需的医疗卫生服务,为辖区内有医养结合服务需求提供医疗巡诊、家庭病床、居家医疗服务等医疗卫生服务。重点服务对象是失能(失智)、慢性病、高龄、残疾、疾病康复或终末期,出院后仍需医疗服务的老年人。

社区医养结合服务模式是家庭结构小型化、养老习惯传统化、社区资源聚集化等因素叠加下的现实选择与政策路径,也是当前我国大力推进的模式之一。

(1)社区医养结合模式是家庭结构小型化的必然选择。第七次人口普查数据显示,我国平均每个家庭户的人口为 2.62 人,比 2010 年第六次全国人口普查的 3.10 人减少 0.48 人,家庭养老功能快速弱化。空巢和独居老年人口数量迅速提高,也对传统家庭养老模式提出了挑战,原来主要由家庭成员承担的老年人照护责任亟待分担。尤其是"十四五"期间,独生子女父母将陆续进入退休期,传统的由家庭成员提供照料服务的模式面临挑战。与此同时,我国女性劳动参与率正在逐步增加,这些因素都导致社区医养结合服务需求增长。

(2)社区医养结合模式符合我国传统的养老习惯。我国是居家养老文化氛围浓厚的国家,纵观历史,家庭和社区是养老的基本场所,在地养老而不是远离家庭,是老年人口对老年期生活的基本期望。即使是家庭无法满足基本照护需求的失能老年人,对入住养老机构的

[①] 老年人口抚养比也称老年人口抚养系数。指某一人口中老年人口数与劳动年龄人口数之比。通常用百分比表示。用以表明每 100 名劳动年龄人口要负担多少名老年人。老年人口抚养比是从经济角度反映人口老化社会后果的指标之一。

意愿也仍然很低,在这一背景下,如果社区能够提供援助与支持,使老年人在自己熟悉的社区环境中与家人、邻里交往交流交融,与老邻居、老朋友守望相助、放松心情、便利生活,更符合老年人对美好生活的期待,也有助于老年人生活质量的改善。

(3)社区资源聚集化是依托社区为老年人提供医养结合服务的有利条件。社区是各类资源的聚集体,基层医疗卫生机构、日间照料中心等老年人所需的医疗资源和养老资源、村居两委和其他社区服务资源等都贴近社区或在社区内部,也可以说,各类便利于居民生活的资源往往围绕社区而建,使得社区成为资源的聚集区,将医疗卫生服务体系与社区养老服务体系融合,可以使老年人得到及时有效的医疗服务,因此能够为依托社区养老的老年人提供便利性支持。与此同时,作为我国国家治理的基石,基层社区有着多年的服务基础,依托社区为老年人提供医养结合服务的治理合力已经初步形成。

正是基于这些客观背景,2015年,国务院办公厅转发原国家卫生计生委、民政部、发展改革委等九部门联合印发《关于推进医疗卫生与养老服务相结合的指导意见》(国办发〔2015〕84号),提出的重点任务之一是推动医疗卫生服务延伸至社区、家庭,要求:"充分依托社区各类服务和信息网络平台,实现基层医疗卫生机构与社区养老服务机构的无缝对接。发挥卫生计生系统服务网络优势,结合基本公共卫生服务的开展为老年人建立健康档案,并为65岁以上老年人提供健康管理服务,到2020年65岁以上老年人健康管理率达到70%以上。鼓励为社区高龄、重病、失能、部分失能以及计划生育特殊家庭等行动不便或确有困难的老年人,提供定期体检、上门巡诊、家庭病床、社区护理、健康管理等基本服务。推进基层医疗卫生机构和医务人员与社区、居家养老结合,与老年人家庭建立签约服务关系,为老年人提供连续性的健康管理服务和医疗服务。提高基层医疗卫生机构为居家老年人提供上门服务的能力,规范为居家老年人提供的医疗和护理服务项目,将符合规定的医疗费用纳入医保支付范围"。2018年,国务院办公厅印发《医疗卫生领域中央与地方财政事权和支出责任划分改革方案》,将老年健康与医养结合服务管理划入基本公共卫生服务。2022年,又印发《关于进一步推进医养结合发展的指导意见》,在第一部分就明确提出发展居家社区医养结合服务,积极提供居家医疗服务,增强社区医养结合服务能力。

二、社区医养结合服务的主要内容

2019年,国家卫生健康委印发《老年健康与医养结合服务管理工作规范》,明确基本公共卫生服务医养结合项目内容,主要包括血压测量、末梢血血糖检测、康复指导、护理技能指导、保健咨询、营养改善指导6个方面,成为社区医养结合服务的基础内容。2023年国家卫生健康委印发《居家和社区医养结合服务指南(试行)》,对居家和社区医养结合服务内容进行了拓展,主要包括健康教育、健康管理服务、医疗巡诊服务、家庭病床服务、居家医疗服务、中医药服务、心理精神支持服务、转诊服务等,在实践操作层面,结合2020年国家卫生健康委印发的《关于加强老年人居家医疗服务工作的通知》,可将社区医养结合服务概括为以下内容。

1. 健康教育 医疗卫生机构应利用多种方式和媒体媒介,面向老年人及其照护者广泛传播运动健身、心理健康、伤害预防、合理用药、生命教育等健康科普知识。有条件的医疗卫生机构可针对老年人举办健康知识讲座,开展老年健康宣传周、敬老月、重阳节等活动,制作发放健康教育宣传资料,引导老年人形成健康生活方式,提升老年人健康素养。

2. 健康管理服务　基层医疗卫生机构应按照国家基本公共卫生服务规范,为老年人建立健康档案,并根据老年人健康状况提供老年人健康管理、高血压患者健康管理、2型糖尿病患者健康管理、中医药健康管理等基本公共卫生服务。有条件的基层医疗卫生机构可为老年人提供有针对性的保健咨询、营养改善指导等服务。

3. 医疗服务　主要包括适宜居家或社区养老服务机构提供的诊疗服务、医疗护理、康复治疗、药学服务、安宁疗护、中医药服务等医疗服务。其中,诊疗服务包括健康评估、体格检查、药物治疗、诊疗操作等;医疗护理服务包括基础护理、专项护理、康复护理、心理护理等;康复治疗服务包括康复评定、康复治疗、康复指导等;药学服务包括用药评估、用药指导等;安宁疗护服务包括症状控制、舒适照护、心理支持和人文关怀等;中医服务包括利用中医药技术方法,为老年人提供常见病、多发病、慢性病的中医诊疗服务,中医药康复服务及中医健康状态辨识与评估、咨询指导、健康管理等服务,推广使用针刺、推拿、刮痧、拔罐、艾灸、熏洗等中医适宜技术。有条件的医疗卫生机构可为老年人提供中医养生保健、中医护理、膳食营养指导等服务,对老年人个性化起居养生、膳食调养、情志调养、传统体育运动等进行健康指导。

4. 心理精神支持服务　有条件的医疗卫生机构可为有需求的老年人提供环境适应、情绪疏导、心理支持、危机干预、情志调节等心理精神支持服务。了解和掌握老年人心理和精神状况,发现异常及时与老年人沟通并告知第三方,必要时请医护人员、社会工作者等专业人员协助处理或转至专业医疗机构。有条件的医疗卫生机构可定期组织志愿者为老年人提供服务,促进老年人与外界社会接触交往。

5. 转诊服务　对于居家或社区养老的有需求并符合转诊条件的疑难病、危急重症老年患者,巡诊的医疗卫生机构应积极响应,及时将其转诊至综合医院或专科医院。对于经治疗出院在居家或社区养老的仍需要慢性病治疗、康复、护理的老年患者,负责辖区巡诊的医疗卫生机构可根据病情和医疗机构医嘱按规定开具处方,并提供必要的家庭病床、随访、病例管理、康复、护理等服务。

三、社区医养结合服务的基本做法

1. 医疗巡诊　医疗卫生机构根据资源配置情况,为有需求的老年人提供医疗巡诊服务,主要为老年患者提供常见病多发病诊疗、诊断明确的慢性病治疗、应急救护等基本医疗服务。有条件的社区养老服务机构可与开展远程医疗服务的医疗卫生机构合作,为入住老年人提供远程会诊等服务。有条件的基层医疗卫生机构可利用便携医疗设备,结合基本公共卫生服务和家庭医生签约服务,定期开展社区巡诊服务。

2. 上门医疗　有条件的医疗卫生机构可按照《关于加强老年人居家医疗服务工作的通知》的有关要求,为有需求的老年人提供诊疗、康复护理、安宁疗护等上门服务。原则上,以需求量大、医疗风险低、适宜居家和社区养老服务机构操作实施的服务项目为宜。医务人员在提供相应服务过程中应遵循《老年护理实践指南（试行）》《安宁疗护实践指南（试行）》等，规范服务行为。

建立家庭病床是开展上门医疗服务的主要方式。家庭病床服务是社区医养结合服务的重要形式之一，是积极应对人口老龄化，增加老年人居家医疗服务供给，做实家庭医生签约服务的有效方式。医疗卫生机构根据资源配置情况，为符合条件的居家老年人和社区养老服务机构入住老年人提供家庭病床服务。服务对象主要是行动不便、诊断明确、病情稳定、适合在家庭或社区养老服务机构进行检查、治疗和护理的老年患者。服务项目应为在家庭或社区养老服务机构条件下医疗安全能得到保障、治疗效果较为确切、消毒隔离能达到要求、医疗器械便于携带、非创伤性、不容易失血和不容易引起严重过敏的项目。

3. 家庭医生签约 家庭医生签约主要是由基层医疗卫生机构和医务人员深入社区，为签约对象提供综合连续的公共卫生、基本医疗和健康管理服务。在我国医疗卫生服务体系中，家庭医生是医疗卫生机构设置家庭病床、开展居家医疗服务等各项工作的重要基础，通过与辖区老年人家庭建立签约服务关系，使家庭医生成为居民的医生朋友，为其提供有针对性的基本公共卫生、基本医疗、预约转诊、病伤康复、健康管理等连续协同的健康服务。

此外，利用互联网等信息技术也是重要的实践模式。通过信息联通、设施共享、人员对接等手段，共享辖区内老年人健康和养老信息，以互联网平台作为整合医疗卫生和养老服务资源的重要工具，发展"互联网＋居家医养结合服务"。

第二节 代表性案例

一、陕西省西安市莲湖区环城西路社区卫生服务中心

西安市莲湖区环城西路社区卫生服务中心承担着辖区 6.8 万余常住人口的基本医疗和公共卫生服务，作为西安市率先开展家庭病床服务工作的试点单位，经过探索实践，逐渐形成了规范、系统、综合连续的上门医疗护理服务体系。

（一）主要做法

1. 加强组织保障，健全工作机制

（1）按要求成立家庭病床领导小组和家庭病床管理科，负责中心家庭病床业务相关工作。

（2）将 12 个"5+N"模式家庭医生服务团队，按照街道分社区对应包抓负责，在提供家庭医生签约服务的同时，对有需求的患者开展家庭病床建床服务。

（3）组建由中心全科、中医科、康复科、精神卫生科等各科医师和住院部护士长组成的中心评估组，对患者的诊疗护理进行全程跟进监测管理。

（4）建立家庭病床建床、撤床、护理、病历书写、医疗安全管理等相关制度，保障服务质量

和服务安全。

2. 借助医联体和专科联盟,提供优质服务 将三甲医院医联体专家纳入家庭医生服务团队,参与日常坐诊和家庭病床出诊、巡诊,并通过专科联盟等形式和渠道,将眼科、口腔科及康复等科室专家编入家庭病床专家小组,满足患者居家治疗多种需求。

3. 结合基本公卫服务,做实家医签约履约 结合高龄保健补贴年审、老年人健康体检、慢病管理等工作做好摸底和宣传动员讲解,不断扩大老年人及其子女对家庭病床政策的知晓率和认同感。试点开展以来,确实满足了失能、半失能、残疾患者或行动不便、治疗康复周期长等重点人群的居家医疗护理需求,实现治疗和预防有机融合。

4. "两床"融合,实现高质量居家养老服务 将家庭养老床位与家庭病床服务融合建设,对有养老需求和医疗服务需求的老年人,合并建立床位,提供居家养老服务和健康护理服务,实现工作力量融合、服务提供融合,进一步解决居家失能老年人养老就医问题。

5. 纳入医保报销,减轻群众负担 西安市参保职工和居民的家庭病床费用纳入医保报销,已结算的患者中,居民医保和职工医保参保患者日均费用分别为 39.66 元和 53.67 元,均低于同类病人住院费用的平均水平,不仅有效解决了辖区部分年老体弱、长期卧床或行动不便的患者"看病难、康复难"等问题,也缓解了医保费用支出压力。

(二)经验启示

1. 夯实基础,加强服务保障

(1)健全家医团队:按片划分服务区域,一个区域内由 1 名主治医师、1 名住院医师和 2 名护士组成服务团队。

(2)注重需求导向:在携带巡诊箱基础上增加了便携式心电图、B 超、多部快速血糖仪等,不断扩展服务项目,最大限度满足群众需求。

2. 健全机制,加强安全保障

(1)建立双保险机制:为护士、服务对象购买责任及意外保险。

(2)建立双评估机制:建立服务团队和服务患者双向评价机制和退出机制,规范双方医疗服务行为。

(3)积极防控风险:配备巡诊记录仪和一键呼叫器实时上传诊疗过程,确保诊疗安全。

3. 建立标准,规范服务行为

(1)制定操作规范:制定了家庭病床质量管理等 6 项制度,编写家庭病床医疗和护理操作规范,细化标准 19 项。

(2)制定工作制度:编写"家庭病床医生工作制度"和"家庭病床医生岗位职责",规范医护人员上门服务行为。

(3)加强业务培训:每半年开展医护人员的业务培训、技术操练,提高家医团队护理和康复治疗业务技能水平。

4. 强化考核,推动试点向前

(1)结合公卫考核:明确各中心家庭病床建床任务,将家庭病床考核纳入卫健局对社区卫生服务中心公共卫生考核项目。

（2）设置建床费巡诊费：将家庭病床出诊费、巡诊费纳入绩效考核项目，充分调动基层医护人员工作积极性、主动性。

二、湖南省长沙市望城区社区卫生服务中心

为积极推进医养服务融合发展，有效解决老年健康服务需求，湖南省长沙市望城区社区卫生服务中心从满足以老年人为主的重点人群多样化医养服务需求出发，坚持政府主导、部门联动、社会参与、资源共享，以居家护理为基础、社区医养签约服务为依托、机构医养服务为补充，不断创新融合发展，推动全区健康养老"三不离、四促进"，即：养老不离医疗、不离家门、不离亲情；促进基层医疗卫生机构发展，促进医疗分级诊疗推进，促进医保向重点人群倾斜，促进社会老龄化问题解决。

（一）主要做法

1. 推进"基层医疗机构 + 养老"服务模式，即医养结合服务进医疗机构　2021 年，选定铜官街道第一社区卫生服务中心成为全区首家"基层医疗机构 + 医养结合"新模式试点单位，与长沙市第一福利院（长沙老年康复医院）签署合作指导协议，派遣骨干力量赴市第一福利院定期培训。聘请第三方专业护理团队加强医养照护服务，并开设安宁疗护病房，增设丧葬处理专员，真正做到医中有养、养中有医、医康养送一体化。以老年健康为中心，增设老年康复科、安宁疗护科、医养中心等科室，进行适老化改造，开设医养结合床位 60 张，主要致力于活力老人日常医疗服务、慢病管理；失能、半失能老人康复治疗、生活照护等；安宁疗护老人减轻疼痛、预防褥疮等；开展心理疏导和关爱服务。自运营以来，服务老人 520 余人次。

2. 探索"健康网格 + 公卫"服务模式，即医养结合服务进村（社区）、进楼盘小区、进老人家庭　通过建立社区健康管理网格、义工志愿团队，结合老年人健康体检、家庭医生服务等公卫职能，由社区卫生服务中心团队上门为老人提供健康咨询、慢病管理等，推动医养服务由机构向社区、家庭延伸。目前已选定高塘岭街道高域自然城、联诚国际小区和中南社区三个老年人口集中的小区进行试点，网格管理团队由 1 名点长、3～5 名网格员和若干名志愿者组成，由高塘岭街道第一社区卫生服务中心医务人员担任点长，居住小区内的医务人员按照自愿原则担任网格员和志愿者，目前三个小区共有 42 名医务人员志愿报名成为网格员和志愿者。通过健康宣教、义诊的形式，树立老年人科学的健康观念，为自己的健康承担责任，做自己健康的第一责任人。依托"健康望城"智慧医疗平台，全面摸排 65 岁以上老人健康状况，加强健康指标监测和信息管理，同步更新省公卫 3.0 系统数据，动态掌握老年人健康状况，实现老年人健康管理率 100%。

（二）经验启示

1. "基层医疗机构 + 养老"模式，致力于满足失能老人医养服务需求　在基层医疗卫生机构设立"老年康复科""安宁疗护科"，对老年病进行康复治疗，对高龄、重病及终末期老人

提供疼痛管理、生活照护、安宁疗护等服务,减轻疾病痛苦,给予心理关怀,让生命最后一公里活得有尊严;通过医疗养老床位的灵活转换,实现患者一床式服务,提升基层医疗机构服务能力,盘活基层医疗卫生资源。

2."健康网格 + 公卫"模式,致力于活力老人康养服务需求 在农村以村为单位,在城市以楼盘小区为单位,组建 3～5 人健康网格团队,负责辖区内的免费公卫服务;通过基层医疗机构组织健康宣教、义诊、老年人健康体检等,完善辖区老年人健康档案,并进行分类管理;家庭医生对"老高糖精"等重点人群开展不定期上门服务,提供慢性病回访、健康咨询、用药指导等;通过健康管理,让活力老人健康预期寿命延长。

三、四川省德阳市什邡市南泉镇卫生院

什邡市南泉镇常住人口 2.5 万,其中,60 岁及以上人口占比 32%,65 岁及以上人口占比 23%。为满足老年人多元化健康服务需求,什邡市南泉镇卫生院依托国家基本公共卫生服务项目和家庭医生签约服务,分级分类精准施策,为老年人提供个性化、全周期的健康服务,让老人安享美好晚年生活。

(一)主要做法

1.聚焦老年人多元健康需求,做细家医签约服务 卫生院每年对辖区 65 岁及以上老年人进行 1 次免费健康体检,对体检结果进行综合评估,根据评估结果由家庭医生团队进行面对面健康指导,将老年人进行分类管理。按照省、市卫生健康委的统一部署,在什邡市卫生健康局指导下,因地制宜制定基础包、初级包、中级包、高级包、特级包、医康养包、特需包共 7 类服务包,按需为老年人提供居家、门诊、住院、康复、照护、随访全闭环一体化管理服务,从免费至 4 800 元及特需议价不等。对健康老人,卫生院按需提供定期健康体检、日常健康指导以及就医绿色通道、转诊预约、车辆接送、专人陪诊等服务,同时给予费用优惠政策。对有基础疾病或家中不便照料、有住养需求的老年人,为其签约医养服务包,提供 2 个月医养试住服务,采取"医""养"动态管理,由卫生院医养结合中心提供医疗、康复、专业照护、营养餐等全方位医养服务。签约服务开展以来,对老年人等重点人群,实现签约服务全覆盖,共签约基础包 5 万余人次,有偿服务包 1 260 人次,签约总金额 220 万元,每年度按需为老人提供签约服务 4 万余人次,其中居家服务 1 912 人次,社区服务 860 人次,收住医养服务 1 508 人次,向上转诊服务 286 人次。

2.聚焦失能老年人健康需求,做实"健康敲门行动" 南泉镇卫生院以家庭医生为核心,扎实推进失能老年人"健康敲门行动"。

(1)培训动员,抓住"关键点":医院召开培训动员会,细化任务目标和服务内容,掌握敲门行动服务要点,确保服务精准有效。

(2)深度分析,找准"需求点":对失能老年人院内就诊情况进行数据分析,精准摸清老年人身体健康状况和服务需求。

(3)梳理清单,把好"服务关":制定服务流程,梳理服务清单,做到工作有清单、服务有

记录、情况有反馈、群众有感受。

（4）畅通热线，搭建"健康桥"：确定"一对一"服务团队，畅通"1+3"双向健康热线，全天候提供健康指导、预约诊疗、联系接送等服务。

（5）多重服务，优享"健康+"：与老年人签订服务包，发放"告知书"；提供随访、免费入住、医养体验服务等增值服务。

（6）馈赠礼包，温暖"全家人"：定制并免费发放健康大礼包、爱心健康包，为失能、困难老年人家庭送去健康关怀。2022年6月至今，共服务失能、困难老年人363人次，发放健康礼包510份。

3. 聚焦终末期老年人健康需求，做暖安宁疗护服务　南泉镇卫生院作为德阳市首批国家安宁疗护试点单位，向什邡市卫生健康局申请设立临终关怀科，开设安宁床位20张。组建多学科团队，与上级医共体牵头医院，建成肿瘤科延伸病房，由上级多学科专家参与，共同为老年人提供巡诊、会诊、转诊和康复护理指导服务。通过"五访制度"、遗愿清单、家属联谊等举措，将康复关怀与生活照料融为一体，为终末期老年人及其家属提供舒缓治疗、舒适照护、康复服务及心理关怀等全方位安宁服务，共服务578人次。在德阳市医保局、卫健委安宁疗护按床日付费政策的支持下，为136名终末期老年人减轻医疗负担。

4. 聚焦老年人心理健康需求，做深心理关爱服务　由什邡市卫健局老龄健康服务中心牵头，通过建立一套机制、搭建一个平台、组建一批团队、完成一次培训、梳理一套清单和畅通绿色通道的"5+1"工作法，制定周密的老年人心理关爱帮扶计划，形成问题有清单、干预有记录、情况有反馈、工作有安排、状况有改善的闭环管理，构建多元立体的老年人心理关爱服务网络，切实将老年人心理关爱落到实处，为南泉镇团结村、南阳村2个试点村共1 869名老年人提供心理关爱服务。

（二）经验启示

通过提供全方位、全周期的健康管理服务，解决了失能、留守、终末期老年人等重点人群的医疗康复、长期照护及终末期关怀难题，助力乡村振兴；通过畅通老年人双向转诊绿色通道，促进"首诊在基层、救治在医院、康复回社区"分级诊疗目标的实现，得到社会各界和群众的普遍认可。

四、广州市黄埔区红山街社区卫生服务中心

广州市黄埔区红山街道现有户籍老人4 118人，占户籍总人口的22.5%，已进入中度老龄化阶段。经红山医养结合团队评估，辖区内共有失能长者206人，其中53人为重度失能长者，高龄、失能、慢性病、重症失能长者的社区整合照护服务需求凸显。黄埔区红山街社区卫生服务中心（以下简称"红山中心"）为原广州文冲船厂职工医院，2007年注册为非营利性社区卫生服务中心，是广州市规模最大的社区卫生服务中心，并于2020年获批加挂"社区医院"。红山中心下设两个社区卫生服务站、一个颐康中心、一个护理站、两个厂医务室、一个大学医疗门诊部，提供全科、国医馆、妇女儿童保健、口腔科、五官科等基本医疗服务，以及

体检、基本公共卫生服务。针对社区老年患者需求，中心设置了专门的老年病区，收治常见病、多发病、慢性病、疾病终末期安宁疗护患者。

（一）主要做法

1. 以医办养，提供基本养老服务

（1）提供基本医疗服务：首先在基本医疗服务方面，涵盖了常见病、多发病的诊断治疗与康复，以全科医学理论为理念指导，并促进医防融合。中心设立了全科医学科，提供家庭医生门诊与签约基础服务，并延伸至慢性病及高危人群健康管理。设立内科、外科、妇科、儿科、口腔科、中医科、康复医学科等科目的门诊服务和 24 小时急诊、急救、住院等服务，能对常见的急危重症患者作出初步诊断和急救处理。还设立了预防保健科和健康体检中心，服务内容涵盖国家基本公共卫生服务项目，开展包括健康体检、职业健康检查、从业人员体检等业务。以家庭医生签约服务为基础，开展签约建档、报告解读、集中健教、运动、饮食及生活方式等干预管理，对高血压、糖尿病、高脂血症等慢性病进行筛查与管理等，形成了特色的服务模式。通过以上基本医疗服务科室设置，建立了全生命周期健康管理工作体系。

（2）建立"社区卫生服务中心＋颐康中心＋护理站"整合照护体系：2018 年 11 月红山中心成功申办试点护理站，并于 2019 年 12 月成为长期护理保险定点机构，为长期卧床老人、患者、残疾人、临终患者和其他需要护理服务者提供基础护理、专科护理、临终护理、消毒隔离技术指导、营养指导、社区康复指导、健康宣教和其他护理服务。2020 年 12 月 30 日红山中心挂牌成立黄埔区红山街颐康中心，成为黄埔区首批成立的颐康中心之一，依托红山中心的医疗资源，以医办养，统筹协调居家养老、社区养老以及机构养老等多项功能，通过整合自身医养资源，促进整合照护专业化，并将之辐射到整个红山及周边社区。目前颐康中心设 20 张托养床位，为入住全托养老服务区的长者提供"一站式"专业照护及医保报销服务。长者若需要就医可快速转入中心住院病区。颐康中心还与周边三甲医院开通了绿色转诊通道，能在极短时间内实现有效转诊救治；同时，为这部分长者提供家庭病床服务及全科医生巡诊等服务。此外，颐康中心还设置了长者饭堂、活动室、养老床位等服务设施，设立了智慧养老平台，对接 35 户开设居家养老床位的老人的需求，满足了社区居家养老基本服务要求。

2. "社区－机构－居家"三元联动的安宁疗护整合照护模式

中心共有 220 张医疗病床，其中 34 张安宁疗护病床，设置独立的服务区、管理区和生活辅助区，在服务区设病房、治疗室、处置室、谈心室（评估室）、关怀室（告别室）等功能区域。由于中心安宁疗护病床长期满位，患者以普通医疗病房过渡，优先将临终患者转入安宁疗护病区。中心在接收周边医院转接的临终病人后，为其进行生存期评估，初步判断病人的生存期，进而展开具体的安宁疗护工作。2017 年，开启居家安宁服务，将现有的安宁疗护经验复制到患者家中，居家安宁服务内容涵盖了医疗护理、居家保洁、心理辅导等方面，涉及医护、社工、家政、志愿者等不同专业人员组成的团队服务。由此，"社区－机构－居家"三元联动的特色安宁疗护服务体系，进一步嵌入红山中心的全方位医养康护整体服务。

3. 社会赋能

红山中心除了打造"医养康护送"的服务体系外，还整合了教育、培训、社

工、家政、娱乐、适老化改造等各项资源,赋能社区长者,让长者老有所养、老有所医、颐享晚年。按照颐康中心建设的要求,机构和居家适老化、智能化改造是重要一环,长者家中的卫生间防滑处理、家具棱角包边处理、台阶坡度改造、房门加宽等改造项目,由中心安排专人上门测量、拟订方案、施工验收;在长者家中安装烟雾警报器、浸水警报器、紧急呼叫按钮、心率呼吸监测、防跌倒等智能化设备,并与社区、医院进行数据对接,医院24小时值班的监护员可以迅速监测到异常情况,并及时安排专人上门查看,对独居长者尤为重要。以上项目均可以通过红山颐康中心提交申请,同时还能享受政府的适老化改造补贴。

部分高龄、失能及半失能老人需要持续的医疗服务,但由于经济原因,部分家庭难以长期雇请专业护工提供服务。为解决这一问题,红山中心自2017年开始与公益创投合作项目,通过项目培训社工、志愿者、家政服务人员等,除安排中心医护人员为辖区有需要的失能人员提供免费的上门医护服务以外,还为家庭中照顾老人的成员,包括家属、保姆等,围绕老人的用药注意事项、搬轮椅、全身擦洗、翻身等日常医护问题开展每月一期的公益培训。由此,既使得辅助性上门服务解决了失能长者的基本生活问题,也提高了居家照护人员的护理能力和专业性,扩大整合照护体系对不同人群的辐射程度。

(二)经验启示

红山中心的社区整合照护实践,主要实现了三个层面的整合:首先,政府主导、自上而下,整合照护服务资源。其次,机构内部的资源整合。以医院本身的医疗资源和服务能力为基础,红山中心首先发展出具有特色的老年病房、安宁疗护病床,再通过护理站、个案管理等具体路径,整合了院内不同科室的医生、护士和护理人员,最后通过公益创投等项目筹集资金,将护工、残疾人康复、志愿者等工作加入工作体系之中,实现了机构内部资源利用效率最大化。最后,通过医养康护送的服务整合,为失能长者提供了机构照护服务,为家庭照护者提供正式的社会支持服务。

第三节 实施成效与启示

一、总体成效

1. 社区医养结合服务更具有可及性 相比于传统的养老服务,社区医养结合服务模式依托现有社区中心、日间照料中心等空间场所和资源,整合了基层医疗卫生机构、老年食堂、老年活动中心等生活文化设施,融合了各类政策、经费和建设项目,使得服务提供主体在空间位置上更贴近老年人熟悉的生活空间、社区健康服务的适老程度更高、社区养老服务的健康水平更高。

得益于医疗、养老、社区等资源的深度融合,各地更好落实基本公共卫生服务项目,在社区开展健康讲座、义诊活动等,使为老年人提供的健康管理、健康教育等服务更具有可及性,尤其是通过推进"互联网+医疗健康""互联网+护理服务",更进一步将专业健康服务延伸向社区,提高了服务便捷性。2019 年,我国将老年健康与医养结合服务纳入基本公共卫生服务项目,重点之一是依托基层医疗卫生机构为居家老年人提供医养结合服务、失能评估与健康服务,使老年人在家门口即可获取健康等公共服务,整合型的连续性健康服务成为新时代老年人的新福利。与此同时,将老年人作为重点人群提供家庭医生签约服务,优先满足老年人的健康需求,逐步实现慢病有管理、疾病早发现、小病能处理、大病易转诊,为老年人提供基本的医疗和公共卫生服务。

近年来,依托基层医疗卫生机构建设的医养结合服务设施得到了迅速发展,通过增设养老床位、开展养老服务,就近为有需求的居家老年人提供生活照料、陪伴护理、心理支持、社会交流等服务,使康复护理、长期照护、安宁疗护等服务由原来的机构内部延伸向社区和家庭,使专业医养结合服务更具有可及性;通过鼓励医护人员到医养结合机构执业、在社区卫生服务机构增设全科诊室等措施,逐渐缓解了社区医养结合服务稀缺、专业性较差等问题;在"惠老"政策的大力推动和财政经费支持下,各地对社区和老年人家庭进行适老化升级改造,不断优化新建小区的规划配套,老年友好型社区和老年友好型社会建设进度进一步加快,社区养老驿站快速发展,社区医养结合服务更加多层次、多元化,老年人就近养老更加便捷。

2. 基层医疗卫生服务体系更加完善 基层医疗卫生机构通过为有需要的老年人建设家庭病床、制定个性化签约服务包、提供上门服务等,在社区医养结合服务模式中发挥着重要作用。为推动基层医疗卫生机构开展社区居家医养结合服务,我国已相继出台多个政策,重点支持和推动基层医疗卫生机构提供疾病诊疗、医疗护理、安宁疗护等老年人迫切需要的服务,重点满足失能、重病、高龄等重点老年人的刚性需求。在医保报销方面,也支持以基层医疗卫生机构(指社区卫生服务中心、乡镇卫生院)为主体、为符合条件的老年人建设家庭病床,逐步提高基层医疗卫生机构提供的服务在医疗服务总量和医保基金支付中的占比。与此同时,为提升基层医疗卫生机构医养结合服务能力,各类政策支持基层医疗卫生机构人员参加医养结合服务质量提升、全国老年医学人才、基本公卫老年健康与医养结合项目、慢性病防治等各类专业技术与技能培训,从而带动提升了基层医疗卫生机构治病防病能力,使基层服务能力不断加强。可以说,社区居家医养结合在促进基层首诊和医防融合、引导居民到基层就医等层面发挥了重要作用。

3. 社区居家老年人健康养老需求满足程度更高 社区医养结合致力于打通医养结合服务"最后一公里",更加关注老年人对"养"与"医"结合的需求,强调养老服务与医疗服务的兼得性,将相对独立的医疗卫生资源、养老服务资源、社区服务资源进行了有效整合,实现了资源共享、服务衔接,使资源利用效率不断提高,使老年人就近就便享受到专业规范、综合连续的整合型健康养老服务,在一定程度上满足了不同健康状况老年人的差异化需求,提升了老年人的获得感和满意度。

二、下一步重点工作

社区医养结合遵循"以基层为重点,以改革创新为动力,预防为主,中西医并重,将健康融入所有政策,人民共建共享"的新时代卫生与健康工作方针,致力于解决人口老龄化带来的健康问题,是实现健康老龄化、满足老年人健康养老服务需求的重要举措。在积极应对人口老龄化国家战略的总体部署中,社区医养结合将继续发挥重要的作用,这还需要政策持续创新突破、实践不断积极探索、基层持续贯彻落实,才能更好满足老年人日益增长的"在地健康养老"的美好生活需要。

　　尽管我国社区医养结合取得了显著成效,但无论是实践领域还是政策领域,都还存在一些待解难题,如上门医疗服务供给不足,家庭病床建床难,部分地区家庭医生签约有待进一步落地、落实、落细,依托社区养老的老年人在获得医养结合服务的可及性有待提升、获得感仍要强化、参与度亟须提高,个别地区社区医养结合还没有进入实质性服务阶段,社区医养结合服务经费不足等,这些问题都仍需要进一步加大建设与支持力度。

（朱松梅）